高顿财经
GOLDEN FINANCE

2019
注册会计师全国统一考试备考用书

U0883996

注册会计师全国统一考试

四维考霸之

税法

高顿财经研究院◎编

“会说话”的CPA智能互动教辅

东北财经大学出版社
Dongbei University of Finance & Economics Press
大连

图书在版编目（CIP）数据

注册会计师全国统一考试四维考霸之税法 / 高顿财经研究院编．—大连：东北财经大学出版社，2019.6
（注册会计师全国统一考试备考用书）
ISBN 978-7-5654-3480-8

Ⅰ．注…　Ⅱ．高…　Ⅲ．税法-中国-资格考试-自学参考资料　Ⅳ．D922.22

中国版本图书馆CIP数据核字（2019）第036705号

东北财经大学出版社出版
(大连市黑石礁尖山街217号　邮政编码　116025)
网　　址：http：//www.dufep.cn
读者信箱：dufep@dufe.edu.cn

辽宁新华印务有限公司印刷　　东北财经大学出版社发行

幅面尺寸：185mm×260mm　　字数：636千字　　印张：26.75
2019年6月第1版　　2019年6月第1次印刷

责任编辑：李　栋　吴　茜　张爱华　周　慧　王　丽　王　玲
责任校对：王　娟　王　丽　周　慧　孟　鑫　张爱华
封面设计：张智波　　版式设计：钟福建

定价：65.00元

教学支持　售后服务　　联系电话：（0411）84710309

如有印装质量问题，请联系营销部：（0411）84710711

“注册会计师全国统一考试备考用书”
编写委员会

主　编

蔡俊峻

委　员（按姓氏音序排列）：

陈琼妹　陈淑惠　董凤娟　邓韶君　丁　文　高凌燕　高胜男
何建红　黄煜晖　李　莉　林　珑　李　墨　孙彩萍　吴天琳
王宇明　谢红艳　颜晓蕾　张丽丽　周　元

序 言

注册会计师行业较快发展并不断做强、做大是国家发展的需要，因为建立和完善我国的注册会计师制度，是保证资金市场正常运转、促进我国会计与国际接轨的一个重要途径。随着执业质量和社会公信力的稳步提升，作为会计信息质量的重要鉴证者、市场经济秩序的重要维护者、企业提高经营管理水平的重要参谋，注册会计师已成为维系正常经济秩序、保障各方合法经济利益的重要社会监督力量。

注册会计师的执业资格标准是注册会计师这一职业群体与社会大众的一种契约标准，注册会计师考试是体现这一契约标准的重要途径之一，也是注册会计师行业人才建设和公信力建设的重要保证和基石。1991年，财政部注册会计师考试委员会先后发布了《注册会计师全国第一次统一考试、考核办法》《注册会计师考试命题原则》《注册会计师全国第一次统考考试工作规则》，从此初步形成了包括规范考试报名条件、考试科目、考试范围、试题结构等内容的考试基本制度以及考试组织管理制度。1991年12月7日至8日，我国举办了第一届注册会计师全国统一考试。自此开始，经过二十多年的发展、改革与完善，注册会计师考试已成为国内声誉最高的职业资格考试之一。

近年来，参加我国注册会计师考试的考生人数明显增多，人们对于注会考试的重视程度也越来越高，但是在不断完善考试形式、丰富考试内容、强化考试管理、提升考试质量的过程中，我国注册会计师考试的难度也逐年加大。由于注册会计师考试涵盖的知识量大、知识面广而且更新迅速，又需要合理的应试策略，因此很多人甚至在学习阶段还没结束时就放弃了参加考试的计划。

高难度的考试需要高质量的备考辅导书，高顿财经研究院的研发团队在经过实践检验的名师讲义基础上融合最新注会考试更改内容，并增加了考霸笔记、微课点拨和智能测评等内容，将重点放在培养读者的专业知识、基本技能和职业道德要求上，形成了四个维度的一系列备考辅助资料，可谓逻辑清晰、结构新颖、内容翔实。"是金子总会发光的"，希望本系列备考辅导书能在广大注册会计师考生群体中引起共鸣，得到认可，也希望高顿财经研究院能再接再厉，多出精品。

在财政部制定的《会计改革与发展"十三五"规划纲要》中，我们可以看到，不久的将来，我国注册会计师行业的业务领域将得到显著扩展，在公共部门注册会计师审计、涉税服务、管理会计咨询、法务会计服务等新型业务领域，注册会计师们将大有作为。从另一个角度讲，我国对高品质注册会计师人才的需求将会更加迫切。希望会计教育界的同仁们一起，通过扎实的研究、踏实的工作和不懈的努力，共同为促进中国注册会计师行业的发展作出贡献！

刘永泽

前　言 Preface

作决定的刹那，我们有梦想，似乎也拥有无穷的勇气和动力。

备考CPA，是深思熟虑，还是一时冲动的决定？是技多不压身的淡定，还是对深刻蜕变的渴求？已然作出决定并付出代价的事，纵然有千万个“纵然”，我们都下定决心一战到底！

在奋战的路上，“放弃”却成了萦绕在我们心头的主旋律。

梦想是作决定时描绘的美好画卷，却遮盖不了路上的残酷。三千多页的教材，动摇着我们前行的决心；数千个怎么也吃不透的疑难问题，蚕食着我们仅存的动力；练习时的不知所措，终于把所有的勇气击退成一个个“无望”。而所有的“无望”最后都可能汇聚成“放弃”这首主旋律。你瞧那决战之地（考场上），过半之众已然凋零……

不言放弃，是前辈们用智慧战胜一个个无望所积聚的真正勇气。

他们化繁为简，于纷杂中厘清脉络，精炼要点；他们攻坚克难，用一行行笔记书写自己战胜疑难的心得；他们训练有方，通过有效的反馈，不断提升自己实战的能力。他们用自己的智慧战胜一个个“无望”，铸就“不言放弃”的真正勇气。

“四维考霸系列”正是将前辈们（名师与考霸）的这些智慧凝结成名师讲义、考霸笔记、微课点拨、智能测评这“四维”精要，帮你开启省时、省力、省心的备考之路，让你也拥有不言放弃的底气。

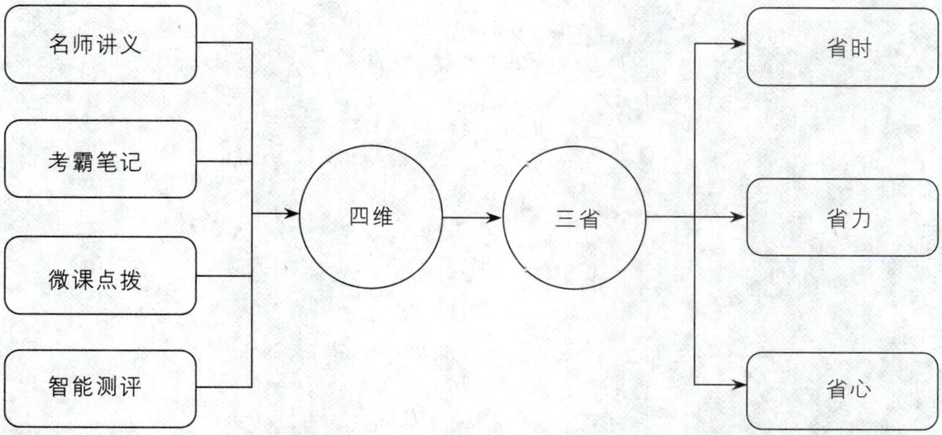

省时的教辅——名师独家精炼讲义，厘清重点！

名师讲义：本套教辅以高顿一线CPA名师10年教学积累的独家讲义为基础文本，涵盖全面、行文简明、结构清晰、内容精炼，可读性强，能帮考生花费更少的时间厘清脉络与重点。

省力的教辅——考霸智慧倾囊助力，攻坚克难！

考霸笔记： 我们整理筛选了近百位注会考霸前辈的学习笔记，从最真实的备考视角出发，对考生在学习过程中可能存在的疑难点，通过考霸笔记的形式进行一一注释，使考生无须耗时费力钻研也能在最自然的学习情境中解决困惑。

微课点拨： 对于书中知识点，感觉理解上有些难度、存有疑问的地方，考生可以扫描二维码，立即观看短视频微课。这些微课是由高顿一线讲师倾力打造的，3~5分钟精准解决具体问题，让考生无须费力检索就可以轻松获取帮助。全系列图书共两千多堂疑难点微课，让每一堂微课为你精准解决一个问题！

省心的教辅——免费经典应试题库，训练有方！

智能测评： 对于书中各部分习题，考生均可扫描二维码，链接到高顿智能测评中心进行在线练习。并可进一步通过测评报告，了解自己的知识掌握情况，从而有针对性地进行复习强化训练。测评题目配有详细的文字解析，重点题目可选择观看视频解析，方便考生熟悉解题思路及答题技巧，使考生能够安心刷题，省心释疑。

我们衷心希望本套教辅能帮助广大考生获取不言放弃的底气，并顺利通过考试。但由于编者的时间和水平有限，在编写过程中难免出现一些疏漏和不足。在此，还望各位读者不吝批评指正，帮助我们不断提高和完善。

编　者

2019年4月

目 录 Contents

第一部分　命题趋势分析与备考建议

第二部分　应试辅导与强化训练

第三部分 跨章节综合集训

第一部分

命题趋势分析与备考建议

一、2019年注册会计师考试基本情况

（一）注册会计师总体考试情况

注册会计师全国统一考试是国家法定职业资格考试，由中国注册会计师协会（简称中注协）组织实施。1991年起，注册会计师考试制度不断完善，组织管理不断优化，目前考试划分为专业阶段考试和综合阶段考试，形成了“6+1”考试科目体系。根据中注协公布的数据，截至2018年底，共有25.37万人通过CPA（注册会计师）考试并取得了全科合格证书。2018年专业阶段考试有139.28万人报名（同比增加20.16%），6个科目合计报考科次381.56万（同比增加21.39%），再创历史新高，平均出考率为35.46%，较2017年增加了1.78%。2018年专业阶段考试6个科目平均合格率为27.93%，比2017年提高了2.66%。

每年都有一百多万考生报名CPA考试，但是坚持到最后的并不多，由于内容多、学习难，很多考生都以各种各样的理由放弃了学习和考试。CPA备考不仅是一场“持久战”，也是一场“攻坚战”，能坚持到底就是胜利，所以希望各位同学做好学习规划，保持学习状态，争取早日通过考试。

（二）本科目考试情况

CPA（注册会计师）考试“税法”科目2018年的报考人数是72.20万人，通过率为29.46%。近几年税法的题型、题量保持稳定，预计2019年不会发生变化；从整体难度来看，近几年来考试难度较为适中，对考生知识点掌握情况的考查比较基础，很少有偏题出现；客观题中文字描述类题目增加，计算量下降，预计2019年将保持这种趋势。

2019年税法的官方教材增加了17页，共增加了大约3万字，新教材变化很大，有很多政策变动及新政策的增加，尤其是“第五章　个人所得税法”基本是重新编写的，因此2019年税法的学习任务相对较重；大家在学习过程中，要注意主教材中变动和新增的内容，根据历年考试规律，变动和新增部分都会进行不同程度的考查。

税法的学习相较于其他科目来说并不难，只是知识点太多、太散，而考试又注重对细节的考查，导致记忆难度上升；建议大家在备考过程中多总结、多回顾，学会自己画框架图，并通过章节训练来巩固强化，只要把基础打扎实，就一定可以顺利通过税法考试。

二、2019年教材各章节结构及重要程度分析

根据近几年考题情况，每一章知识难度、重要程度和高频题型分析见附表1-1。

表1-1　各章考情表

章节名称	近三年平均分值	知识难度	重要程度	高频题型
第一章　税法总论	3	★	★	选择题
第二章　增值税法	20	★★★	★★★	选择题、计算题、综合题
第三章　消费税法	9	★★	★★★	选择题、计算题
第四章　企业所得税法	18	★★★	★★★	选择题、计算题、综合题
第五章　个人所得税法	10	★★★	★★★	选择题、计算题

续表

章节名称	近三年平均分值	知识难度	重要程度	高频题型
第六章　城市维护建设税法和烟叶税法	2	★	★	选择题
第七章　关税法和船舶吨税法	2	★	★★	选择题
第八章　资源税法和环境保护税法	6	★★	★★	选择题、计算题
第九章　城镇土地使用税法和耕地占用税法	3	★	★	选择题
第十章　房产税法、契税法和土地增值税法	9	★★	★★★	选择题、计算题
第十一章　车辆购置税法、车船税法和印花税法	9	★★	★★	选择题
第十二章　国际税收税务管理实务	3	★★	★★	选择题、计算题
第十三章　税收征收管理法	2	★	★	选择题
第十四章　税务行政法制	2	★	★	选择题

注：★表示次重要，★★表示重要，★★★十分重要

三、2019年官方教材主要变化及分析

2019年税法的官方教材变化很大，主要变动集中在“第二章　增值税法”、“第四章　企业所得税法”、“第五章　个人所得税法”、“第八章　资源税法和环境保护税法”（变动主要集中在资源税法相关内容）和“第九章　城镇土地使用税法和耕地占用税法”（变动主要集中在耕地占用税法相关内容），具体见附表1-2。

附表1-2　　2019年官方教材主要变化及分析

章节名称	主要变化及分析
第一章　税法总论	**修改内容：** 国、地税完成合并，原地方税务局征收管理范围并入国家税务局 **变化分析：** 本章无实质性变化，重点关注国税、地税合并的影响
第二章　增值税法	**新增内容：** 小规模纳税人月销售额10万元以下免征增值税的相关规定，跨境电子商务综合试验区电子商务出口企业相关免税政策 **修改内容：** 小规模纳税人的认定标准，增值税税率、出口退税率、农产品扣除率，跨境电子商务零售进口商品减免税交易限额 **变化分析：** 本章增加部分对考试影响不大，建议考生主要关注税率的变动

续表

章节名称	主要变化及分析
第三章　消费税法	**修改内容：** 外购已税摩托车连续生产应税摩托车的消费税扣除规定 **变化分析：** 本章无实质性变化，但是消费税常与增值税结合命题，因增值税税率变化，涉及含增值税销售额的换算时注意税率
第四章　企业所得税法	**新增内容：** 高新技术企业、科技型中小企业认定标准，委托境外进行研发活动的加计扣除规定，设备、器具等固定资产一次性税前扣除规定，鼓励软件产业和集成电路产业发展优惠政策 **修改内容：** 外购资产视同销售收入确认，职工教育经费税前扣除比例，公益性捐赠支出结转扣除，高新技术企业、科技型中小企业亏损弥补年限、小微企业所得税税率、研究开发费用的加计扣除比例 **变化分析：** 本章的变动重点体现在税收优惠方面，且不同时段的税收优惠政策不一样，企业所得税税收优惠是历年综合题考核的重点，建议考生重点掌握，切勿混淆
第五章　个人所得税法	**新增内容：** 非居民纳税人工资、薪金所得、劳务报酬所得、稿酬所得、特许权使用费所得应纳税额计算，应纳税额计算中的特殊问题处理 **修改内容：** 居民和非居民个人的判断标准，综合所得和经营所得范围、税率表及计算，应纳税所得额和费用减除标准 **删除内容：** 其他所得相关内容 **变化分析：** 本章根据2019年新政策进行了重大修改，考试中所占分值也比较高，且会涉及计算题或者主观题，建议考生重点学习
第六章　城市维护建设税法和烟叶税法	**新增内容：** 对实行增值税期末留抵税额纳税人城建税的优惠 **修改内容：** 烟叶税计税依据和纳税期限 **变化分析：** 本章无实质性变化，烟叶税中需要关注和购入农产品进项税额抵扣的结合
第七章　关税法和船舶吨税法	**新增内容：** 无法提供净吨位证明文件的游艇计税依据、警用船舶免征吨税的优惠、申请核验吨税执照电子信息相关内容 **修改内容：** 跨境电子商务零售进口商品的交易限值，海关或应税船舶发现多征、多缴税款的退还时间 **变化分析：** 本章变化重点在跨境电子商务零售政策和船舶吨税，历年考试重点并未发生政策调整。虽然变动内容难度较少，但是都是属于用于命制选择题的知识点，建议考生关注

续表

章节名称	主要变化及分析
第八章　资源税法和环境保护税法	**新增内容：** 资源税中扣缴义务人的相关表述、特殊情况下销售额的确定、视同销售的情形、煤炭资源税计税方法中的基本计征方式、对综合减征率和实际征收率的相关表述、页岩气的税收优惠、征收管理纳税环节和纳税地点的相关内容，环境保护税法特点、税目的具体范围相关内容 **修改内容：** 资源税中运杂费用的扣减、洗选煤折算率的确认方法 **删除内容：** 资源税中从量定额征收的计税依据部分内容 **变化分析：** 本章主要变化是资源税法，对计税依据有较多内容调整，在确定销售额时，应注重运杂费、特殊情况下销售额的确定、视同销售的情形等，注意主观题的考核，同时，对页岩气的税收优惠政策应予以记忆
第九章　城镇土地使用税法和耕地占用税法	**新增内容：** 城镇土地使用税去产能和调结构相关的税收优惠政策、孵化服务相关的税收优惠政策，耕地占用税特殊群体、居民搬迁相关免税政策 **修改内容：** 城镇土地使用税中农产品批发市场、农贸市场中涉及的税收相关政策时间，耕地占用税中纳税人、征税范围、计税依据的定义及部分税率相关内容 **变化分析：** 《城镇土地使用税法》变化集中在税收优惠政策上，应予以注意；《耕地占用税法》于2018年12月29日通过立法，并于2019年9月1日起施行，本节有较多重述、新增、删除的内容，应注重变化部分的学习，以应对客观题的考核
第十章　房产税法、契税法和土地增值税法	**新增内容：** 房产税中去产能和调结构、孵化服务、高校学生公寓相关的税收优惠政策 **修改内容：** 契税中企、事业单位改制重组过程中涉及的税收政策时间，土地增值税中纳税人为自然人时纳税地点的相关规定 **变化分析：** 本章变化不大，房产税法变化集中在税收优惠政策上，应予以注意；土地增值税法对纳税地点的变化应加以重视
第十一章　车辆购置税法、车船税法和印花税法	**新增内容：** 车辆购置税中对农用三轮车的定义、新能源汽车、挂车税收优惠、纳税申报相关内容，车船税中救援车辆税收优惠，印花税的部分税收优惠 **修改内容：** 车辆购置税中纳税人、计税依据相关内容、车船税法关于节能汽车、新能源车相关税收优惠的表述，印花税中高校学生公寓相关税收优惠政策 **删除内容：** 车辆购置税中关于控购费条款的表述、特殊情形下自用应税车辆应纳税额的计算 **变化分析：** 《车辆购置税法》于2018年12月29日通过立法，并于2019年7月1日起施行，本节有较多重述、新增、删除的内容，同样应注重变化部分的学习，以应对客观题的考核；其他两节变化集中在税收优惠政策上，考核客观题时应予以重视

续表

章节名称	主要变化及分析
第十二章　国际税收税务管理实务	**新增内容：** 申请人受益所有人身份判定的相关内容，合伙企业适用税收协定问题，准备主体文档的企业需要注意的相关事项 **修改内容：** 受益所有人身份判定的不利因素 **删除内容：** 《中新协定》对居民身份的判定，受益所有人和导管公司的部分内容，安全港条件下的收益所有人的判定，委托投资情况下的受益所有人相关内容，股息、利息、租金、特许权使用费和财产转让所得中相关定义的表述 **变化分析：** 本章虽学习难度较大，但是非历年考试重点章，2019年新增内容较少，不仅删除了一些内容，并且对于第四章有所重叠的内容，进行优化调整，使得教材体系更具逻辑
第十三章　税收征收管理法	**新增内容：** 纳税信用级别的相关内容 **修改内容：** 因国、地税合并，对税收征管部分进行修改 **变化分析：** 本章不是考试重点，且变化不大，主要关注国、地税合并对征管的影响
第十四章　税务行政法制	**新增内容：** 税务行政处罚的简易程序部分内容、裁量权行驶规则 **修改内容：** 税务行政复议管辖相关内容 **变化分析：** 本章不是考试重点，且变化不大，主要关注国、地税合并对税务行政复议管辖的影响

四、历年考试命题规律总结及2019年命题趋势分析

1. 考试题型、题量与分值

2019年“税法”科目的题型、题量和分值情况见附表1-3，供考生参考。

附表1-3　　2019年“税法”考试信息表

项目	题型	说明	题量	分值	考试时间分配建议	
客观题（分值：45分）	单项选择题	每题1分	24	24	24分钟	60秒/题
	多项选择题	每题1.5分	14	21	21分钟	90秒/题
主观题（分值：55分）	计算分析题	每题6分	4	24	40分钟	10分钟/题
	综合题	每题15～16分	2	31	35分钟	17.5分钟/题
合计			44	100	120分钟	

注：CPA专业阶段考试共6科，满分为100分，及格分为60分，每科在100分的基础上都设置了一道5分的附加题，要求用英文作答。

2. 考试命题规律及趋势分析

CPA考试自2012年实施机考以来，尤其是最近五年，在专业阶段的“税法”科目考试中，

命题呈现出了“稳定”“务实”“全面”的特征。在对历年真题进行研究的基础上，分析出近五年出题的方向和趋势，并给出相应的应对策略，具体如下：

（1）客观题：覆盖范围广，考查基础。

包括24道单项选择题和14道多项选择题。

客观题考查范围广、考点细，重点与非重点都有可能涉及，要求考生对教材有全面认识；主要考查概念，基本上都是要求记忆的内容，同时有一部分常规计算题。只要基础知识掌握得牢固，选择题得分比较容易，难度不大。

（2）主观题：重点突出，进行综合考查。

主观题包括4道计算题和2道综合题。

出题人要在有限的题目中做到命题面面俱到是困难的，但税法考试在命题时对于核心考点，一般能做到始终如一；在主观题中，每年都会涉及增值税、消费税、土地增值税、个人所得税和企业所得税的计算，这些税种是CPA考试的重点内容，也是核心考点，不论由谁来命题，这些核心考点都会全面考查到。

（3）总体趋势和应对策略。

附表1-4　总体趋势和应对策略

总体趋势	应对策略
趋势一：覆盖面广，考核全面，注重基础	相对于往年，出题范围更加广泛，涉及的知识点基本上都是基础知识 学习时切忌花费大量时间钻研考查频率低、分值少的知识点，全面掌握基础知识即可
趋势二：核心考点稳定，重点突出	“税法”科目考试在全面考核的同时，做到了重点突出，对于主观题来说尤其如此。每年的主观题基本跑不出增值税、消费税、资源税、土地增值税、个人所得税和企业所得税的范围，尤其是增值税、消费税、企业所得税和个人所得税，属于主观题每年必考的内容 对于核心考点要投入更多精力，全面掌握，并且要关注教材变动与新增的内容
趋势三：考题注重热点，贴近实务	CPA证书是职业准入证书，不仅要求大家有扎实的专业基础，还要求在今后的工作中有专业胜任能力，近几年的命题内容趋于务实，努力做到紧扣当今社会热点、贴近生活工作实际 学习时要加强对基本原理的理解与运用，平时做题能够举一反三，做到以不变应万变

五、应试备考建议

1.制订合理的学习计划并严格执行

好的学习计划是成功的一半，备考之前，一定要制订清晰、实用的学习计划。这里给大家的建议是将整个备考过程分为三个阶段：

第一阶段：夯实基础。

建议学习时间：100小时～150小时。

基础阶段计划表见附表1-5。

附表1-5　　基础阶段计划表

目标	建立知识框架，打好基础，全面掌握教材内容
内容	通读教材，以听课为主，按章做题
方法	本阶段应以章为单位，借助网课和真题，对教材进行整体通读与理解，步步为营，打好基础 第一步：听课为主，按时学习 紧跟网课，理解相关知识点，跟随老师的步伐学习相关知识点，最好不要自己死抠教材，结合网课学习绝对比自己看书学习的效率更高、效果更好。在老师讲解的基础上，结合教材、教辅搞清楚每一个知识点的内容，同时明白哪些是重点章，哪些是非重点章，做到主次分明，有的放矢 第二步：学会总结，画框架图 每学完一章之后，合上教材，自己画一下本章框架图，回顾、总结所学内容，加深记忆 第三步：整章练习 在知识掌握到一定程度之后，通过做题来测试对知识点的掌握程度和应试能力。做题的目的不仅仅是做对，更应该是对知识点的巩固和记忆，尤其是客观题，每个选项对应的知识点和陷阱都应该掌握 对于不懂的地方，应当及时补上，特别困难的地方，再反复听网课进行理解和回顾

第二阶段：强化提高。

建议学习时间：40小时～60小时。

强化阶段计划表见附表1-6。

附表1-6　　强化阶段计划表

目标	对知识进行巩固与加深
内容	集中攻克重难点章节，注重题目练习和错题整理
方法	进入第二阶段的复习，要进一步复习与巩固已学的知识，分别进行专题复习与习题练习，将所学的涉税专业知识串联起来，学会在各个纳税环节将税种融会贯通

第三阶段：冲刺突破。

建议学习时间：30小时～50小时。

冲刺阶段计划表见附表1-7：

附表1-7　　冲刺阶段计划表

目标	熟悉机考，培养考感，查漏补缺
内容	套卷模拟测试，整体回顾复习
方法	考前一段时间，在之前以考点为基础进行练习的基础上，进行广泛覆盖考点的套卷练习；套卷练习需完全模拟考试环境进行，建议直接使用中注协机考模拟系统（http://cpademo.cicpa.org.cn）进行练习，熟悉机考环境；同时及时发现并弥补有关薄弱环节，为正式考试做好充分准备 最后冲刺时，通过冲刺串讲，查漏补缺，注重基础和考试重点，及时清除一些知识点盲区

2.合理分配考试时间

“税法”科目的考试时间只有2小时，在机考环境下，很多考生反映计算题、综合题输入公式慢因而导致答题速度慢，不过相比于会计、财管，税法的答题相对简单，平时多注意练习，就不会有太大问题。建议考生可以从三方面着手，提高答题速度：

第一，在学习备考过程中要夯实基础，这样考试时才能反应迅速，节省时间。

第二，在平时的练习中，要注意提高答题效率和打字速度，尤其是在做主观题时，建议直接在电脑上用Word来答题，以模拟机考环境。考前可以进入中注协机考模拟系统（http://cpademo.cicpa.org.cn），多练习，提高机考答题的熟练度。

第三，在正式考试中，将有限的时间合理分配给各种题型，“税法”科目客观题题目较多，不要在一道不会或是非常不确定的选择题上花费太多时间，把控好各部分的时间分布。

了解了考试的命题规律和备考方法建议，接下来，就请你严格执行学习计划，一步一个脚印，千万不要轻易放弃！CPA考试是一场马拉松，胜利属于坚持到最后的人。

第二部分

应试辅导与强化训练

本章导学

第一章 税法总论

本章框架图

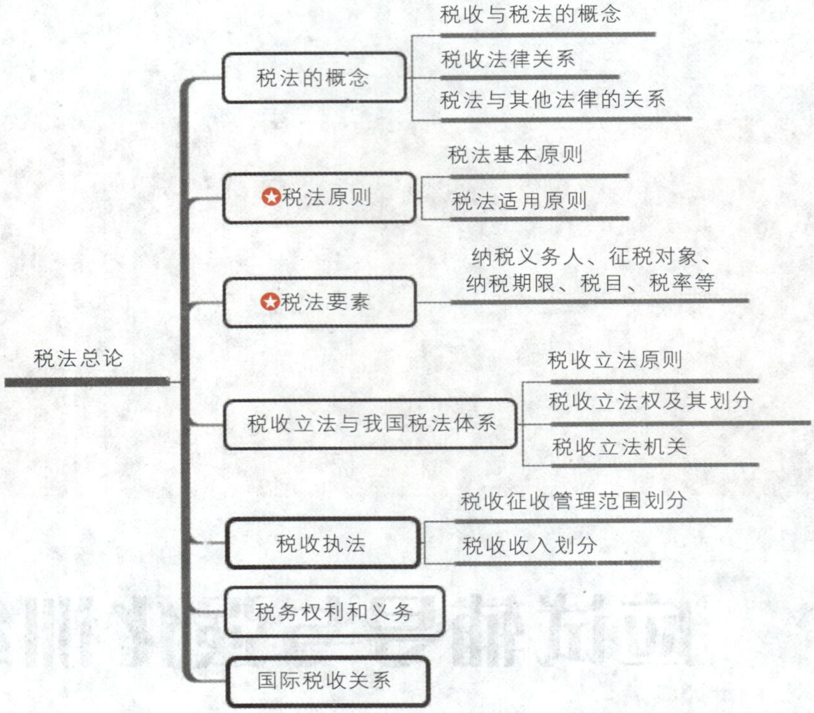

本章考情概述

本章是CPA考试“税法”科目学习的基础章节，知识点繁杂、理论性内容较多，在理解上需要考生（尤其是零基础的考生）循序渐进。但本章并不是重点章节，考生通过后续实体税法的学习更易重新理解本章的相关知识点。

本章内容包括：税法的概念、税法原则、税法要素、税收立法与我国现行税法体系、税收执法、税务机关的权利和义务、国际税收关系。

从历年的试题来看，本章平均分值在2~3分，以客观题形式进行考查，题量在2题左右。突出的高频考点主要集中在税法原则、税收立法权、税收执法权和纳税人的权利与义务，考生在复习时注意把握重点。

2019年教材主要变化

1.修改：按照主权国家行使税收管辖权的不同，可分为国内税法和国际税法；

2.国、地税完成合并，不再区分国税和地税；

3.“税收收入划分”增加：各项社会保险费交由税务部门统一征收。

第一节　税法的概念

一、税收与税法的概念

（一）税收与现代国家治理

怎样通俗理解税收和税法?

1.税收的概念：政府为了满足社会公共需要，凭借政治权力，按照法律的规定，强制、无偿地取得财政收入的一种形式。税收在现代国家治理中发挥着重大作用。

2.税收的特征：强制性、无偿性。

3.税收的内涵：

（1）税收的分配关系本质：税收是国家取得财政收入的一种重要工具，其本质是一种分配关系。

（2）国家税权：国家征税的依据是政治权力，它有别于按生产要素进行的分配。

（3）税收目的：国家征税的目的是满足社会公共需要。

（二）税法及其特征（见表1-1）

表1-1　税法及其特征

含义	国家立法机关制定的用以调整国家与纳税人之间在征纳税方面的权利及义务关系的法律规范的总称
特征	义务性法规：以规定纳税人的义务为主 综合性法规：“综合性”是因为税法是由一系列单行税收法律法规及行政规章制度组成的体系
本质	正确处理国家与纳税人之间因税收而产生的税收法律关系和社会关系

考霸笔记

“义务性”是由税收的无偿性、强制性决定的。

例1-1·2016年单选题

下列权力中，作为国家征税依据的是（　　）。

A.管理权力　　B.政治权力

C.财产权力　　D.社会权力

【答案】B

【解析】国家征税的依据是政治权力。

二、税收法律关系（税收关系由双主体、客体、内容三方面构成）

（一）税收法律关系的构成（见表1-2）

表1-2　税收法律关系构成表

税收法律关系的主体	税收法律关系的客体	税收法律关系的内容
1.双主体： 征税方：代表国家行使征税职责的国家行政机关，包括各级税务机关和海关 纳税方：履行纳税义务的人，我国采用属地兼属人原则 2.权利主体双方法律地位是平等的，但权利和义务不对等	征税对象 （权利义务共同指向的对象，包括：物品、所得额、行为等）	征、纳双方各自享有的权利和应当承担的义务

（二）税收法律关系的产生、变更与消灭

1.税法是引起税收法律关系的前提条件，但税法本身并不能产生具体的税收法律关系。

2.税收法律关系的产生、变更和消灭必须有能够引起税收法律关系产生、变更或消灭的客观情况，也就是由税收法律事实来决定。

考霸笔记
税收法律事实可以分为税收法律事件（比如自然灾害可以导致税收减免）和税收法律行为（比如纳税人开业经营即产生税收法律关系）

例 1-2 · 2010 年单选题

下列关于税收法律关系的表述中，正确的是（ ）。

A.税法是引起法律关系的前提条件，税法可以产生具体的税收法律关系

B.税收法律关系中权利主体双方法律地位并不平等，双方的权利义务也不对等

C.代表国家行使征税职责的各级国家税务机关是税收法律关系中的权利主体之一

D.税收法律关系总体上与其他法律关系一样，都是由权利主体、权利客体两方面构成

【答案】C

【解析】选项 A：税法是引起税收法律关系的前提条件，但税法本身并不能产生具体的税收法律关系；选项 B：在税收法律关系中权利主体双方法律地位平等，但双方的权利与义务不对等；选项 D：税收法律关系在总体上与其他法律关系一样，都是由税收法律关系的主体、客体和内容三方面构成的。

怎样快速掌握税法与其他法律的关系？

三、税法与其他法律的关系（见表 1-3）

表 1-3　　税法与其他法律的关系表

税法与宪法的关系	1.宪法是国家的根本大法，具有最高的法律效力，是立法的基础。税法应依据宪法的原则制定 2.我国宪法第 56 条规定："中华人民共和国公民有依照法律纳税的义务" 3.我国宪法第 33 条规定："中华人民共和国公民在法律面前一律平等"
税法与民法的关系	1.民法是调整平等主体之间财产关系和人身关系的法律规范，特点是平等、等价和有偿 2.税法是国家依据政治权力向公民课税，是调整国家与纳税人关系的法律规范，特点是强制性、无偿性 3.二者之间的联系：当税法的某些规范同民法的规范基本相同时，税法一般援引民法条款；当涉及税收征纳关系的问题时，一般应以税法的规范为准则
税法与刑法的关系	1.两者调整的范围不同 2.两者也有着密切的联系。因为税法和刑法对于违反税法都规定了处罚条款，但违反了税法，并不一定是刑事犯罪。两者之间的区别就在于情节是否严重，轻者给予行政处罚，重者要承担刑事责任，给予刑事处罚 3.修订后的刑法用"逃避缴纳税款"取代了"偷税"。但目前《中华人民共和国税收征收管理法》中还没有作出相应修改
税法与行政法的关系	1.税法与行政法有十分密切的联系，主要表现在税法具有行政法的一般特性 2.税法与行政法也有一定区别： （1）税法具有经济分配的性质，并且经济利益由纳税人向国家无偿单方面转移，这是一般行政法所不具备的 （2）社会再生产的几乎每一个环节都有税法的参与调节，在广度和深度上是一般行政法所不能比的。另外，行政法大多为授权性法规，而税法则是一种义务性法规

第二节　税法原则

税法基本原则怎么考查?

一、税法的基本原则（见表1-4）

表1-4　　　　税法的基本原则

原则		理解
核心基本原则	税收法定原则	1.税收法定原则是税法基本原则的核心 2.税法法定原则又称为税收法定主义，是指税法主体的权利义务必须由法律加以规定，税法的各类构成要素都必须且只能由法律予以明确。其内容包括税收要件法定原则和税务合法性原则： （1）税收要件法定原则 ①国家对其开征的任何税种都必须由法律对其进行专门确定才能实施 ②国家对任何税种征税要素的变动都应当按相关法律的规定进行 ③征税的各个要素不仅应当由法律作出专门的规定，这种规定还应当尽量明确 （2）税务合法性原则 ①要求立法者在立法的过程中要对各个税种征收的法定程序加以明确规定，既可以使纳税得以程序化，提高工作效率，节约社会成本，又尊重并保护了税收债务人的程序性权利，促使其提高纳税的意识 ②要求征税机关及其工作人员在征税过程中，必须按照税收程序法和税收实体法律的规定来行使自己的职权，履行自己的职责，充分尊重纳税人的各项权利
其他基本原则	税法公平原则	一般认为税收公平原则包括税收横向公平和纵向公平，即税收负担必须根据纳税人的负担能力分配，负担能力相等，税负相同；负担能力不等，税负不同
	税收效率原则	包括经济效率和行政效率．前者要求有利于资源的有效配置和经济体制的有效运行，后者要求提高税收行政效率，节约税收征管成本
	实质课税原则	是指应根据客观事实确定是否符合课税要件，并根据纳税人的真实负担能力决定纳税人的税负，而不能仅考虑相关外观和形式

考霸笔记

与会计上的实质重于形式理解大致相同。比如以物易物中，表面上没有产生收入，而我们在处理增值税的时候将其看作两次交易，从而防止逃税。实质课税原则大多数情况下是为了防止关联公司逃税。

税法适用原则怎么考查?

二、税法的适用原则（见表1-5）

表1-5 税法的适用原则

原则	理解
法律优位原则	法律的效力高于行政立法的效力，还可进一步推论税收行政法规的效力优于税收行政规章的效力，效力低的税法与效力高的税法发生冲突时，效力低的税法即是无效的 【提示】税收法律＞税收法规＞税收规章
法律不溯及既往原则	新税法实施后，新税法实施之前人们的行为不适用新税法，而只能沿用旧税法
新税法优于旧法原则	新、旧税法对同一事项有不同规定时，新税法的效力优于旧税法
特别法优于普通法原则	对同一事项两部法律分别订有一般和特别规定时，特别规定的效力高于一般规定的效力。特别法优于普通法原则打破了税法效力等级的限制，即居于特别法地位级别较低的税法，其效力可以高于作为普通法的级别较高的税法
实体从旧、程序从新原则	实体法不具备溯及力，而程序法在特定条件下具备一定溯及力
程序优于实体原则	在税收争讼发生时，程序法优于实体法，以保证国家课税权的实现

考霸笔记

程序优于实体原则是关于税收争讼法的原则。

例1-3·2017年多选题

下列关于税法原则的表述中，正确的有（　　）。

A.税收法定原则是税法基本原则中的核心

B.税收效率原则要求税法的制定要有利于节约税收征管成本

C.制定税法时禁止在没有正当理由的情况下给予特定纳税人特别优惠这一做法体现了税收公平原则

D.税收行政法规的效力优于税收行政规章的效力体现了法律优位原则

【答案】ABCD

纳税人和负税人的区别和联系

第三节　税法要素

一般包括总则、纳税义务人、征税对象、税目、税率、纳税环节、纳税期限、纳税地点、减税免税、罚则、附则等项目。

一、纳税义务人

纳税义务人或纳税人又叫纳税主体，是税法规定的直接负有纳税义务的单位和个人。

1.纳税人的两种基本形式如图1-1所示。

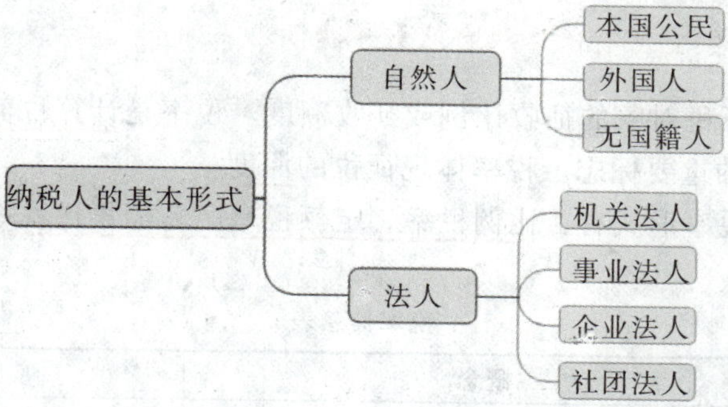

图 1-1 纳税人的基本形式

2. 与纳税人紧密联系的两个概念——代扣代缴义务人和代收代缴义务人。

代扣代缴义务人——是指虽不承担纳税义务，但依照有关规定，在向纳税人支付收入、结算货款、收取费用时有义务代扣代缴其应纳税款的单位和个人。（如个人所得税）

代收代缴义务人——是指虽不承担纳税义务，但依照有关规定，在向纳税人收取商品或劳务收入时，有义务代收代缴其应纳税款的单位和个人。（如消费税）

二、征税对象、税目、税基（见表 1-6）

表 1-6

征税对象、税目、税基表

概念	含义	理解
征税对象	又叫课税对象、征税客体，指税法规定对什么征税，是征纳税双方权利义务共同指向的客体或标的物	是区别一种税与另一种税的重要标志
税目（对课税对象质的界定）	税法中对征税对象分类规定的具体的征税项目，反映具体的征税范围，体现征税的广度	并非所有税种都需要规定税目
税基（对课税对象量的规定）	是据以计算征税对象应纳税款的直接数量依据，解决对征税对象课税的计算问题	1. 价值形态（从价计征）：即按征税对象的货币价值计算，如增值税 2. 物理形态（从量计征）：即直接按征税对象的自然单位计算，如城镇土地使用税

例 1-4 · 2017 年单选题

下列税法要素中，规定具体征税范围、体现征税广度的是（　　）。

A. 税率　　B. 税目

C. 纳税环节　　D. 征税对象

【答案】B

【解析】税目是在税法中对征税对象分类规定的具体征税项目，反映具体的征税范围，是对课税对象质的界定。税目体现征税的广度。

代扣代缴义务人和代收代缴义务人的区别有哪些?

征税范围和征税对象的区别与联系

考霸笔记

并非所有税种都规定税目，有些税种不分课税对象的具体项目，一律按照课税对象的应税数额采用同一税率，如企业所得税；有些税种课税对象比较复杂，需要规定税目，如消费税。

考霸笔记

比如：车辆购置税的计税价格为车辆购置税的计税依据；房产税的计税依据是房产的计税价值或房产的租金收入。

三、税率（学完所有实体税自然就掌握了）

1.税率是对征税对象的征收比例或征收额度。税率是计算税额的尺度，也是衡量税负轻重与否的重要标志。税率体现征税的深度。

2.我国目前税率形式有：比例税率、定额税率、超额累进税率、超率累进税率（见表1-7）。

表1-7　　税率信息表

税率类别	概念	应用的税种
比例税率	对同一征税对象，不分数额大小，规定相同的征收比例。比例税率分为单一比例税率、差别比例税率、幅度比例税率	车辆购置税、城市维护建设税、契税等
定额税率	按征税对象确定的计算单位，直接规定一个固定的税额	城镇土地使用税、车船税等
超额累进税率	征税对象按数额大小分成若干等级，每一等级规定一个税率，税率依次提高；每一纳税人的征税对象则依所属等级同时适用几个税率分别计算，将计算结果相加后得出应纳税款	个人所得税中的综合所得
超率累进税率	以征税对象数额的相对率划分若干级距，分别规定相应的差别税率，相对率每超过一个级距的，对超过的部分就按高一级的税率计算征税	土地增值税

例1-5·单选题

下列税种，实行超率累进税率的是（　　）。

A.房产税　　B.车船税

C.土地增值税　　D.个人所得税

【答案】C

【解析】土地增值税实行的是超率累进税率。

纳税义务发生时间、纳税期限、缴库期限的区别是什么？

四、纳税环节

纳税环节主要指税法规定的征税对象在从生产到消费的流转过程中应当缴纳税款的环节。例如，流转税在生产和流通环节纳税，所得税在分配环节纳税。

五、纳税期限（分清纳税义务发生时间、纳税期限、缴库期限的阶段）

税法规定的关于税款缴纳时间方面的限定，有三组概念：纳税义务发生时间、纳税期限、缴库期限。

（1）纳税义务发生时间：是指应税行为发生的时间。

考霸笔记　例如增值税条例规定采取预收款方式销售货物的，其纳税义务发生时间为货物发出的当天。

（2）纳税期限：每隔固定时间汇总一次纳税义务的时间。纳税人的具体纳税期限，由主管税务机关根据纳税人应纳税额的大小分别核定；不能按照固定期限纳税的，可以按次纳税。

（3）缴库期限：税法规定的纳税期限界满之时，纳税人将应纳税款缴入国库的期限。

六、纳税地点

纳税地点主要是指根据各个税种纳税对象的纳税环节和有利于对税款的源泉控制而规定的纳税人（包括代征、代扣、代缴义务人）的具体纳税地点。（在什么地方纳税）

七、减税免税

主要是对某些纳税人和征税对象采取减少征税或者免予征税的特殊规定。

第四节 税收立法与我国现行税法体系

一、税收立法原则

1. 从实际出发的原则；
2. 公平原则；
3. 民主决策的原则；
4. 原则性与灵活性相结合的原则；
5. 法律的稳定性、连续性与废、改、立相结合的原则。

二、税收立法权及其划分表述（见表1-8）

表1-8 税收立法权及其划分表述

相关机构	税收立法权划分
全国人大及其常委会	全国性税种的立法权，即包括全部中央税、中央与地方共享税和在全国范围内征收的地方税税法的制定、公布和税种的开征、停征权
国务院	经全国人大及其常委会授权，全国性税种可先由国务院以“条例”或“暂行条例”的形式发布施行。经一段时期后，再行修订并通过立法程序，由全国人大及其常委会正式立法 经全国人大及其常委会授权，国务院有制定税法实施细则、增减税目和调整税率的权力
国家税务主管部门	经国务院授权，国家税务主管部门有税收条例的解释权和制定税收条例实施细则的权力
省级人大及其常委会 省级人民政府	省级人民政府有本地区地方税法的解释权和制定税法实施细则、调整税目、税率的权力，也可在上述规定的前提下，制定一些税收征收办法，还可以在全国性地方税条例规定的幅度内，确定本地区适用的税率或税额。上述权力除税法解释权外，在行使后和发布实施前须报国务院备案 地区性地方税收的立法权应只限于省级立法机关或经省级立法机关授权同级政府，不能层层下放。所立税法可在全省（自治区、直辖市）范围内执行，也可只在部分地区执行

考霸笔记
财政部、国家税务总局、海关总署。

税法分类的记忆小窍门是什么?

三、税收立法机关（税收法律渊源）

1.全国人大及其常委会制定的税收法律；
2.全国人大及其常委会授权国务院制定的暂行规定及条例；
3.国务院制定的税收行政法规；
4.地方人大及其常委会制定的税收地方性法规；
5.国务院税务主管部门制定的税收部门规章。

【总结】不同立法机关的立法区别见表1-9。

表1-9 不同立法机关的立法区别

分类	制定机关	表现形式
税收法律	全国人大及其常委会	《中华人民共和国×××法》
税收法规	国务院	《中华人民共和国×××条例》
税收规章	财政部、国家税务总局	《中华人民共和国×××细则》 《中华人民共和国×××办法》

考霸笔记
《企业所得税法》《个人所得税法》《车船税法》《环境保护税法》《烟叶税法》《税收征收管理法》等。

考霸笔记
《中华人民共和国税收征收管理法实施细则》属于国务院制定的税收法规。

考霸笔记
《增值税暂行条例》《消费税暂行条例》《印花税暂行条例》《企业所得税法实施条例》等。

考霸笔记
《增值税暂行条例实施细则》《税务代理试行办法》等。

例1-6·2009年多选题

下列关于我国税收法律级次的表述中，正确的有（　　）。

A.《中华人民共和国城市维护建设税暂行条例》属于税收规章

B.《中华人民共和国企业所得税法实施条例》属于税收行政法规

C.《中华人民共和国企业所得税法》属于全国人大制定的税收法律

D.《中华人民共和国增值税暂行条例》属于全国人大常委会制定的税收法律

【答案】BC

【解析】选项A属于国务院制定的税收行政法规；选项D属于全国人大授权国务院制定的税收行政法规。

四、税收立法程序

1.提议阶段；
2.审议阶段；
3.通过和公布阶段。

五、我国现行税法体系

1.税法的分类（如图1-2所示）。（修改）

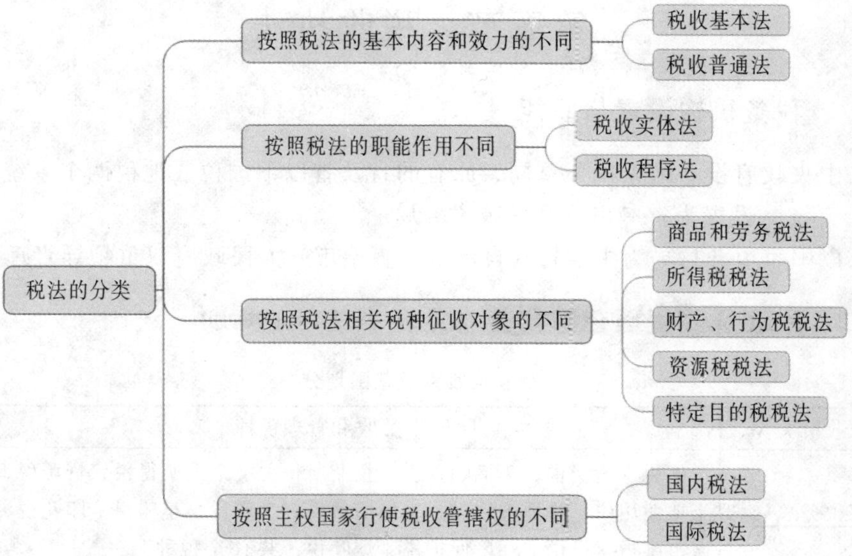

图1-2　税法分类图

2.我国现行税法体系由实体法体系和程序法体系两大部分构成，见表1-10。

表1-10　**税法体系构成表**

税收实体法体系	（1）商品（货物）和劳务税类：增值税、消费税和关税 （2）所得税类：企业所得税、个人所得税、土地增值税 （3）财产和行为税类：房产税、车船税、印花税、契税 （4）资源税和环境保护税：资源税、城镇土地使用税、环境保护税 （5）特定目的税类：城市维护建设税、车辆购置税、耕地占用税、船舶吨税和烟叶税
税收程序法体系	（1）由税务机关负责征收的税种的征收管理，按照全国人大常委会发布实施的《税收征收管理法》执行 （2）由海关机关负责征收的税种的征收管理，按照《海关法》及《进出口关税条例》等有关规定执行

例1-7·2013年单选题

下列各项税收法律法规中，属于国务院制定的行政法规的是（　　）。

A.《中华人民共和国个人所得税法》

B.《中华人民共和国税收征收管理法》

C.《中华人民共和国企业所得税法实施条例》

D.《中华人民共和国增值税暂行条例实施细则》

【答案】C

【解析】国务院发布的《企业所得税法实施条例》《税收征收管理法实施细则》等，都是税收行政法规。选项AB属于全国人民代表大会和全国人大常委会制定的税收法律。选项D属于国务院税务主管部门制定的税收部门规章。

第五节 税收执法

一、税务机构设置与职能

国税、地税合并后，税收征收管理范围划分记忆技巧是什么？

1.中央政府设立国家税务总局，原有的省及省以下国税、地税两个系统通过合并整合，统一设置为省、市、县三级税务局。

2.以国家税务总局为主与省（自治区、直辖市）人民政府双重领导管理体制。

二、税收征收管理范围划分（见表1-11）（修改）

表1-11 税收征收管理范围划分

征收机关	征收和管理税种
国家税务总局	增值税、消费税、车辆购置税、企业所得税、个人所得税、资源税、城镇土地使用税、耕地占用税、土地增值税、房产税、车船税、印花税、契税、城市维护建设税、环境保护税、烟叶税，共16个税种
海关	关税、船舶吨税、代征进出口环节的增值税和消费税

税收收入划分如何掌握？

三、税收收入划分（见表1-12）

表1-12 税收收入划分表

税收收入划分	所属税种
中央政府固定收入	1.消费税（含进口环节海关代征的部分）、车辆购置税、关税、海关代征的进口环节增值税 2.企业所得税：中国铁路总公司、各银行总行及海洋石油企业缴纳的部分 3.个人所得税：储蓄存款利息所得的个人所得税 4.资源税：海洋石油企业缴纳的资源税 5.城市维护建设税：中国铁路总公司、各银行总行、各保险总公司集中缴纳城市维护建设税 6.证券交易印花税
地方政府固定收入	城镇土地使用税、耕地占用税、土地增值税、房产税、车船税、契税、环境保护税和烟叶税等
中央与地方政府共享收入	1.增值税（不含进口环节由海关代征的部分）：中央政府分享50%，地方政府分享50% 2.企业所得税：除中国铁路总公司、各银行总行及海洋石油企业缴纳的部分归中央政府，其余部分中央与地方政府按60%与40%的比例分享 3.个人所得税：除储蓄存款利息所得的个人所得税外，其余部分的分享比例与企业所得税相同 4.资源税：海洋石油企业缴纳的部分归中央政府，其余部分归地方政府 5.城市维护建设税：中国铁路总公司、各银行总行、各保险总公司集中缴纳的城市维护建设税归中央政府，其余部分归地方政府 6.印花税：证券交易印花税全部归中央政府，其余印花税归地方政府

例1-8 · 2015年单选题

下列税种中属于中央政府与地方政府共享收入的是（ ）。

A.耕地占用税

B.个人所得税

C.车辆购置税

D.土地增值税

【答案】B

【解析】选项AD属于地方政府固定收入，选项C属于中央政府固定收入。

第六节 税务机关和纳税人的权利与义务

一、税务行政主体的权利与义务（见表1-13）

表1-13 税务行政主体的权利与义务

税务机关和税务人员	权利	1.负责税收征收管理工作 2.税务机关依法执行职务，任何单位和个人不得阻挠
	义务	1.税务机关应当广泛宣传税收法律、行政法规，普及纳税知识，无偿地为纳税人提供纳税咨询服务 2.税务机关应当加强队伍建设，提高税务人员的政治业务素质 3.税务机关、税务人员必须秉公执法、忠于职守、清正廉洁、礼貌待人、文明服务，尊重和保护纳税人、扣缴义务人的权利，依法接受监督 4.税务人员不得索贿受贿、徇私舞弊、玩忽职守，不征或者少征应征税款；不得滥用职权多征税款或者故意刁难纳税人和扣缴义务人 5.各级税务机关应当建立、健全内部制约和监督管理制度 6.上级税务机关应当对下级税务机关的执法活动依法进行监督 7.各级税务机关应当对其工作人员执行法律、行政法规和廉洁自律准则的情况进行监督检查 8.税务机关负责征收、管理、稽查，行政复议人员的职责应当明确，并相互分离、相互制约 9.税务机关应为检举人保密，并按照规定给予奖励 10.税务人员在核定应纳税额、调整税收定额、进行税务检查、实施税务行政处罚、办理税务行政复议时，与纳税人、扣缴义务人或者其法定代表人、直接责任人有下列关系之一的，应当回避：（1）夫妻关系；（2）直系血亲关系；（3）三代以内旁系血亲关系；（4）近姻亲关系；（5）可能影响公正执法的其他利益关系

二、纳税义务人、扣缴义务人的权利和义务（见表1-14）

表1-14 纳税义务人、扣缴义务人的权利和义务

纳税人、扣缴义务人	权利	1.纳税人、扣缴义务人有权向税务机关了解国家税收法律、行政法规的规定以及与纳税程序有关的情况 2.纳税人、扣缴义务人有权要求税务机关为纳税人、扣缴义务人的情况保密。税务机关应当为纳税人、扣缴义务人的情况保密。保密是指纳税人、扣缴义务人的商业秘密及个人隐私。纳税人、扣缴义务人的税收违法行为不属于保密范围 3.纳税人依法享有申请减税、免税、退税的权利 4.纳税人、扣缴义务人对税务机关所作出的决定，享有陈述权、申辩权；依法享有申请行政复议、提起行政诉讼、请求国家赔偿等权利 5.纳税人、扣缴义务人有权控告和检举税务机关、税务人员的违法违纪行为
	义务	1.纳税人、扣缴义务人必须依照法律、行政法规的规定缴纳税款、代扣代缴、代收代缴税款 2.纳税人、扣缴义务人和其他有关单位应当按照国家有关规定如实向税务机关提供与纳税和代扣代缴、代收代缴税款有关的信息 3.纳税人、扣缴义务人和其他有关单位应当接受税务机关依法进行的税务检查

三、地方各级人民政府、有关部门和单位的权利与义务（见表1-15）

表1-15 地方各级人民政府、有关部门和单位的权利与义务

地方各级人民政府、有关部门和单位	权利	1.地方各级人民政府应当依法加强对本行政区域内税收征收管理工作的领导或者协调，支持税务机关依法执行职务，依照法定税率计算税额，依法征收税款 2.各有关部门和单位应当支持、协助税务机关依法执行职务 3.任何单位和个人都有权检举违反税收法律、行政法规的行为
	义务	1.任何机关、单位和个人不得违反法律、行政法规的规定，擅自作出税收开征、停征以及减税、免税、退税、补税和其他与税收法律、行政法规相抵触的决定 2.收到违反税收法律、行政法规行为检举的机关和负责查处的机关应当为检举人保密

四、发展涉税专业服务，促进税法遵从

涉税专业服务是指涉税专业服务机构接受委托，利用专业知识和技能，就涉税事项向委托人提供的税务代理等服务。

1.涉税专业服务机构

涉税专业服务机构是指税务师事务所和从事涉税专业服务的会计师事务所、律师事务所、代理记账机构、税务代理公司、财税类咨询公司等机构。

2.涉税专业服务机构涉税业务内容（见表1–16）

表1–16 涉税专业服务机构涉税业务内容

业务	具体内容
纳税申报代理	利用专业知识帮助纳税人、扣缴义务人报税
一般税务咨询	对纳税人、扣缴义务人的日常办税事项提供建议
专业税务顾问	针对纳税人、扣缴义务人的涉税事项提供长期的专业税务顾问服务
税收策划	针对纳税人、扣缴义务人的经营和投资活动提供合法的纳税计划、纳税方案
涉税鉴证	依法对涉税事项的真实性、合理性出具鉴定和证明
纳税情况审查	接受行政机关、司法机关委托，依法对相关企业进行纳税审查，作出专业结论
其他税务事项代理	接受纳税人、扣缴义务人的委托，代理建账记账、发票领用、减免退税申请等税务事项

3.税务机关对涉税专业服务机构的监管

（1）税务机关应当对税务师事务所实施行政登记管理。

（2）税务机关对涉税专业服务机构及其从事涉税服务人员进行实名制管理。

（3）税务机关应当建立业务信息采集制度，利用现有的信息化平台分类采集业务信息，加强内部信息共享，提高分析利用水平。

（4）税务机关对涉税专业服务机构从事涉税专业服务的执业情况进行检查，根据举报、投诉情况进行调查。

（5）税务机关应当建立信用评价管理制度，对涉税专业服务机构从事涉税专业服务情况进行信用评价，对其从事涉税服务人员进行信用记录。

（6）税务机关应当加强对税务师行业协会的监督指导，与其他相关行业协会建立工作联系制度。

（7）税务机关应当在门户网站、电子税务局和办税服务场所公告纳入监管的涉税专业服务机构名单及其信用情况，同时公告未经行政登记的税务师事务所名单。

（8）税务机关应当为涉税专业服务机构提供便捷的服务，依托信息化平台为信用等级高的涉税专业服务机构开展批量纳税申报、信息报送等业务提供便利化服务。

例1–9·2015年多选题

我国纳税人依法享有纳税人权利，下列属于纳税人权利的有（　　）。

A.依法申请减免税权

B.控告税务人员的违法违纪行为

C.对税务机关作出的决定享有申辩权

D.要求税务机关为纳税人的商业秘密保密

【答案】ABCD

【解析】纳税人、扣缴义务人的权利：（1）纳税人、扣缴义务人有权向税务机关了解国家税收法律、行政法规的规定以及与纳税程序有关的情况；（2）纳税人、扣缴义务人有权要求税务机关为纳税人、扣缴义务人的情况保密；（3）纳税人依法享有申请减税、免税、退税的权利；（4）纳税人、扣缴义务人对税务机关所作出的决定，享有陈述权、申辩权；依法享有申请行政复议、提起行政诉讼、请求国家赔偿等权利；（5）纳税人、扣缴义务人有权控告和检举税务机关、税务人员的违法违纪行为。

第七节 国际税收关系

国际重复课税与国际税收协定的内涵是什么?

一、国际重复课税与国际税收协定

(一)税收管辖权(见表1-17)

表1-17 税收管辖权信息表

公民管辖权	指一个国家依据纳税人的国籍行使税收管辖权,对凡是属于本国的公民取得的来自世界范围内的全部所得行使的征税权力
居民管辖权	指一个国家对凡是属于本国的居民取得的来自世界范围内的全部所得行使的征税权力
地域管辖权	又称收入来源地管辖权,是指一个国家对发生于其领土范围内的一切应税活动和来源于或被认为是来源于其境内的全部所得行使的征税权力

(二)国际重复征税

1.国际重复课税产生的原因——税收管辖权的相互重叠,具体情形:

(1)居民(公民)管辖权同地域管辖权的重叠;

(2)居民(公民)管辖权与居民(公民)管辖权的重叠;

(3)地域管辖权与地域管辖权的重叠。

2.国际重复征税的类型。

(1)法律性国际重复征税——因不同国家在法律上对同一纳税人的同一税源进行了重复征税,这是由于不同国家在法律上对同一纳税人采取不同征税原则,因而产生了税收管辖权的重叠,造成重复征税。

(2)经济性国际重复征税——因不同国家对不同纳税人的同一税源进行的重复征税。

(3)税制性国际重复征税——因各国普遍实行复合税制,在复合税制度下,一国对同一征税对象可能征收几种税。

【注】国际税收中所指的国际重复征税一般属于法律性国际重复征税。

二、国际避税与反避税

1.避税的概念:纳税人通过个人或企业事务的人为安排,利用税法的漏洞、特例和缺陷,规避、减轻或延迟其纳税义务的行为。

2.国际避税的概念:纳税人利用两个或两个以上国家的税法和国家间的税收协定漏洞、特例和缺陷,规避或减轻其全球纳税义务的行为。

例1-10·2010年单选题

下列关于国际重复征税的表述中,正确的是( )。

A.避免重复征税的方法一般采用免税法和抵免法

B.缔约国各方对避免或免除国际双重征税所采取的方法和条件,应以各国国内的税法明确

C.国际重复征税一般包括法律性国际重复征税，经济性国际重复征税两种类型

D.各国行使的税收管辖权的重叠是国际重复征税的前提条件

【答案】A

【解析】选项B：缔约国各方对避免或免除国际双重征税所采取的方法和条件，都必须在协定中明确；选项C：一般包括法律性国际重复征税，经济性国际重复征税和税制性国际重复征税三种类型；选项D：各国行使的税收管辖权的重叠是国际重复征税的根本原因。

智能测评

在线练习	我要提问
扫码在线做题　扫码看答案 本书“本章同步强化训练”均配备二维码，打开微信“扫一扫”即可完成在线测评，查看本章详细的测评反馈报告，了解知识掌握情况，也可扫码直接看答案噢。 快来扫码做题吧！	扫码答疑 本书配备答疑专用二维码，打开微信“扫一扫”，即可完成在线提问，获取专业老师全面个性化解答，让学习问题不再拖延。 快来扫码提问吧！

本章同步强化训练

一、单选题

1.以下属于中央和地方共享税的是（　　）。

A.消费税　B.个人所得税　C.关税　D.土地增值税

2.下列各项税法原则中，属于税法适用原则的是（　　）。

A.税收公平原则　B.税收法定原则　C.实质课税原则　D.程序优于实体原则

3.下列各项税法原则中，属于税法基本原则核心的是（　　）。

A.税收公平原则　B.税收效率原则　C.实质课税原则　D.税收法定原则

4.下列各项税收法律法规中，属于部门规章的是（　　）。

A.《中华人民共和国个人所得税法》

B.《中华人民共和国消费税暂行条例》

C.《中华人民共和国企业所得税法实施条例》

D.《中华人民共和国消费税暂行条例实施细则》

5.下列法律中，明确确定“中华人民共和国公民有依照法律纳税的义务”的是（　　）。

A.《中华人民共和国宪法》　B.《中华人民共和国民法通则》

C.《中华人民共和国个人所得税法》　D.《中华人民共和国税收征收管理法》

6.以下各项中，属于税收管理体制的核心内容的为（　　）。

A.税权的划分　B.事权的划分　C.财权的划分　D.收入的划分

7.下列税法要素中，规定具体征税范围、体现征税广度的是（　　）。

A.税率　B.税目　C.纳税环节　D.征税对象

二、多选题

1.下列关于税法原则的表述中，正确的有（　　）。

A.新法优于旧法原则属于税法的适用原则

B.税法主体的权利义务必须由法律加以规定，这体现了税收法定原则

C.税法的原则反映税收活动的根本属性，包括税法基本原则和税法适用原则

D.税法适用原则中的法律优位原则明确了税收法律的效力高于税收行政法规的效力

2.下列各项中，属于我国现行税法的有（　　）。

A.税收基本法　B.企业所得税法

C.进出口关税条例　D.中央与地方共享税条例

3.下列税种中，全部属于中央政府固定收入的有（　　）。

A.消费税　B.增值税　C.车辆购置税　D.资源税

4.税收立法程序通常包括的阶段有（　　）。

A.提议阶段　B.审议阶段　C.通过和公布阶段　D.试行阶段

5.下列各项中，有权制定税收规章的税务主管机关有（　　）。

A.国家税务总局　B.财政部　C.国务院办公厅　D.海关总署

6.中国现行税制中采用的累进税率有（　　）。

A.全额累进税率　B.超率累进税率　C.超额累进税率　D.超倍累进税率

7.下列各项有关税收法律法规的说法中，表述正确的是（　　）。

A.《中华人民共和国车船税法》属于税收法律

B.《中华人民共和国个人所得税实施条例》属于税收法规

C.《增值税暂行条例实施细则》属于税收规章

D.《税收征收管理法实施细则》属于税收规章

第二章

增值税法

考霸笔记

本章是税法学习中的第一道坎，内容多但是逻辑清晰，要学会通过建立框架的方法全面掌握。

本章导学

本章框架图

- 增值税法
  - 征税范围与纳税义务人
    - ★征税范围
    - 纳税义务人和扣缴义务人
  - 一般纳税人和小规模纳税人的登记
    - 一般纳税人的登记管理
    - 小规模纳税人的登记管理
  - 税率与征收率
    - ★增值税税率
    - ★增值税征收率
    - 兼营行为的税率选择
  - 增值税的计税方法
    - ★一般计税方法
    - ★简易计税方法
    - 扣缴计税方法
  - ★一般计税方法应纳税额的计算
    - 销项税额的计算
    - 进项税额的确认和计算
    - 应纳税额的计算
  - ★简易征税方法应纳税额的计算
    - 应纳税额的计算、含税销售额的换算
    - 资管产品的增值税处理办法
  - 进口环节增值税的征收
    - 进口环节增值税的征收范围及纳税人、适用税率
    - 进口环节增值税应纳税额计算
    - 进口环节增值税的管理
  - 出口和跨境业务增值税的退（免）税和征税
    - ★出口货物、劳务和跨境应税行为增值税退（免）税政策
    - 出口货物、劳务和跨境应税行为增值税退免税政策
    - 出口货物、劳务和跨境应税行为增值税退征税政策等
  - ★税收优惠
    - ★《增值税暂行条例》规定的免税项目
    - ★“营改增通知”及有关部门规定的税收优惠政策
    - ★财政部、国家税务总局规定的其他部分征免税项目
    - 增值税起征点的规定
  - 征收管理
    - ★纳税义务发生时间、纳税期限和纳税地点
    - 增值税一般纳税人和小规模纳税人纳税申报办法
    - “营改增”汇总纳税管理办法
  - 增值税发票的使用及管理

本章考情概述

增值税作为我国第一大税种，在考试中和企业所得税并列分值最高。从历年考

考霸笔记
本章切忌死记硬背，要在理解的基础上通过刻意练习掌握知识点，征税范围和税率要结合学习，应纳税额的计算按照解题套路得分并不困难，主要就是要坚定信心，相信自己能够拿下增值税这“半壁江山”。

题来看，本章平均分值在20分左右，可在单选、多选、计算、综合多种题型中进行考查。

2016年5月1日起，我国全面实施“营改增”，2017年本章对于“营改增”的内容进行全面修订，2018年又将增值税改革的后续政策充实到相关内容之中，2019年教材进一步新增了诸多税收优惠等内容。

本章内容包括：增值税征税范围与纳税义务人、一般纳税人和小规模纳税人的登记管理、税率与征收率、增值税的计税方法、一般计税方法应纳税额的计算、简易征税方法应纳税额的计算、进口环节增值税的征收、出口和跨境业务增值税的退免税和征税、增值税的税收优惠、征收管理、增值税发票的使用及管理。

本章分值如此之高，政策内容每年不断改革，在考试中的地位可见一斑。此外，增值税还容易与消费税、城建税、教育费附加、企业所得税等其他税种混合命题组合考查，考生在复习时尤其需要关注跨税种的综合题。同学们一定要不畏艰难，拿下增值税法这座“大山”，基本等于拿下CPA税法考试！

2019年教材主要变化

1.“小规模纳税人的认定标准”，改为不分行业，统一为500万元。

2.增值税税率调整为2018年5月1日后的新税率16%、10%。

3.“进项税额的确认和计算”中购进农产品计算抵扣扣除率由11%调整为10%；纳税人购进用于生产销售或委托加工16%税率货物的农产品，计算进项税额扣除率由13%改为12%。

4.调整出口退税率，17%调整为16%，11%调整为10%。

5.小规模纳税人月销售额10万元以下免征增值税的相关规定，跨境电子商务综合试验区电子商务出口企业相关免税政策。

6.免征增值税项目新增加6项变动等。

考霸笔记
此部分内容不是考点，但是作为学习增值税的理论基础，也要认真了解以提高学习增值税的效率。

增值税理论基础如下。

（一）增值税的概念

增值税是以商品和劳务在流转过程中产生的增值额作为征税对象而征收的一种流转税。按照我国《增值税暂行条例》的规定，增值税是对在我国境内销售货物或者提供加工、修理修配劳务（以下简称劳务），销售服务、无形资产、不动产，以及进口货物的企业单位和个人，就其销售货物、劳务、服务、无形资产、不动产（以下统称应税销售行为）的增值额和货物进口金额为计税依据而课征的一种流转税。

考霸笔记
流转税指纳税人在商品生产、流通环节产生的流转额或者数量以及非商品交易的营业额为征税对象的一类税收，主要包括增值税、消费税、关税等。

（二）增值税的特点

1.防止重复征税；

2.税收中性；

3.普遍征收；

4.税负由最终消费者承担；

5.实行税款抵扣制；

6.实行比例税率；

7.实行价外税制度等。

（三）增值税的发展历程

不断成长的增值税（如图2-1所示）。

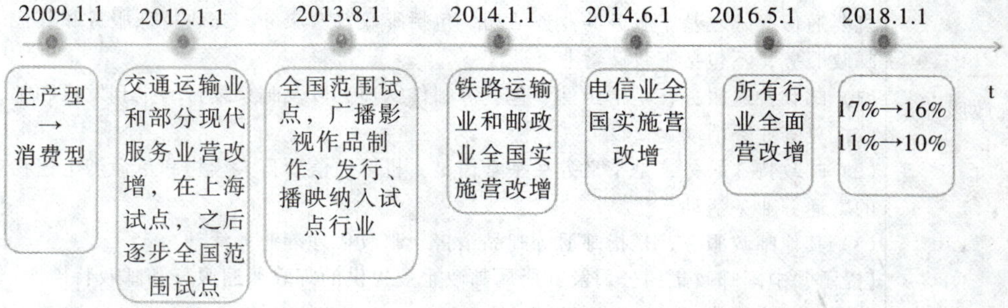

图2-1　增值税发展历程

第一节　征税范围与纳税义务人

一、征税范围

（一）征税范围的一般规定（常考，考试形式：概念辨析、与税率结合计算应纳税额）

现行增值税征税范围的一般规定包括应税销售行为和进口的货物。具体规定如下：

1.销售或者进口的货物

（1）货物是指有形动产，包括电力、热力、气体在内。

（2）销售货物，是指有偿转让货物的所有权。

2.销售劳务

（1）劳务是指纳税人提供的加工、修理修配劳务。

（2）修理修配是指受托对损伤和丧失功能的货物进行修复，使其恢复原状和功能的业务。

（3）提供应税劳务，是指有偿提供劳务。单位或者个体工商户聘用的员工为本单位或者雇主提供加工、修理修配劳务，不包括在内。（本职工作范围内）

3.销售服务

销售服务包括交通运输服务、邮政服务、电信服务、建筑服务、金融服务、现代服务、生活服务。具体征税范围见表2-1。

表2-1　征税范围

行业	内容
交通运输服务（空间位置转移）	交通运输服务包括陆路运输服务、水路运输服务、航空运输服务和管道运输服务 （1）出租车公司向使用本公司自有出租车的出租车司机收取的管理费用，按照陆路运输服务缴纳增值税 （2）程租、期租、湿租属于交通运输服务（干租、光租属于有形动产的经营租赁服务） （3）无运输工具承运业务，按照交通运输服务缴纳增值税 （4）自2018年1月1日起，纳税人已售票但客户逾期未消费取得的运输逾期票证收入，按照“交通运输服务”缴纳增值税

什么是价外税？

什么叫生产型增值税转为消费型增值税？

考霸笔记
加工是指受托加工货物，即委托方提供原料及主要材料，受托方按照委托方的要求制造货物并收取加工费的业务。

如何区分程租、期租、湿租？

考霸笔记
无运输工具承运业务，是指经营者以承运人身份与托运人签订运输服务合同，收取运费并承担承运人责任，然后委托实际承运人完成运输服务的经营活动。

免税和不征税的区别是什么?

考试中如何区分动产和不动产相关业务的适用税率?

什么是融资性售后回租?

考霸笔记
纳税人购入基金、信托、理财产品等各类资产管理产品持有至到期，不属于金融商品转让。

如何辨别不同的租赁所适用的税率?

干租、光租和程租、期租、湿租有什么区别?

续表

行业	内容
邮政服务（中国邮政集团）	邮政服务，是指中国邮政集团公司及其所属邮政企业提供邮件寄递、邮政汇兑和机要通信等邮政基本服务的业务活动，包括邮政普遍服务、邮政特殊服务和其他邮政服务，不包括邮政储蓄业务 (1) 邮政普遍服务，是指函件、包裹等邮件寄递，以及邮票发行、报刊发行和邮政汇兑等业务活动 (2) 邮政特殊服务，是指义务兵平常信函、机要通信、盲人读物和革命烈士遗物的寄递等业务活动 (3) 其他邮政服务，是指邮册等邮品销售、邮政代理等业务活动 【提示】中国邮政集团公司及其所属邮政企业提供的邮政普遍服务和邮政特殊服务，免征增值税
电信服务	基础电信服务，是指提供语音通话服务以及出租或者出售带宽、波长等网络元素的业务活动。 增值电信服务，是指提供短信和彩信服务、电子数据和信息的传输及应用服务、互联网接入服务等业务活动，卫星电视信号落地转接服务
建筑服务	建筑服务包括工程服务、安装服务、修缮服务、装饰服务和其他建筑服务 (1) 有形动产修理按照加工修理修配16%征税，不动产修缮按照建筑服务10%征税 (2) 物业服务企业为业主提供的装修服务，属于建筑服务 (3) 航道疏浚属于港口码头服务，不属于建筑服务 (4) 纳税人将建筑施工设备出租给他人使用并配备操作人员的，属于建筑服务
金融服务	金融服务包括贷款服务、直接收费金融服务、保险服务和金融商品转让 (1) 保本收益、融资性售后回租、利息及利息性质的收入，按照贷款服务缴纳增值税 (2) 以货币资金投资收取的固定利润或者保底利润，按照贷款服务缴纳增值税 (3) 融资性售后回租属于金融服务，不属于租赁服务 (4) 金融商品转让，是指转让外汇、有价证券、非货物期货和其他金融商品所有权的业务活动。其他金融商品转让包括基金、信托、理财产品等各类资产管理产品和各种金融衍生品的转让
现代服务（企业相关）	现代服务包括研发和技术服务、信息技术服务、文化创意服务、物流辅助服务、租赁服务、鉴证咨询服务、广播影视服务、商务辅助服务和其他现代服务 (1) 物流辅助服务，包括航空地面服务和通用航空服务、港口码头服务、货运客运场站服务、打捞救助服务、装卸搬运服务、仓储服务和收派服务 (2) 宾馆、旅馆、旅社、度假村和其他经营性住宿场所提供会议场地及配套服务的活动 (3) 纳税人为客户办理退票而向客户收取的退票费、手续费等收入，按照“其他现代服务”缴纳增值税 (4) 纳税人对安装运行后的电梯提供的维护保养服务，按照“其他现代服务”缴纳增值税 将不动产的广告位出租、车辆停放服务（如停车场收取的停车费）、道路通行服务（包括过路费、过桥费、过闸费等）等按照不动产经营租赁服务缴纳增值税 将飞机、车辆等有形动产的广告位出租、干租、光租业务按照动产经营租赁服务缴纳增值税
生活服务（居民相关）	生活服务包括文化体育服务、教育医疗服务、旅游娱乐服务、餐饮住宿服务、居民日常服务和其他生活服务。 (1) 提供餐饮服务的纳税人销售的外卖食品，按照“餐饮服务”缴纳增值税 (2) 纳税人在游览场所（必须是游览场所内）。经营索道、摆渡车、电瓶车、游船等取得的收入，按照“文化体育服务”缴纳增值税 (3) 纳税人提供植物养护服务，按照“其他生活服务”缴纳增值税

4. 销售无形资产

销售无形资产，是指转让无形资产所有权或者使用权的业务活动。

无形资产，是指不具实物形态，但能带来经济利益的资产，包括技术、商标、著作权、商誉、自然资源使用权和其他权益性无形资产。

【提示】其他权益性无形资产，包括基础设施资产经营权、公共事业特许权、配额、经营权（包括特许经营权、连锁经营权、其他经营权）、经销权、分销权、代理权、会员权、席位权、网络游戏虚拟道具、域名、名称权、肖像权、冠名权、转会费等。

5. 销售不动产

销售不动产，是指转让不动产所有权的业务活动。

不动产，是指不能移动或者移动后会引起性质、形状改变的财产，包括建筑物、构筑物等。

【提示】转让建筑物有限产权或者永久使用权的，转让在建的建筑物或者构筑物所有权的，以及在转让建筑物或者构筑物时一并转让其所占土地的使用权的，按照销售不动产缴纳增值税。

6. 属于增值税征税范围的判断条件（以下4个条件同时具备）

（1）应税行为是发生在中华人民共和国境内；

（2）应税行为是属于《销售服务、无形资产、不动产注释》范围内的业务活动；

（3）应税服务是为他人提供的；

（4）应税行为是有偿的。

【提示】例外情形见表2-2。

表2-2 例外情形

项目	具体规定
不同时满足增值税征税条件但需要缴纳增值税	（主要针对无偿的应税行为需要缴纳增值税） （1）单位或者个体工商户向其他单位或者个人无偿提供服务，但用于公益事业或者以社会公众为对象的除外 （2）单位或者个人向其他单位或者个人无偿转让无形资产或者不动产，但用于公益事业或者以社会公众为对象的除外
满足增值税征税条件但不需要缴纳增值税	（1）行政单位为履行国家行政管理和公共服务职能收取政府性基金或者行政事业性收费的活动 （2）存款利息 （3）被保险人获得的保险赔付 （4）房地产主管部门或者其指定机构、公积金管理中心、开发企业以及物业管理单位代收的住宅专项维修资金 （5）在资产重组过程中，通过合同、分立、出售、置换等方式，将全部或者部分实物资产以及与其相关联的债权、负债和劳动力一并转让给其他单位和个人，其中涉及的不动产、土地使用权转让行为

考霸笔记：包括专利技术和非专利技术。

考霸笔记：包括土地使用权、海域使用权、采矿权等；土地使用权税率10%，其他无形资产税率6%。

考霸笔记：包括住宅、商业用房、办公楼等可供居住、工作或者进行其他活动的建造物。

考霸笔记：包括桥梁、道路、隧道、水坝等建造物。

考霸笔记：单独转让土地使用权时，按照销售无形资产缴纳增值税。

如何掌握增值税征税范围的例外情况？

续表

项目	具体规定
非经营活动	属于下列非营业活动的情形不缴纳增值税： （1）满足条件的行政单位收取的政府性基金或者行政事业性收费 （2）单位或者个体工商户聘用的员工为本单位或者雇主提供取得工资的服务 （3）单位或者个体工商户为聘用的员工提供服务 （4）财政部和国家税务总局规定的其他情形

考霸笔记
单位向员工提供班车接送服务、餐饮服务等，无论是否收费，均不属于应税行为，不征收增值税。

7.不属于在境内销售服务或者无形资产

不属于在境内销售服务或者无形资产的情形见表2-3。

表2-3 不属于在境内销售服务或者无形资产

项目	具体规定
不属于在境内销售服务或者无形资产	（1）境外单位或者个人向境内单位或者个人销售完全在境外发生的服务 （2）境外单位或者个人向境内单位或者个人销售完全在境外使用的无形资产 （3）境外单位或者个人向境内单位或者个人出租完全在境外使用的有形动产 （4）财政部和国家税务总局规定的其他情形： ①为出境的函件、包裹在境外提供的邮政服务、收派服务 ②向境内单位或个人提供的工程施工地点在境外的建筑服务、工程监理服务 ③向境内单位或个人提供的工程、矿产资源在境外的工程勘察勘探服务 ④向境内单位或个人提供的会议展览地点在境外的会议展览服务
属于在我国境内销售服务（不含租赁不动产）	（1）境外单位或个人向境内单位或个人销售的完全在境内发生的服务 （2）境外单位或个人向境内单位或个人销售的未完全发生在境外的服务
属于在我国境内销售无形资产	（1）境外单位或个人向境内单位或个人销售的完全在境内使用的无形资产 （2）境外单位或个人向境内单位或个人销售的未完全在境外使用的无形资产

考霸笔记
如境外某咨询公司向境内公司提供的拓展境内、境外市场的咨询服务。

考霸笔记
如境外A公司向境内B公司转让A公司在境内的连锁经营权。

考霸笔记
境外C公司向境内D公司转让一项专利技术，该技术同时用于D公司在境内和境外的生产线。

例2-1·多选题

企业发生的下列行为中，不需要计算缴纳增值税的是（　　）。

A.取得存款利息　　B.获得保险赔偿

C.取得中央财政补贴　　D.收取包装物租金

【答案】ABC

【解析】选项ABC，均不属于增值税征税范围；选项D，收取包装物租金应计算缴纳增值税。

（二）征税范围的特殊规定（常考，重点掌握视同销售）

1.属于征税范围的特殊项目

（1）罚没物品征与不征增值税的处理（见表2-4）。

表2-4 罚没物品征与不征增值税的处理

税务处理	具体规定
不予征税	执罚部门和单位按规定程序取得的罚没物品的拍卖收入、变卖收入以及按收兑或收购价所取得的收入作为罚没收入如数上缴财政的
照章征税	①对经营单位购入拍卖物品再销售的 ②国家指定销售单位将罚没物品纳入正常销售渠道销售的 ③专管机关或专营企业经营属于应征增值税的货物的

(2) 航空运输企业已售票但未提供航空运输服务取得的逾期票证收入，按照航空运输服务征收增值税。

(3) 纳税人取得的中央财政补贴，不属于增值税应税收入，不征收增值税。

(4) 融资性售后回租业务中，承租方出售资产的行为不属于增值税的征税范围，不征收增值税。

(5) 药品生产企业销售自产创新药的销售额，为向购买方收取的全部价款和价外费用，其提供给患者后续免费使用的相同创新药，不属于增值税视同销售范围。

(6) 根据国家指令无偿提供的铁路运输服务、航空运输服务，属于用于公益事业的服务，不征收增值税。

(7) 纳税人在资产重组过程中，通过合并、分立、出售、置换等方式，将全部或者部分实物资产以及与其相关联的债权、负债和劳动力一并转让给其他单位和个人，不属于增值税的征税范围。

(8) 预付卡计税规则。

考霸笔记 什么是预付卡？

预付卡分为单用途商业预付卡（美容院会员卡）和支付机构预付卡（多用途卡）（如市政交通一卡通）。

①售卡方售卡时，不缴纳增值税，按“未发生销售行为的不征税项目”开具增值税普通发票，不开具增值税专用发票。

②持卡人消费时，销售方按销售货物、服务缴纳增值税，不再开具增值税发票。

③售卡方与销售方结算时，收取手续费、结算费、服务费、管理费等收入，应按照现行规定缴纳增值税。

9种视同销售货物或视同提供应税服务行为如何考查？（重中之重）

2.属于征税范围的特殊行为

(1) 视同发生应税销售行为。

①将货物交付其他单位或者个人代销。

②销售代销货物。

③设有两个以上机构并实行统一核算的纳税人，将货物从一个机构移送至其他机构用于销售，但相关机构设在同一县（市）的除外。

考霸笔记 同一县（市）移送货物，不视同销售。

④将自产、委托加工的货物用于非应税项目（免税项目、简易计税项目）。

⑤将自产、委托加工的货物用于集体福利或者个人消费。

⑥将自产、委托加工或者购进的货物作为投资，提供给其他单位或者个体工商户。

⑦将自产、委托加工或者购进的货物分配给股东或者投资者。

⑧将自产、委托加工或者购进的货物无偿赠送其他单位或者个人。

⑨单位或者个体工商户向其他单位或者个人无偿销售应税服务、无偿转让无形资产或者不动产，但用于公益事业或者以社会公众为对象的除外。

例 2-2 · 单选题

下列行为中，涉及的进项税额不得从销项税额中抵扣的是（　　）。

A.将外购的货物用于本单位集体福利

B.将外购的货物分配给股东和投资者

C.将外购的货物无偿赠送给其他个人

D.将外购的货物作为投资提供给其他单位

【答案】A

【解析】选项A涉及的进项税额不得从销项税额中抵扣，选项BCD均属于视同销售行为，需要计算销项税额，同时可以抵扣相关进项税额。

例 2-3 · 单选题

下列行为中，视同销售货物缴纳增值税的是（　　）。

A.将购进的货物用于集体福利

B.将购进的货物用于个人消费

C.统一核算的纳税人，将货物在本县不同机构内移送

D.将购进的货物用于对外投资

【答案】D

【解析】将自产、委托加工的货物用于集体福利或者个人消费的，属于增值税视同销售行为，但将购进的货物用于这两项的，不属于增值税视同销售行为；统一核算的纳税人，在同一县市内的货物移送，不征收增值税。所以选项ABC不正确。

混合销售和兼营的区别是什么?

（2）混合销售行为与兼营行为对比（见表2-5）。

表2-5 混合销售行为与兼营行为对比

项目	混合销售	兼营
是否属于同一事项	属于	不属于
含义	一项销售行为如果既涉及服务又涉及货物，为混合销售	销售货物、加工修理修配劳务、服务、无形资产或者不动产不同时发生在同一项销售行为中。二者没有从属关系
税务处理	按照主营项目的税率纳税	应分别核算，未分别核算的，从高适用税率
举例	某家电企业销售空调同时提供送货服务	某企业既销售不动产，又有经纪代理业务

【提示】纳税人销售活动板房、机器设备、钢结构件等自产货物的同时提供建筑、安装服务，不属于混合销售，应分别核算货物和建筑服务的销售额，分别适用不同的税率或者征收率。

考霸笔记
单位是指企业、行政单位、事业单位、军事单位、社会团体及其他单位。个人是指个体工商户和其他个人。

二、纳税义务人和扣缴义务人

（一）纳税义务人

在中华人民共和国境内（以下简称中国境内）销售货物、劳务、服务、无形资产、不动产的单位和个人。以下两种情况特别强调：

（1）单位以承包、承租、挂靠方式经营的，承包人、承租人、挂靠人（以下统称承包人）以发包人、出租人、被挂靠人（以下统称发包人）名义对外经营并由发包人承担相关法律责任的，以该发包人为纳税人，否则以承包人为纳税人。

考霸笔记
两个条件必须同时满足：
（1）以发包人名义对外经营。
（2）发包人承担相关法律责任。

（2）资管产品运营过程中发生的增值税应税行为，以资管产品管理人为增值税纳税人。

（二）扣缴义务人

中华人民共和国境外（以下简称境外）的单位或者个人在境内提供应税劳务，在境内未设有经营机构的，以其境内代理人为扣缴义务人；在境内没有代理人的，以购买方为扣缴义务人。

第二节　一般纳税人和小规模纳税人的登记管理

一般纳税人的判定标准是什么？

根据纳税人的经营规模以及会计核算的健全程度不同，增值税的纳税人可以分为小规模纳税人和一般纳税人。

一、一般纳税人的登记

（一）一般纳税人的登记条件

（1）年应税销售额超过500万元的，应向主管税务机关办理一般纳税人登记。（新变动）

年应税销售额，是指纳税人在连续不超过12个月或4个季度的经营期内累计应征增值税销售额，包括纳税申报销售额、稽查查补销售额、纳税评估调整销售额。

考霸笔记
不一定是一个自然年度。

其中，销售服务、无形资产或者不动产（以下简称应税行为）有扣除项目的纳税人，其应税行为年应税销售额按未扣除之前的销售额计算。纳税人偶然发生的销售无形资产、转让不动产的销售额，不计入应税行为年应税销售额。

【提示1】年应税销售额未超过标准的纳税人（小规模纳税人），会计核算健全，能够提供准确税务资料的，可以向主管税务机关办理一般纳税人登记。

考霸笔记
会计核算健全，是指能够按照国家统一标准的会计制度规定设置账簿，根据合法、有效凭证核算。

（2）年应税销售额未超过标准的其他个人以及选择按小规模纳税人纳税的，不得办理一般纳税人登记。

（二）纳税人办理一般纳税人登记的程序

（1）纳税人向主管税务机关填报《增值税一般纳税人资格登记表》，如实填写固定生产经营场所等信息，并提供税务登记证件。

（2）纳税人填报内容与税务登记信息一致的，主管税务机关当场登记。

（3）纳税人填报内容与税务登记信息不一致的，或者不符合填列要求的，税务机关应当告知纳税人需要补正的内容。

（三）登记的时限

纳税人在年应税销售额超过规定标准的月份（或季度）的所属申报期结束后15日内按照规定办理相关手续。未按规定时限办理的，主管税务机关应当在规定时限结束后5日内制作《税务事项通知书》，告知纳税人应当在5日内向主管税务机关办理相关手续。逾期仍不办理的，次月起按销售额依照增值税税率计算应纳税额，不得抵扣进项税额，直至纳税人办理相关手续为止。

二、小规模纳税人的登记

1.增值税小规模纳税人的认定标准

增值税小规模纳税人的具体认定标准为年应征增值税销售额500万元及以下。

按规定已登记为增值税一般纳税人的单位和个人，在2018年12月31日前，可转登记为小规模纳税人，其未抵扣的进项税额作转出处理。

2.可转登记为小规模纳税人的条件

同时符合以下条件的一般纳税人，可选择按规定，转登记为小规模纳税人或选择继续作为一般纳税人：

（1）已登记为一般纳税人；

（2）转登记日前连续12个月（以1个月为1个纳税期，下同）或者连续4个季度（以1个季度为1个纳税期，下同）累计应征增值税销售额（以下称应税销售额）未超过500万元。在2019年12月31日前，可选择转登记为小规模纳税人。

转登记后具体怎么操作?

3.转登记相关具体操作

（1）一般纳税人转登记为小规模纳税人（以下称转登记纳税人）后，自转登记日的下期起，按照简易计税方法计算缴纳增值税；转登记日当期仍按照一般纳税人的有关规定计算缴纳增值税。

（2）转登记纳税人尚未申报抵扣的进项税额以及转登记日当期的期末留抵税额，记入“应交税费——待抵扣进项税额”核算。尚未申报抵扣的进项税额记入“应交税费——待抵扣进项税额”时：

①转登记日当期已经取得的增值税专用发票、机动车销售统一发票、收费公路通行费增值税电子普通发票，应当已经通过增值税发票选择确认平台进行选择确认或认证后稽核比对相符；经稽核比对异常的，应当按照现行规定进行核查处理。已经取得的海关进口增值税专用缴款书，经稽核比对相符的，应当自行下载《海关进口增值税专用缴款书稽核结果通知书》。经稽核比对异常的，应当按照现行规定进行核查处理。（取得发票的情形，自行操作）

②转登记日当期尚未取得的增值税专用发票、机动车销售统一发票、收费公路通行费增值税电子普通发票，转登记纳税人在取得上述发票以后，应当持税控设备，由主管税务机关通过增值税发票选择确认平台（税务局端）为其办理选择确认。尚未取得的海关进口增值税专用缴款书，转登记纳税人在取得以后，经稽核比

对相符的，应当由主管税务机关通过稽核系统为其下载《海关进口增值税专用缴款书稽核结果通知书》；经稽核比对异常的，应当按照现行规定进行核查处理。（未取得发票的情形，由主管税务机关操作）

（3）转登记纳税人在一般纳税人期间销售或者购进的货物、劳务、服务、无形资产、不动产，自转登记日的下期起发生销售折让、中止或者退回的，调整转登记日当期的销项税额、进项税额和应纳税额。

考霸笔记
转登记纳税人应准确核算“应交税费——待抵扣进项税额”的变动情况。

①调整后的应纳税额小于转登记日当期申报的应纳税额形成的多缴税款，从发生销售折让、中止或者退回当期的应纳税额中抵减；不足抵减的，结转下期继续抵减。

②调整后的应纳税额大于转登记日当期申报的应纳税额形成的少缴税款，从“应交税费——待抵扣进项税额”中抵减；抵减后仍有余额的，计入发生销售折让、中止或者退回当期的应纳税额一并申报缴纳。

转登记纳税人因税务稽查、补充申报等原因，需要对一般纳税人期间的销项税额、进项税额和应纳税额进行调整的，按照上述规定处理。

（4）转登记纳税人可以继续使用现有税控设备开具增值税发票，不需要缴销税控设备和增值税发票。

（5）转登记纳税人在一般纳税人期间发生的增值税应税销售行为，未开具增值税发票需要补开的，应当按照原适用税率或者征收率补开增值税发票；发生销售折让、中止或者退回等情形，需要开具红字发票的，按照原蓝字发票记载的内容开具红字发票；开票有误需要重新开具的，先按照原蓝字发票记载的内容开具红字发票后，再重新开具正确的蓝字发票。

（6）自转登记日的下期起连续不超过12个月或者连续不超过4个季度的经营期内转登记纳税人应税销售额超过财政部、国家税务总局规定的小规模纳税人标准的，应当按规定，向主管税务机关办理一般纳税人登记。

【注意】转登记纳税人按规定再次登记为一般纳税人后，不得再转登记为小规模纳税人。

第三节　税率与征收率

税率与征收率框架如图2-2所示。

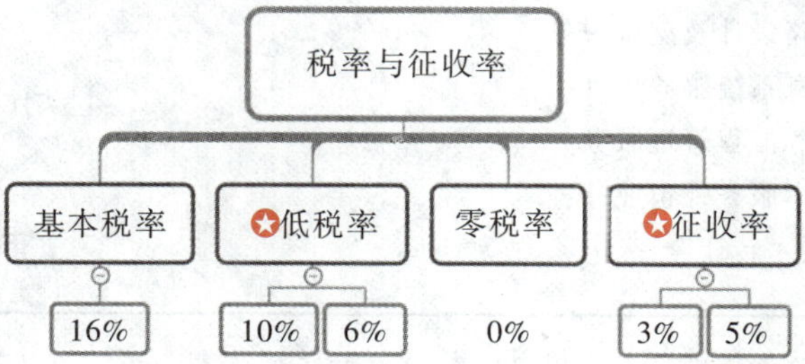

图2-2　税率与征收率框架图

增值税税率的考查方式有哪几种?

一、增值税税率

增值税税率见表2-6。

表2-6　　增值税税率

税率	适用情形
16%	一般纳税人销售货物、劳务、有形动产租赁（如光租、干租）服务或者进口货物，除另有规定外，税率为16%
10%	1.（农产品）种植业、养殖业、林业、牧业、水产业生产的各种植物、动物的初级产品；挂面、干姜、姜黄、玉米胚芽、动物骨粒、巴氏杀菌乳、灭菌乳（不含麦芽、复合胶、人发、淀粉、调制乳） 2.（农民相关）饲料、化肥、农药、农机（指农机整机，而零部件仍按16%）、农膜；二甲醚（新能源） 3.（生活用品）食用植物油（包括橄榄油、花椒油、杏仁油、葡萄籽油、牡丹籽油）、食用盐、自来水、暖气、冷气、热水、煤气、石油液化气、天然气、沼气、居民用煤炭制品（不含环氧大豆油、氢化植物油、肉桂油、桉油、香茅油、原煤、工业用煤） 4.（文化建设）图书、报纸、杂志、音像制品、电子出版物 5.（营改增）交通运输服务、邮政服务、基础电信服务、建筑服务、不动产租赁服务、销售不动产、转让土地使用权
6%	（营改增）现代服务（除租赁服务）、增值电信服务、金融服务、生活服务、销售无形资产（除转让土地使用权）
零税率	出口货物、国际运输服务、航天运输服务、完全在境外的服务、港澳台有关的应税行为等 1.国际运输服务，包括： （1）在境内载运旅客或者货物出境 （2）在境外载运旅客或者货物入境 （3）在境外载运旅客或者货物 2.向境外单位提供的完全在境外消费的服务，包括： （1）研发服务 （2）合同能源管理服务 （3）设计服务 （4）广播影视节目（作品）的制作和发行服务 （5）软件服务 （6）电路设计及测试服务 （7）信息系统服务 （8）业务流程管理服务 （9）离岸服务外包业务 （10）技术转让

考霸笔记

饲料，是指用于动物饲养的产品或其加工品，包括豆粕、宠物饲料、饲用鱼油、矿物质微量元素舔砖、饲料级磷酸二氢钙产品。

增值税征收率的考查方式有哪几种?

二、增值税征收率

增值税征收率适用两种情况，一是小规模纳税人，二是一般纳税人发生应税销售行为按规定可以选择简易计税方法计税的（如图2-3所示）。

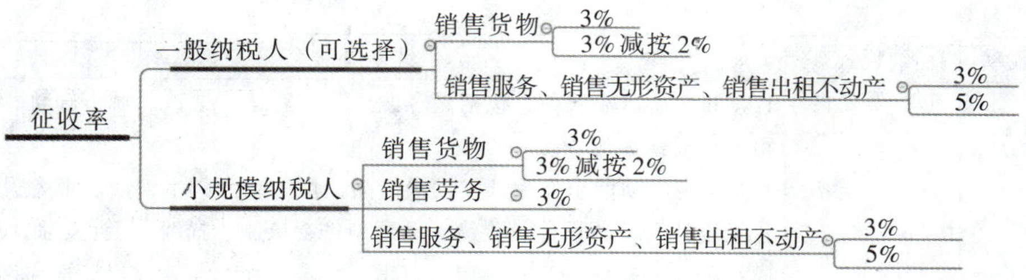

图2-3　征收率

（一）征收率的一般规定

征收率的一般规定见表2-7。

表2-7　**征收率一般规定**

征收率	纳税人	具体情形
5%	小规模纳税人	1.小规模纳税人销售自建或者取得的不动产 2.小规模纳税人出租其取得的不动产（不含个人出租住房） 3.房地产开发企业中的小规模纳税人，销售自行开发的房地产项目 4.小规模纳税人和一般纳税人提供劳务派遣服务选择差额纳税的
	一般纳税人	1.一般纳税人选择简易计税方法计税的不动产销售和不动产经营租赁 2.一般纳税人2016年4月30日前签订的不动产融资租赁合同，或以2016年4月30日前取得的不动产提供的融资租赁服务，选择按照简易办法的 3.一般纳税人收取试点前开工的一级公路、二级公路、桥、闸通行费，选择按简易办法的 4.一般纳税人转让2016年4月30日前取得的土地使用权，选择按照简易办法的 5.一般纳税人提供人力资源外包服务，选择按照简易办法的
	其他个人	1.其他个人销售其取得（不含自建）的不动产（不含其购买的住房） 2.其他个人出租其取得的不动产（不含住房）
	个人	个人出租住房，应按照5%的征收率减按1.5%计算应纳税额
3%	小规模纳税人	除上述适用5%征收率以外的小规模纳税人发生的应税销售行为
	一般纳税人销售货物可选择简易计税的情形	1.县级及县级以下小型水力发电单位生产的自产电力 2.自产建筑用和生产建筑材料所用的沙、土、石料 3.以自己采掘的沙、土、石料或其他矿物连续生产的砖、瓦、石灰（不含黏土实心砖、瓦） 4.自己用微生物、微生物代谢产物、动物毒素、人或动物的血液或组织制成的生物制品 5.自产的自来水、自来水公司销售自来水 6.自产的商品混凝土（仅限于以水泥为原料生产的水泥混凝土） 7.单采血浆站销售非临床用人体血液 8.典当业销售死当物品、寄售商店代销寄售物品（包括居民个人寄售的物品在内） 9.药品经营企业销售生物制品

考霸笔记
一般适用2016年4月30日前取得或自行开发的不动产。

考霸笔记
指各类投资主体建设的装机容量为5万千瓦以下（含5万千瓦）的小型水力发电单位。

续表

征收率	纳税人	具体情形
3%	销售服务、无形资产可选择简易计税的情形	1.公共交通运输服务，包括轮客渡、公交客运、地铁、城市轻轨、出租车、长途客运、班车 2.经认定的动漫企业为开发动漫产品提供的动漫脚本编撰、形象设计、背景设计、动画设计、分镜、动画制作、摄制、描线、上色、画面合成、配音、配乐、音效合成、剪辑、字幕制作、压缩转码（面向网络动漫、手机动漫格式适配）服务，以及在境内转让动漫版权（包括动漫品牌、形象或者内容的授权及再授权） 3.电影放映服务、仓储服务、装卸搬运服务、收派服务和文化体育服务 4.以纳入营改增试点之日前取得的有形动产为标的物提供的经营租赁服务 5.在纳入营改增试点之日前签订的尚未执行完毕的有形动产租赁合同 6.以清包工方式提供的建筑服务 7.为甲供工程提供的建筑服务 8.一般纳税人销售电梯的同时提供安装服务，其安装服务可以按照甲供工程选择适用简易计税方法计税 9.提供非学历教育服务、教育辅助服务 10.非企业性单位中的一般纳税人提供的研发和技术服务、信息技术服务、鉴证咨询服务、技术转让、技术开发和与之相关的技术咨询、技术服务，以及销售技术、著作权等无形资产，可以选择简易计税方法按照3%征收率计算缴纳增值税 11.（新增）自2018年5月1日起，增值税一般纳税人生产销售和批发、零售抗癌药品，可选择按照简易办法依照3%征收率计算缴纳增值税 抗癌药品范围实行动态调整，纳税人选择简易办法计算缴纳增值税后，36个月内不得变更 12.（新增）自2019年3月1日起，增值税一般纳税人生产销售和批发、零售罕见病药品，可选择按照简易办法依照3%征收率计算缴纳增值税 【提示】纳税人应单独核算罕见病药品的销售额。未单独核算的，不得适用上述规定的简易征收政策

考霸笔记：班车，是指按固定路线、固定时间运营并在固定站点停靠的运送旅客的陆路运输。不等同于单位内部的通勤班车。

考霸笔记：以清包工方式提供建筑服务，是指施工方不采购建筑工程所需的材料或只采购辅助材料，并收取人工费、管理费或者其他费用的建筑服务。

考霸笔记：甲供工程，是指全部或部分设备、材料、动力由工程发包方自行采购的建筑工程。

考霸笔记：纳税人对安装运行后的电梯提供的维护保养服务，按照其他现代服务缴纳增值税。

考霸笔记：抗癌药品，是指经国家药品监督管理部门批准注册的抗癌制剂及原料药。

考霸笔记：所称罕见病药品，是指经国家药品监督管理部门批准注册的罕见病药品制剂及原料药。

【提示】一般纳税人发生财政部和国家税务总局规定的特定应税销售行为，一经选择适用简易计税方法计税，36个月内不得变更。

例2-4·2017年多选题

增值税一般纳税人销售自产的下列货物，可选择按照简易办法依照3%征收率计算缴纳增值税的有（　　）。

A.用购买的石料生产的石灰　　B.用动物毒素制成的生物制品

C.以水泥为原料生产的水泥混凝土　　D.县级以下小型水力发电站生产的电力

【答案】BCD

【解析】以自己采掘的石料生产的石灰，可按3%计税；用购买的石料生产的石灰不能依照3%的征收率计征增值税，因此，选项A不正确。

（二）征收率的特殊规定

1.适用3%征收率的部分一般纳税人和小规模纳税人可以减按2%计征增值税：

（1）一般纳税人销售自己使用过的且未作进项税抵扣的固定资产，适用按简易办法依3%征收率减按2%征收增值税；

（2）小规模纳税人销售自己使用过的固定资产，减按2%的征收率征收增值税；

（3）纳税人销售旧货，按照简易办法依照3%征收率减按2%征收增值税。

上述纳税人销售自己使用过的固定资产、物品和旧货适用按照简易办法依照3%征收率减按2%征收增值税的，按下列公式确定销售额和应纳税额：

$$应纳税额=\frac{含税销售额}{1+3\%}\times 2\%$$

【总结】见表2-8。

表2-8 总结

状态	具体情形	小规模纳税人	一般纳税人	简易计税计算公式
自己使用过	旧物	3%	16%/10%（一般计税方法）	$应纳税额=\frac{含税销售额}{1+3\%}\times 3\%$
自己使用过	固定资产（简易计税方法）	3%减按2%（未作进项税抵扣）		$应纳税额=\frac{含税销售额}{1+3\%}\times 2\%$
自己未使用过	旧货			
自己未使用过	新的固定资产	3%	16%（一般计税方法）	$应纳税额=\frac{含税销售额}{1+3\%}\times 3\%$

2.提供物业管理服务的纳税人，向服务接受方收取的自来水水费，以扣除其对外支付的自来水水费后的余额为销售额，按照简易计税方法依3%的征收率计算缴纳增值税。

3.小规模纳税人提供劳务派遣服务，可以按照“营改增通知”的有关规定，以取得的全部价款和价外费用为销售额，按照简易计税方法依3%的征收率计算缴纳增值税；也可以选择差额纳税，以取得的全部价款和价外费用，扣除代用工单位支付给劳务派遣员工的工资、福利和为其办理社会保险及住房公积金后的余额为销售额，按照简易计税方法依5%的征收率计算缴纳增值税。

例2-5·单选题

某副食品商店为增值税小规模纳税人（按月申报），2018年8月销售副食品取得含税销售额66 950元，销售自己使用过的固定资产取得含税销售额80 000元，未放弃减税优惠。该商店应缴纳的增值税为（　　）元。

A.4 280.1　　B.4 408.5

C.3 503.4　　D.4 350

【答案】C

【解析】本题商店未放弃减税，所以纳税人销售自己使用过的固定资产，适用简易办法依照3%征收率减按2%征收增值税政策。应缴纳的增值税=66 950÷（1+3%）×3%+80 000÷（1+3%）×2%=1 950+1 553.40=3 503.4（元）。

考霸笔记

纳税人销售自己使用过的固定资产，适用简易办法依照3%征收率减按2%征收增值税政策的，可以放弃减税，按照简易办法依照3%征收率缴纳增值税，并可以开具增值税专用发票。

考霸笔记

所称旧货，指进入二次流通的具有部分使用价值的货物，不包括自己使用过的物品；自己使用过的物品叫“旧物”。

第四节 增值税的计税方法

增值税的计税方法，包括一般计税方法、简易计税方法和扣缴计税方法。

一、一般计税方法

一般纳税人销售货物、提供应税劳务、应税服务适用一般计税方法计税。其计算公式是：

当期应纳增值税税额＝当期销项税额－当期进项税额

二、简易计税方法

考霸笔记
不含税销售额。

小规模纳税人发生应税销售行为适用简易计税方法计税。简易计税方法的公式是：

当期应纳增值税税额＝当期销售额×征收率

一般纳税人销售或提供财政部和国家税务总局规定的特定的销售货物、应税劳务、应税服务，也可以选择适用简易计税方法计税，但是不得抵扣进项税额。

三、扣缴计税方法

境外单位或者个人在境内提供应税服务，在境内未设有经营机构的，以其境内代理人为扣缴义务人；在境内没有代理人的，以购买方为扣缴义务人。扣缴义务人按照下列公式计算应扣缴税额：

$$应扣缴税额=\frac{接收方支付的价款}{1+税率}\times 税率$$

应纳税额的计算主要考点在哪里？

第五节 一般计税方法应纳税额的计算

增值税一般纳税人发生应税销售行为的应纳税额，除适用简易征税办法外的，均应该等于当期销项税额抵扣当期进项税额后的余额。其计算公式如下：

当期应纳增值税税额＝当期销项税额－当期进项税额

一、销项税额的计算

考霸笔记
销项税额＝含税销售额÷（1＋增值税税率）×增值税税率

销项税额=不含税销售额×增值税税率

销项税额的计算如图2-4所示。

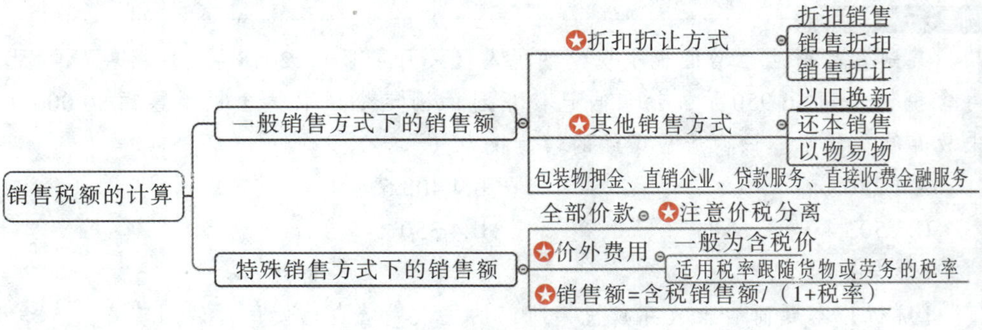

图2-4 销项税额的计算

（一）一般销售方式下的销售额

销售额是指纳税人发生应税销售行为时向购买方（承受劳务和服务也视为购买

方）收取的全部价款和价外费用，不包括向购买方收取的销项税额。

价外费用，是指价外收取的各种性质的收费。但下列项目不包括在内：

1.受托加工应征消费税的消费品所代收代缴的消费税。

2.同时符合以下条件代为收取的政府性基金或者行政事业性收费：

（1）由国务院或者财政部批准设立的政府性基金，由国务院或者省级人民政府及其财政、价格主管部门批准设立的行政事业性收费；

（2）收取时开具省级以上财政部门印制的财政票据；

（3）所收款项全额上缴财政。

3.以委托方的名义开具发票代委托方收取的款项。

4.销售货物的同时代办保险等而向购买方收取的保险费，以及向购买方收取的代购买方缴纳的车辆购置税、车辆牌照费。

考霸笔记：增值税是价外税。

考霸笔记：一般为含税价，在计税时适用税率是主营业务商品或劳务的适用税率。

（二）特殊销售方式下的销售额

1.折扣折让方式销售

折扣折让方式销售见表2-9。

销售折扣、折扣销售、销售折让有什么区别?

表2-9 折扣折让方式销售

销售方式	具体内容	处理方式
销售折扣（现金折扣）	指销货方在销售货物或应税劳务后，为了鼓励购货方及早偿还货款而协议许诺给予购货方的一种折扣优待（如：10天内付款，货款折扣2%；20天内付款，折扣1%；30天内全价付款）	销售折扣发生在销货之后，是一种融资性质的理财费用，因此，销售折扣不得从销售额中减除 【提示】折扣金额计入财务费用
折扣销售（商业折扣）	指销货方在销售货物或应税劳务时，因购货方购货数量较大等原因而给予购货方的价格优惠（如：购买5件，销售价格折扣10%；购买10件，折扣20%等）	销售折扣发生在销货之前，是为了促进销售，因此，按折扣后金额确认收入 【提示】纳税人发生应税行为，如果将价款与折扣额在同一张发票金额栏里注明的，以折扣后的价款为销售额；如果将折扣额另开发票的，或在同一张发票备注栏里注明的，不论其在财务上如何处理，均不得从销售额中扣除
销售折让（质量问题）	指货物销售后，企业因售出商品的质量不合格等原因，而在售价上给予的减让	销售折让与销售折扣相比较，虽然都是在货物销售后发生的，但因为销售折让是由于货物的品种和质量引起销售额的减少，因此，对销售折让可以折让后的货款为销售额，折让金额开具红字发票冲减收入

例2-6·单选题

甲企业为增值税一般纳税人，主营儿童玩具等业务。2018年8月销售给乙商场某母婴店100套玩具车，增值税普通发票上注明价格为116元/套。由于乙企业购买数量较多，甲企业给予乙企业7折的优惠，并按原价开具了增值税专用发票，折扣额在同一张发票的“备注”栏注明。甲企业当月的销项税额为（　　）元。

A.1 856　　B.1 600

C.1 700　　D.1 972

【答案】B

【解析】销项税额=116÷（1+16%）×100×16%=1 600（元）。

2.其他方式销售

其他方式销售的规定见表2-10。

以旧换新核心考点是什么?

表2-10 **其他方式销售**

销售方式	具体内容
以旧换新	按新货物的同期销售价格确定销售额，不得扣减旧货物的收购价格 【提示】金银首饰以旧换新业务，可以按销售方实际收取的不含税价款征收增值税（差额征税）
还本销售	还本销售是指纳税人在销售货物后，到一定期限由销售方一次或分次退还给购货方全部或部分价款。这种方式实际上是一种筹资，是以货物换取资金的使用价值，到期还本不付息的方法 【提示】还本销售的销售额就是货物的售价，不得从销售额中减除还本支出
以物易物	以各自发出的货物核算销售额并计算销项税额，以各自收到的货物按规定核算购货额并计算进项税额 【提示】双方都分别核算销项税额和进项税额，并分别开具合法的票据，如果不能取得增值税专用发票或其他合法票据，则不能抵扣进项税额

包装物押金和租金在税务处理上有什么区别?

3.包装物的税务处理

包装物是指纳税人包装本单位货物的各种物品。纳税人销售货物时另收取包装物押金，目的是促使购货方及早退回包装物以便周转使用。包装物押金易和租金混淆，总结归纳见表2-11。

考霸笔记 超过合同约定日期或以1年为期限，对收取1年以上的押金，均应并入销售额征税。

表2-11 **包装物的税务处理**

货物		收取包装物押金时	包装物押金逾期或超过12个月
一般货物		不计税	计税
酒	啤酒、黄酒	不计税	计税
	除啤酒、黄酒外的其他酒	计税	—

考霸笔记 啤酒、黄酒从量计征消费税，因此，任何情况下的包装物押金都不计征消费税。

4.直销企业的税务处理

直销企业先将货物销售给直销员，直销员再将货物销售给消费者的，直销企业的销售额为其向直销员收取的全部价款和价外费用。直销员将货物销售给消费者时，应按照现行规定缴纳增值税。

直销企业通过直销员向消费者销售货物，直接向消费者收取货款，直销企业的销售额为其向消费者收取的全部价款和价外费用。

5.贷款服务的销售额

以提供贷款服务取得的全部利息及利息性质的收入为销售额。

【提示】自2018年1月1日起，资管产品管理人运营资管产品提供的贷款服务以2018年1月1日起产生的利息及利息性质的收入为销售额。

考霸笔记 直销企业直接向谁收钱，收取的全部价款和价外费用就是销售额。

6.直接收费金融服务的销售额

以提供直接收费金融服务收取的手续费、佣金、酬金、管理费、服务费、经手费、开户费、过户费、结算费、转托管费等各类费用为销售额。

7.发卡机构、清算机构和收单机构提供银行卡跨机构资金清算服务的增值税计税问题

（1）发卡机构以其向收单机构收取的发卡行服务费为销售额，并按照此销售额向清算机构开具增值税发票。

（2）清算机构以其向发卡机构、收单机构收取的网络服务费为销售额，并按照发卡机构支付的网络服务费向发卡机构开具增值税发票，按照收单机构支付的网络服务费向收单机构开具增值税发票。

清算机构从发卡机构取得的增值税发票上记载的发卡行服务费，一并计入清算机构的销售额，并由清算机构按照此销售额向收单机构开具增值税发票。

（3）收单机构以其向商户收取的收单服务费为销售额，并按照此销售额向商户开具增值税发票。

（三）按差额确定销售额

具体规定见表2-12。

表2-12 **按差额确定销售额**

项目	需要关注的内容
金融商品转让	按照卖出价扣除买入价后的余额为销售额 （1）转让金融商品出现的正负差，按盈亏相抵后的余额为销售额。若相抵后出现负差，可结转下一纳税期与下期转让金融商品销售额相抵，但年末时仍出现负差的，不得转入下一个会计年度 （2）金融商品的买入价，可以选择按照加权平均法或者移动加权平均法进行核算，选择后36个月内不得变更 【提示】不得开具增值税专用发票
经纪代理服务	以取得的全部价款和价外费用，扣除向委托方收取并代为支付的政府性基金或者行政事业性收费后的余额为销售额 【提示】不得开具增值税专用发票
融资租赁	以取得的全部价款和价外费用，扣除支付的借款利息、发行债券利息和车辆购置税后的余额为销售额（三方当事人）
融资性售后回租	以取得的全部价款和价外费用（不含本金），扣除对外支付的借款利息、发行债券利息后的余额作为销售额（两方当事人） 【提示】试点纳税人根据2016年4月30日前签订的有形动产融资性售后回租合同，在合同到期前提供的有形动产融资性售后回租服务，可以按上述政策确认销售额，也可以按以下政策确认销售额： （1）以向承租方收取的全部价款和价外费用，扣除向承租方收取的价款本金，以及对外支付的借款利息（包括外汇借款和人民币借款利息）、发行债券利息后的余额为销售额 （2）以向承租方收取的全部价款和价外费用，扣除支付的借款利息（包括外汇借款和人民币借款利息）、发行债券利息后的余额为销售额
航空运输企业	不包括代收的机场建设费和代售其他航空运输企业客票而代收转付的价款
一般纳税人提供客运场站服务	以其取得的全部价款和价外费用，扣除支付给承运方运费后的余额为销售额
旅游服务	可以选择以取得的全部价款和价外费用，扣除向旅游服务购买方收取并支付给其他单位或者个人的住宿费、餐饮费、交通费、签证费、门票费和支付给其他接团旅游企业的旅游费用后的余额为销售额 【提示】扣除部分不得开具增值税专用发票
建筑服务	以取得的全部价款和价外费用，扣除支付的分包款后的余额作为销售额
房地产开发企业	一般纳税人销售自行开发的不动产，采用一般计税方法的，以取得的全部价款和价外费用，扣除支付的土地价款（包括支付给政府以及个人）后的余额为销售额
转让不动产	（1）纳税人转让不动产，按照差额缴纳增值税的，无法提供不动产发票的，可向税务机关提供其他能证明契税计税金额的完税凭证等资料，进行差额扣除 （2）纳税人同时保留取得不动产时的发票和其他能证明契税计税金额的完税凭证等资料的，应当凭发票进行差额扣除

考霸笔记

承租方出售资产的行为不纳税。

例 2-7

假设某经营企融业务的公司（一般纳税人）2017年第4季度转让债券卖出价为100 000元（含增值税价格，下同），该债券是2016年9月购入的，买入价为60 000元。该公司2017年第4季度之前转让金融商品亏损15 000元，则转让债券的销售额和销项税额分别是：

销售额＝100 000−60 000 −15 000 =25 000（元）

销项税额＝25 000÷（1+6%）×6%＝1 415.09（元）

例 2-8 · 2017年单选题

对下列增值税应税行为计算销项税额时，按照全额确定销售额的是（　　）。

A. 贷款服务　　B. 金融商品转让

C. 一般纳税人提供客运场站服务　　D. 经纪代理服务

【答案】A

【解析】选项A贷款服务，以提供贷款服务取得的全部利息及利息性质的收入为销售额。

考霸笔记
成本：外购的为购入成本；自产的为实际生产成本。
成本利润率由国家税务总局确定，考试时一般会给出。

纳税人发生应税销售行为的情形，价格明显偏低且无正当理由的，或者发生应税销售行为而无销售额的，由主管税务机关按下列顺序核定销售额：

（1）按纳税人最近时期同类货物的平均销售价格确定。

（2）按其他纳税人最近时期同类货物的平均销售价格确定。

（3）按组成计税价格确定。组成计税价格的公式为：

组成计税价格＝成本×（1＋成本利润率）

常见的含税销售额有哪些？

（四）含税销售额的换算

为了避免重复征税，所以需要将含税销售额换算成不含税销售额，按下列公式计算销售额：

销售额=含税销售额÷（1+增值税税率）

二、进项税额的确认和计算

考霸笔记
增值税扣税凭证包括增值税专用发票、海关进口增值税专用缴款书、农产品收购发票、农产品销售发票。

（一）进项税额凭票抵扣的一般规定

进项税额凭票抵扣的一般规定见表2-13。

表2-13　　进项税额凭票抵扣的一般规定

抵扣凭证	抵扣金额	税务处理
（1）增值税专用发票 （2）机动车销售统一发票 （3）货物运输业增值税专用发票 （4）税收缴款凭证（完税凭证）	发票上列示的税额	先认证，后抵扣
海关进口增值税专用缴款书		先比对，后抵扣

什么情况下适用农产品计算抵扣？

（二）农产品进项税额的抵扣

1. 普通农产品计算抵扣

（1）抵扣凭证和税务处理，见表2-14。

表 2-14 抵扣凭证和税务处理

发票种类	税务处理
一般纳税人开具的增值税专用发票或海关进口增值税专用缴款书	以增值税专用发票或海关进口增值税专用缴款书上注明的增值税额为进项税额
小规模纳税人代开的增值税专用发票	以增值税专用发票上注明的金额和10%的扣除率计算进项税额
农产品销售发票或收购发票	以农产品销售发票或收购发票上注明的农产品买价和10%的扣除率计算进项税额

【提示】纳税人购进用于生产销售或委托加工16%税率货物的农产品，按照12%的扣除率计进项税额。

（2）购进农产品进项税额的计算公式为：

进项税额=买价×扣除率

（3）纳税人从批发、零售环节购进适用免征增值税政策的蔬菜、部分鲜活肉蛋而取得的普通发票，不得作为计算抵扣进项税额的凭证。（原理是本身不含增值税）

（4）纳税人购进农产品既用于生产销售或委托受托加工16%税率货物又用于生产销售其他货物服务的，应当分别核算用于生产销售或委托受托加工16%税率货物和其他货物服务的农产品进项税额。未分别核算的，统一以增值税专用发票或海关进口增值税专用缴款书上注明的增值税额为进项税额，或以农产品收购发票或销售发票上注明的农产品买价和10%的扣除率计算进项税额。

（5）对烟叶税纳税人按规定缴纳的烟叶税，准予并入烟叶产品的买价计算增值税的进项税额，并在计算缴纳增值税时予以抵扣。购进烟叶准予抵扣的增值税进项税额，按照规定的收购烟叶实际支付的价款总额和烟叶税及法定扣除率计算。计算公式如下：

烟叶税和农产品增值税结合考查如何应对？

6172

烟叶税应纳税额=烟叶收购价×（1+10%）×税率（20%）

准予抵扣的进项税额=（收购烟叶实际支付的价款总额+烟叶税应纳税额）×扣除率

例 2-9 · 单选题

某卷烟厂（增值税一般纳税人）2018年10月收购烟叶全部生产卷烟，收购凭证上注明价款50万元，并向烟叶生产者支付了收购价10%的价外补贴。该卷烟厂10月份收购烟叶可抵扣的进项税额为（　　）。

A.6.5万元　　　　B.7.92万元

C.8.58万元　　　　D.8.86万元

【答案】B

【解析】烟叶收购实际支付的价款=50×（1+10%）=55（万元）；烟叶税应纳税额=55×20%=11（万元）；准予抵扣进项税额=（55+11）×12%=7.92（万元）。

2.特殊农产品核定扣除

（1）适用该办法的范围。

自2012年7月1日起，以购进农产品为原料生产销售液体乳及乳制品、酒及酒三种方法下在考试中哪些是已知条件?

精、植物油（以下简称货物）的增值税一般纳税人，纳入农产品增值税进项税额核定扣除试点范围，其购进农产品无论是否用于生产上述产品，增值税进项税额均按照《农产品增值税进项税额核定扣除试点实施办法》的规定抵扣。

（2）农产品增值税进项税额核定方法。

①纳税人以购进农产品为原料生产货物的。

农产品增值税进项税额可按照投入产出法、成本法、参照法核定（见表2-15）。

表2-15 农产品进项税额核定

	投入产出法	成本法	参照法（模仿别人）
核心公式	1.当期允许抵扣农产品增值税进项税额=当期农产品耗用数量×农产品平均购买单价×扣除率/（1+扣除率） 2.当期农产品耗用数量=当期销售货物数量（不含采购除农产品以外的半成品生产的货物数量）×农产品单耗数量 合并：当期允许抵扣农产品增值税进项税额=当期销售货物数量（不含采购除农产品以外的半成品生产的货物数量）×农产品单耗×农产品平均购买单价×扣除率/（1+扣除率）	当期允许抵扣农产品增值税进项税额=当期主营业务成本×农产品耗用率×扣除率/（1+扣除率）	新办的试点纳税人或者试点纳税人新增产品的，试点纳税人可参照所属行业或者生产结构相近的其他试点纳税人确定农产品单耗数量或者农产品耗用率

②纳税人购进农产品直接销售的。

考霸笔记：扣除率依照产出农产品适用税率。

当期允许抵扣农产品增值税进项税额=当期销售农产品数量/（1-损耗率）×农产品平均购买单价×扣除率/（1+扣除率）

【总结】关于农产品的进项税额抵扣总结如图2-5所示。

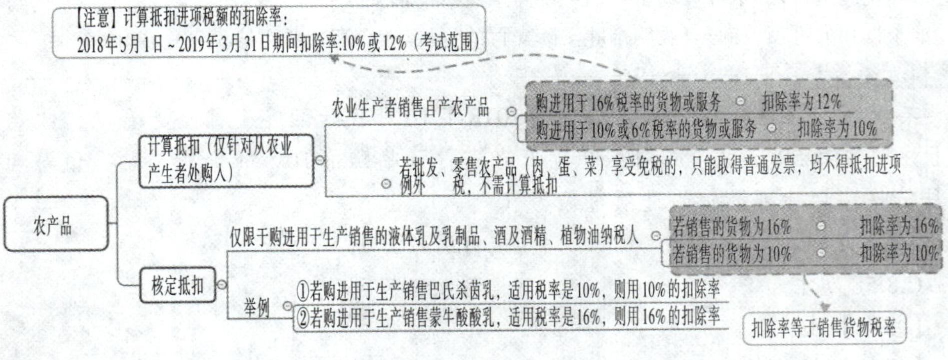

图2-5 农产品进项税额抵扣

考霸笔记：取得的不动产，包括以直接购买、接受捐赠、接受投资入股以及抵债等各种形式取得的不动产。

（三）不动产进项税额分期抵扣办法

1.需要分2年抵扣的不动产

（1）增值税一般纳税人在2016年5月1日至2019年4月1日期间，取得并在会计制度上按固定资产核算的不动产，以及在此期间发生的不动产在建工程，其进项税额应按照本办法有关规定分2年从销项税额中抵扣，第1年抵扣比例为60%，第2年抵扣比例为40%。

例2-10计算题

2016年6月1日，某增值税一般纳税人购进办公大楼一座，该大楼用于公司办公，计入固定资产，并于次月开始计提折旧。6月6日，该纳税人取得该大楼的增值税专用发票并认证相符，专用发票注明的增值税税额为800万元。

【解析】2016年6月可抵扣进项税额480万元，2017年6月可抵扣进项税额320万元（如图2-6所示）。

图2-6　不动产进项税额抵扣

（2）纳税人2016年5月1日至2019年4月1日期间购进货物和设计服务、建筑服务，用于新建不动产，或者用于改建、扩建、修缮、装饰不动产并增加不动产原值超过50%的，其进项税额依照本办法有关规定分2年从销项税额中抵扣。

上述分2年从销项税额中抵扣的购进货物，是指构成不动产实体的材料和设备，包括建筑装饰材料和给排水、采暖、卫生、通风、照明、通信、煤气、消防、中央空调、电梯、电气、智能化楼宇设备及配套设施。

2. 不得分2年抵扣的不动产

不得分2年抵扣不动产的情况如图2-7所示。

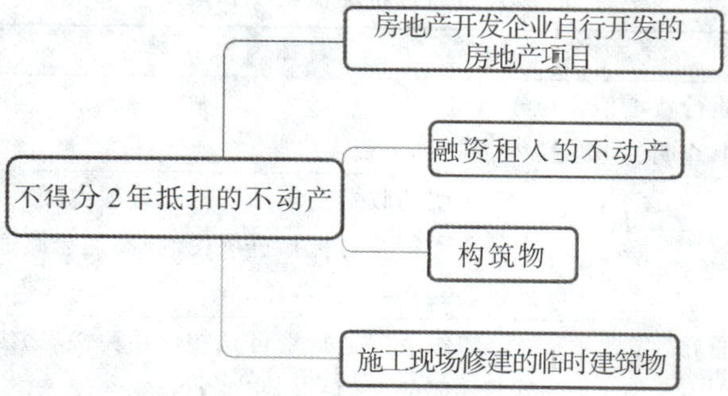

图2-7　不得分2年抵扣的不动产

3. 特殊情形

（1）购进时已全额抵扣进项税额的货物和服务，转用于不动产在建工程的，其已抵扣进项税额的40%部分，应于转用的当期从进项税额中扣减，计入待抵扣进项税额，并于转用的当月起第13个月从销项税额中抵扣。

（2）纳税人销售其取得的不动产或者不动产在建工程时，尚未抵扣完毕的待抵扣进项税额，允许于销售的当期从销项税额中抵扣。

（3）已抵扣进项税额的不动产，发生非正常损失，或者改变用途，专用于简易计税方法计税项目、免征增值税项目、集体福利或者个人消费的，按照下列公式计算不得抵扣的进项税额：

不得抵扣的进项税额＝（已抵扣进项税额＋待抵扣进项税额）×不动产净值率

考霸笔记
不动产原值，是指取得不动产时的购置原价或作价。

不动产不得分2年抵扣的原因是什么？

考霸笔记
40%的进项税额应在第13个月时才可以抵扣。

不得抵扣进项税额怎么计算？

$$不动产净值率=\frac{不动产净值}{不动产原值}\times 100\%$$

不得抵扣的进项税额小于或等于该不动产已抵扣进项税额的，应于该不动产改变用途的当期，将不得抵扣的进项税额从进项税额中扣减。

不得抵扣的进项税额大于该不动产已抵扣进项税额的，应于该不动产改变用途的当期，将已抵扣进项税额从进项税额中扣减，并从该不动产待抵扣进项税额中扣减不得抵扣进项税额与已抵扣进项税额的差额。

（4）不动产在建工程发生非正常损失的，其所耗用的购进货物、设计服务和建筑服务已抵扣的进项税额应于当期全部转出；其待抵扣进项税额不得抵扣。

考霸笔记
配比原则。

（5）按照规定不得抵扣进项税额的不动产，发生用途改变，用于允许抵扣进项税额项目的，按照下列公式在改变用途的次月计算可抵扣进项税额：

可抵扣进项税额＝增值税扣税凭证注明或计算的进项税额×不动产净值率

依照本条规定计算的可抵扣进项税额，应取得2016年5月1日后开具的合法有效的增值税扣税凭证。

通行费增值税电子普通发票和通行费发票有什么区别?

按照本条规定计算的可抵扣进项税额，60%的部分于改变用途的次月从销项税额中抵扣，40%的部分为待抵扣进项税额，于改变用途的次月起第13个月从销项税额中抵扣。

（6）纳税人注销税务登记时，其尚未抵扣完毕的待抵扣进项税额于注销清算的当期从销项税额中抵扣。

（四）收费公路通行费增值税抵扣规定

收费公路通行费增值税抵扣规定见表2-16。

表2-16 **收费公路通行费增值税抵扣规定**

<table>
<tr><th>通行费种类</th><th colspan="2">具体内容</th></tr>
<tr><td rowspan="3">道路通行费</td><td colspan="2">（1）通行费增值税电子普通发票
发票上注明的增值税额抵扣进项税额</td></tr>
<tr><td rowspan="3">（2）通行费发票</td><td>发票上注明的收费金额计算抵扣进项税额：
高速公路通行费可抵扣进项税额=高速公路通行费发票上注明的金额÷（1+3%）×3%</td></tr>
<tr><td>一级、二级公路通行费可抵扣进项税额=一级、二级公路通行费发票上注明的金额÷（1+5%）×5%</td></tr>
<tr><td>桥、闸通行费</td><td>可抵扣进项税额=桥、闸通行费发票上注明的金额÷（1+5%）×5%</td></tr>
</table>

（五）其他进项税额抵扣规定

（1）自2013年8月1日起，原增值税一般纳税人自用的应征消费税的摩托车、汽车、游艇，其进项税额准予从销项税额中抵扣。

考霸笔记
同时征收消费税。

（2）按照规定不得抵扣且未抵扣进项税额的固定资产、无形资产、不动产，发生用途改变，用于允许抵扣进项税额的应税项目，可在用途改变的次月按照下列公式计算可以抵扣的进项税额：

$$可以抵扣的进项税额=\frac{固定资产、无形资产、不动产净值}{1+适用税率}\times 适用税率$$

（3）自2018年1月1日起，纳税人租入固定资产、不动产，既用于一般计税方法计税项目，又用于简易计税方法计税项目、免征增值税项目、集体福利或者个人消费的，其进项税额准予从销项税额中全额抵扣。

不得抵扣进项税额的原理是什么?

（六）不得抵扣的进项税额

不得抵扣的进项税额如图2-8所示。

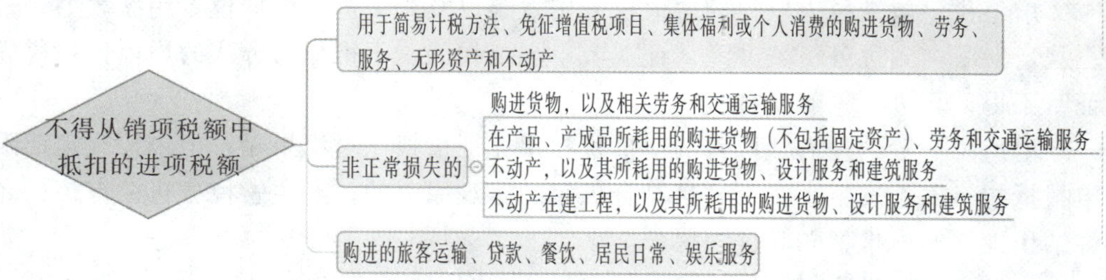

图2-8　不得抵扣的进项税额

一般纳税人已抵扣进项税额的固定资产、无形资产或者不动产，发生上述规定不得抵扣进项税额情形的，按照下列公式计算不得抵扣的进项税额：

不得抵扣的进项税额＝固定资产、无形资产或者不动产净值×适用税率

【提示】适用一般计税方法的纳税人，兼营简易计税方法计税项目、免征增值税项目而无法划分不得抵扣的进项税额，按照下列公式计算不得抵扣的进项税额：

$$\text{不得抵扣的进项税额}=\text{当期无法划分的全部进项税额}\times\frac{\text{当期简易计税项目销售额}+\text{免征增值税项目销售额}}{\text{当期全部销售额}}$$

购货和销货中关于运输费用的处理是怎样的?

（七）关于购货和销货运输费用的处理

关于购货和销货运输费用的处理见表2-17。

表2-17　关于购货和销货运输费用的处理

运费	相关税务处理
购货方	进项税额=支付运费×10%+货价×16%（均不含税） 采购成本=不含税运费+不含税货价
销货方	收取运费要计算销项税额 若是兼营业务，则： 销项税额=收取运费×10% 若是混合销售业务，则： 销项税额=价外收入÷（1+适用税率）×适用税率

三、应纳税额的计算

（一）计算应纳税额的时间限定

（1）计算销项税额的时间限定（参照增值税纳税义务发生时间）。

（2）增值税专用发票进项税额抵扣的时间限定：

（新增）取消增值税发票认证。一般纳税人取得增值税发票（包括增值税专用发票、机动车销售统一发票、收费公路通行费增值税电子普通发票，下同）后，可以自愿使用增值税发票选择确认平台查询、选择用于申报抵扣、出口退税或者代办退税的增值税发票信息。

（3）海关进口增值税专用缴款书进项税额抵扣的时间限定。

自2013年7月1日起，增值税一般纳税人取得的2017年7月1日及以后开具的

海关进口增值税专用缴款书，应自开具之日起360日内向主管税务机关报送《海关完税凭证抵扣清单》，申请稽核比对。经税务机关稽核比对相符后，其增值税额方能作为进项税额在销项税额中抵扣。

考霸笔记
以前期间的增值税抵扣凭证还是需要认证的。

（4）未按期申报抵扣增值税扣税凭证抵扣的处理办法。

增值税一般纳税人取得的增值税专用发票以及海关进口增值税专用缴款书，未在规定期限内到税务机关办理认证或者申报抵扣的，不得作为合法的增值税扣税凭证，不得计算进项税额抵扣。

增值税一般纳税人，取得的增值税扣税凭证稽核比对结果相符但未按规定期限申报抵扣，属于发生真实交易且符合规定的客观原因的，经主管税务机关审核，允许纳税人继续申报抵扣其进项税额。

（二）计算应纳税额时进项税额不足抵扣的处理

考霸笔记
关于进项税额转出的计算。

由于增值税实行购进扣税法，有时企业当期购进的货物很多，在计算应纳税额时会出现当期销项税额小于当期进项税额不足抵扣的情况。根据税法规定，当期进项税额不足抵扣的部分可以结转下期继续抵扣。

考霸笔记
无需追溯。

【提示】原增值税一般纳税人兼有应税服务的，截止到本地区试点实施之日前的增值税期末留抵税额，不得从应税行为的销项税额中抵扣。

（三）扣减发生期进项税额的规定

由于增值税实行以当期销项税额抵扣当期进项税额的购进扣税法，已抵扣进项税额的购进货物、劳务、服务、无形资产、不动产如果事后改变用途，用于不得抵扣进项税额项目，应当将该进项税额从当期的进项税额中扣减；无法确定该项进项税额的，按当期实际成本计算应扣减的进项税额。

农产品的进项税额转出为何不同？

实际成本=进价+运费+保险费+其他有关费用

如果一般纳税人会计核算不健全，或者不能够提供准确税务资料的，应当按照销售额和增值税税率计算应纳税额，不得抵扣进项税额，也不得使用增值税专用发票。

【提示】农产品的进项税转出（原路退回）（见表2-18）。

表2-18　　农产品的进项税转出

采购成本	进项税额	进项税额转出
买价×90%	买价×10%	采购成本÷（1-10%）×10%

（四）销售折让、中止或者退回涉及销项税额和进项税额的税务处理

纳税人适用一般计税方法计税的，因销售折让、中止或者退回而退还给购买方的增值税额，应当从当期的销项税额中扣减；因销售折让、中止或者退回而收回的增值税额应当从当期的进项税额中扣减。

一般纳税人发生应税销售行为，开具增值税专用发票后，应税销售行为发生折让、开票有误等情形，应按国家税务总局的规定开具红字增值税专用发票。未按规定开具红字增值税专用发票的不得扣减销项税额或者销售额。

纳税人在发生应税销售行为的活动中，因应税销售行为质量、规格、服务质量等原因常会发生销货退回或销售折让的情况。由于应税销售行为的退回或折让不仅涉及应税销售行为的价款或折让价款的退回，还涉及增值税的退回，这样，销货方

和购货方应相应对当期的销项税额或进项税额进行调整。

【提示】增值税一般纳税人因发生应税销售行为退回或者折让而退还给购买方的增值税额，应从发生应税销售行为中退回或者折让当期的销项税额中扣减；因购进货物、劳务、服务、无形资产、不动产退出或者折让而收回的增值税额，应从发生应税销售行为退出或者折让当期的进项税额中扣减。

返还收入具体怎么操作?

（五）向供货方取得返还收入的税务处理

自2004年7月1日起，对商业企业向供货方收取的与商品销售量、销售额挂钩（如以一定比例、金额、数量计算）的各种返还收入，均应按照平销返利行为的有关规定冲减当期增值税进项税额。应冲减进项税额的计算公式调整为：

当期应冲减进项税额=当期取得的返还资金÷（1+所购货物适用的增值税税率）×所购货物适用的增值税税率

考霸笔记：平销返利是指商业企业以进价销售货物，供货方以返利形式弥补商业企业的损失。

【提示】商业企业向供货方收取的各种返还收入，一律不得开具增值税专用发票。

例2-11·多选题

企业收取的下列款项中，应作为价外费用并入销售额计算增值税销项税额的有（　　）。

A.商业企业向供货方收取的返还收入

B.生产企业销售货物时收取的包装物租金

C.供电企业收取的逾期未退的电费保证金

D.燃油电厂从政府财政专户取得的发电补贴

【答案】BC

【解析】商业企业向供货方收取的与销售量、销售额挂钩的返还收入应作进项税额转出处理；燃油电厂从政府财政专户取得的发电补贴不缴纳增值税。

例2-12·多选题

某商场（增值税一般纳税人）与其供货企业达成协议，按销售量挂钩进行平销返利。2018年6月向供货方购进商品取得税控增值税专用发票，注明价款120万元。进项税额19.2万元并通过主管税务机关认证，当月按平价全部销售，月末供货方向该商场支付返利4.8万元。下列对该项业务的处理符合有关规定的有（　　）。

A.商场应按120万元计算确定销项税额

B.商场应按124.8万元计算销项税额

C.商场当月应抵扣的进项税额为19.2万元

D.商场当月应抵扣的进项税额为18.54万元

【答案】AD

【解析】当期应冲减进项税额＝4.8÷（1＋16%）×16%＝0.66（万元），当期可抵扣进项税额＝19.2－0.66＝18.54（万元）。

（六）一般纳税人注销时进项税额的处理（一笔勾销，两不相欠）

一般纳税人注销或取消辅导期一般纳税人资格，转为小规模纳税人时，其存货不作进项税额转出处理，其留抵税额也不予以退税。

（七）金融机构开展个人实物黄金交易业务增值税的处理

对于金融机构从事的实物黄金交易业务，实行金融机构各省级分行和直属一级分行所属地市级分行、支行按照规定的预征率预缴增值税，由省级分行和直属一级分行统一清算缴纳。

（1）发生实物黄金交易行为的分理处、储蓄所等应按月计算实物黄金的销售数量金额，上报其上级支行。

（2）各支行、分理处、储蓄所应依法向机构所在地主管国家税务局申请办理税务登记。各支行应按月汇总所属分理处、储蓄所上报的实物黄金销售额和本支行的实物黄金销售额，按照规定的预征率计算增值税预征税额，向主管税务机关申报缴纳增值税。

预征税额=销售额×预征率

（3）各省级分行和直属一级分行应向机构所在地主管国家税务局申请办理税务登记申请认定增值税一般纳税人资格。按月汇总所属地市分行或支行上报的实物黄金销售额和进项税额，按照一般纳税人方法计算增值税应纳税额，根据已预征税额计算应补税额，向主管税务机关申报缴纳。

应纳税额=销项税额-进项税额

应补税额=应纳税额-预征税额

【提示】当期进项税额大于销项税额的，其留抵税额结转下期抵扣，预征税额大于应纳税额的，在下期增值税应纳税额中抵减。

（4）从事实物黄金交易业务的各级金融机构取得的进项税额，应当按照现行规定划分不可抵扣的进项税额，作进项税额转出处理。（界限分明）

一般纳税人转让其取得的不动产预缴和申报如何处理？

四、纳税人转让不动产增值税征收管理暂行办法

纳税人转让其取得的不动产，包括以直接购买、接受捐赠、接受投资入股、自建以及抵债等各种形式取得的不动产，适用本办法。而房地产开发企业销售自行开发的房地产项目不适用本办法。

（一）一般纳税人转让其取得的不动产

考霸笔记

目前，主要针对不动产和建筑行业采用预征办法，主要有5%、3%和2%的档次。预征增值税是一种出于税款均衡入库需要的预交方法，需要在规定时间内按照规定税率或者征收率重新进行计算和申报。

（1）一般纳税人转让其2016年4月30日前取得（不含自建）的不动产，可以选择适用简易计税方法计税，以取得的全部价款和价外费用扣除不动产购置原价或者取得不动产时的作价后的余额为销售额，按照5%的征收率计算应纳税额。纳税人应按照上述计税方法向不动产所在地主管税务机关预缴税款，申报纳税。

（2）一般纳税人转让其2016年4月30日前自建的不动产，可以选择适用简易计税方法计税，以取得的全部价款和价外费用为销售额，按照5%的征收率计算应纳税额。纳税人应按照上述计税方法向不动产所在地主管税务机关预缴税款，申报纳税。

（3）一般纳税人转让其2016年4月30日前取得（不含自建）的不动产，选择适用一般计税方法计税的，以取得的全部价款和价外费用为销售额计算应纳税额。纳税人应以取得的全部价款和价外费用扣除不动产购置原价或者取得不动产时的作价后的余额，按照5%的预征率向不动产所在地主管税务机关预缴税款，向机构所在地主管税务机关申报纳税。

(4) 一般纳税人转让其2016年4月30日前自建的不动产，选择适用一般计税方法计税的，以取得的全部价款和价外费用为销售额计算应纳税额。纳税人应以取得的全部价款和价外费用，按照5%的预征率向不动产所在地主管税务机关预缴税款，申报纳税。

(5) 一般纳税人转让其2016年5月1日后取得（不含自建）的不动产，适用一般计税方法，以取得的全部价款和价外费用为销售额计算应纳税额。纳税人应以取得的全部价款和价外费用扣除不动产购置原价或者取得不动产时的作价后的余额，按照5%的预征率向不动产所在地主管税务机关预缴税款，向机构所在地主管税务机关申报纳税。

(6) 一般纳税人转让其2016年5月1日后自建的不动产，适用一般计税方法，以取得的全部价款和价外费用为销售额计算应纳税额。纳税人应以取得的全部价款和价外费用，按照5%的预征率向不动产所在地主管税务机关预缴税款，申报纳税。

（二）小规模纳税人转让其取得的不动产

(1) 小规模纳税人转让其取得（不含自建）的不动产，以取得的全部价款和价外费用扣除不动产购置原价或者取得不动产时的作价后的余额为销售额，按照5%的征收率计算应纳税额。

(2) 小规模纳税人转让其自建的不动产，以取得的全部价款和价外费用为销售额，按照5%的征收率计算应纳税额。

除其他个人之外的小规模纳税人，应按照本条规定的计税方法向不动产所在地主管税务机关预缴税款，向机构所在地主管税务机关申报纳税；其他个人按照本条规定的计税方法向不动产所在地主管税务机关申报纳税。

小规模纳税人转让其取得的不动产预缴和申报如何处理？

（三）个人转让其购买的住房

(1) 个人转让其购买的住房，按照有关规定全额缴纳增值税的，以取得的全部价款和价外费用为销售额，按照5%的征收率计算应纳税额。

(2) 个人转让其购买的住房，按照有关规定差额缴纳增值税的，以取得的全部价款和价外费用扣除购买住房价款后的余额为销售额，按照5%的征收率计算应纳税额。

【提示】个体工商户应按照本条规定的计税方法向住房所在地主管税务机关预缴税款，申报纳税；其他个人应按照本条规定的计税方法向住房所在地主管税务机关申报纳税。

（四）其他个人以外的纳税人转让其取得的不动产的计算

(1) 以转让不动产取得的全部价款和价外费用作为预缴税款计算依据的，计算公式为：

$$应预缴税款=\frac{全部价款和价外费用}{1+5\%}\times 5\%$$

(2) 以转让不动产取得的全部价款和价外费用扣除不动产购置原价或者取得不动产时的作价后的余额作为预缴税款计算依据的，计算公式为：

$$应预缴税款=\frac{全部价款和价外费用-不动产购置原价或者取得不动产时的作价}{1+5\%}\times 5\%$$

以契税计税金额进行差额扣除的增值税应纳税额计算。

（五）纳税人转让不动产缴纳增值税差额扣除的有关规定

纳税人转让不动产，按照有关规定差额缴纳增值税的，如因丢失等原因无法提供取得不动产时的发票，可向税务机关提供其他能证明契税计税金额的完税凭证等资料，进行差额扣除。纳税人以契税计税金额进行差额扣除的，按照下列公式计算增值税应纳税额：

（1）2016年4月30日及以前缴纳契税的：

$$增值税应纳税额=\frac{全部交易价格（含增值税）-契税计税金额（含营业税）}{1+5\%}\times 5\%$$

（2）2016年5月1日及以后缴纳契税的：

$$增值税应纳税额=\left[\frac{全部交易价格（含增值税）}{1+5\%}-契税计税金额（不含增值税）\right]\times 5\%$$

考霸笔记 以发票为主。

【提示】纳税人同时保留取得不动产时的发票和其他能证明契税计税金额的完税凭证等资料的，应当凭发票进行差额扣除。

如何掌握纳税人转让不动产增值税相关内容？

【总结】转让不动产的增值税处理如图2-9所示。

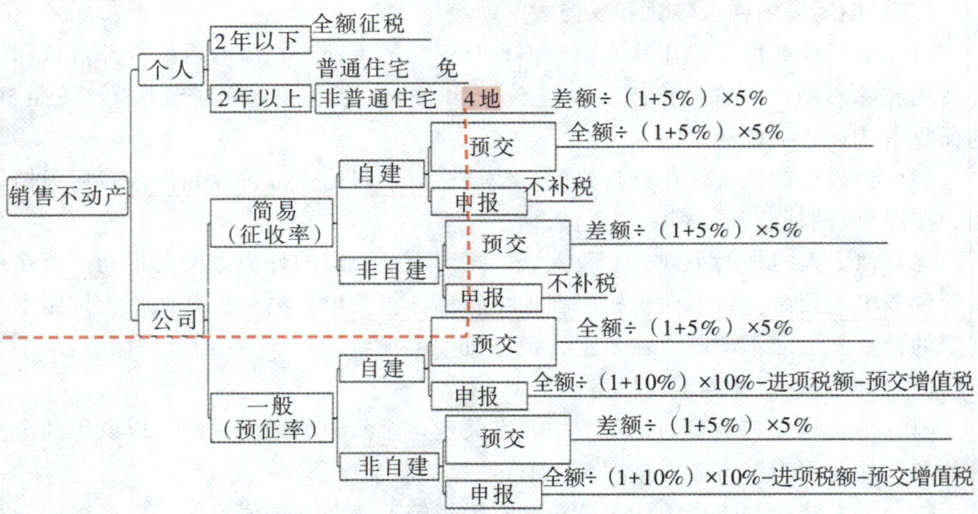

考霸笔记 北京、上海、广州、深圳。

图2-9　转让不动产的增值税处理

纳税人转让不动产缴纳增值税差额和全额的税务处理有什么区别？

五、纳税人跨县（市、区）提供建筑服务增值税征收管理暂行办法

纳税人跨县（市、区）提供建筑服务，应按规定的纳税义务发生时间和计税方法，向建筑服务发生地主管税务机关预缴税款，向机构所在地主管税务机关申报纳税。

《建筑工程施工许可证》未注明合同开工日期，但建筑工程承包合同注明的开工日期在2016年4月30日前的建筑工程项目，属于财税〔2016〕36号文件规定的可以选择简易计税方法计税的建筑工程老项目。

纳税人跨县（市、区）提供建筑服务，是指单位和个体工商户（以下简称纳税人）在其机构所在地以外的县（市、区）提供建筑服务。

对于纳税人在同一直辖市、计划单列市范围内跨县（市、区）提供建筑服务的，由直辖市、计划单列市国家税务局决定是否适用本办法。

（一）纳税人跨县（市、区）提供建筑服务，应按规定预缴税款

考霸笔记
无论是一般纳税人还是小规模纳税人，都是差额征税。

（1）一般纳税人跨县（市、区）提供建筑服务，适用一般计税方法计税的，以取得的全部价款和价外费用扣除支付的分包款后的余额，按照2%的预征率计算应预缴税款：

应预缴税款=（全部价款和价外费用-支付的分包款）÷（1+10%）×2%

（2）一般纳税人跨县（市、区）提供建筑服务，选择适用简易计税方法计税的，以取得的全部价款和价外费用扣除支付的分包款后的余额，按照3%的征收率计算应预缴税款：

$$应预缴税款=\frac{全部价款和价外费用-支付的分包款}{1+3\%}\times 3\%$$

（3）小规模纳税人跨县（市、区）提供建筑服务，以取得的全部价款和价外费用扣除支付的分包款后的余额，按照3%的征收率计算应预缴税款：

考霸笔记
注意与一般纳税人的区别。

$$应预缴税款=\frac{全部价款和价外费用-支付的分包款}{1+3\%}\times 3\%$$

【提示】若小规模纳税人月销售额未超过10万元，当期无需预缴税款。

（4）纳税人取得的全部价款和价外费用扣除支付的分包款后的余额为负数的，可结转下次预缴税款时继续扣除。

建筑服务中计税依据为什么不包括分包款？

（5）纳税人应按照工程项目分别计算应预缴税款，分别预缴。

（二）征收管理

1.纳税人按照上述规定从取得的全部价款和价外费用中扣除支付的分包款（差额征税），应当取得符合法律、行政法规和国家税务总局规定的合法有效凭证，否则不得扣除。上述凭证是指：

（1）从分包方取得的2016年4月30日前开具的建筑业营业税发票。建筑业营业税发票在2016年6月30日前可作为预缴税款的扣除凭证。（之前还是营业税）

（2）从分包方取得的2016年5月1日后开具的，备注栏注明建筑服务发生地所在县（市、区）、项目名称的增值税发票。

2.纳税人跨县（市、区）提供建筑服务，在向建筑服务发生地主管税务机关预缴税款时，需填报《增值税预缴税款表》，并出示以下资料：

（1）与发包方签订的建筑合同原件及复印件；

（2）与分包方签订的分包合同原件及复印件；

（3）从分包方取得的发票原件及复印件。

3.纳税人跨县（市、区）提供建筑服务，向建筑服务发生地主管税务机关预缴的增值税税款，可以在当期增值税应纳税额中抵减，抵减不完的，结转下期继续抵减。纳税人以预缴税款抵减应纳税额，应以完税凭证作为合法有效凭证。

4.小规模纳税人跨县（市、区）提供建筑服务，不能自行开具增值税发票的，可向建筑服务发生地主管税务机关按照其取得的全部价款和价外费用申请代开增值税发票。

5.纳税人跨县（市、区）提供建筑服务预缴税款时间，按照财税〔2016〕36号文件规定的纳税义务发生时间和纳税期限执行。

6.纳税人跨县（市、区）提供建筑服务，自应当预缴之月起超过6个月没有预

缴税款的，由机构所在地主管税务机关依法进行处理。

【总结】建筑业公司增值税处理如图2-10所示。

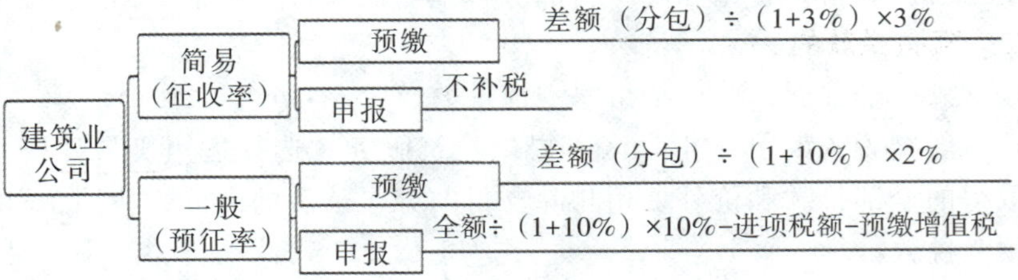

图2-10 建筑业公司增值税处理

六、提供不动产经营租赁服务的增值税征收管理

> 考霸笔记：区别于融资租赁。

> 考霸笔记：主要区分2016年4月30日前后的纳税处理。

纳税人以经营租赁方式出租其取得的不动产（以下简称出租不动产），适用本办法。纳税人提供道路通行服务不适用本办法。

（一）一般纳税人出租不动产

> 一般纳税人出租不动产的时间重要吗？

1. 一般纳税人出租其2016年4月30日前取得的不动产，可以选择适用简易计税方法，按照5%的征收率计算应纳税额。

不动产所在地与机构所在地不在同一县（市、区）的，纳税人应按照上述计税方法向不动产所在地主管税务机关预缴税款，向机构所在地主管税务机关申报纳税。

不动产所在地与机构所在地在同一县（市、区）的，纳税人向机构所在地主管税务机关申报纳税。

2. 一般纳税人出租其2016年5月1日后取得的不动产，适用一般计税方法计税。

不动产所在地与机构所在地不在同一县（市、区）的，纳税人应按照3%的预征率向不动产所在地主管税务机关预缴税款，向机构所在地主管税务机关申报纳税。

> 小规模纳税人出租不动产需要注意什么？

不动产所在地与机构所在地在同一县（市、区）的，纳税人应向机构所在地主管税务机关申报纳税。

一般纳税人出租其2016年4月30日前取得的不动产适用一般计税方法计税的，按照上述规定执行。

（二）小规模纳税人出租不动产

1. 单位和个体工商户出租不动产（不含个体工商户出租住房），按照5%的征收率计算应纳税额。个体工商户出租住房，按照5%的征收率减按1.5%计算应纳税额。

> 考霸笔记：与其他个人出租不动产处理一致。

不动产所在地与机构所在地不在同一县（市、区）的，纳税人应按照上述计税方法向不动产所在地主管税务机关预缴税款，向机构所在地主管税务机关申报纳税。

不动产所在地与机构所在地在同一县（市、区）的，纳税人应向机构所在地主管税务机关申报纳税。

2.其他个人出租不动产（不含住房），按照5%的征收率计算应纳税额，向不动产所在地主管税务机关申报纳税。其他个人出租住房，按照5%的征收率减按1.5%计算应纳税额，向不动产所在地主管税务机关申报纳税。

考霸笔记
注意区分价税分离的税率和预征率。

（三）预缴税款的计算（小规模纳税人月销售额未超过10万元的，当期调整预缴税款）

（1）纳税人出租不动产适用一般计税方法计税的，按照以下公式计算应预缴税款：

应预缴税款=含税价÷（1+10%）×3%

（2）纳税人出租不动产适用简易计税方法计税的，除个人出租住房外，按照以下公式计算应预缴税款：

$$应预缴税款=\frac{含税价}{1+5\%}\times 5\%$$

（3）个体工商户出租住房，按照以下公式计算应预缴税款：

$$应预缴税款=\frac{含税价}{1+5\%}\times 1.5\%$$

考霸笔记
重点区分住房还是非住房。

（4）其他个人出租不动产，按照以下公式计算应纳税款：

①出租住房：

$$应预缴税款=\frac{含税价}{1+5\%}\times 1.5\%$$

②出租非住房：

$$应预缴税款=\frac{含税价}{1+5\%}\times 5\%$$

【举例】陈先生2018年5月份取得出租住房的租金收入150 000元，则：

陈先生应纳增值税=150 000÷（1+5%）×1.5%=2 142.86（元）

（四）征收管理

（1）单位和个体工商户出租不动产，按照本办法规定向不动产所在地主管税务机关预缴税款时，应填写《增值税预缴税款表》。

（2）单位和个体工商户出租不动产，向不动产所在地主管税务机关预缴的增值税款，可以在当期增值税应纳税额中抵减，抵减不完的，结转下期继续抵减。纳税人以预缴税款抵减应纳税额，应以完税凭证作为合法有效凭证。

（3）小规模纳税人中的单位和个体工商户出租不动产，不能自行开具增值税发票的，可向不动产所在地主管税务机关申请代开增值税发票。其他个人出租不动产，可向不动产所在地主管税务机关申请代开增值税发票。

【提示】纳税人向其他个人出租不动产，不得开具或申请代开增值税专用发票。（其他个人不能抵扣进项）

（4）纳税人出租不动产，按照本办法规定应向不动产所在地主管税务机关预缴税款而自应当预缴之月起超过6个月没有预缴税款的，由机构所在地主管税务机关按照《中华人民共和国税收征收管理法》及相关规定进行处理。

【总结】租赁不动产的增值税处理如图2-11所示。

租赁不动产相关内容的核心是什么?

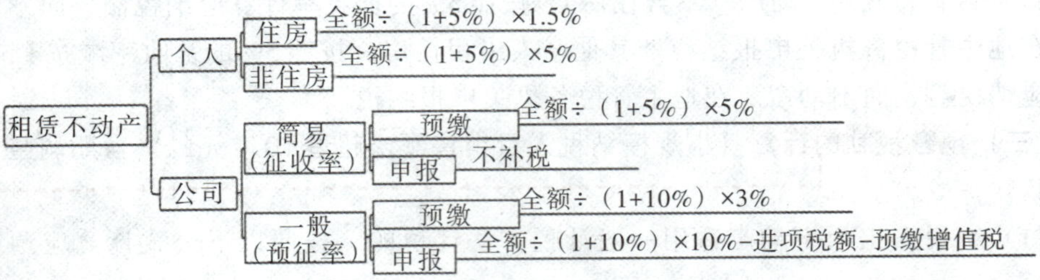

图2-11　租赁不动产的增值税处理

七、房地产开发企业不动产经营租赁服务的增值税处理

（1）房地产开发企业中的一般纳税人，出租自行开发的房地产老项目，可以选择适用简易计税方法，按照5%的征收率计算应纳税额。纳税人出租自行开发的房地产老项目与其机构所在地不在同一县（市）的，应按照上述计税方法在不动产所在地预缴税款后，向机构所在地主管税务机关进行纳税申报。

房地产开发企业中的一般纳税人，出租其2016年5月1日以后自行开发的与机构所在地不在同一县（市）的房地产项目，应按照3%的预征率在不动产所在地预缴税款后，向机构所在地主管税务机关进行纳税申报。

考霸笔记
自行开发，是指在依法取得土地使用权的土地上进行基础设施和房屋建设。

（2）房地产开发企业中的小规模纳税人，出租自行开发的房地产项目，按照5%的征收率计算应纳税额。纳税人出租自行开发的房地产项目与其机构所在地不在同一县（市）的，应按照上述计税方法在不动产所在地预缴税款后，向机构所在地主管税务机关进行纳税申报。

八、房地产开发企业（一般纳税人）销售自行开发的房地产项目增值税征收管理

（一）定义

房地产开发企业以接盘等形式购入未完工的房地产项目继续开发后，以自己的名义立项销售的，属于销售自行开发的房地产项目。

销售额的确定

（二）销售额的确定

1.房地产开发企业中的一般纳税人（以下简称一般纳税人）销售自行开发的房地产项目，适用一般计税方法计税，按照取得的全部价款和价外费用，扣除当期销售房地产项目对应的土地价款后的余额计算销售额。销售额的计算公式如下：

销售额=（全部价款和价外费用-当期允许扣除的土地价款）÷（1+10%）

2.当期允许扣除的土地价款按照以下公式计算：

$$当期允许扣除的土地价款=\frac{当期销售房地产项目建筑面积}{房地产项目可供销售建筑面积}\times 支付的土地价款$$

（1）当期销售房地产项目建筑面积，是指当期进行纳税申报的增值税销售额对应的建筑面积。

考霸笔记
比如小区内的花园、健身房等公共设施。

（2）房地产项目可供销售建筑面积，是指房地产项目可以出售的总建筑面积，不包括销售房地产项目时未单独作价结算的配套公共设施的建筑面积。

（3）支付的土地价款，是指向政府、土地管理部门或受政府委托收取土地价款

的单位直接支付的土地价款。

3.在计算销售额时从全部价款和价外费用中扣除土地价款，应当取得省级以上（含省级）财政部门监（印）制的财政票据。

4.一般纳税人应建立台账登记土地价款的扣除情况，扣除的土地价款不得超过纳税人实际支付的土地价款。

5.房地产开发企业的一般纳税人销售自行开发的房地产老项目，可以选择适用简易计税方法按照5%的征收率计税。一经选择简易计税方法计税的，36个月内不得变更为一般计税方法计税。

6.房地产开发企业的一般纳税人销售自行开发的房地产老项目适用简易计税方法计税的，以取得的全部价款和价外费用为销售额，不得扣除对应的土地价款。

考霸笔记

前提：房地产开发企业。

（三）预缴税款

1.一般纳税人采取预收款方式销售自行开发的房地产项目，应在收到预收款时按照3%的预征率预缴增值税。

2.应预缴税款按照以下公式计算：

$$应预缴税款=\frac{预收款}{1+适用税率或征收率}\times 3\%$$

适用一般计税方法计税的，按照10%的适用税率计算；适用简易计税方法计税的，按照5%的征收率计算。

3.房地产开发企业的一般纳税人应在取得预收款的次月纳税申报期向主管税务机关预缴税款。

进项税额如何确定?

（四）进项税额的确定

一般纳税人销售自行开发的房地产项目，兼有一般计税方法计税、简易计税方法计税、免征增值税的房地产项目而无法划分不得抵扣的进项税额的，应以《建筑工程施工许可证》注明的“建设规模”为依据进行划分。

$$不得抵扣的进项税额=\frac{当期无法划分的}{全部进项税额}\times\frac{简易计税、免税房地产项目建设规模}{房地产项目总建设规模}$$

（五）纳税申报

考霸笔记

先计算应纳税额，减去预缴税款后，剩下的再申报纳税。差额为负数的，下期留抵。

（1）一般纳税人销售自行开发的房地产项目适用一般计税方法计税的，应按照《营业税改征增值税试点实施办法》（以下简称《试点实施办法》）第四十五条规定的纳税义务发生时间，以当期销售额和10%的适用税率计算当期应纳税额，抵减已预缴税款后，向主管税务机关申报纳税。未抵减完的预缴税款可以结转下期继续抵减。

（2）一般纳税人销售自行开发的房地产项目适用简易计税方法计税的，应按照《试点实施办法》第四十五条规定的纳税义务发生时间，以当期销售额和5%的征收率计算当期应纳税额，抵减已预缴税款后，向主管税务机关申报纳税。未抵减完的预缴税款可以结转下期继续抵减。

（六）发票开具

（1）一般纳税人销售自行开发的房地产项目，自行开具增值税发票。

（2）一般纳税人销售自行开发的房地产项目，其2016年4月30日前收取并已向主管税务机关申报缴纳营业税的预收款，未开具营业税发票的，可以开具增值税普通发票，不得开具增值税专用发票。

（3）一般纳税人向其他个人销售自行开发的房地产项目，不得开具增值税专用发票。（其他个人不能抵扣进项）

房地产开发企业预缴和申报有什么区别？

【总结】房地产开发企业的增值税处理如图2-12所示。

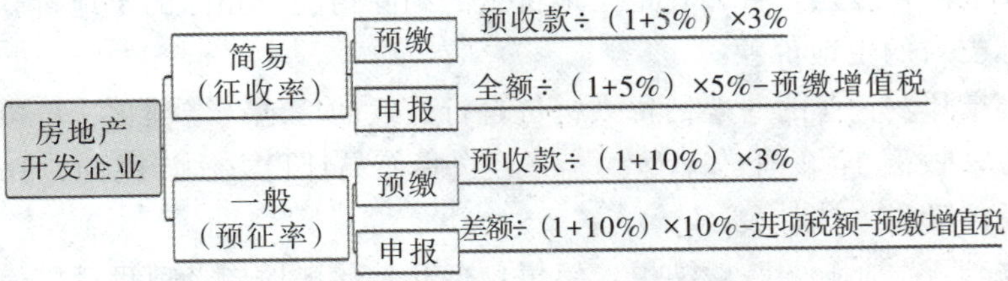

图2-12 房地产开发企业的增值税处理

九、4个特殊行业总结

4个特殊行业税务处理的规律有哪些？

4个特殊行业税务处理如图2-13所示。

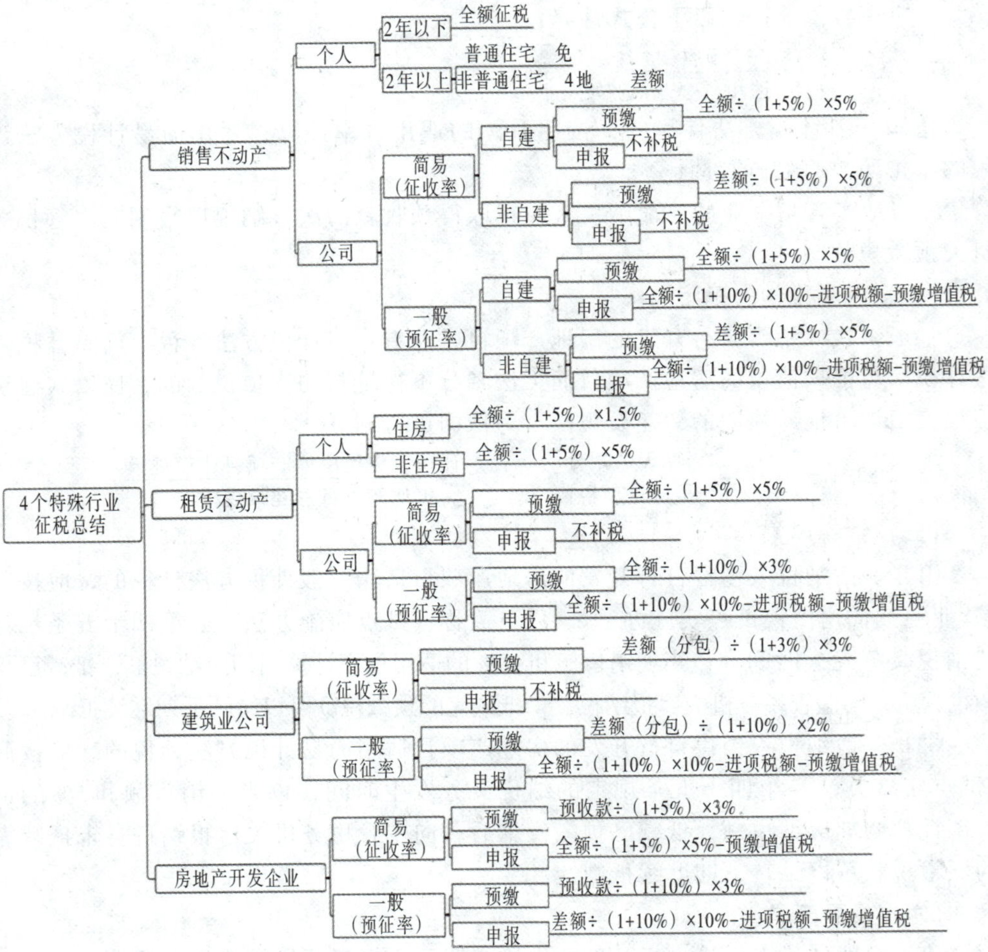

图2-13 4个特殊行业税务处理

第六节　简易计税方法应纳税额的计算

什么情况下适用5%的征收率?

一、应纳税额的计算

（1）纳税人发生应税销售行为适用简易计税方法的，应按照销售额和增值税征收率计算的增值税额，并且不得抵扣进项税额，计算公式：

$$应纳税额=\frac{含税销售额}{1+3\%（或5\%）}\times 3\%（或5\%）$$

（2）小规模纳税人一律采用简易计税方法计税，但是一般纳税人发生特定应税销售行为的，可以选择适用简易计税方法。

二、含税销售额的换算

为了避免重复征税，所以需要将含税销售额换算成不含税销售额，按下列公式计算销售额：

销售额=含税销售额÷（1+征收率）

【案例】某餐馆为增值税小规模纳税人，2018年6月取得含增值税的餐饮收入总额为12.36万元。计算该餐馆6月应缴纳的增值税税额。

（1）6月取得的不含税销售额 = 12.36÷（1+3%）= 12（万元）

（2）6月应缴纳增值税税额 = 12×3% =0.36（万元）

三、资管产品的增值税处理办法

（一）计税方法

资管产品管理人（以下称管理人）运营资管产品过程中发生的增值税应税行为（以下称资管产品运营业务），暂适用简易计税方法，按照3%的征收率缴纳增值税。

考霸笔记：指获得监管机构批准的公募基金管理公司或证券公司向特定客户募集或接受特定科目财产委托担任资产管理人，由托管机构担任资产托管人，为资产托管人的利益，运用委托财产进行投资的一种标准化金融产品。

（二）资管产品管理人

资管产品管理人包括银行、信托公司、公募基金管理公司及其子公司、证券公司及其子公司、期货公司及其子公司、私募基金管理人、保险资产管理公司、专业保险资产管理机构、养老保险公司。

（三）资管产品的范围

资管产品的范围包括银行理财产品、资金信托（包括集合资金信托、单一资金信托）、财产权信托、公开募集证券投资基金、特定客户资产管理计划、集合资产管理计划、定向资产管理计划、私募投资基金、债权投资计划、股权投资计划、股债结合型投资计划、资产支持计划、组合类保险资产管理产品、养老保障管理产品。

（四）资管产品的增值税税务处理规定

（1）管理人应分别核算资管产品运营业务和其他业务的销售额和增值税应纳税额。未分别核算的，资管产品运营业务不得适用上述规定。

（2）管理人可选择分别或汇总核算资管产品运营业务销售额和增值税应纳税额。

(3) 管理人应按照规定的纳税期限，汇总申报缴纳资管产品运营业务和其他业务增值税。

(4) 对资管产品在2018年1月1日前运营过程中发生的增值税应税行为，未缴纳增值税的，不再缴纳；已缴纳增值税的，已纳税额从资管产品管理人以后月份的增值税应纳税额中抵减。

第七节 进口环节增值税的征收

一、进口环节增值税的征税范围及纳税人

(一) 进口环节增值税征税范围

1.根据《增值税暂行条例》的规定，申报进入中华人民共和国海关境内的货物，均应缴纳增值税。

自2018年6月1日起（新增），对申报进口监管方式为1500（租赁不满1年）、1523（租赁贸易）、9800（租赁征税）的租赁飞机（税则品目:8802），海关停止代征进口环节增值税。进口租赁飞机增值税的征收管理，由税务机关按照现行增值税政策组织实施。

进口环节增值税征税范围需要掌握到什么程度?

2.从其他国家或地区进口的《跨境电子商务零售进口商品清单》范围内的以下商品适用于跨境电子商务零售进口税收政策：

(1) 所有通过与海关联网的电子商务交易平台交易，能够实现交易、支付、物流电子信息“三单”比对的跨境电子商务零售进口商品；

(2) 未通过与海关联网的电子商务交易平台交易，但快递、邮政企业能够统一提供交易、支付、物流等电子信息，并承诺承担相应法律责任进境的跨境电子商务零售进口商品。

不属于跨境电子商务零售进口的个人物品以及无法提供交易、支付、物流等电子信息的跨境电子商务零售进口商品，按现行规定执行。

考霸笔记

即需要征收行邮税。行邮税是行李和邮递物品进口税的简称，是海关对于入境旅客行李物品和个人邮递物品征收的进口税。

(二) 进口环节增值税的纳税人

进口货物的收货人或办理报关手续的单位和个人，为进口货物增值税的纳税义务人。也就是说，进口货物增值税纳税人的范围较宽，包括了国内一切从事进口业务的企业、事业单位，机关团体和个人。

对于企业、单位和个人委托代理进口应征增值税的货物，鉴于代理进口货物的海关完税凭证，有的开具给委托方，有的开具给受托方的特殊性，对代理进口货物以海关开具的完税凭证上的纳税人为增值税纳税人。在实际工作中一般由进口代理者代缴进口环节增值税。纳税后，由代理者将已纳税款和进口货物价款费用等与委托方结算，由委托者承担已纳税款。

进口环节增值税的税率是什么?

跨境电子商务零售进口商品按照货物征收关税和进口环节增值税、消费税，购买跨境电子商务零售进口商品的个人作为纳税义务人。电子商务企业、电子商务交易平台企业或物流企业可作为代收代缴义务人。

二、进口环节增值税的适用税率

进口货物的税率与境内销售货物或服务一致，为16%和10%。一般不使用征

收率，以下两种情况除外：

1.（新增）对进口抗癌药品，自2018年5月1日起，减按3%征收进口环节增值税。对进口罕见病药品，自2019年3月1日起，减按3%征收进口环节增值税。

考霸笔记
鼓励进口药品。

2.（修改）对跨境电子商务零售进口商品的单次交易限值为人民币5 000元，个人年度交易限值为人民币26 000元。在限值以内进口的跨境电子商务零售进口商品，关税税率暂设为0。

三、进口环节增值税应纳税额的计算

（一）进口货物增值税组成计税价格和应纳税额

纳税人进口货物，按照组成计税价格和《增值税暂行条例》规定的税率计算应纳税额。进口货物增值税组成计税价格和应纳税额的计算公式为：

$$组成计税价格=关税完税价格+关税+消费税=\frac{关税完税价格\times(1+关税税率)}{1-消费税税率}$$

$$应纳税额=组成计税价格\times税率$$

应注意以下问题：

1.进口货物组成计税价格中包含已纳关税税额，如果进口货物属于消费税应税消费品，其组成计税价格中还包括进口环节已纳消费税。

考霸笔记
此处不区分纳税人身份，即使是小规模纳税人也如此。

2.进口环节按组成计税价格公式直接计算出的是应纳税额，在进口环节不能抵扣任何境外税款。

（二）关于跨境电商零售进口的问题

1.跨境电子商务零售进口商品按照货物征收关税和进口环节增值税、消费税，以实际交易价格（包括货物零售价格、运费和保险费）作为完税价格。

2.（修改）跨境电子商务零售进口商品的进口环节增值税、消费税取消免征税额，暂按法定应纳税额的70%征收。完税价格超过5 000元单次交易限值但低于26 000元年度交易限值，且订单下仅1件商品时，可以自跨境电商零售渠道进口，按照货物税率全额征税，交易额计入年度交易总额，但年度交易总额超过年度交易限值的，应按一般贸易处理。

3.国家在规定对进口货物征税的同时，对某些进口货物制定了减免税的特殊规定。如属于"来料加工、进料加工"贸易方式进口国外的原材料、零部件等在国内加工后复出口的，对进口的料、件按规定给予免税或减税，但这些进口免、减税的料件若不能加工复出口，而是销往国内，就要予以补税。

考霸笔记
指在免税区，没有进境的货物，为了促进出口进行免税，进境之后，就要征税。

四、进口环节增值税的管理（注意时间期限）

1.进口货物的增值税由海关代征。

2.纳税义务发生时间为进口报关的当天，应当由进口人或者代理人向报关地海关申报纳税，应当自海关填发海关进口增值税专用缴款书之日起15日内缴纳税款。

3.跨境电子商务零售进口商品自海关放行之日起30日内退货的，可申请退税，并相应调整个人年度交易总额。跨境电子商务零售进口商品购买人（订购人）的身份信息应进行认证；未进行认证的，购买人（订购人）身份信息应与付款人一致。

出口货物、劳务和跨境应税行为退（免）增值税基本政策的原理是什么？

第八节 出口货物、劳务和跨境应税行为增值税的退（免）税和征税

一、出口货物、劳务和跨境应税行为退（免）增值税基本政策

出口货物、劳务和跨境应税行为退（免）增值税基本政策见表2-19。

表2-19 基本政策

政策类型	适用范围
1.出口免税并退税	国家鼓励出口的，且出口货物、劳务中包含进项税的
2.出口免税但不退税	因在前一道生产、销售环节或进口环节是免税的（无进项税）
3.出口不免税也不退税	限制或禁止出口的

二、出口货物、劳务和跨境应税行为增值税退（免）税政策

考霸笔记
又免又退。

（一）适用增值税退（免）税政策的范围

对下列出口货物劳务，实行免征和退还增值税（出口免税并退税）政策：

1.出口企业出口货物。

（1）出口企业，包括作为增值税一般纳税人的生产企业、外贸企业；

（2）出口货物，分为自营出口货物和委托出口货物两类；

（3）企业出口给外商的新造集装箱，交付到境内指定堆场，并取得出口货物报关单，同时符合其他出口退（免）税规定的，准予办理出口退（免）税。

2.出口企业或其他单位视同出口货物。

3.生产企业视同自产出口货物。

（1）用于对外承包工程项目下的货物；

（2）用于境外投资的货物；

（3）用于对外援助的货物。

考霸笔记
是指对进境复出口货物或从事国际运输的运输工具进行的加工修理修配。

4.出口企业对外提供加工修理修配劳务。

5.融资租赁货物。

（二）增值税退（免）税办法

增值税退（免）税怎么辨析？

增值税退（免）税办法见表2-20。

表2-20 增值税退（免）税办法

退（免）税办法	适用企业和情况		基本政策规定
	企业类型	具体情况	
免抵退税	生产企业	1.出口自产货物和视同自产货物及对外提供加工修理修配劳务 2.列名的74家生产企业出口非自产货物 3.适用一般计税方法的零税率应税服务	免征增值税，相应的进项税额抵减应纳增值税额，未抵减完的部分予以退还
免退税	外贸企业或其他单位	不具有生产能力的出口企业（以下称外贸企业）或其他单位出口货物劳务	免征增值税，相应的进项税额予以退还

（三）增值税出口退税率

1.除另有规定外，出口货物的退税率为其适用税率。

2.服务和无形资产的退税率为其规定适用的增值税税率。

3.适用不同退税率的货物、劳务、跨境应税行为，应分开报关、核算并申报退（免）税，未分开报关、核算或划分不清的，从低适用税率。（实际是一种惩罚）

增值税退（免）税的计税依据如何确定？

（四）增值税退（免）税的计税依据（区分企业类型）

出口货物、劳务的增值税退（免）税的计税依据，按出口货物劳务的出口发票（外销发票）、其他普通发票或购进出口货物劳务的增值税专用发票、海关进口增值税专用缴款书确定（见表2-21）。

表2-21　　退（免）税计税依据

出口企业	出口项目	退（免）税计税依据
1.生产企业	出口货物、劳务及应税服务（进料加工复出口货物除外）	出口货物、劳务及应税服务的实际离岸价（FOB）
	进料加工复出口货物	出口货物的离岸价（FOB）扣除出口货物所含的海关保税进口料件的金额后确定
	国内购进无进项税额且不计提进项税额的免税原材料加工后出口的货物	出口货物的离岸价（FOB）扣除出口货物所含的国内购进免税原材料的金额后确定
2.外贸企业	出口货物（委托加工修理修配货物除外）	购进出口货物的增值税专用发票注明的金额或海关进口增值税专用缴款书注明的完税价格
	出口委托加工修理修配货物	加工修理修配费用增值税专用发票注明的金额
3.免税品经营企业	销售的货物	购进货物的增值税专用发票注明的金额或海关进口增值税专用缴款书注明的完税价格
4.零税率应税服务	（1）实行“免、抵、退”税办法	①铁路运输、航空运输：实际运输收入 ②其他：提供应税服务
	（2）实行免退税办法	购进应税服务增值税专用发票注明的金额

增值税“免、抵、退”税和免退税如何计算？

（五）增值税“免、抵、退”税和免退税的计算

1.生产企业出口货物劳务增值税免、抵、退税的计算。

（1）当期应纳税额的计算。

当期应纳税额=当期销项税额−（当期进项税额−当期不得免征和抵扣税额）

当期不得免征和抵扣税额 = 当期出口货物离岸价 × 外汇人民币折合率 ×（出口货物适用税率 − 出口货物退税率）− 当期不得免征和抵扣税额抵减额

当期不得免征和抵扣税额抵减额=当期免税购进原材料价格×（出口货物征税率−出口货物退税率）

（2）当期“免、抵、退”税额的计算。

当期“免、抵、退”税额 = 当期出口货物离岸价 × 外汇人民币折合率 × 出口货物退税率 − 当期“免、抵、退”税额抵减额

当期“免、抵、退”税额抵减额＝当期免税购进原材料价格×出口货物退税率

（3）当期应退税额和免抵税额的计算。

当期应退税额为“当期期末留抵税额”与“当期免、抵、退税额”中的较小者。

【总结】计算题标准计算步骤如下。

第一步，计算本期应纳增值税。

（1）计算销项税=本期内销销项税

（2）计算进项税=期初留抵进项税额+本期发生进项税额

（3）计算进项税转出（剔税）=当期出口货物离岸价格×外汇人民币折合率（或修正的FOB）×（出口货物适用税率-出口退税率）

（4）本期应纳增值税额=（（1）-（2）+（3））<0

第二步，计算“尺度”：计算当期免、抵、退税额（名义退税额）。

免、抵、退税额=当期出口货物离岸价×外汇人民币折合率×出口货物的退税率

第三步，比较前两步算出的结果，谁小按谁退。

结论：有留抵税额，没有免抵税额；有免抵税额，没有留抵税额。

例 2-13 单选题

某自营出口的生产企业为增值税一般纳税人，出口货物的征税率为16%，退税率为12%。2018年6月购进原材料一批，取得的增值税专用发票注明金额500万元，税额80万元。6月内销货物取得不含税销售额150万元，出口货物取得销售额折合人民币200万元，上月增值税留抵税额10万元。该企业当期“免、抵、退”税不得免征和抵扣税额为（　　）。

A.6万元　　B.8万元

C.20万元　　D.26万元

【答案】B

【解析】本题考查的知识点是生产企业出口退税问题。不得免征和抵扣税额=出口货物离岸价×外币人民币折合率×（出口货物适用税率-出口货物退税率）=200×（16%-12%）=8（万元）。

零税率应税服务增值税退（免）税如何计算?

2.零税率应税服务增值税退（免）税的计算。

零税率应税服务增值税退（免）税的计算同“免、抵、退”税计算方法一样，唯一的区别在于零税率应税服务增值税退税率等于其本身适用税率，即零税率应税服务企业的当期不得免征和抵扣税额为零。

3.外贸企业出口货物、劳务和应税行为增值税免退税的计算。

（1）外贸企业出口委托加工修理修配以外的货物：

应退增值税额=增值税退（免）税计税依据×出口货物退税率

（2）外贸企业出口委托加工修理修配货物：

出口委托加工修理修配货物应退增值税额=委托加工修理修配增值税退（免）税计税依据×出口货物退税率

4.融资租赁出口货物退税的计算。

融资租赁出租方将融资租赁出口货物租赁给境外承租方、将融资租赁海洋工程结构物租赁给海上石油天然气开采企业，向融资租赁出租方退还其购进租赁货物所含增值税。其计算公式为：

增值税应退税额 = 购进融资租赁货物的增值税专用发票注明的金额或海关（进口增值税）专用缴款书注明的完税价格 × 融资租赁货物适用的增值税退税率

考霸笔记：主要考核计税依据的确定。

例 2-14 计算题

2018 年 8 月某融资租赁公司根据合同规定将一设备以融资租赁方式出租给境外的甲企业使用。融资租赁公司购进该设备的增值税专用发票上注明的金额为 100 万元人民币。假设增值税出口退税率为 16%。要求：计算该企业当期应退的增值税税额。

应退增值税税额 = 100×16% = 16（万元）

5.退税率低于适用税率的，相应计算出的差额部分的税款计入出口货物劳务成本。

6.纳税人既有增值税即征即退、先征后退项目，也有出口等其他增值税应税项目的，增值税即征即退和先征后退项目不参与出口项目免、抵、退税计算。

出口增值税免税政策相关内容都要掌握吗？

三、出口货物、劳务及应税行为增值税免税政策

（一）适用增值税免税政策的范围

1.适用出口免税的货物：列举 14 项。

（1）增值税小规模纳税人出口货物。

（2）避孕药品和用具，古旧图书。

（3）软件产品。

（4）含黄金、铂金成分的货物，钻石及其饰品。

（5）国家计划内出口的卷烟。

（6）非出口企业委托出口的货物。

（7）非列名生产企业出口的非视同自产货物。

（8）农业生产者自产农产品。

（9）规定的出口免税的货物，如油、花生果仁、黑大豆等。

（10）外贸企业取得普通发票、农产品收购发票、政府非税收入票据的货物。

（11）来料加工复出口货物。

（12）特殊区域内的企业出口的特殊区域内的货物。

（13）以人民币现金作为结算方式的边境地区出口企业从所在省（自治区）的边境口岸出口到接壤国家的一般贸易和边境小额贸易出口货物。

（14）以旅游购物贸易方式报关出口的货物

【提示】进料加工复出口的货物适用"免税并退税"政策，来料加工复出口的货物适用"免税不退税"政策。

考霸笔记：进料加工复出口是指企业用外汇从国外购进原材料，经生产加工复出口的一种贸易形式。来料加工复出口是指由外商提供一定的原材料或技术设备，出口企业根据要求进行加工装配，将成品出口只收取加工费的一种贸易形式。

2.境内的单位和个人提供的下列应税服务免征增值税，但零税率的除外。

（1）下列 8 项服务（完全在境外）。

①工程项目在境外的建筑服务。

②工程项目在境外的工程监理服务。

③工程、矿产资源在境外的工程勘察勘探服务。

④会议展览地点在境外的会议展览服务。

⑤存储地点在境外的仓储服务。

⑥标的物在境外使用的有形动产租赁服务。

⑦在境外提供的广播影视节目（作品）的播映服务。

⑧在境外提供的文化体育服务、教育医疗服务、旅游服务。

（2）为出口货物提供的邮政服务、收派服务、保险服务（包括出口货物保险和出口信用保险）。

（3）向境外单位提供的完全在境外消费的下列服务和无形资产。

①电信服务。

②知识产权服务。

③物流辅助服务（仓储服务、收派服务除外）。

④鉴证咨询服务。

⑤专业技术服务。

⑥商务辅助服务。

⑦广告投放地在境外的广告服务。

⑧无形资产。

（4）为境外单位之间的货币资金融通及其他金融业务提供的直接收费金融服务，且该服务与境内的货物、无形资产和不动产无关。（完全发生在境外）

（5）按照国家有关规定应取得相关资质的国际运输服务项目，纳税人未取得相关资质的，适用增值税免税政策。

（6）境内单位和个人以无运输工具承运方式提供的国际运输服务，无运输工具承运业务的经营者适用增值税免税政策。

出口卷烟不得抵扣进项税如何计算?

（7）境内的单位和个人提供适用增值税零税率的服务或者无形资产，如果属于适用简易计税方法的，实行免征增值税办法。（不能抵扣）

（二）进项税额的处理计算

1.适用增值税免税政策的出口货物劳务，其进项税额不得抵扣和退税，应当转入成本。

2.出口卷烟不得抵扣的进项税，依下列公式计算：

$$\text{不得抵扣的进项税额}=\text{当期全部进项税额}\times\frac{\text{出口卷烟含消费税金额}}{\text{出口卷烟含消费税金额}+\text{内销卷烟销售额}}$$

考霸笔记 从高原则。

（1）当生产企业销售的出口卷烟在国内有同类产品销售价格时：

$$\text{出口卷烟含消费税金额}=\text{出口销售数量}\times\text{销售价格}$$

“销售价格”为同类产品生产企业国内实际调拨价格。如实际调拨价格低于税务机关公示的计税价格的，“销售价格”为税务机关公示的计税价格；高于公示计税价格的，销售价格为实际调拨价格。

（2）当生产企业销售的出口卷烟在国内没有同类产品销售价格时：

$$\text{出口卷烟含消费税金额}=\frac{\text{出口销售额}+\text{出口销售数量}\times\text{消费税定额税率}}{1-\text{消费税比例税率}}$$

考霸笔记 以实际离岸价为准。

“出口销售额”以出口发票上的离岸价为准。若出口发票不能如实反映离岸价，生产企业应按实际离岸价计算，否则，税务机关有权按照有关规定予以核定调整。

3.除出口卷烟外，适用增值税免税政策的其他出口货物劳务的计算，按照增值税免税政策的统一规定执行。其中，如果涉及销售额，除来料加工复出口货物为其加工费收入外，其他均为出口离岸价或销售额。

4.纳税人发生跨境应税行为时，纳税人以承运人身份与托运人签订运输服务合同，收取运费并承担承运人责任，然后委托实际承运人完成全部或部分运输服务时，自行采购并交给实际承运人使用的成品油和支付的道路、桥、闸通行费，同时符合下列条件的，其进项税额准予从销项税额中抵扣：

（1）成品油和道路、桥、闸通行费，应用于纳税人委托实际承运人完成的运输服务；

（2）取得的增值税扣税凭证符合现行规定。

四、出口货物、劳务及应税行为增值税征税政策

（一）适用增值税征税的范围

【举例】出口企业或其他单位销售给特殊区域内的生活消费用品和交通运输工具、不予免税核销的出口卷烟、化肥等。

（二）应纳税额的计算

1.一般纳税人出口货物、劳务和跨境应税行为

$$销项税额=\frac{出口货物FOB价-出口货物耗用的进料加工保税进口料件金额}{1+适用税率}\times适用税率$$

出口货物若已按征退税率之差计算不得免征和抵扣税额并已经转入成本的，相应的税额应转回进项税额。

考霸笔记：遵循配比原则。

2.小规模纳税人出口货物、劳务和跨境应税行为

$$应纳税额=\frac{出口货物FOB价}{1+征收率}\times征收率$$

五、外国驻华使领馆及其馆员在华购买货物和服务增值税退税管理办法

（一）适用范围

1.享受退税的单位和人员，包括外国驻华使（领）馆的外交代表（领事官员）及行政技术人员，中国公民或者在中国永久居留的人员除外。

2.实行增值税退税政策的货物与服务范围，包括按规定征收增值税、属于合理自用范围内的生活办公类货物和服务（含修理修配劳务）。生活办公类货物和服务，是指为满足日常生活、办公需求购买的货物和服务。工业用机器设备、金融服务以及财政部和国家税务总局规定的其他货物和服务，不属于生活办公类货物和服务。

（二）下列情形不适用增值税退税政策

1.购买非合理自用范围内的生活办公类货物和服务；

2.购买货物单张发票销售金额（含税价格）不足800元人民币（自来水、电、燃气、暖气、汽油、柴油除外），购买服务单张发票销售金额（含税价格）不足300元人民币；

3.个人购买除车辆和房租外的货物和服务，每人每年申报退税的销售金额（含

发票销售金额需要掌握吗？

税价格）超过18万元人民币的部分；

4.增值税免税货物和服务。

考霸笔记：退税计算的依据不限于增值税专用发票。

（三）退税的计算

申报退税的应退税额，为增值税发票上注明的税额。使领馆及其馆员购买电力、燃气、汽油、柴油，发票上未注明税额的，增值税退税额为按照不含税销售额和相关产品增值税适用税率计算的税额。

应退税额=发票金额（含税）÷（1+增值税适用税率）×增值税适用税率

（四）退税申报期限

享受退税的单位和人员，应按季度向外交部礼宾司报送退税凭证和资料申报退税，报送时间为每年的1月、4月、7月、10月；本年度购买的货物和服务（以发票开具日期为准），最迟申报不得迟于次年1月。逾期报送的，外交部礼宾司不予受理。

外交部礼宾司受理使（领）馆退税申报后，10个工作日内，对享受退税的单位和人员的范围进行确认，对申报时限及其他内容进行审核、签章，将各使（领）馆申报资料一并转送北京市国家税务局办理退税，并履行交接手续。

考霸笔记：注意客观题中对数字的考核。

六、境外旅客购物离境退税政策

离境退税政策，是指境外旅客在离境口岸（包括航空口岸、水运口岸和陆地口岸）离境时，对其在退税商店购买的退税物品退还增值税的政策。

境外旅客，是指在我国境内连续居住不超过183天的外国人和港澳台同胞。

1.退税物品。

退税物品，是指由境外旅客本人在退税商店购买且符合退税条件的个人物品，但不包括下列物品：

（1）《中华人民共和国禁止、限制进出境物品表》所列的禁止、限制出境物品；

（2）退税商店销售的适用增值税免税政策的物品；

（3）财政部、海关总署、国家税务总局规定的其他物品。

2.境外旅客退税申请条件。

境外旅客购物离境退税如何计算？

（1）同一境外旅客同一日在同一退税商店购买的退税物品金额达到500元人民币；

（2）退税物品尚未启用或消费；

（3）离境日距退税物品购买日不超过90天；

（4）所购退税物品由境外旅客本人随身携带或随行李托运出境。

3.退税率为10%，退税币种为人民币。

4.退税计算

应退增值税额=离境的退税物品销售发票金额（含增值税）×退税率

5.退税方式。

（1）退税金额未超过10 000元人民币的，可自行选择现金退税或银行转让退税；

（2）退税金额超过10 000元人民币的，以银行转账方式退税。

七、出口货物、劳务及应税行为退（免）税管理（了解即可）

主要依据《出口货物退（免）税管理办法（试行）》的通知（国税发〔2005〕

51号）、2016年9月1日实施的《出口退（免）税企业分类管理办法》。

第九节　税收优惠

一、《增值税暂行条例》规定的免税项目

1.农业生产者销售的自产农产品；
2.避孕药品和用具；
3.古旧图书；
4.直接用于科学研究、科学试验和教学的进口仪器、设备；
5.外国政府、国际组织无偿援助的进口物资和设备；
6.由残疾人的组织直接进口供残疾人专用的物品；
7.销售的自己使用过的物品。

考霸笔记
必考内容。

考霸笔记
农产品仅指农业初级产品，销售外购农产品不免税。

考霸笔记
注意是外国政府、国际组织，不包外国企业、外籍个人，并且是无偿的。

考霸笔记
这里仅指其他个人销售自己使用过的物品，企事业单位不享受这一政策。

免税项目重点掌握哪些内容？

二、"营改增通知"及有关部门规定的税收优惠政策

（一）免征增值税项目（见表2-22）

表2-22　免征增值税项目

内容	具体规定
一般免征项目	1.托儿所、幼儿园提供的保育和教育服务 2.养老机构提供的养老服务 3.残疾人福利机构提供的育养服务 4.婚姻介绍服务 5.殡葬服务 6.残疾人员本人为社会提供的服务 7.医疗机构提供的医疗服务 8.从事学历教育的学校提供的教育服务 9.学生勤工俭学提供的服务 10.农业机耕、排灌、病虫害防治、植物保护、农牧保险以及相关技术培训业务，家禽、牲畜、水生动物的配种和疾病防治 11.门票收入 （1）纪念馆、博物馆、文化馆、文物保护单位管理机构、美术馆、展览馆、书画院、图书馆在自己的场所提供文化体育服务取得的第一道门票收入 （2）寺院、宫观、清真寺和教堂举办文化、宗教活动的门票收入 12.行政单位之外的其他单位收取的符合《试点实施办法》第十条规定条件的政府性基金和行政事业性收费 13.个人 （1）个人转让著作权；（2）个人销售自建自用住房 14.自2018年1月1日起至2020年12月31日，对科普单位的门票收入，以及县级及以上党政部门和科协开展的科普活动门票收入免征增值税 15.台湾航运公司、航空公司从事海峡两岸海上直航、空中直航业务在大陆取得的运输收入 16.纳税人提供的直接或者间接国际货物运输代理服务

续表

内容	具体规定
一般免征项目	17.被撤销的金融机构以货物、不动产、无形资产、有价证券、票据等财产清偿债务 18.保险公司开办的1年期以上人身保险产品取得的保费收入 19.金融同业往来利息收入 20.符合条件的担保机构从事中小企业信用担保或者再担保业务取得的收入（不含信用评级、咨询、培训等收入）3年内免征增值税 21.国家商品储备管理单位及其直属企业承担商品储备任务，从中央或者地方财政取得的利息补贴收入和价差补贴收入 22.纳税人提供技术转让、技术开发和与之相关的技术咨询、技术服务 23.符合条件的合同能源管理服务 24.政府举办的从事学历教育的高等、中等和初等学校（不含下属单位），举办进修班、培训班取得的全部归该学校所有的收入 25.家政服务企业由员工制家政服务员提供家政服务取得的收入 26.福利彩票、体育彩票的发行收入 27.军队空余房产租赁收入 28.为了配合国家住房制度改革，企业、行政事业单位按房改成本价、标准价出售住房取得的收入 29.将土地使用权转让给农业生产者用于农业生产 30.涉及家庭财产分割的个人无偿转让不动产、土地使用权 31.土地所有者出让土地使用权和土地使用者将土地使用权归还给土地所有者 32.县级以上地方人民政府或者自然资源行政主管部门出让、转让或者收回自然资源使用权（不含土地使用权） 33.随军家属就业以及军队转业干部就业 34.与政府有关的业务活动取得的收入 政府举办的职业学校设立的主要为在校学生提供实习场所，并由学校出资自办、由学校负责经营管理、经营收入归学校所有的企业，从事《销售服务、无形资产或者不动产注释》中“现代服务”（不含融资租赁服务、广告服务和其他现代服务）、“生活服务”（不含文化体育服务、其他生活服务和桑拿、氧吧）业务活动取得的收入 35.各党派、共青团、工会、妇联、中科协、青联、台联、侨联收取党费、团费、会费，以及政府间国际组织收取会费，属于非经营活动，不征收增值税 36.青藏铁路公司提供的铁路运输服务免征增值税 37.中国邮政集团公司及其所属邮政企业提供的邮政普遍服务和邮政特殊服务，免征增值税 38.自2016年1月1日起，中国邮政集团公司及其所属邮政企业为金融机构代办保险业务取得的代理收入，在“营改增”试点期间免征增值税 39.中国信达资产管理股份有限公司、中国华融资产管理股份有限公司、中国长城资产管理公司和中国东方资产管理公司及各自经批准分设于各地的分支机构（以下称资产公司），在收购、承接和处置剩余政策性剥离不良资产和改制银行剥离不良资产过程中开展的以下业务，免征增值税：

续表

内容	具体规定
一般免征项目	(1) 接受相关国有银行的不良债权，借款方以货物、不动产、无形资产、有价证券和票据等抵充贷款本息的，资产公司销售、转让该货物、不动产、无形资产、有价证券、票据以及利用该货物、不动产从事的融资租赁业务 (2) 接受相关国有银行的不良债权取得的利息 (3) 资产公司所属的投资咨询类公司，为本公司收购、承接、处置不良资产而提供的资产、项目评估和审计服务 40. 全国社会保障基金理事会、全国社会保障基金投资管理人运用全国社会保障基金买卖证券投资基金、股票、债券取得的金融商品转让收入，免征增值税 41. 对下列国际航运保险业务免征增值税： (1) 注册在上海、天津的保险企业从事国际航运保险业务 (2) 注册在深圳市的保险企业向注册在前海深港现代服务业合作区的企业提供国际航运保险业务 (3) 注册在平潭的保险企业向注册在平潭的企业提供国际航运保险业务 42. 自2017年1月1日至2019年12月31日，对新疆国际大巴扎物业服务有限公司和新疆国际大巴扎文化旅游产业有限公司从事与新疆国际大巴扎项目有关的营改增应税行为取得的收入，免征增值税 43. 2017年1月1日至2019年12月31日，对广播电视运营服务企业收取的有线数字电视基本收视维护费和农村有线电视基本收视费，免征增值税 44. 自2019年1月1日至2021年12月31日，对国家级、省级科技企业孵化器、大学科技园和国家备案众创空间向在孵对象提供孵化服务取得的收入，免征增值税。孵化服务是指为在孵对象提供的经纪代理、经营租赁、研发和技术、信息技术、鉴证咨询服务。国家级、省级科技企业孵化器、大学科技园和国家备案众创空间应当单独核算孵化服务收入 45. 境外教育机构与境内从事学历教育的学校开展中外合作办学，提供学历教育服务取得的收入免征增值税 46. 自2018年1月1日起至2020年12月31日，免征图书批发、零售环节增值税
利息收入免税项目	1. 统借统还业务中，企业集团或企业集团中的核心企业以及集团所属财务公司按不高于支付给金融机构的借款利率水平或者支付的债券票面利率水平，向企业集团或者集团内下属单位收取的利息 2. 国家助学贷款 3. 国债、地方政府债 4. 人民银行对金融机构的贷款 5. 住房公积金管理中心用住房公积金在指定的委托银行发放的个人住房贷款 6. 外汇管理部门在从事国家外汇储备经营过程中，委托金融机构发放的外汇贷款

考霸笔记

在孵对象是指符合前款认定和管理办法规定的孵化企业、创业团队和个人。

续表

内容	具体规定
利息收入免税项目	7.自2018年9月1日至2020年12月31日，对金融机构向小型企业、微型企业和个体工商户发放小额贷款取得的利息收入，免征增值税。金融机构可以选择以下两种方法之一适用免税： （1）对金融机构向小型企业、微型企业和个体工商户发放的，利率水平不高于人民银行同期贷款基准利率150%(含本数)的单笔小额贷款取得的利息收入，免征增值税；高于人民银行同期贷款基准利率150%的单笔小额贷款取得的利息收入，按照现行政策规定缴纳增值税 （2）对金融机构向小型企业、微型企业和个体工商户发放单笔小额贷款取得的利息收入中，不高于该笔贷款按照人民银行同期贷款基准利率150%(含本数)计算的利息收入部分，免征增值税；超过部分按照现行政策规定缴纳增值税。金融机构可按会计年度在以上两种方法之间选定其一作为该年的免税适用方法，一经选定，该会计年度内不得变更
金融商品转让收入免税项目	1.合格境外投资者（QFII）委托境内公司在我国从事证券买卖业务 2.香港市场投资者（包括单位和个人）通过沪港通买卖上海证券交易所上市A股 3.对香港市场投资者（包括单位和个人）通过基金互认买卖内地基金份额 4.证券投资基金（封闭式证券投资基金，开放式证券投资基金）管理人运用基金买卖股票、债券 5.个人从事金融商品转让业务

考霸笔记

是指纳税人当期提供应税服务实际缴纳的增值税额占纳税人当期提供应税服务取得的全部价款和价外费用的比例。

（二）增值税即征即退政策

1.增值税一般纳税人销售其自行开发生产的软件产品，按照16%的税率征收增值税后，对其增值税实际税负超过3%的部分实行即征即退政策。

2.一般纳税人提供管道运输服务，对其增值税实际税负超过3%的部分实行增值税即征即退政策。

3.经人民银行、银监会或者商务部批准从事融资租赁业务的试点纳税人中的一般纳税人，提供有形动产融资租赁服务和有形动产融资性售后回租服务，对其增值税实际税负超过3%的部分实行增值税即征即退政策。

4.本规定所称增值税实际税负，是指纳税人当期提供应税服务实际缴纳的增值税额占纳税人当期提供应税服务取得的全部价款和价外费用的比例。

5.纳税人享受安置残疾人增值税即征即退优惠政策。

（1）纳税人，是指安置残疾人的单位和个体工商户。

（2）纳税人本期应退增值税额按以下公式计算：

本期应退增值税额=本期所含月份每月应退增值税额之和

月应退增值税额=纳税人本月安置残疾人员人数×本月最低工资标准的4倍

例 2-15 单选题

GD集团是增值税一般纳税人，从事软件开发业务。2018年12月销售自行开发的软件，取得不含税销售额98 000元；从境外进口一批软件进行本地化改造后对外销售，取得不含税销售额360 000元。本月购进一批苹果电脑用于新员工工作，取得增值税专用发票注明金额200 000元。GD集团从事上述业务应退增值税是（　　）元。

A.24 680　　B.22 630

C.41 280　　D.27 540

【答案】D

【解析】增值税一般纳税人销售其自行开发的软件产品，按16%税率征收增值税后，对其增值税实际税负超过3%的部分进行即征即退。将进口软件产品进行本地化改造后对外销售，其销售的软件可享受增值税即征即退政策。当期软件产品增值税应纳税额=98 000×16%+360 000×16%-200 000×16%=41 280（元）。税负=41 280÷（98 000+360 000）×100%=9%，即征即退税额=41 280-（98 000+360 000）×3%=27 540（元）。

6.增值税的退还。（新增）

考霸笔记：增值税的退还税额不得超过本年度内应纳增值税总额。

（1）纳税人本期已缴增值税额小于本期应退税额不足退还的，可在本年度内以前纳税期已缴增值税额扣除已退增值税额的余额中退还，仍不足退还的可结转本年度内以后纳税期退还。

（2）年度已缴增值税额小于或等于年度应退税额的，退税额为年度已缴增值税额；年度已缴增值税额大于年度应退税额的，退税额为年度应退税额。年度已缴增值税额不足退还的，不得结转以后年度退还。

（3）安置残疾人单位既符合促进残疾人就业增值税优惠政策条件，又符合其他增值税优惠政策条件的，可同时享受多项增值税优惠政策，但年度申请退还增值税总额不得超过本年度内应纳增值税总额。

（三）扣减增值税

1.退役士兵创业就业。

2.重点群体创业就业。

（四）增值税先征后退政策（新增）

自2018年1月1日起至2020年12月31日，执行下列增值税先征后退政策。

1.对下列出版物在出版环节执行增值税100%先征后退的政策：

（1）中国共产党和各民主党派的各级组织的机关报纸和机关期刊，各级人大、政协、政府、工会、共青团、妇联、残联、科协的机关报纸和机关期刊，新华社的机关报纸和机关期刊，军事部门的机关报纸和机关期刊。

上述各级组织不含其所属部门。机关报纸和机关期刊增值税先征后退范围掌握在一个单位一份报纸和一份期刊以内。

（2）专为少年儿童出版发行的报纸和期刊，中小学课本。

（3）专为老年人出版发行的报纸和期刊。

（4）少数民族文字出版物。

（5）盲文图书和盲文期刊。

（6）经批准在内蒙古、广西、西藏、宁夏、新疆五个自治区内注册的出版单位出版的出版物。

（7）列入通知规定的图书、报纸和期刊。

2.对下列出版物在出版环节执行增值税先征后退50%的政策：

（1）各类图书、期刊、音像制品、电子出版物，但上述执行增值税100%先征后退的出版物除外。

（2）列入通知规定的报纸。

3.对下列印刷、制作业务执行增值税100%先征后退的政策：

（1）对少数民族文字出版物的印刷或制作业务。

（2）列入本通知的新疆维吾尔自治区印刷企业的印刷业务。

（五）金融企业发放贷款政策

金融企业发放贷款后，自结息日起90天内发生的应收未收利息按现行规定缴纳增值税，自结息日起90天后发生的应收未收利息暂不缴纳增值税，待实际收到利息时按规定缴纳增值税。

（六）个人销售住房政策

个人将购买不足2年的住房对外销售的，按照5%的征收率全额缴纳增值税；个人将购买2年以上（含2年）的住房对外销售的，免征增值税。上述政策适用于北京市、上海市、广州市和深圳市之外的地区。

个人将购买不足2年的住房对外销售的，按照5%的征收率全额缴纳增值税；个人将购买2年以上（含2年）的非普通住房对外销售的，以销售收入减去购买住房价款后的差额按照5%的征收率缴纳增值税；个人将购买2年以上（含2年）的普通住房对外销售的，免征增值税。上述政策仅适用于北京市、上海市、广州市和深圳市。

考霸笔记

蔬菜经处理、灌装、密封、杀菌或无菌包装而制成的各种蔬菜罐头不享受免征增值税优惠。

三、财政部、国家税务总局规定的其他部分免征税项目

1.资源综合利用产品和劳务增值税优惠政策。

2.对从事蔬菜批发、零售的纳税人销售的蔬菜免征增值税。

3.豆粕属于征收增值税的饲料产品，除豆粕以外的其他粕类饲料产品，均免征增值税。

4.制种行业增值税政策。

制种企业在下列生产经营模式下生产销售种子，属于农业生产者销售自产农业产品，应根据《增值税暂行条例》有关规定免征增值税：

（1）制种企业利用自有土地或承租土地，雇佣农户或雇工进行种子繁育，再经烘干、脱粒、风筛等深加工后销售种子。

（2）制种企业提供亲本种子委托农户繁育并从农户手中收回，再经烘干、脱粒、风筛等深加工后销售种子。

考霸笔记

常考点，基本都和农业生产有关，所以享受税收优惠。

5.自2008年6月1日起，纳税人生产销售和批发、零售有机肥产品免征增值税。

6.按债转股企业与金融资产管理公司签订的债转股协议，债转股原企业将货物资产作为投资提供给债转股新公司的，免征增值税。

7.自2014年3月1日起，对外购用于生产乙烯、芳烃类化工产品（以下称特定化工产品）的石脑油、燃料油（以下称2类油品），且使用2类油品生产特定化工产品的产量占本企业用石脑油、燃料油生产各类产品总量50%（含）以上的企业，其

外购2类油品的价格中消费税部分对应的增值税额，予以退还。

8.（新增）小规模纳税人发生增值税应税销售行为，合计月销售额未超过10万元（按季纳税未超过30万元）的，免征收增值税。

9.境内单位和个人销售规定的服务和无形资产免征增值税，但财政部和国家税务总局规定适用增值税零税率的除外。

10.自2016年1月1日至2018年供暖期结束，对供热企业向居民个人（以下统称居民）供热而取得的采暖费收入免征增值税。

考霸笔记 仅限于居民个人。

向居民供热而取得的采暖费收入，包括供热企业直接向居民收取的、通过其他单位向居民收取的和由单位代居民缴纳的采暖费。

免征增值税的采暖费收入，应当按照规定单独核算。通过热力产品经营企业向居民供热的热力产品生产企业，应当根据热力产品经营企业实际从居民取得的采暖费收入占该经营企业采暖费总收入的比例确定免税收入比例。

如何理解其他个人取得租金收入税收优惠？

11.（新增）其他个人，采取一次性收取租金形式出租不动产取得的租金收入，可在对应的租赁期平均分摊，分摊后的月租金收入未超过10万元的，免征增值税。

12.2017年1月1日至2019年12月31日，对广播电视运营服务企业收取的有线数字电视基本收视维护费和农村有线电视基本收视费，免征增值税。

13.为了鼓励科学研究和技术开发，促进科技进步，经国务院批准，继续对内资研发机构和外资研发中心采购国产设备全额退还增值税。

考霸笔记 注意是国产设备，进口外国设备不享受。

14.原对城镇公共供水用水户在基本水价（自来水价格）外征收水资源费的试点省份，在水资源费改税试点期间，按照不增加城镇公共供水企业负担的原则，城镇公共供水企业缴纳的水资源税所对应的水费收入，不计征增值税，按“不征税自来水”项目开具增值税普通发票。

15.（新增）对赞助企业及参与赞助的下属机构根据赞助协议及补充赞助协议向北京冬奥组委免费提供的，与北京2022年冬奥会、残奥会、测试赛有关的服务，免征增值税。

16.自2018年1月1日至2019年12月31日，纳税人为农户、小型企业、微型企业及个体工商户借款、发行债券提供融资担保取得的担保费收入，以及为上述融资担保（以下称“原担保”）提供再担保取得的再担保费收入，免征增值税。再担保合同对应多个原担保合同的，原担保合同应全部适用免征增值税政策。否则，再担保合同应按规定缴纳增值税。

17.自2016年5月1日起，社会团体收取的会费，免征增值税。

例2-14·多选题

根据增值税优惠政策，下列表述正确的有（　　）。

A.宠物饲料免征增值税

B.国产抗艾滋病病毒药品免征生产环节和流通环节增值税

C.食用植物油免征增值税

D.二甲醚征收增值税

【答案】BD

【解析】饲料，是指用于动物饲养的产品或其加工品，包括豆粕、宠物饲料、饲用鱼油、矿物质微量元素舔砖、饲料级磷酸二氢钙产品，按照10%税率征收增值税，选项A错误。食用植物油、二甲醚按照10%税率征收增值税，C错误，D正确。

增值税期末留抵税额的退还政策的内容是什么？

四、增值税期末留抵税额的退还政策（新增）

为助力经济高质量发展，2018年对部分行业增值税期末留抵税额予以退还。具体内容通知如下：

（一）退还期末留抵税额的行业企业范围

退还增值税期末留抵税额的行业包括装备制造等先进制造业、研发等现代服务业和电网企业，具体范围如下：

1.装备制造等先进制造业和研发等现代服务业。

按照国民经济行业分类，装备制造等先进制造业和研发等现代服务业包括专用设备制造业、研究和试验发展等18个大类行业，详见附件《2018年退还增值税期末留抵税额行业目录》。纳税人所属行业根据税务登记的国民经济行业确定，并优先选择以下范围内的纳税人：

（1）《中国制造2025》明确的新一代信息技术、高档数控机床和机器人、航空航天装备、海洋工程装备及高技术船舶、先进轨道交通装备、节能与新能源汽车、电力装备、农业机械装备、新材料、生物医药及高性能医疗器械等10个重点领域。

考霸笔记
注意与企税内容相结合。

（2）高新技术企业、技术先进型服务企业和科技型中小企业。

2.电网企业。取得电力业务许可证（输电类、供电类）的全部电网企业。

（二）退还期末留抵税额的纳税人条件

退还期末留抵税额纳税人的纳税信用等级为A级或B级。（等级限制）

（三）退还期末留抵税额的计算

纳税人向主管税务机关申请退还期末留抵税额，当期退还的期末留抵税额，以纳税人申请退税上期的期末留抵税额和退还比例计算，并以纳税人2017年底期末留抵税额为上限。具体如下：

可退还的期末留抵税额=纳税人申请退税上期的期末留抵税额×退还比例

考霸笔记
注意时间的区分。

其中，退还比例按下列方法计算：

（1）2014年12月31日前（含）办理税务登记的纳税人，退还比例为2015年、2016年和2017年三个年度已抵扣的增值税专用发票、海关进口增值税专用缴款书、解缴税款完税凭证注明的增值税额占同期全部已抵扣进项税额的比重。

（2）2015年1月1日后（含）办理税务登记的纳税人，退还比例为实际经营期间内已抵扣的增值税专用发票、海关进口增值税专用缴款书、解缴税款完税凭证注明的增值税额占同期全部已抵扣进项税额的比重。

（3）当可退还的期末留抵税额不超过2017年底期末留抵税额时，当期退还的期末留抵税额为可退还的期末留抵税额。当可退还的期末留抵税额超过2017年底期末留抵税额时，当期退还的期末留抵税额为2017年底期末留抵税额。

五、增值税起征点的规定

增值税起征点的适用范围限于按照小规模纳税人纳税的个体工商户和其他个人。

"营改增通知"规定，个人发生应税行为的销售额未达到增值税起征点的，免征增值税；达到起征点的，全额计算缴纳增值税。但是根据相关政策，对月销售额10万元以下（含本数）的增值税小规模纳税人，免征增值税。

增值税起征点的幅度规定如下：

1.按期纳税的，为月销售额5 000～20 000元（含本数）；

2.按次纳税的，为每次（日）销售额300～500元（含本数）。

考霸笔记
增值税起征点仅适用于个人，不适用于认定为一般纳税人的个体工商户。

考霸笔记
是全额并不是差额，包括达到起征点以前的销售额。

六、其他有关减免税规定

1.纳税人兼营免税、减税项目的，应当分别核算免税、减税项目的销售额；未分别核算销售额的，不得免税、减税。

2.纳税人销售货物或者应税劳务适用免税规定的可以放弃免税。放弃免税后，36个月内不得再申请免税。

（1）生产和销售免征增值税的应税销售行为的纳税人要求放弃免税权，应当以书面形式提交放弃免税权声明，报主管税务机关备案。

（2）放弃免税权的纳税人符合一般纳税人认定条件尚未认定为增值税一般纳税人的，应当按现行规定认定为增值税一般纳税人，其销售的货物、劳务和应税行为可开具增值税专用发票。

（3）纳税人一经放弃免税权，其生产销售的全部增值税应税货物或劳务或应税行为均应按照适用税率征税，不得选择某一免税项目放弃免税权，也不得根据不同的销售对象选择部分货物或劳务或应税行为放弃免税权。

（4）纳税人在免税期内购进用于免税项目的货物、劳务、服务、无形资产、不动产所取得的增值税扣税凭证，一律不得抵扣。

考霸笔记
减税、免税的税收优惠不一样，为了防止纳税人全部归类为免税项目，故一定要分别核算。

3.安置残疾人单位符合促进残疾人就业增值税优惠政策条件，又符合其他增值税优惠政策条件的，可同时享受多项优惠政策，但年度申请退还增值税总额不得超过本年内应纳增值税总额。

4.纳税人既享受增值税即征即退、先征后退政策又享受"免、抵、退"税政策有关问题的处理。

（1）纳税人既有增值税即征即退、先征后退项目，也有出口等其他增值税应税项目的，增值税即征即退和先征后退项目不参与出口项目免抵退税计算。纳税人应分别核算增值税即征即退、先征后退项目和出口等其他增值税应税项目，分别申请享受增值税即征即退、先征后退和免抵退税政策。

（2）用于增值税即征即退或者先征后退项目的进项税额无法划分的，按照下列公式计算：

$$\text{无法划分进项税额的部分} = \text{当月无法划分的全部进项税额} \times \frac{\text{当月即征即退或先征后退项目销售额}}{\text{当月全部销售额合计}}$$

【提示】纳税人提供应税服务同时适用免税和零税率规定的，优先适用零税率。

考霸笔记
注意与增值税出口退税结合考察。

考霸笔记
销项税额和进项税额应分别单独核算。

考霸笔记
因为零税率进项税可以抵扣，免税不可以。

第二章

第十节　征收管理

考霸笔记

选择题常考点，增值税纳税义务发生时间是计算当期销项税额的时点。

一、纳税义务发生时间

（一）一般规定

1.纳税人发生应税销售行为，其纳税义务发生时间为收讫销售款或者取得索取销售款凭据的当天；先开具发票的，为开具发票的当天。

2.进口货物，为报关进口的当天。

3.增值税扣缴义务发生时间，为纳税人增值税纳税义务发生的当天。

（二）具体规定

1.采取直接收款方式销售货物，不论货物是否发出，均为收到销售款或者取得索取销售款凭据的当天。

特殊情形中应该重点关注哪些内容?

2.采取托收承付和委托银行收款方式销售货物，为发出货物并办妥托收手续的当天。

3.采取赊销和分期收款方式销售货物，为书面合同约定的收款日期的当天；无书面合同或者书面合同没有约定收款日期的，为货物发出的当天。

4.采取预收货款方式销售货物，一般情形为货物发出的当天。

【提示】特殊情形：

生产销售生产工期超过12个月的大型机械设备、船舶、飞机等货物，为收到预收款或者书面合同约定的收款日期的当天。

5.委托其他纳税人代销货物，为收到代销单位的代销清单或者收到全部或者部分货款的当天；未收到代销清单及货款的，为发出代销货物满180天的当天。

6.销售应税劳务，为提供劳务同时收讫销售款或者取得索取销售款凭据的当天。

7.纳税人发生视同销售货物行为（委托他人代销、销售代销货物除外），为货物移送的当天。

8.纳税人提供租赁服务采取预收款方式的，其纳税义务发生时间为收到预收款的当天。

9.纳税人从事金融商品转让的，为金融商品所有权转移的当天。

10.纳税人发生视同销售服务、无形资产或者不动产情形的，其纳税义务发生时间为服务、无形资产转让完成的当天或者不动产权属变更的当天。

【总结】销售的纳税处理见表2-23。

表2-23　销售的纳税处理

方式	纳税义务发生时间
赊销和分期结算方式销售	销售合同规定的收款日期的当天
预收货款结算方式销售	发出货物的当天（建筑、租赁、大型设备为收到预收款）
托收承付和委托银行收款方式销售	发出货物并办妥托收手续的当天
其他结算方式销售	收讫货款或索取销售款凭据的当天
自产自用应税消费品	为移送使用的当天
委托加工应税消费品	为纳税人提货的当天
进口应税消费品	为报关进口的当天

例 2-15 · 多选题

下列关于增值税销售货物或者提供应税劳务纳税义务发生时间表述中，正确的有（　　）。

A.采取直接收款方式销售货物的，不论货物是否发出，均为收到销售款或者取得索取销售款凭据的当天。先开具发票的，为开具发票的当天

B.采取托收承付方式销售货物，为书面合同约定的收款日期的当天，无书面合同的或者书面合同没有约定收款日期的，为货物发出的当天

C.采取托收承付和赊销方式销售货物，为发出货物并办妥托收手续的当天

D.采取预收货款方式销售货物，为货物发出的当天，但销售生产工期超过12个月的大型机械设备、船舶、飞机等货物，为收到预收款或者书面合同约定的收款日期的当天

【答案】AD

【解析】采取托收承付和委托银行收款方式销售货物，为发出货物并办妥托收手续的当天。采取赊销和分期收款方式销售货物，为书面合同约定的收款日期的当天，无书面合同的或者书面合同没有约定收款日期的，为货物发出的当天。故BC选项错误。

二、纳税期限

（一）纳税期限

1.固定期限：分别为1日、3日、5日、10日、15日、1个月或者1个季度。

2.不能按照固定期限纳税的，可以按次纳税。

3.以1个季度为纳税期限的规定适用于小规模纳税人、银行、财务公司、信托投资公司、信用社，以及财政部和国家税务总局规定的其他纳税人。

（二）税款缴库时间

纳税人以1个月或者1个季度为1个纳税期的，自期满之日起15日内申报纳税。

三、纳税地点

纳税地点见表2-24。

表2-24　纳税地点

纳税人	纳税地点
（1）固定业户	①机构所在地纳税 ②总机构和分支机构不在同一县（市）的，应当分别向各自所在地主管税务机关申报纳税
（2）非固定业户	销售地纳税，未在销售地纳税的，要在机构所在地或居住地补交
（3）进口货物	报关地海关纳税
（4）扣缴义务人	向机构所在地或居住地主管税务机关申报缴纳其扣缴的税款

第十一节 增值税发票的使用及管理

一、增值税专用发票的使用及管理

（一）专用发票的联次和开票限额

1.专用发票的基本联次为三联：记账联、抵扣联、发票联。

货物运输业专用发票联次：三联票和六联票。

一般纳税人不得开具专用发票的原理是什么？

2.最高开票限额由一般纳税人申请，由区县级税务机关审批。

主管税务机关受理纳税人申请后，根据需要进行实地查验（不超10万元不需实地查验）。

（二）专用发票的开具范围

1.一般纳税人不得开具专用发票情形。

（1）商业企业一般纳税人零售的烟、酒、食品、服装、鞋帽（不包括劳保专用部分）、化妆品等消费品。

（2）销售免税货物。

（3）向消费者提供应税服务。

（4）适用免征增值税的应税服务。

2.增值税小规模纳税人（以下简称小规模纳税人）需要开具专用发票的，可向主管税务机关申请代开。

（三）开具专用发票后发生退货或开票有误的处理

考霸笔记：一般由购买方提需求。

如果不符合作废条件，由购买方或销售方在增值税发票管理新系统中填开并上传《开具红字增值税专用发票信息表》，主管税务机关通过网络接收信息表，系统自动校验通过后，生成带有“红字发票信息表编号”的信息表，并将信息同步传至纳税人端系统，之后开红票。

考霸笔记：销售方开具红票。

（四）专用发票与不得抵扣进项税额的规定

专用发票与不得抵扣进项税额的规定需要掌握到什么程度？

具体规定见表2-25。

表2-25 具体规定

项目	具体情形	税务处理
（一）有下列情形之一的，不得作为增值税进项税额的抵扣凭证	1.无法认证	税务机关退还原件，购买方可要求销售方重新开具专用发票
	2.纳税人识别号认证不符	
	3.专用发票代码、号码认证不符	
（二）有下列情形之一的，暂不得作为增值税进项税额的抵扣凭证	1.重复认证	税务机关扣留原件，查明原因，分别情况进行处理
	2.密文有误	
	3.认证不符	
	4.列为失控专用发票	

二、增值税普通发票和电子普通发票

增值税电子普通发票的开票方和受票方需要纸质发票的，可以自行打印增值税电子普通发票的版式文件，其法律效力、基本用途、基本使用规定等与税务机关监制的增值税普通发票相同。

三、"营改增"后纳税人发票的使用

1.增值税一般纳税人应税销售行为，使用增值税发票管理新系统（以下简称新系统）开具增值税专用发票、增值税普通发票、机动车销售统一发票、增值税电子普通发票。

2.增值税小规模纳税人月销售额超过10万元的，使用增值税发票管理系统开具增值税普通发票、机动车销售统一发票、增值税电子普通发票。

3.门票、过路（过桥）费发票、定额发票、客运发票和二手车销售统一发票继续使用。

智能测评

在线练习	我要提问
扫码在线做题　扫码看答案 本书"本章同步强化训练"均配备二维码，打开微信"扫一扫"即可完成在线测评，查看本章详细的测评反馈报告，了解知识掌握情况，也可扫码直接看答案噢。 快来扫码做题吧！	扫码答疑 本书配备答疑专用二维码，打开微信"扫一扫"，即可完成在线提问，获取专业老师全面个性化解答，让学习问题不再拖延。 快来扫码提问吧！

本章同步强化训练

一、单项选择题

1.下列收入中，应当征收增值税的是（　　）。

A.电力公司向发电企业收取的过网费收入

B.共青团收取的会员费收入

C.燃油电厂从政府财政专户取得的发电补贴收入

D.融资性售后回租业务中承租方出售资产取得的收入

2.某航空公司为增值税一般纳税人并具有国际运输经营资质，2018年6月购进飞机配件取得的增值税专用发票上注明价款650万元，税额104万元；开展航空服务开具普通发票取得的含税收入包括国内运输收入1 387.5万元，国际运输收入288.6万元，飞机清洗消毒收入127.2万元。该公司6月应缴纳的增值税为（　　）。

A.29.34万元　　B.50.54万元　　C.62.8万元　　D.68.21万元

3.某船运公司为增值税一般纳税人，2018年6月购进船舶配件取得的增值税专用发票上注明价款360万元，税额57.6万元；开具普通发票取得的含税收入包括国内运输收入1 287.6万元，期租业务收入255.3万元，打捞收入116.6万元。该公司6月应缴纳的增值税为（　　）。

A.87.45万元　　B.92.4万元　　C.89.26万元　　D.103.25万元

4.汽车销售公司销售小轿车时一并向购买方收取的下列款项中，应作为价外费用计算增值税

销项税额的是（　　）。

A.收取的小轿车改装费
B.因代办保险收取的保险费
C.因代办牌照收取的车辆牌照费
D.因代办缴税收取的车辆购置税税款

5.某生产企业为增值税一般纳税人，2018年6月外购原材料取得防伪税控机开具的进项税额专用发票，注明进项税额137.7万元并通过主管税务机关认证。当月内销货物取得不含税销售额150万元，外销货物取得收入115万美元（美元与人民币的比价为1∶8），该企业适用增值税税率16%，出口退税率为12%。该企业6月应退的增值税为（　　）。

A.76.9万元
B.100.9万元
C.119.6万元
D.137.7万元

6.企业发生的下列行为中，需要计算缴纳增值税的是（　　）。

A.取得存款利息
B.获得保险赔偿
C.取得中央财政补贴
D.收取包装物租金

7.下列增值税纳税人中，以1个月为纳税期限的是（　　）。

A.商业银行
B.财务公司
C.信托投资公司
D.保险公司

8.A商贸企业于2018年10月26日委托B企业将一批成衣由S地运往M地，但是B企业无A企业指定的运输工具，两者签订运输服务合同，随后B企业委托C企业完成此项运输服务。B企业应按（　　）税率缴纳增值税。

A.10%
B.6%
C.16%
D.11%

9.关于增值税退（免）税的计税依据，下列表述中正确的是（　　）。

A.生产企业出口货物劳务增值税退（免）税的计税依据，为购进货物的增值税专用发票注明的金额

B.进料加工复出口货物增值税退（免）税的计税依据，按出口货物离岸价扣除出口货物所含的海关保税进口料件的金额后确定

C.外贸企业出口货物增值税退（免）税的计税依据，为出口货物的实际离岸价

D.以航空运输方式载运货物或旅客的，如果国际运输或港澳台运输各航段由多个承运人承运的，为各个航空提供航空运输服务取得的收入合计

10.高顿软件开发公司为增值税一般纳税人，主要从事软件开发并销售，2018年8月购进原材料90 000元，支付相应的运输费1 000元，均取得增值税专用发票；当月销售软件取得销售额232 000元，已开具增值税普通发票。该企业上述业务实际应负担的增值税为（　　）元。

A.18 590
B.6 000
C.17 500
D.3 400

11.高顿外贸公司系增值税小规模纳税人，2018年7月从M国进口生产设备一台，设备买价为200 000元人民币，支付购货佣金10 000元人民币，关税税率15%，则其进口环节应纳的增值税税额是（　　）元。

A.38 640
B.41 055
C.36 800
D.39 100

12.下列关于增值税减免税规定说法中，不正确的是（　　）。

A.纳税人兼营免税、减税项目的，应当分别核算免税、减税项目的销售额；未分别核算销售额的，不得免税、减税

B.纳税人提供应税服务同时适用免税和零税率规定的，优先适用零税率

C.放弃免税权后，24个月内不得再申请免税

D.纳税人既有增值税即征即退、先征后退项目，也有出口等其他增值税应税项目的，增值税即征即退和先征后退项目不参与出口项目免抵退税计算

13.某货物运输企业为增值税一般纳税人，2018年6月提供货物运输服务，取得不含税收入

480 000元；出租闲置车辆取得含税收入68 000元；提供车辆停放服务，取得含税收入26 000元，以上业务均选择一般计税方法。该企业当月销项税额是（ ）元。

A.94 056.92　B.59 742.95　C.95 258.12　D.64 152.04

14.下列各项行为中，不作为视同销售行为缴纳增值税的是（ ）。

A.甲公司将货物委托乙公司代销　B.丙公司将外购的货物用于集体福利

C.丙公司将自产货物用于个人消费　D.丁公司将外购的货物无偿赠送给戊公司

15.下列关于增值税的说法，正确的是（ ）。

A.航空公司取得的逾期票证收入，不征收增值税

B.融资性售后回租业务中，承租方出售资产收入应按照租赁服务缴纳增值税

C.药品生产企业提供给患者后续免费使用的创新药，按照视同销售缴纳增值税

D.被保险人获得的保险赔付不征收增值税

二、多项选择题

1.增值税一般纳税人销售自产的下列货物中，可选择按照简易办法计算缴纳增值税的有（ ）。

A.生产建筑材料所用的砂土　B.用微生物制成的生物制品

C.以水泥为原料生产的水泥混凝土　D.县级以下小型火力发电单位生产的电力

2.下列行为免征增值税的有（ ）。

A.个人转让著作权　B.残疾人个人提供应税服务

C.航空公司提供飞机播洒农药服务　D.会计师事务所提供管理咨询服务

3.某航空公司为增值税一般纳税人，2018年7月取得的含税收入包括航空培训收入57.72万元，航空摄影收入222.6万元，湿租业务收入199.8万元，干租业务收入245.7万元。该公司计算的下列增值税销项税额，正确的有（ ）。

A.航空培训收入的销项税额为5.72万元　B.航空摄影收入的销项税额为12.6万元

C.湿租业务收入的销项税额为18.16万元　D.干租业务收入的销项税额为33.89万元

4.以下各项中，应计入增值税一般纳税人认定标准的“年应税销售额”的有（ ）。

A.纳税申报销售额　B.稽查查补销售额

C.纳税评估调整销售额　D.税务机关代开发票销售额

5.下列各项业务所取得的收入中，应按“交通运输业”征收增值税的有（ ）。

A.航空公司提供的湿租服务　B.航空公司提供的干租业务

C.远洋运输公司提供的光租业务　D.远洋运输公司提供的程租业务

6.企业发生的下列行为中，不计算缴纳增值税的有（ ）。

A.电力公司向发电企业收取的过网费收入

B.社会团体收取的会费收入

C.古旧图书

D.燃油电厂从政府财政专户取得的发电补贴收入

7.企业发生的下列行为中，免征增值税的有（ ）。

A.古旧图书　B.农业生产者销售的自产农产品

C.被保险人获得的保险赔付　D.航空公司提供的国内湿租服务

8.企业发生的下列行为中，不属于增值税征税范围的有（ ）。

A.电力公司向发电企业收取的过网费收入

B.政府间国际组织收取的会费

C.燃油电厂从政府财政专户取得的发电补贴收入

D.融资性售后回租业务中承租方出售资产取得的收入

9.企业发生的下列行为中，适用增值税10%税率的有（　　）。

A.高顿教育集团在地铁2号线车厢投放的广告

B.高顿教育集团在环球金融中心写字楼投放的广告

C.无运输工具承运业务

D.货物运输代理服务

10.A生产企业位于市区，从事口业务，2018年5月增值税应纳税额为-300万元，出口货物的“免抵退”税额为500万元。以下各项中，正确的有（　　）。

A.A企业应退增值税税额为300万元

B.A企业出口自产应税消费品适用消费税免税政策

C.A企业应缴纳的城市维护建设税为14万元

D.A企业应缴纳的教育费附加为5万元

11.下列各项中，属于增值税免税项目的有（　　）。

A.邮政部门发行报刊　　　　　　　B.农业生产者销售自产农产品

C.电力公司向发电企业收取过网费　D.残疾人的组织直接进口供残疾人专用的物品

12.下列各项中，不需要办理一般纳税人登记的有（　　）。

A.按照政策规定，选择按照小规模纳税人纳税的

B.年应税销售额超过规定标准的其他个人

C.年应税销售额为300万元的其他个人

D.年应税销售额为600万元的商贸企业

13.下列关于进口环节增值税的征收规定中，正确的有（　　）。

A.根据《增值税暂行条例》的规定，申报进入中华人民共和国海关境内的货物，均应缴纳增值税

B.进口货物增值税纳税人的范围较宽，包括了国内一切从事进口业务的企业事业单位、机关团体和个人

C.跨境电子商务零售进口商品按照货物征收关税和进口环节增值税、消费税，购买跨境电子商务零售进口商品的个人作为纳税义务人

D.跨境电子商务零售进口商品的单次交易限值为人民币2 000元，个人年度交易限值为人民币200 000元。在限值以内进口的跨境电子商务零售进口商品，关税税率暂设为0

14.下列关于资管产品增值税处理办法中，正确的有（　　）。

A.资管产品管理人运营资管产品过程中发生的增值税应税行为，按照6%的金融服务缴纳增值税

B.资管产品管理人，包括银行、信托公司、公募基金管理公司及其子公司、证券公司及其子公司、期货公司及其子公司、私募基金管理人、保险资产管理公司、专业保险资产管理机构、养老保险公司

C.管理人应分别核算资管产品运营业务和其他业务；未分别核算的，资管产品运营业务不得适用简易计征

D.管理人可选择分别或汇总核算资管产品运营业务销售额和增值税应纳税额

15.下列销售行为中，免征增值税的有（　　）。

A.间接用于科学研究、科学试验和教学的进口仪器、设备

B.其他个人销售自己使用过的物品

C.企事业单位销售自己使用过的物品

D.由残疾人的组织直接进口供残疾人专用的物品

三、计算问答题

甲单位2018年6月发生如下业务：

（1）从农户处收购高粱140 000千克，3元/千克，总成本42万元；

（2）所收购高粱当月全部委托乙公司生产白酒35 000千克，收回时乙公司开具增值税专用发票金额5万元，税额0.8万元；

（3）当月所收回白酒全部销售，收取不含税价款100万元。

要求：

（1）列举至少3种核定扣除方法；

（2）计算收购高粱可抵扣进项税额（适用投入产出法）；

（3）计算乙公司代收代缴消费税；

（4）计算甲公司当月应缴增值税。

2.某商贸公司（有进出口经营权）10月进口货物一批。该批货物在国外的买价为40万元，另该批货物运抵我国海关前发生的包装费、运输费、保险费等共计20万元。货物报关后，公司按规定缴纳了进口环节的增值税并取得了海关开具的海关进口增值税专用缴款书。假定该批进口货物在国内全部销售，取得不含税销售额80万元。

相关资料：货物进口关税税率为15%，增值税税率为16%。

请按下列顺序回答问题：

（1）计算进口环节应纳增值税的组成计税价格；

（2）计算进口环节应缴纳的增值税税额；

（3）计算国内销售环节的销项税额；

（4）计算国内销售环节应缴纳的增值税税额。

本章导学

第三章 消费税法

本章框架图

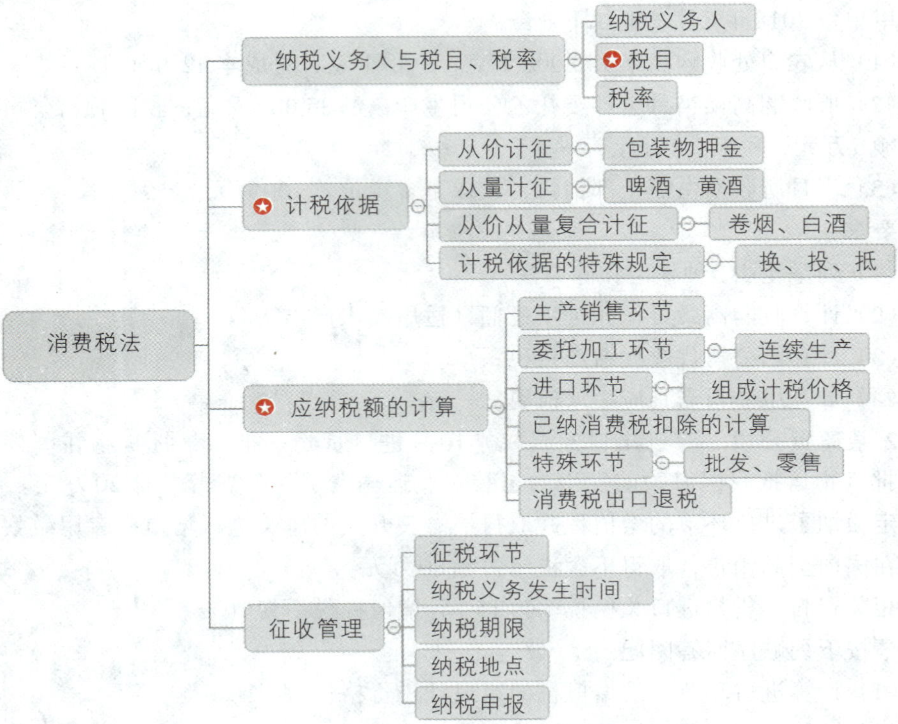

本章考情概述

消费税是CPA税法考试中比较重要的章节，近3年平均分值约为9分，可设置各种题型，尤其是计算问答题每年必出一道。消费税与增值税、关税、城市维护建设税的关联性强，应注意组合性质考题。

本章在学习过程中应把握消费税的税目辨析，卷烟、白酒、金银首饰、钻石及钻石饰品、超豪华小汽车的征税环节及应纳税额的计算，委托加工应税消费品代收代缴的消费税等。

2019年教材主要变化

本章节无实质性变化，删除了“外购已税摩托车连续生产应税摩托车”可以抵扣已纳消费税的规定。增加了纯生物柴油的免税规定。

第一节　纳税义务人与税目、税率

考霸笔记：境内是指生产、委托加工、进口消费品的起运地或者所在地在境内。

消费税是指对消费品和特定的消费行为按流转额征收的一种商品税。

一、纳税义务人

在中华人民共和国境内生产、委托加工和进口《消费税暂行条例》规定的消费品的单位和个人，以及国务院确定的销售《消费税暂行条例》规定的消费品的其他单位和个人，为消费税的纳税人，应当按照《消费税暂行条例》缴纳消费税。

二、税目

消费税的征收范围比较狭窄，也会随经济发展、环境保护等国家政策进行修订，目前消费税税目包括15种商品，部分税目还进一步划分了若干子目。

考霸笔记：是指卷烟生产企业通过卷烟交易市场与购货方签订的卷烟交易价格。

（一）烟

烟包括卷烟、雪茄烟和烟丝。其中卷烟分为甲类卷烟和乙类卷烟见表3-1。

表3-1　**卷烟税目**

税目		备注
卷烟	甲类卷烟	每标准条（200支，下同）调拨价格≥70元（不含增值税）的卷烟
	乙类卷烟	每标准条调拨价格＜70元（不含增值税）的卷烟

如何界定酒类消费品的出厂价?

（二）酒

酒包括白酒、黄酒、啤酒和其他酒。其中啤酒分为甲类啤酒和乙类啤酒，见表3-2。

表3-2　**酒的税目**

项目		备注
啤酒	甲类啤酒	每吨出厂价（含包装物及包装物押金）≥3 000元（不含增值税）的啤酒
	乙类啤酒	每吨出厂价（含包装物及包装物押金）＜3 000元（不含增值税）的啤酒

考霸笔记：如酒吧销售自酿的啤酒，应当照章征收消费税。

【提示】1.包装物押金不包括重复使用的塑料周转箱的押金。

2.对饮食业、商业、娱乐业举办的啤酒屋（啤酒坊）利用啤酒生产设备生产的啤酒，应当征收消费税。

3.果啤属于啤酒，按啤酒征收消费税。葡萄酒适用“其他酒”子目。

（三）高档化妆品

高档化妆品包括高档美容、修饰类化妆品、高档护肤类化妆品和成套化妆品，见表3-3。

表3-3 高档化妆品税目

税目	备注
高档化妆品	指生产环节销售（进口完税）价格（不含增值税）≥10元/毫升（克）或15元/片（张）的美容、修饰类化妆品和护肤类化妆品

考霸笔记
此标准以下的普通化妆品不征消费税。

【提示】舞台、戏剧、影视演员化妆用的上妆油、卸妆油、油彩，不属于消费税的征收范围。

考霸笔记
"免税"仅针对进口环节，而销售时还应当照章纳税。

（四）贵重首饰及珠宝玉石

贵重首饰及宝石包括金银首饰、铂金首饰和钻石及钻石饰品等其他贵重首饰和珠宝玉石。

【提示】对出国人员免税商店销售的金银首饰征收消费税。

（五）鞭炮、焰火

鞭炮、焰火包括各种鞭炮、焰火。

体育上用的发令纸、鞭炮引线，不属于消费税征税范围。

（六）成品油

成品油包括汽油、柴油、石脑油、溶剂油、润滑油、航空煤油、燃料油7个子目。对航空煤油暂缓征收消费税。

1.同时符合下列条件的纯生物柴油免征消费税（新增）：

（1）生产原料中废弃的动物油和植物油用量所占比重不低于70%。

（2）生产的纯生物柴油符合《柴油机燃料调和生物柴油（BD100）》标准。

2.变压器油、导热类油等绝缘油类产品不属于润滑油，不征收消费税。

（七）小汽车

小汽车包括乘用车、中轻型商用客车、超豪华小汽车。

【提示】1.超豪华小汽车指每辆零售价格130万元（不含增值税）及以上的乘用车和中轻型商用客车。

2.电动汽车、沙滩车、雪地车、卡丁车、高尔夫车、车身大于7米（含）并且座位在10~23座（含）以下的商用客车不征收消费税。

（八）摩托车

摩托车包括轻便摩托车、摩托车两种。

【提示】对最大设计车速不超过50千米/小时，发动机气缸总工作容量不超过50毫升的三轮摩托车不征收消费税。气缸容量250毫升（不含）以下的小排量摩托车不征收消费税。

考霸笔记
高尔夫球杆的组成部分也属于征税范围。

（九）高尔夫球及球具

高尔夫球及球具包括高尔夫球、高尔夫球杆、高尔夫球包（袋）。高尔夫球杆的杆头、杆身和握把也属于本税目的征收范围。

（十）高档手表

高档手表指销售价格（不含增值税）每只在10 000元（含）以上的各类

手表。

（十一）游艇

游艇包括艇身长度大于8米（含）小于90米（含），内置发动机，可以在水上移动，一般为私人或团体购置，主要用于水上运动和休闲娱乐等非营利活动的各类机动艇。

考霸笔记 游艇按照动力划分为无动力艇、帆艇和机动艇。而我国只针对部分符合规定的机动艇征消费税。

（十二）木制一次性筷子

各种规格的木制一次性筷子。未经打磨、倒角的一次性筷子也属于本税目征税范围。

考霸笔记 注意是木制，而市面上的竹制等一次性筷子不需要缴纳消费税。

（十三）实木地板

各种规格的实木地板、实木指接地板、实木复合地板以及用于装饰墙壁、天棚的侧端面为榫、槽的实木装饰板。

【提示】未经涂饰的素板也属于本税目征税范围。

（十四）电池

电池包括原电池、蓄电池、燃料电池、太阳能电池和其他电池。

【提示】对无汞原电池、金属氢化物镍蓄电池（又称“氢镍蓄电池”或“镍氢蓄电池”）、锂原电池、锂离子蓄电池、太阳能电池、燃料电池和全钒液流电池免征消费税。

（十五）涂料

对施工状态下挥发性有机物（VOC）含量低于420克/升（含）的涂料免征消费税。

例3-1 · 2018年多选题

下列商品中，目前属于消费税征税范围的有（ ）。

A.变压器油

B.高尔夫车

C.铅蓄电池

D.翡翠首饰

【答案】CD

【解析】选项A，变压器油、导热类油等绝缘油类产品不属于润滑油，不征收消费税；选项B，电动汽车以及沙滩车、雪地车、卡丁车、高尔夫车等均不属于小汽车税目征税范围，不征消费税。

三、税率

消费税的税目、税率见表3-4。

【提示】纳税人兼营不同税率的应税消费品，应当分别核算不同税率应税消费品的销售额、销售数量。未分别核算销售额、销售数量，或者将不同税率的应税消费品组成成套消费品销售的，从高适用税率。

考霸笔记 增值税的兼营行为，未分别核算的，一般情况下，也是从高适用税率或征收率。

【举例】甲酒厂既生产白酒（税率为20%，定额税率为0.5元/500克），又生产其他酒（税率为10%），甲分别核算了白酒与其他酒的销售额，则按各自适用税率计税；如未分别核算各自的销售额，则其他酒按白酒的税率计税。如果该酒厂还将白酒与其他酒组成礼品套酒，即组成成套消费品，那么即使分别核算了销售额、销售数量也要从高适用税率，而不能分别计算应纳税额。

表3-4　　消费税的税目、税率

税目		税率
烟	1.卷烟	（1）甲类卷烟：56%加150元/箱（0.6元/条或0.003元/支） （2）乙类卷烟：36%加150元/箱（0.6元/条或0.003元/支） （3）批发环节：11%加250元/箱（1元/条或0.005元/支）
	2.雪茄烟	36%
	3.烟丝	30%
酒	白酒	20%加0.5元/500克（或500毫升）（1元/千克或1 000元/吨）
	黄酒	240元/吨
	啤酒	（1）甲类啤酒：250元/吨 （2）乙类啤酒：220元/吨
	其他酒	10%
高档化妆品		15%
贵重首饰及珠宝玉石	1.金银首饰、铂金首饰和钻石及钻石饰品	5%
	2.其他贵重首饰和珠宝玉石	10%
鞭炮、焰火		15%
成品油		1.2元/升~1.52元/升
小汽车	乘用车	1%~40%
	中轻型商用客车	5%
	超豪华小汽车（零售环节）	10%
摩托车		3%~10%
高尔夫球及球具		10%
高档手表		20%
游艇		10%
木制一次性筷子		5%
实木地板		5%
电池		4%
涂料		4%

考霸笔记
考试时一般会给出消费税税率。

考霸笔记
每箱卷烟共250条，每条共10包，每包20支，即每箱卷烟共50 000支。记住箱、条、支的换算可以提高答题速度。

如何换算卷烟税率?

考霸笔记
零售环节征收消费税。

考霸笔记
成品油、乘用车、摩托车会根据具体税目的不同，适用不同的税率。

第二节　计税依据

消费税应纳税额的计算分为从价计征、从量计征和从价加从量的复合计征三种方法，如图3-1所示。

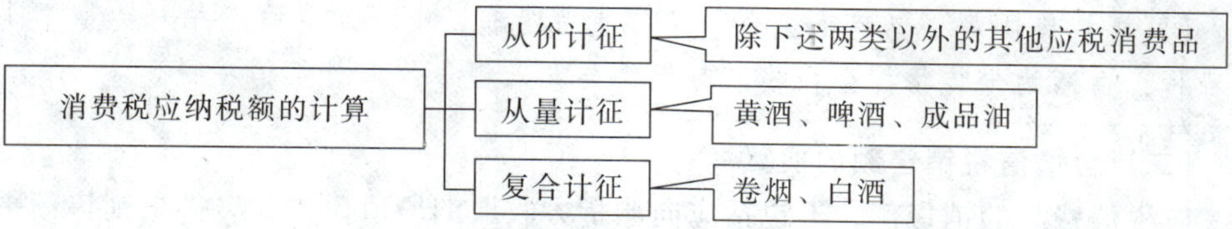

图3-1　消费税应纳税额的计算

一、从价计征

从价定率计算方法下，应纳税额的多少取决于销售额和适用税率两个因素。

（一）销售额的确定

1. 销售额为纳税人销售应税消费品向购买方收取的全部价款和价外费用

价外费用，是指价外向购买方收取的手续费、补贴、基金、集资费、返还利润、奖励费、违约金、滞纳金、延期付款利息、赔偿金、代收款项、代垫款项、包装费、包装物租金、储备费、优质费、品牌使用费、运输装卸费以及其他各种性质的价外收费。但不包括同时符合以下条件的代垫运输费用：

（1）承运部门的运输费用发票开具给购买方的；

（2）纳税人将该项发票转交给购买方的。

考霸笔记：随应税白酒的销售而向购货方收取的，属于应税白酒销售价款的组成部分。

2. 包装物的计价

（1）应税消费品连同包装销售，无论包装是否单独计价，也不论在会计上如何核算，均应并入应税消费品的销售额中征收消费税。

（2）包装物不随同销售，而是收取押金，该押金不应并入应税消费品的销售额中征税。但对因逾期未收回的包装物不再退还的或者已取得的时间超过12个月的押金，应并入应税消费品的销售额，按照应税消费品的适用税率缴纳消费税。（酒类产品比较特殊，需另行记忆）

如何区分增值税和消费税中包装物押金的处理？

与增值税略有不同，可对比记忆，见表3-5。

表3-5　**对比记忆**

应税消费品		收取包装物押金时		包装物押金逾期或超过12个月	
		增值税	消费税	增值税	消费税
一般应税消费品		不计税	不计税	计税	计税
酒	啤酒、黄酒	不计税	不计税	计税	不计税
	除啤酒、黄酒外的其他酒	计税	计税	不计税	不计税

考霸笔记：啤酒、黄酒从量计征消费税，因此，任何情况下的包装物押金都不计征消费税。

例 3-2 · 2010 年多选题

企业生产销售白酒取得的下列款项中，应并入销售额计征消费税的有（　　）。

A. 优质费　　B. 包装物租金　　C. 品牌使用费　　D. 包装物押金

【答案】ABCD

【解析】优质费、包装物租金和品牌使用费都属于价外费用应并入销售额计征消费税，白酒的包装物押金在收取时就需要并入销售收入计征消费税。

考霸笔记

如果消费税纳税人是增值税一般纳税人，应适用 16% 的增值税税率；如果消费税纳税人是增值税小规模纳税人，应适用 3% 的征收率。

（二）含增值税销售额的换算

应税消费品的销售额，不包括应向购货方收取的增值税税款。如果销售额中含有增值税，应换算为不含增值税的销售额。换算公式为：

$$\text{应税消费品的销售额}=\frac{\text{含增值税的销售额}}{1+\text{增值税税率或征收率}}$$

二、从量计征

从量定额计算方法下，应纳税额的多少取决于销售数量和单位税额两个因素。

销售数量是指纳税人生产、加工和进口应税消费品的数量。具体确定方法见表 3-6。

表 3-6　　销售数量的确认

征税环节	销售数量
销售应税消费品	应税消费品的销售数量
自产自用应税消费品	应税消费品的移送使用数量
委托加工应税消费品	纳税人收回的应税消费品数量
进口的应税消费品	海关核定的应税消费品进口征税数量

例 3-3 · 多选题

下列各项关于从量计征消费税计税依据确定方法的表述中，正确的有（　　）。

A. 销售应税消费品的，为应税消费品的销售数量

B. 进口应消费品的为海关核定的应税消费品数量

C. 以应税消费品投资入股的，为应税消费品移送使用数量

D. 委托加工应税消费品的，为加工完成的应税消费品数量

【答案】ABC

【解析】选项 D，委托加工应税消费品的，为收回应税消费品的数量。

三、从价从量复合计征

现行消费税的征税范围中，只有卷烟、白酒采用复合计征方法。应纳税额等于应税销售数量乘以定额税率再加上应税销售额乘以比例税率。

例 3-4 · 计算题

甲白酒生产企业为增值税一般纳税人，2018 年 7 月销售白酒 50 吨，取得不含增值税的销售额 2 000 000 元。计算白酒企业 7 月应缴纳的消费税额。

（其他相关资料：白酒适用比例税率 20%，定额税率 0.5 元/500 克）

应纳消费税额=2 000 000×20%+50×1 000=450 000（元）

考霸笔记

白酒从量部分每吨 1 000 元。

四、计税依据的特殊规定

1.纳税人通过自设非独立核算门市部销售的自产应税消费品，应当按照门市部对外销售额或销售数量征收消费税。

例3-5·单选题

甲实木地板生产企业为增值税一般纳税人，下设有非独立核算的门市部。2018年8月甲将自产的一批成本价为80万元的实木地板移送门市部，门市部将其全部对外销售，取得含税销售额95万元。实木地板的消费税税率为5%，成本利润率为5%，该企业此项业务应缴纳消费税（　　）万元。

A.4.09　　B.4.42　　C.4.6　　D.3.86

【答案】A

【解析】纳税人通过自设非独立核算门市部销售自产应税消费品，应当按照门市部对外销售额或销售数量征收消费税。该企业应缴纳消费税=95÷（1+16%）×5%=4.09（万元）

什么情况下需要视同销售?

2.纳税人用于换取生产资料和消费资料、投资入股和抵偿债务等方面的应税消费品，应当以纳税人同类应税消费品的最高销售价格为依据计算消费税。

【提示】计算增值税时，将应税商品用于上述行为的，应当以纳税人同类应税商品的平均售价作为计税依据。

例3-6·2016年多选题

下列关于缴纳消费税适用计税依据的表述中，正确的有（　　）。

A.委托加工应税消费品应当首先以受托人同类消费品销售价格作为计税依据

B.换取生产资料的自产应税消费品应以纳税人同类消费品平均价格作为计税依据

C.作为福利发放的自产应税消费品应以纳税人同类消费品最高价格作为计税依据

D.投资入股的自产应税消费品应以纳税人同类应税消费品最高售价作为计税依据

【答案】AD

【解析】选项B，应该以纳税人同类应税消费品最高售价作为计税依据。选项C，应该以纳税人同类消费品销售价格作为计税依据。

例3-7·2016年计算题（改编）

某汽车生产企业主要从事小汽车生产和改装业务，为增值税一般纳税人，2018年9月份经营如下业务：

（1）将生产的800辆汽车分两批出售，其中300辆增值税专用发票注明金额4 500万元，税额为720万元，500辆增值税专用发票注明金额6 500万元，税额1 040万元。

（2）将生产的100辆小汽车用于换取生产资料，以成本12万元每辆互相开具增值税专用发票，注明金额1 200万元、税额192万元。（其他相关资料：小汽车消费税税率为5%）

要求：根据上述资料回答下列问题。

（1）计算业务（1）中的应纳消费税。

（2）计算业务（2）中的应纳消费税。

【答案】

（1）应纳消费税=（4 500+6 500）×5%=550（万元）

（2）同类应税消费品销售单价分别为：4 500÷300=15（万元），6 500÷500=13（万元）。

用于换取生产资料应以最高销售价格15万元作为计税依据。

因此，

应纳消费税=15×100×5%=75（万元）

考霸笔记

为确保国家的财政收入，税务机关会对卷烟的最低计税价格进行核定。

3.卷烟计税价格的核定（见表3-7）

表3-7 卷烟计税价格的核定

项目	具体规定
核定范围	卷烟消费税最低计税价格核定范围为卷烟生产企业在生产环节销售的所有牌号、规格的卷烟
最低计税价格核定公式	某牌号、规格卷烟计税价格=批发环节销售价格×（1-适用批发毛利率） 批发环节销售价格=$\frac{\sum 该牌号规格卷烟各采集点的销售额}{\sum 该牌号规格卷烟各采集点的销售数量}$
申报价格	①未经国家税务总局核定计税价格的新牌号、新规格卷烟，生产企业应按卷烟调拨价格申报纳税 ②已经国家税务总局核定计税价格的卷烟，按照生产企业实际销售价格与计税价格孰高原则确定适用税率，计算应纳税款并申报纳税

考霸笔记

批发毛利率考题会给出。

如何确定白酒最低计税价格?

4.白酒最低计税价格的核定（见表3-8）

表3-8 白酒最低计税价格的核定

项目	具体规定
核定范围	①白酒生产企业将自产收回的白酒销售给销售单位，生产企业消费税计税价格低于销售单位对外销售价格（不含增值税）70%以下的，税务机关应核定消费税最低计税价格 ②纳税人将委托加工收回的白酒销售给销售单位，消费税计税价格低于销售单位对外销售价格（不含增值税）70%以下的，也应核定消费税最低计税价格
核定标准	属于核定范围内的白酒，消费税最低计税价格由税务机关根据生产规模、白酒品牌、利润水平等情况在销售单位对外销售价格50~70%范围内自行核定。其中，生产规模较大，利润水平较高的企业生产的需要核定消费税最低计税价格的白酒，税务机关核价幅度原则上应选择在销售单位对外销售价格60%~70%范围内
重新核定	已核定最低计税价格的白酒，销售单位对外销售价格持续上涨或下降时间达到3个月以上、累计上涨或下降幅度在20%（含）以上的白酒，税务机关重新核定最低计税价格 【提示】销售单位，是指销售单位、购销公司以及委托境内其他单位或个人包销本企业生产白酒的商业机构
适用的计税价格	已核定为最低

考霸笔记

不局限于白酒生产企业。

考霸笔记

销售单位根据协定从白酒生产企业购进白酒，并承担大部分包装材料等成本费用，并负责销售白酒。

5.金银首饰销售额的确定

对既销售金银首饰，又销售非金银首饰的生产、经营单位，应将两类商品划分清楚，分别核算销售额。凡划分不清楚或不能分别核算的，在生产环节销售的，一律从高适用税率征收消费税；在零售环节销售的，一律按金银首饰征收消费税。金银首饰与其他产品组成成套消费品销售的，应按销售额全额征收消费税。

纳税人采用以旧换新（含翻新改制）方式销售的金银首饰，应按实际收取的不含增值税的全部价款确定计税依据征收消费税（见表3-9）。

以旧换新方式销售的消费税和增值税处理一样吗?

考霸笔记
即按不含税的差额征税。

表3-9 以旧换新方式销售的税务处理

类型	税务处理
以旧换新方式销售金银首饰	差额计算消费税
以旧换新方式销售其他商品	按新货物同期销售价格确定销售额，不得扣减旧货物价格

第三节 应纳税额的计算

一、生产销售环节应纳消费税的计算

（一）直接对外销售应纳消费税的计算

1.从价定率计算

应纳税额=应税消费品的销售额×比例税率

例3-8·计算题

甲化妆品生产企业为增值税一般纳税人。2018年6月15日向A大型商场销售高档化妆品一批，增值税专用发票上注明的金额为75万元，增值税额12万元；6月20日向B单位销售高档化妆品一批，开具普通发票，取得含税销售额20.88万元。计算该化妆品生产企业上述业务应缴纳的消费税额。

（其他相关资料：高档化妆品适用消费税税率15%）

（1）高档化妆品的应税销售额=75+20.88÷（1+16%）=93（万元）

（2）应缴纳的消费税额=93×15%=13.95（万元）

从价定率的计算例题讲解

2.从量定额计算

应纳税额=销售数量×单位税额

例3-9·计算题

甲啤酒厂2018年6月销售甲类啤酒1 500吨，取得不含增值税销售额442.5万元，增值税税额70.8万元，另收取包装物押金30.16万元。计算6月该啤酒厂应纳消费税税额。

（其他相关资料：销售甲类啤酒，适用定额税率250元/吨）

啤酒从量计征，在计算应纳税额时不考虑包装物押金。

应纳消费税税额=销售数量×定额税率=1 500×250=375 000（元）

3.从价定率和从量定额复合计算

现行消费税的征税范围中，只有卷烟、白酒采用复合计算方法。基本计算公式为：

应纳税额=应税消费品的销售额×定额税率+应税销售额×比例税率

例3-10 · 单选题

甲酒厂12月销售白酒12 000斤，不含税单价为5元/斤，随同销售的包装物价格7 192元；本月销售礼品盒6 000套，不含税单价为300元/套，每套包括白酒2斤，单价80元；葡萄酒2斤，单价70元。白酒消费税税率为20%加0.5元/500克。该企业12月应纳消费税（　　）元。

A.199 240　　B.379 240　　C.391 240　　D.484 550

【答案】C

【解析】应纳消费税=［12 000×5+7 192÷（1+16%）］×20%+12 000×0.5+6 000×300×20%+6 000×4×0.5

=391 240（元）

考霸笔记：如以福利或奖励形式发给本企业职工。

（二）自产自用应纳消费税的计算

所谓自产自用，就是纳税人生产应税消费品后，不是用于直接对外销售，而是用于自己连续生产应税消费品或用于其他方面。

考霸笔记：体现消费税特点为单一环节纳税。

1.用于连续生产

纳税人自产自用的应税消费品，用于连续生产应税消费品的，不纳税。

【举例】某卷烟制造厂购进烟丝，用烟丝连续生产卷烟，虽然烟丝是应税消费品，但用于连续生产卷烟的烟丝就不用缴纳消费税，只对生产销售的卷烟征收消费税。用于连续生产卷烟的烟丝就不用缴纳消费税（如图3-2所示）。

应税消费品用于连续生产例题讲解

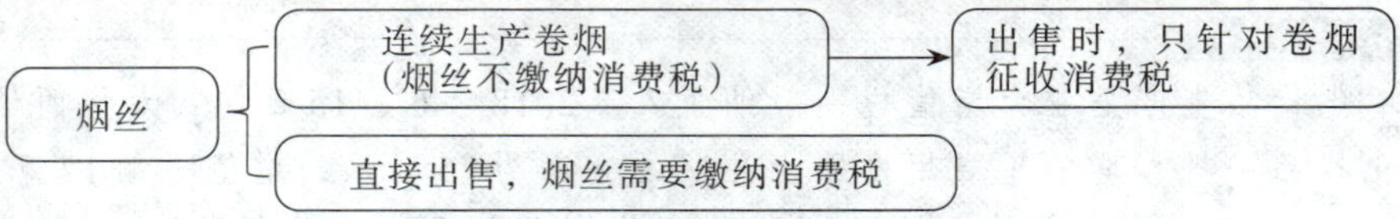

图3-2　烟丝的税务处理

2.用于其他方面的应税消费品

纳税人自产自用的应税消费品，除用于连续生产应税消费品外，凡用于其他方面的，于移送使用时纳税（如图3-3所示）。

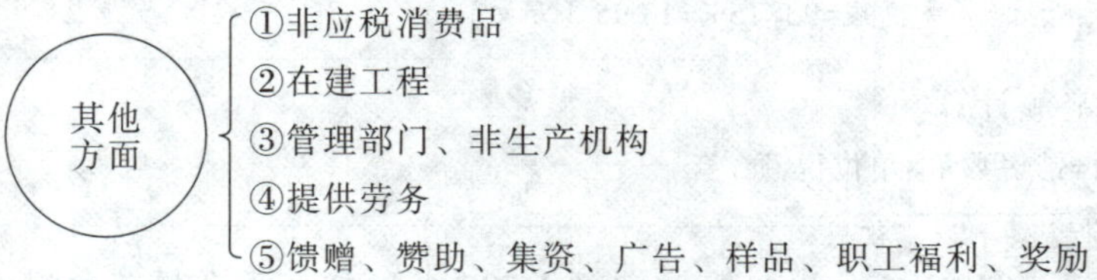

图3-3　其他方面的情况

消费税与增值税征税情况的对比见表3-10。

表3-10　消费税与增值税征税情况的对比

用途	税务处理	
	增值税	消费税
将自产应税消费品连续生产应税消费品	不计税	不计税
将自产应税消费品连续生产非应税消费品	不计税	计税
将自产应税消费品用于在建工程	不计税	计税
将自产应税消费品用于馈赠、赞助、集资、广告、样品、职工福利、奖励	计税	计税

例3-11·2017年多选题

纳税人发生的下列行为中，应征收消费税的有（ ）。

A.酒厂将自产的白酒赠送给客户

B.烟厂将自产的烟丝用于连续生产卷烟

C.汽车制造厂将自产的小汽车用于工厂内部的行政部门

D.原油加工厂将自产的柴油用于调和生产生物柴油

【答案】AC

【解析】纳税人自产自用的应税消费品，用于连续生产应税消费品的，不纳税，用于其他方面的，于移送使用时纳税。

如何确定组成计税价格？

3.组成计税价格及税额计算

纳税人自产自用的应税消费品，凡用于其他方面，按照以下方法确定计税价格，见表3-11。

表3-11 组成计税价格及税额计算

项目	税务处理
有同类消费品销售价格的	（1）按当月销售的同类消费品的销售价格 （2）同类消费品各期销售价格高低不同，应按销售数量加权平均计算 有下列情形的，不得列入加权平均计算： ①销售价格明显偏低又无正当理由的 ②无销售价格的 （3）如果当月无销售或者当月未完结，按同类消费品上月或者最近月份的销售价格计算纳税
没有同类消费品销售价格的，按组成计税价格计算纳税	（1）实行从价定率办法计算纳税的组成计算价格计算公式： 组成计税价格=（成本+利润）÷（1-比例税率） 应纳税额=组成计税价格×比例税率 （2）实行复合计税办法计算纳税的组成计税价格计算公式： 组成计税价格=（成本+利润+自产自用数量×定额税率）÷（1-比例税率） 应纳税额=组成计税价格×比例税率+自产自用数量×定额税率

考霸笔记

复合计征的组成计税价格组成的是从价部分，在计算应缴纳的消费税时，还需考虑从量部分。

例3-12·计算题

甲化妆品公司将一批自产的高档化妆品用作职工福利，化妆品的成本8 000元，该化妆品无同类产品市场销售价格，但已知其成本利润率为5%，消费税税率为15%。计算该批化妆品应缴纳的消费税税额。

【答案】

组成计税价格=成本×（1+成本利润率）÷（1-消费税税率）

=8 000×（1+5%）÷（1-15%）

=9 882.35（元）

应纳税额=9 882.35×15%=14 82.35（元）

例 3-13 · 计算题

甲酒厂以自产特制粮食白酒2 000斤春节前夕发放职工，每斤白酒成本12元，无同类产品售价。（其他相关资料：白酒消费税成本利润率为10%，白酒消费税税率20%加0.5元/500克）

要求：计算应纳消费税和增值税。

【答案】

（1）应缴纳的消费税：

①从价征收的消费税=［12×2 000×（1+10%）+2 000×0.5］÷（1-20%）×20%=6 850（元）

②从量征收的消费税=2 000×0.5=1 000（元）

③应纳消费税=6 850+1 000=7 850（元）

（2）应缴纳的增值税=［12×2 000×（1+10%）+2 000×0.5］÷（1-20%）×16%=5 480（元）

二、委托加工环节应税消费品应纳税额的计算

不得作为委托加工应税消费品的情形

（一）委托加工的应税消费品的确定

委托加工应税消费品是指委托方提供原料和主要材料，受托方只收取加工费和代垫部分辅助材料加工的应税消费品。

下列情形，不得作为委托加工应税消费品，应按照销售自制应税消费品缴纳消费税：

①由受托方提供原材料生产的应税消费品；

②受托方先将原材料卖给委托方，然后再接受加工的应税消费品；

③由受托方以委托方名义购进原材料生产的应税消费品。

考霸笔记 受托方为扣缴义务人，委托方为纳税人，纳税地点为受托方所在地。

（二）代收代缴消费税的规定

1.对于属于委托加工业务的，由受托方在向委托方交货时代收代缴消费税，委托方属于法定的代收代缴义务人。

【提示】如果受托方是个人（含个体工商户），由委托方收回后缴纳消费税。

2.受托方未按规定代收代缴消费税的，对受托方处以应代收代缴税款50%以上3倍以下的罚款；委托方应补缴税款，补税的计税依据为：

（1）收回后直接销售的，按销售额计税；

（2）收回后尚未销售或不能直接销售的（如收回后用于连续生产等），按组成计税价格计税。

例 3-14 · 2015年计算题（改编）

甲地板厂生产实木地板，2018年5月发生下列业务：

（1）外购一批实木塑板并支付运费，取得的增值税专用发票注明素板金额50万元、税额8万元；

（2）甲厂将外购素板40%加工成A型实木地板，当月对外销售并开具增值税专用发票注明销售金额40万元，税额6.4万元。

（3）受乙地板厂委托加工一批A型实木地板，双方约定由甲厂提供素板，乙厂支付加工费。甲厂将剩余的外购实木素板全部投入加工，当月将加工完毕的实木地板交付乙厂，开具的增值税专用发票注明收取材料费金额30.6万元，加工费5万元，甲厂未代收代缴消费税。

（其他相关资料：实木地板的消费税税率为5%）

要求：（1）计算业务（2）应缴纳的消费税税额。

（2）判断业务（3）是否为消费税法规定的委托加工业务并说明理由。

【答案】

（1）应纳消费税=40×5%+50×40%×5%=3（万元）

（2）业务（3）不是消费税法规定的委托加工业务。按照消费税法的规定，委托加工应税消费品是指委托方提供原料和主要材料，受托方只收取加工费和代垫部分辅助材料加工的应税消费品，而本例中主要材料是由受托方提供，不能视为委托加工业务。

3.委托加工应税消费品收回后再出售的处理（见表3-12）

表3-12　委托加工应税消费品收回后再出售的处理

委托方收回的应税消费品	税务处理
以不高于受托方的计税价格出售	为直接出售，不再缴纳消费税
以高于受托方的计税价格出售	不属于直接出售，照章纳税，在计税时准予扣除受托方已代收代缴的消费税

考霸笔记

加价出售的，征收消费税，已纳消费税可以扣除。

例3-15·2017年计算题（改编）

甲礼花厂2018年6月发生如下业务：

（1）委托乙厂加工一批焰火，甲厂提供原材料成本为37.5万元。当月乙厂将加工完毕的焰火交付甲厂，开具增值税专用发票注明收取加工费5万元。

（2）将委托加工收回的焰火60%用于销售，取得不含税销售额38万元，将其余的40%用于连续生产A型组合焰火。

（3）将生产的A型组合焰火的80%以分期收款方式对外销售，合同约定不含税销售额36万元，6月28日收取货款的70%。7月28日收取货款的30%。当月货款尚未收到。另将剩余的20%焰火赠送给客户。

（其他相关资料：焰火消费税税率为15%）

要求：根据上述资料，按照下列序号回答问题，如有计算需计算出合计数。

（1）计算业务（1）中乙厂应代收代缴的消费税。

（2）判断业务（2）中用于销售的焰火是否应缴纳消费税并说明理由，如果需要缴纳，计算应缴纳的消费税。

（3）计算业务（3）中赠送客户焰火计征消费税计税依据的金额。

（4）计算业务（3）中准予扣除的已纳消费税税款。

（5）计算业务（3）应缴纳的消费税。

【答案】

（1）乙厂应代收代缴的消费税=（37.5+5）÷（1-15%）×15%=50×15%=7.5（万元）。

（2）业务（2）中用于销售的焰火应该缴纳消费税。委托加工的应税消费品在提取货物时已由受托方代收代缴了消费税，委托方以高于受托方的计税价格出售的，需按照规定申报缴纳消费税，在计税时准予扣除受托方已代收代缴的消费税。应纳消费税=38×15%-7.5×60%=1.2（万元）。

例题讲解

(3) 将自产焰火赠送给客户，属于视同销售，应该缴纳消费税，有同类消费品的销售价格的，按照纳税人生产的同类消费品的不含增值税的销售价格计算纳税。业务(3)中赠送客户焰火计征消费税计税依据的金额=36÷80%×20%=9(万元)。

(4) 准予扣除的已纳消费税税款=7.5×40%=3(万元)。

委托加工的应税消费品因为已由受托方代收代缴消费税，因此，委托加工收回后用于连续生产应税消费品，符合抵扣范畴的，可以按照当期生产领用数量抵扣已纳消费税。

(5) 对于业务(3)：

6月应纳消费税=36×70%×15%+9×15%-3=2.13(万元)；

7月应纳消费税=36×30%×15%=1.62(万元)。

纳税人采取分期收款结算方式的，消费税纳税义务发生时间为书面合同约定的收款日期的当天。

(三) 组成计税价格及应纳税额计算

委托加工的应税消费品，其计税规则见表3-13。

表3-13　**委托加工应税消费品的处理**

项目	税务处理
受托方有同类消费品销售价格的	(1) 按照受托方的当月销售的同类消费品的销售价格 (2) 当月同类消费品各期销售价格高低不同，应按销售数量加权平均计算 有下列情形的，不得进行加权平均计算： ①销售价格明显偏低又无正当理由的 ②无销售价格的 (3) 如果当月无销售或者当月未完结，按照同类消费品上月或最近月份的销售价格计算纳税
受托方没有同类价格的，按照组成计税价格计算纳税	(1) 实行从价定率办法计算纳税的组成计税价格计算公式： 组成计税价格=(材料成本+加工费)÷(1-比例税率) (2) 实行复合计税办法计算纳税的组成计税价格计算公式： 组成计税价格=(材料成本+加工费+委托加工数量×定额税率)÷(1-比例税率)

例3-16·2011年计算题

甲市烟草集团公司属增值税一般纳税人，持有烟草批发许可证，3月购进已税烟丝800万元(不含增值税)，委托M企业加工甲类卷烟500箱(250条/箱，200支/条)，M企业每箱0.1万元收取加工费(不含税)，当月M企业按正常进度投料加工生产卷烟200箱交由烟草集团公司收回。

(其他相关资料：甲类卷烟消费税为56%加0.003元/支)

要求：计算M企业当月应当代收代缴的消费税。

【答案】

代收代缴的消费税=(800×200÷500+200×0.1+200×0.015)÷(1-56%)×56%+200×0.015
=439.55(万元)

三、进口环节应纳消费税的计算

进口的应税消费品，于报关进口时缴纳消费税。纳税人进口应税消费品，按照组成计税价格和规定的税率计算应纳税额（见表3-14）。

考霸笔记
进口应税消费品，由进口人或者代理人向海关申报纳税，由海关代征。

表3-14　　进口环节应纳消费税的计算

计税方式	计算公式
从价定率	组成计税价格=（关税完税价格+关税）÷（1－消费税比例税率） 应纳税额=组成计税价格×消费税税率
从量定额	应纳税额=应税消费品数量×消费税定额税率
复合计税	组成计税价格=（关税完税价格+关税+进口数量×消费税定额税率）÷（1-消费税比例税率） 应纳税额=组成计税价格×消费税税率+应税消费品进口数量×消费税定额税率

如何计算进口环节应纳消费税

考霸笔记
组价中包含消费税和关税，不包含增值税。

例3-17·计算题

甲商贸公司，2018年5月从国外进口一批应税消费品，该批应税消费品的关税完税价格为130万元，缴纳了关税26万元。该消费品的消费税税率为10%。

计算该批消费品进口环节应缴纳的消费税税额。

（1）组成计税价格=（130+26）÷（1-10%）=173.33（万元）

（2）应缴纳消费税税额=173.33×10%=17.33（万元）

四、已纳消费税扣除的计算

为避免重复征税，在将外购应税消费品和委托加工收回的应税消费品继续生产应税消费品销售的，可将外购应税消费品和委托加工收回应税消费品已缴纳的消费税给予扣除。

（一）扣除范围

由于某些应税消费品是用外购或委托加工收回的已缴纳消费税的应税消费品连续生产出来的，在对这些消费品计算征税时，应按当期生产领用数量计算准予扣除已缴纳的消费税税款。其扣除范围包括：

（1）外购或委托加工收回的已税烟丝生产的卷烟；

（2）外购或委托加工收回的已税高档化妆品生产的高档化妆品；

（3）外购或委托加工收回的已税珠宝玉石生产的贵重首饰及珠宝玉石；

（4）外购或委托加工收回的已税鞭炮焰火生产的鞭炮焰火；

（5）外购或委托加工收回的已税杆头、杆身和握把为原料生产的高尔夫球杆；

（6）外购或委托加工收回的已税木制一次性筷子为原料生产的木制一次性筷子；

（7）外购或委托加工收回的已税实木地板为原料生产的实木地板；

（8）外购或委托加工收回的汽油、柴油、石脑油、燃料油、润滑油用于连续生产应税成品油；

（9）委托加工收回的已税摩托车连续生产摩托车；

（10）从葡萄酒生产企业购进、进口葡萄酒连续生产应税葡萄酒的，准予从葡萄酒消费税应纳税额中扣除所耗用应税葡萄酒已纳消费税税款，如本期消费税应纳税额不足抵扣的，余额留待下期抵扣。

考霸笔记
溶剂油、航空煤油除外。

考霸笔记
不包括外购的已税摩托车连续生产应税摩托车。

已纳消费税的扣除范围

（二）当期准予扣除的已纳消费税计算公式

具体公式见表3-15。

表3-15 具体公式

方式	计算公式
当期准予扣除的外购应税消费品已纳税款	当期准予扣除的外购应税消费品已纳税款=当期准予扣除的外购应税消费品买价×外购应税消费品税率 当期准予扣除的外购应税消费品买价=期初库存的外购应税消费品的买价+当期购进的应税消费品的买价-期末库存的外购应税消费品的买价
当期准予扣除的委托加工应税消费品已纳税款	当期准予扣除的委托加工应税消费品已纳税款=期初库存的委托加工应税消费品已纳税款+当期收回的委托加工应税消费品已纳税款-期末库存的委托加工应税消费品已纳税款

例3-18·计算题

甲卷烟生产企业，5月初库存外购应税烟丝金额50万元，当月又外购应税烟丝金额500万元（不含增值税），月末库存烟丝金额30万元，其余被当月生产卷烟领用。请计算卷烟厂当月准许扣除的外购烟丝已缴纳的消费税税额。烟丝适用的消费税税率为30%。

【答案】

（1）当期准许扣除的外购烟丝买价=50+500-30=520（万元）

（2）当月准许扣除的外购烟丝已缴纳的消费税税额=520×30%=156（万元）

五、特殊环节应纳消费税的计算

（一）卷烟批发环节应纳消费税的计算

从事卷烟批发业务的纳税人，在卷烟批发环节加征一道税。具体规定见表3-16。

表3-16 具体规定

项目	具体规定
征税范围	纳税人批发销售的所有牌号规格的卷烟
纳税义务人	在我国境内从事卷烟批发业务的单位和个人 【提示】从事卷烟批发的纳税人之间销售的卷烟不缴纳消费税
适用税率	从价税税率11%，从量税税率0.005元/支
计税依据	为纳税人批发卷烟的不含税销售额（不含增值税）、销售数量 纳税人兼营卷烟批发和零售业务，应当分别核算批发和零售环节的销售额、销售数量；未分别核算的，按照全部销售额、销售数量计征批发环节消费税
其他规定	批发企业在计算纳税时不得扣除已含的生产环节的消费税税款

考霸笔记：适用税率建议记忆，并区别于出厂环节卷烟的适用税率。

特殊环节应纳增值税的计算

例3-19·单选题

甲公司从事卷烟批发业务，2018年6月批发给另一卷烟批发商50箱，销售额1 250 000元（不含增值税，下同）；批发销售给某大型商场20箱，销售额500 000元；零售卷烟15箱，销售额412 500元。卷烟批发环节税率为11%加0.005元/支。甲公司应缴纳消费税（　　）元。

A.109 125　　B.259 125　　C.160 500　　D.60 000

【答案】A

【解析】应缴纳消费税税额=（500 000+412 500）×11%+（20+15）×250=109 125（元）

（二）超豪华小汽车零售环节应纳消费税的计算

超豪华小汽车零售环节应纳消费税怎么计算？

超豪华小汽车，即每辆零售价格130万元（不含增值税）及以上的乘用车和中轻型商用客车。对超豪华小汽车，在生产（进口）环节按现行税率征收消费税基础上，在零售环节加征消费税，税率为10%。具体规定见表3-17。

表3-17 超豪华小汽车零售环节应纳消费税的规定

项目	具体规定
征税范围	每辆零售价格130万元（不含增值税）及以上的乘用车和中轻型商用客车
纳税义务人	将超豪华小汽车销售给消费者的单位和个人
适用税率	10%
计算公式	应纳税额=零售环节销售额（不含增值税）×零售环节税率 国内汽车生产企业直接销售给消费者的超豪华小汽车，消费税税率按照生产环节税率和零售环节税率加总计算。消费税应纳税额计算公式： 应纳税额=销售额（不含增值税）×（生产环节税率+零售环节税率）

考霸笔记：零售环节的销售额一般为含税价，所以要进行价税分离。

例3-20·计算题

甲汽车制造厂将一辆价值155万元的（不含增值税）高档小汽车出售给A企业，该小汽车消费税税率为40%，则该厂应缴纳的消费税是多少？

该厂应缴纳的消费税=155×（40%+10%）=77.5（万元）

六、消费税出口退税的计算

（一）纳税人出口应税消费品

基本政策如图3-4所示。

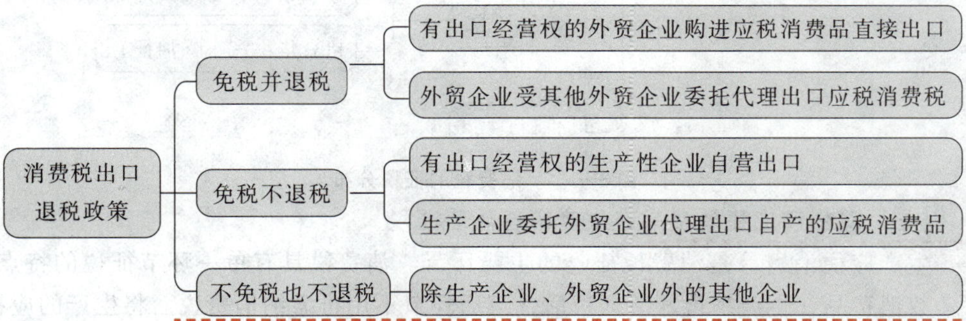

图3-4 基本政策

考霸笔记：从事对外贸易（进出口）的企业，有进出口经营权。

【提示】外贸企业只有受其他外贸企业委托，代理出口应税消费品才可办理退税，外贸企业受其他企业（主要是非生产性商贸企业）委托，代理出口应税消费品不予退（免）税。

（二）消费税退税的计税依据

具体规定见表3-18。

表3-18 消费税退税的计税依据

计税办法	退税依据
从价定率	已征且未在内销应税消费品应纳税额中抵扣的购进出口货物金额
从量定额	已征且未在内销应税消费品应纳税额中抵扣的购进出口货物数量
复合计征	按从价定率和从量定额的计税依据分别确定

【提示】出口货物的消费税应退税额的计税依据，按购进出口货物的消费税专用缴款书和关税进口消费税专用缴款书确定。

例3-21·2018年多选题

下列各项中，适用消费税出口免税并退税政策的有（　　）。

A.有出口经营权的外贸企业购进应税消费品直接出口

B.生产企业委托外贸企业代理出口自产的应税消费品

C.有出口经营权的生产性企业自营出口应税消费品

D.外贸企业受其他外贸企业委托代理出口应税消费品

【答案】AD

【解析】选项AD：适用免税并退税政策。选项BC：适用免税但不退税政策。

如何区分消费税征收环节

第四节　征收管理

一、征税环节

目前，对消费税的征税分布于以下环节，如图3-5所示。

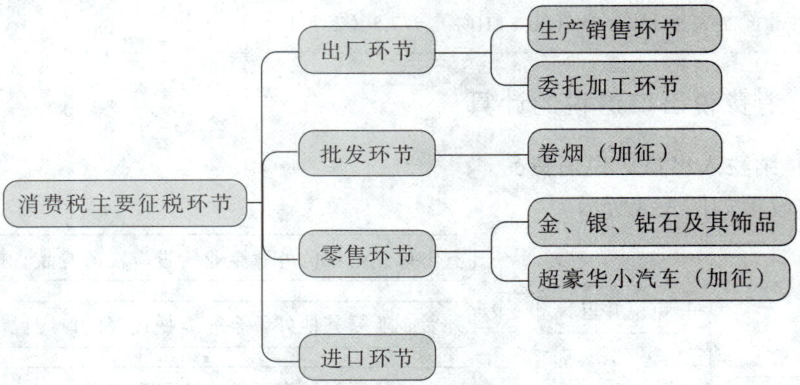

图3-5　消费税的征税分布

考霸笔记：以同类应税消费品的最高销售价格作为计税依据。

（一）对生产应税消费品在生产销售环节征税

生产应税消费品是消费税征收的主要环节。消费税具有单一环节征税的特点，大多数消费品在生产销售环节征税后，流通环节不用再缴纳消费税。将生产的应税消费品换取生产资料、消费资料、投资入股、偿还债务，以及用于连续生产应税消费品以外的其他方面也应缴纳消费税。

考霸笔记：如经销商购入价值9 000元的手表，以不含税价10 000元对外销售。

另外，工业企业以外的纳税人的下列行为可视为生产行为，按规定征收消费税：

1.将外购的消费税非应税消费品以消费税应税产品对外销售的；

2.将外购的消费税低税率应税产品以高税率应税产品对外销售的。

（二）对委托加工应税消费品在委托加工环节征税

委托加工应税消费品指委托方提供原料和主要材料，受托方只收取加工费和代垫部分辅料加工的应税消费品。

【提示】委托加工的应税消费品收回后，再继续加工应税消费品的，其加工环节缴纳的消费税可以扣除。

（三）对进口应税消费品在进口环节征税

纳税人进口货物，由海关在进口环节代征消费税。

（四）对零售特定应税消费品在零售环节征税

1.金银首饰、钻石及钻石饰品，在零售环节征收消费税。

2.对超豪华小汽车在生产（进口）环节按现行税率征收消费税基础上，在零售环节加征消费税。

（五）对移送使用应税消费品在移送使用环节征税

将应税消费品移送用于加工非应税消费品，则对移送部分征收消费税。

（六）对批发卷烟在卷烟的批发环节征税

卷烟除了在生产销售环节征收消费税外，还在批发环节征收一次。

考霸笔记 进口环节增值税也由海关代征。

考霸笔记 其他贵重首饰及珠宝玉石在出厂、委托加工或进口环节纳税。

考霸笔记 进口环节暂不征收。

考霸笔记 所有消费品中，只有卷烟在批发环节征收消费税。

二、纳税义务发生时间

消费税纳税义务发生的时间，以货款结算方式或行为发生时间分别确定（见表3-19）。

表3-19 纳税义务发生时间

项目	纳税义务发生时间
赊销和分期收款方式	书面合同约定的收款日期的当天，没有约定或者无书面合同的，为发出应税消费品的当天
预收货款方式	发出应税消费品的当天
托收承付和委托银行收款方式	发出应税消费品并办妥托收手续的当天
其他结算方式	收讫销售款或者取得索取销售凭据的当天
自产自用	移送使用的当天
委托加工	纳税人提货的当天
进口	报关进口的当天

例3-22·2016年单选题

某市高尔夫球具生产企业2018年9月1日以分期收款方式销售一批球杆，价税合计为139.2万元，合同约定于9月5日、11月5日各支付50%价款，9月5日按照约定收到50%的价款，但并未给客户开具发票，已知高尔夫球具的消费税税率为10%，该企业9月就该项业务应缴纳的消费税为（　　）万元。

A.6　　B.12　　C.14.04　　D.0

【答案】A

【解析】分期收款方式销售货物的，以合同约定的收款日期为纳税义务发生时间，9月5日收到50%价款，所以确认50%的收入。应纳税额=139.2÷（1+16%）×50%×10%=6（万元）。

三、纳税期限

消费税的纳税期限分别为1日、3日、5日、10日、15日、1个月或者1个季度。纳税人的具体纳税期限，由主管税务机关根据纳税人应纳税额的大小分别核定；不能按照固定期限纳税的额，可以按次纳税。

消费税的纳税地点

四、纳税地点

消费税的纳税地点，相关规定见表3-20。

表3-20 消费税的纳税地点

项目	纳税地点
销售、自产自用应税消费品	向纳税人机构所在地或居住地主管税务机关申报纳税
委托加工应税消费品	1.受托方为机构时，为受托方机构所在地或居住地主管税务机关申报纳税 2.受托方为个人时，为委托方所在主管地税务机关申报纳税
进口应税消费品	向报关地海关申报纳税
到外县（市）销售或委托外县（市）代销应税消费品	应向纳税人机构所在地或居住地主管税务机关申报纳税
纳税人的总、分机构不在同一县（市）	1.应在各自机构所在地税务机关申报纳税 2.在同一省（自治区、直辖市）的，经批准的可向总机构所在地税务机关申报纳税 【注】卷烟批发企业，总机构与分支机构不在同一地区的，由总机构申报纳税

例3-23·2016年多选题

甲企业从境外进口一批高档化妆品，下列关于该业务缴纳消费税表述中正确的有（　　）。

A.甲企业应向报关地海关申报缴纳消费税

B.甲企业应当自海关填发进口消费税专用缴款书之日起15日内缴纳税款

C.海关代征的消费税应分别入中央库和地方库

D.甲企业使用该进口已税高档化妆品生产化妆品准许扣除进口环节缴纳的消费税

【答案】ABD

【解析】选项C，海关代征的消费税属于中央政府固定收入。

智能测评

在线练习	我要提问
扫码在线做题　扫码看答案 本书“本章同步强化训练”均配备二维码，打开微信“扫一扫”即可完成在线测评，查看本章详细的测评反馈报告，了解知识掌握情况，也可扫码直接看答案噢。 快来扫码做题吧！	扫码答疑 本书配备答疑专用二维码，打开微信“扫一扫”，即可完成在线提问，获取专业老师全面个性化解答，让学习问题不再拖延。 快来扫码提问吧！

本章同步强化训练

一、单项选择题

1.下列产品中，属于消费税征税范围的是（　　）。

A.汽车轮胎　　B.电池　　C.卡丁车　　D.酒精

2.依据消费税法的有关规定，下列消费品中属于消费税征税范围的是（　　）。

A.高尔夫球包　　B.竹制筷子　　C.护肤护发品　　D.电动汽车

3.下列选项中，应当征收消费税的是（　　）。

A.批发商批发销售的雪茄烟　　B.汽车修理厂修车时更换的轮胎

C.鞭炮加工厂销售田径比赛用发令纸　　D.出国人员免税商店销售的金银首饰

4.下列应税消费品中，除了在生产销售环节征收消费税外，还应在批发环节征收消费税的是（　　）。

A.摩托车　　B.高档化妆品　　C.卷烟　　D.超豪华小汽车

5.下列消费品中，应在零售环节征收消费税的是（　　）。

A.钻石　　B.啤酒　　C.镀金首饰　　D.高档手表

6.甲企业为增值税一般纳税人，2019年1月外购一批木材，取得的增值税专用发票注明价款50万元、税额8万元；将该批木材运往乙企业委托其加工木制一次性筷子，取得税务局代开的小规模纳税人运输业专用发票注明运费1万元、税额0.03万元，支付不含税委托加工费5万元。假定乙企业无同类产品对外销售，木制一次性筷子消费税税率为5%。乙企业当月应代收代缴的消费税为（　　）万元。

A.2.62　　B.2.67　　C.2.89　　D.2.95

7.某卷烟厂从甲企业购进烟丝，取得增值税专用发票，注明价款50万元。使用60%用于生产A牌卷烟（甲类卷烟），本月销售A牌卷烟80箱（标准箱），取得不含税销售额400万元。当月该卷烟厂应纳消费税税额为（　　）万元。

（其他相关资料：甲类卷烟消费税税率为56%加150元/标准箱，烟丝消费税税率为30%）

A.210.20　　B.216.20　　C.224　　D.225.20

8.下列成品油中，暂缓征收消费税的是（　　）。

A.石脑油　　B.溶剂油　　C.航空煤油　　D.润滑油

9.企业生产销售的下列产品中，属于消费税征税范围的是（　　）。

A.电动汽车　　B.体育用鞭炮药引线

C.销售价格为9 000元的手表　　D.铅蓄电池

10.税务机关在税务检查中发现，张某委托本地个体户李某加工实木地板。张某已将实木地板收回并销售，但未入账，也不能出示消费税完税证明。下列关于税务机关征管行为的表述中，正确的是（　　）。

A.要求李某补缴税款

B.要求张某补缴税款

C.应对张某处以未缴消费税额0.5倍至3倍的罚款

D.应对李某处以未代收代缴消费税额0.5倍至3倍的罚款

11.甲卷烟厂为增值税一般纳税人，2018年10月从烟农手中购进烟叶，支付买价100万元，并且按照规定支付了10%的价外补贴，同时按照收购金额的20%缴纳了烟叶税。将其运往乙企业（增值税一般纳税人）委托加工成烟丝，支付不含税运费7.44万元，取得增值税专用发票，向乙企业支付加工费，取得增值税专用发票注明加工费12万元、增值税1.92万元。已知烟丝消费税税率为30%，乙企业应代收代缴消费税（　　）万元。

A.54.36　　B.58.11　　C.67.12　　D.60

12.甲市某汽车企业为增值税一般纳税人，2018年5月在甲市销售自产小汽车300辆，不含税售价18万元/辆，另收取优质费2万元/辆；将200辆小汽车发往乙市一经贸公司代销，取得的代销清单显示当月销售120辆、不含税售价18.5万元/辆。小汽车消费税税率为5%，则该汽车企业当月应向甲市税务机关申报缴纳的消费税为（　　）万元。

A.295.64　　B.300　　C.406.86　　D.411

二、多项选择题

1.根据现行税法，下列消费品的生产经营环节，既征收增值税又征收消费税的有（　　）。

A.批发环节销售的卷烟　　B.零售环节销售的金基合金首饰

C.批发环节销售的白酒　　D.申报进口的高尔夫球具

2.下列各项中，应当征收消费税的有（　　）。

A.化妆品厂作为样品赠送给客户的香水

B.生产企业用于产品质量检验耗费的高尔夫球杆

C.白酒生产企业向百货公司销售的试制药酒

D.建材生产企业移送非独立核算门市部待销售的涂料

3.企业出口的下列应税消费品中，属于消费税出口免税并退税范围的有（　　）。

A.生产企业委托外贸企业代理出口的应税消费品

B.有出口经营权的生产企业自营出口的应税消费品

C.有出口经营权的外贸企业购进用于直接出口的应税消费品

D.有出口经营权的外贸企业受其他外贸企业委托代理出口的应税消费品

4.某地板企业为增值税一般纳税人，2019年1月销售自产地板2批：第一批800箱，取得不含税收入160万元，第二批500箱，取得不含税收入113万元，另将同型号地板200箱赠送给福利院，300箱发放给职工作福利，已知实木地板消费税税率为5%，该企业当月应缴纳消费税（　　）万元。

A.18.9　　B.16.8　　C.19.3　　D.18.98

5.下列产品中，在计算缴纳消费税时准许扣除外购应税消费品已纳消费税的有（　　）。

A.外购已税烟丝生产的卷烟　　B.外购已税白酒加工生产的白酒

C.外购已税手表镶嵌钻石生产的手表　　D.外购已税实木素板涂漆生产的实木地板

三、计算问答题

1.甲白酒生产企业本月业务如下：

（1）销售白酒60吨给乙专卖店，每吨不含税的销售价格26 000元（等同于税务机关核定的销售额），收到含税销售额1 809 600元；由于专卖店提前支付价款，企业给予专卖店3%的销售折扣，实际收款1 755 312元。

（2）销售同品牌白酒50吨给独立核算的全资子公司丙（销售公司），每吨售价20 000元。

（3）直接零售给消费者个人丁白酒25吨，共计取得含税销售额829 400元。

要求：计算上述业务应当缴纳的消费税。

（其他相关资料：白酒消费税税率20%加0.5元/500克）

2. 某汽车厂为增值税一般纳税人，主要生产小汽车，小汽车不含税出厂价为12.5万元。5月发生如下业务：本月销售小汽车8 600辆，将2辆小汽车移送本厂研究所作破坏性碰撞试验，3辆作为广告样品，2辆移送加工豪华小轿车。（小汽车适用税率为9%）

要求：计算该企业上述业务应纳消费税。

3. 甲企业为高尔夫球及球具生产厂家，是增值税一般纳税人，10月发生以下业务：

（1）购进一批碳素材料、钛合金，增值税专用发票注明价款150万元、增值税税款24万元，委托丙企业将其加工成高尔夫球杆，支付加工费用30万元、增值税税款4.8万元。

（2）委托加工收回的高尔夫球杆的80%当月已经销售，收到不含税款300万元，尚有20%留存仓库。（高尔夫球及球具消费税税率10%）

要求：

（1）计算丙企业代收代缴的消费税。

（2）计算甲企业销售高尔夫球杆应缴纳的消费税。

（3）假设丙企业未履行代收代缴消费税，留存仓库的高尔夫球杆应纳消费税为多少？

4. 某企业为增值税一般纳税人，2018年9月经营状况如下：

（1）生产食用酒精一批，将其中的50%用于销售，开具的增值税专用发票注明金额10万元、税额1.6万元。

（2）将剩余50%的食用酒精作为酒基，加入食品添加剂调制成38度的配制酒，当月全部销售，开具的增值税专用发票注明金额18万元、税额2.88万元。

（3）配制葡萄酒一批，将10%的葡萄酒用于生产酒心巧克力，采用赊销方式销售，不含税总价为20万元，货已经交付，合同约定10月31日付款。

（4）将剩余90%的葡萄酒对外销售，开具的增值税专用发票注明金额36万元、税额5.76万元。

（其他相关资料：企业当期通过认证可抵扣的进项税额为8万元；消费税税率为10%）

要求：根据上述资料，按照下列序号回答问题，如有计算需计算出合计数。

（1）计算业务（1）应缴纳的消费税。

（2）计算业务（2）应缴纳的消费税。

（3）计算业务（3）应缴纳的消费税。

（4）计算业务（4）应缴纳的消费税。

（5）计算该企业9月应缴纳的增值税。

5. 某礼花厂2019年1月发生以下业务：

（1）月初库存外购已税鞭炮的金额为12 000元，当月购进已税鞭炮300箱，增值税专用发票上注明的每箱购进金额为300元。月末库存外购已税鞭炮的金额为8 000元。其余为当月生产领用。

（2）当月生产甲鞭炮120箱，销售给A商贸公司100箱，每箱不含税销售价格为800元；其余20箱通过该企业自设非独立核算门市部销售，每箱不含税销售价格为850元。

（3）当月生产乙鞭炮500箱，销售给B商贸公司250箱，每箱销售价格为1 100元；将200箱换取火药厂的火药，双方按易货价格开具了增值税专用发票；剩余的50箱作为福利发给职工。

(其他相关资料：上述增值税专用发票的抵扣联均已经过认证；鞭炮的消费税税率为15%)

要求：根据上述资料，按照下列序号计算回答问题，每问需计算出合计数。

(1) 计算礼花厂销售给A商贸公司鞭炮应缴纳的消费税。

(2) 计算礼花厂销售给B商贸公司鞭炮应缴纳的消费税。

(3) 计算礼花厂门市部销售鞭炮应缴纳的消费税。

(4) 计算礼花厂用鞭炮换取原材料应缴纳的消费税。

(5) 计算礼花厂将鞭炮作为福利发放应缴纳的消费税。

(6) 计算礼花厂当月允许扣除的已纳消费税。

(7) 计算礼花厂当月实际应缴纳的消费税。

第四章
企业所得税

本章导学

本章框架图

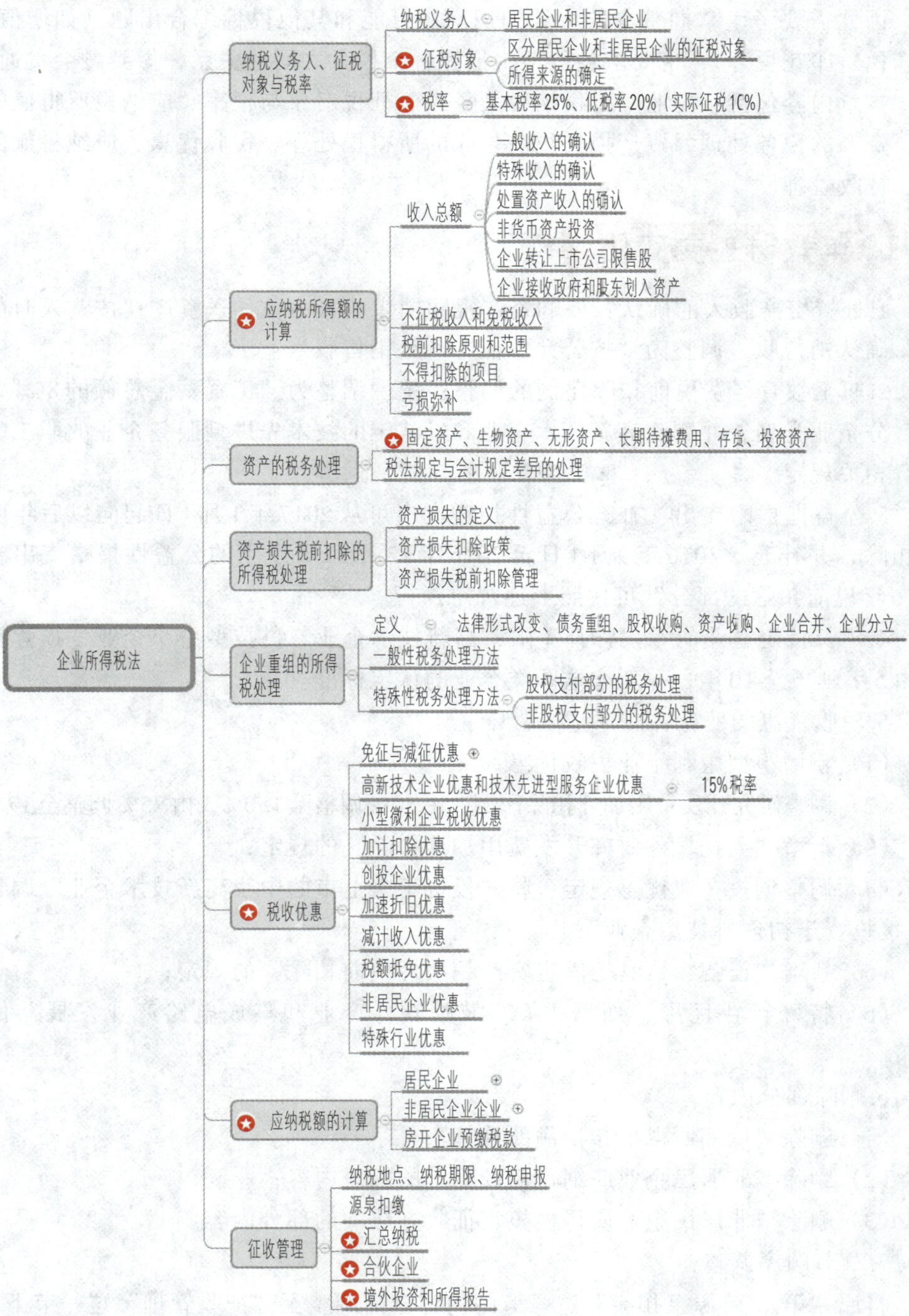

本章考情概述

企业所得税是CPA税法的重点章节，从历年考试情况分析，本章平均分值在18~20分左右，跟增值税占据税法考试的半壁江山。本章综合性非常强，和其他章节的联系十分紧密，并且与会计也有十分紧密的联系。因此考生在学习本章之前，先学习后续章节的小税种，再学习本章内容。

在客观题中主要考查企业所得税的政策条文，一定要仔细梳理政策法规，在理解的基础上进行记忆。主观题主要考查税会差异和税收优惠对应纳税所得额的影响，因此需要考生掌握基本的会计知识。还可能和其他税种综合出题（如增值税、房产税、印花税等），也要求各位考生把握各个税种之间的关系，做到融会贯通。

本章内容包括：企业所得税纳税义务人、征税对象与税率、应纳税所得额的计算、资产的税务处理、资产损失税前扣除的所得税处理、税收优惠、应纳税额的计算、征收管理。

2019年教材主要变化

1.处置资产收入的确认：外购资产视同销售收入由被移送资产“按购入时的价格”确认销售收入调整为“按公允价值”确认销售收入。

2.职工教育经费税前扣除比例的调整：统一调整为“工资薪金总额的8%”，不再区分企业类型，并删除高新技术企业和经认定的技术先进型服务企业的职工教育经费相关规定。

3.公益性捐赠支出：补充公益性捐赠支出可从2017年1月1日起向以后年度结转扣除，并补充“2016年9月1日至2016年12月31日发生的公益性捐赠支出未在2016年税前扣除的部分”可按照上述规定执行。

4.延长特定企业的亏损弥补年限：高新技术企业、科技型中小企业亏损弥补年限由5年延长至10年，并新增这两类企业的认定标准。

5.税收优惠的变化：

（1）新增小型微利企业税收优惠；

（2）调整研究开发费用加计扣除比例：由50%调整至150%，由75%调整至175%；

（3）新增“委托境外研究开发费用加计扣除”的规定；

（4）调整创投企业优惠规定：将“投资于未上市的中小高新技术企业”调整为“直接投资于初创科技型企业”；

（5）新增“设备、器具等固定资产一次性税前扣除”的规定；

（6）特殊行业优惠：新增4条“鼓励软件产业和集成电路产业发展”优惠政策。

6.删除部分内容：

（1）删除“境外所得抵扣税额的计算”；

（2）删除“非居民企业应纳税额计算”的部分内容；

（3）删除“非居民企业所得税核定征收办法”的部分内容。

7.章节顺序调整：

将原“第八节 源泉扣缴”这一节的内容全部调整至“征收管理”这一节下。

第一节　纳税义务人、征税对象与税率

合伙企业
为什么不缴纳
企业所得税?

一、纳税义务人

企业所得税的纳税义务人，是指在中华人民共和国境内的企业和其他取得收入的组织。

【提示1】个人独资企业和合伙企业不适用企业所得税法。

【提示2】企业所得税纳税义务人分为居民企业和非居民企业，以注册地和实际管理机构所在地为划分标准。

考霸笔记　个人独资企业缴纳个人所得税。

（一）居民企业

居民企业是指依法在中国境内成立，或者依照外国法律成立但实际管理机构在中国境内的企业。

考霸笔记　注册地和实际管理机构所在地的其中一个在中国境内就是居民企业。

【提示】实际管理机构，是指对企业的生产经营、人员、账务、财产等实施实质性全面管理和控制的机构。

（二）非居民企业

依照外国法律成立且实际管理机构不在中国境内，但在中国境内设立机构、场所的，或者在中国境内未设立机构、场所，但有来源于中国境内所得的企业。

考霸笔记　注册地和实际管理机构所在地均不在中国境内。

例4-1·2008年多选题

依据企业所得税法的规定，判定居民企业的标准有（　　）。

A.登记注册地标准　　B.所得来源地标准

C.经营行为实际发生地标准　　D.实际管理机构所在地标准

【答案】AD

【解析】居民企业的判定标准有登记注册地或实际管理机构标准，没有所得来源地和经营行为实际发生地标准。

二、征税对象

（一）征税对象

企业所得税的征税对象，是指企业的生产经营所得、其他所得和清算所得。

居民企业和非居民企业的征税对象见表4-1：

表4-1　居民企业和非居民企业的企业所得税征税对象

纳税义务人		征税对象
居民企业（无限纳税义务）		来源于中国境内、境外的所得
非居民企业（有限纳税义务）	在境内设立机构、场所的	其所设机构、场所取得的来源于中国境内的所得，以及发生在中国境外但与其所设机构、场所有实际联系的所得
	在境内未设立机构、场所的，或者虽然设立机构场所但取得的所得与此机构、场所没有实际联系	来源于中国境内的所得

企业所得税中所得来源地该如何记忆?

考霸笔记

确定所得来源地的目的是判断企业取得的所得是境内所得还是境外所得，从而确定该所得是否为居民企业或非居民企业的征税对象。

（二）所得来源地的确定

1.销售货物所得，按照交易活动发生地确定。

2.提供劳务所得，按照劳务发生地确定。

3.转让财产所得：

（1）不动产转让所得按照不动产所在地确定。

（2）动产转让所得按照转让动产的企业或者机构、场所所在地确定。

（3）权益性投资资产转让所得按照被投资企业所在地确定。

4.股息、红利等权益性投资所得，按照分配所得的企业所在地确定。

5.利息所得、租金所得、特许权使用费所得，按照负担、支付所得的企业或者机构、场所所在地确定，或者按照负担、支付所得的个人的住所地确定。

6.其他所得，由国务院财政、税务主管部门确定。

例4-2・2008年单选题

依据企业所得税法的规定，下列各项中按负担所得的所在地确定所得来源地的是（　　）。

A.销售货物所得　　B.权益性投资所得

C.动产转让所得　　D.特许权使用费所得

【答案】D

【解析】利息所得、租金所得、特许权使用费所得，按照负担、支付所得的企业或者机构、场所所在地确定，或者按照负担、支付所得的个人的住所地确定。

例4-3・2012年单选题

注册地与实际管理机构所在地均在法国的某银行，取得的下列各项所得中，应按规定缴纳我国企业所得税的有（　　）。

A.转让位于我国的一处不动产取得的财产转让所得

B.在中国香港证券交易所购入我国某公司股票后取得的分红所得

C.在我国设立的分行为我国某公司提供理财咨询服务取得的服务费收入

D.在我国设立的分行为位于日本的某电站提供流动资金贷款取得的利息收入

【答案】ABCD

【解析】非居民企业在中国境内未设立机构、场所的，应当就其来源于中国境内的所得缴纳企业所得税。非居民企业在中国境内设立机构场所的，应当就其取得的与机构、场所有关的境内外所得缴纳所得税。选项A，不动产所在地在境内，属于来源于境内的所得，应在我国缴纳企业所得税；选项B，权益性投资所得，分配所得的企业所在地在境内，属于来源于境内的所得，应在我国缴纳企业所得税；选项C，属于境内的分行提供的劳务，劳务的发生地在境内，属于与境内分行有关的来源于境内的所得。应在我国缴纳企业所得税；选项D，利息所得属于与境内分行有关的来源于境外的所得，应在我国缴纳企业所得税。

纳税义务人、征税对象和税率如何综合运用?

三、税率

企业所得税实行比例税率，具体规则见表4-2：

表4-2　　企业所得税税率表

税率		适月范围
基本税率	25%	1.居民企业 2.在中国境内设立机构、场所且取得的所得与机构、场所有实际联系的非居民企业
优惠税率	20%	符合条件的小型微利企业（实际税负10%）
	15%	1.国家重点扶持的高新技术企业 2.经认定的技术先进型服务企业
低税率（扣缴义务人代扣代缴企业所得税）	20% （实际减按10%）	1.在中国境内未设立机构、场所的非居民企业 2.虽设立机构、场所但取得的所得与其所设机构、场所无实际联系的非居民企业

例4-4·多选题

依据企业所得税的相关规定，下列说法正确的有（　　）。

A.在中国境内设立机构、场所的非居民企业，在日本取得的与此机构、场所有实际联系的所得，按照25%的税率缴纳企业所得税

B.在中国境内设立机构、场所的非居民企业，在日本取得的与此机构、场所没有实际联系的所得，按照10%的税率缴纳企业所得税

C.在中国境内设立机构、场所的非居民企业，在中国境内取得的与此机构、场所没有实际联系的所得，按照10%的税率缴纳企业所得税

D.在中国境内设立机构、场所的非居民企业，在中国境内取得的与此机构、场所有实际联系的所得，按照10%的税率缴纳企业所得税

【答案】AC

【解析】在中国境内设立机构、场所的非居民企业，在境外取得的与此机构、场所有实际联系的所得，按照25%的税率缴纳企业所得税，A选项正确；在中国境内设立机构、场所的非居民企业，在境外取得的与此机构、场所没有实际联系的所得，在中国不负有纳税义务，B选项不正确；在中国境内设立机构、场所的非居民企业，在中国境内取得的与此机构、场所没有实际联系的所得，按照10%的税率缴纳企业所得税，C选项正确；在中国境内设立机构、场所的非居民企业，在中国境内取得的与此机构、场所有实际联系的所得，按照25%的税率缴纳企业所得税，D选项不正确。

第二节　应纳税所得额的计算

应纳税所得额是企业所得税的计税依据，按照企业所得税法的规定，应纳税所得额为企业每一个纳税年度的收入总额，减除不征税收入、免税收入、各项扣除以及允许弥补的以前年度亏损后的余额。

基本公式为：

应纳税所得额＝收入总额－不征税收入－免税收入－各项扣除－以前年度亏损（直接法）

变换公式为：

应纳税所得额=会计利润+纳税调整增加额-纳税调整减少额（间接法）

纳税调整：会计确认的利润与税法确认的所得之间存在的差异，需要在会计利

考霸笔记

应纳税所得额的计算以权责发生制为原则，属于当期的收入和费用，不论款项是否收付，均作为当期的收入和费用；不属于当期的收入和费用，即使款项已经在当期收付，均不作为当期的收入和费用。

润的基础上作纳税调整。

考霸笔记
会计上收入准则已发生变化，税法上尚未进行修改。因此对此知识点了解即可，无须过于关注。

一、收入总额

企业的收入总额包括以货币形式和非货币形式从各种来源取得的收入，具体有：销售货物收入、提供劳务收入，转让财产收入，股息、红利等权益性投资收益，利息收入、租金收入、特许权使用费收入、接受捐赠收入、其他收入。

企业取得收入的形式，分为货币形式和非货币形式，具体内容见表4-3：

表4-3　　企业取得收入的形式

取得收入的形式	具体内容
货币形式	现金、存款、应收账款、应收票据、准备持有至到期的债券投资以及债务的豁免等
非货币形式	固定资产、生物资产、无形资产、股权投资、存货、不准备持有至到期的债券投资、劳务以及有关权益等（按照公允价值确定收入额）

考霸笔记
托收承付是指根据购销合同由收款人发货后委托银行向异地购货单位收取货款，根据合同对单或对证验货后，向银行承认付款的一种结算方式。

（一）一般收入的确认

1.销售货物收入（见表4-4）

表4-4　　销售货物收入

内容		具体规定
收入确认条件		企业销售商品同时满足下列条件的，应确认收入的实现： ①商品销售合同已经签订，企业已将与商品所有权相关的主要风险和报酬转移给购货方 ②企业对已售出的商品既没有保留通常与所有权相联系的继续管理权，也没有实施有效控制 ③收入的金额能够可靠地计量 ④已发生或将发生的销售方的成本能够可靠地核算
收入实现时间		符合上款收入确认条件，采取下列商品销售方式的，应按以下规定确认收入实现时间： ①销售商品采用托收承付方式的，在办妥托收手续时确认收入 ②销售商品采取预收款方式的，在发出商品时确认收入 ③以分期收款方式销售货物的，按照合同约定的收款日期确认收入的实现 ④销售商品采用支付手续费方式委托代销的，在收到代销清单时确认收入 ⑤销售商品需要安装和检验的，在购买方接受商品以及安装和检验完毕时确认收入如果安装程序比较简单，可在发出商品时确认收入
特殊销售方式下收入的确认	售后回购	采用售后回购方式销售商品的，销售的商品按售价确认收入，回购的商品作为购进商品处理。 有证据表明不符合销售收入确认条件的，如以销售商品方式进行融资，收到的款项应确认为负债，回购价格大于原售价的，差额应在回购期间确认为利息费用
	以旧换新	销售商品以旧换新的，销售商品应当按照销售商品收入确认条件确认收入，回收的商品作为购进商品处理（金银首饰除外）
	商业折扣	企业为促进商品销售而在商品价格上给予的价格扣除属于商业折扣，商品销售涉及商业折扣的，应当按照扣除商业折扣后的金额确定销售商品收入金额
	现金折扣	债权人为鼓励债务人在规定的期限内付款而向债务人提供的债务扣除属于现金折扣。销售商品涉及现金折扣的，应当按扣除现金折扣前的金额确定销售商品收入金额，现金折扣在实际发生时作为财务费用扣除
	销售折让和销售退回	企业因售出商品的质量不合格等原因而在售价上给予的减让属于销售折让；企业因售出商品质量、品种不符合要求等原因而发生的退货属于销售退回。 企业已经确认销售收入的售出商品发生销售折让和销售退回的，应当在发生当期冲减当期销售商品收入
	买一赠一	企业以买一赠一等方式组合销售本企业商品的，不属于捐赠，应将总的销售金额按各项商品的公允价值的比例来分摊确认各项的销售收入

委托代销方式下增值税纳税义务发生时间和所得税的收入确认条件有何差异?

采用不同折扣方式销售货物，企业所得税的处理有何不同?

以买一赠一方式销售货物的，增值税和企业所得税的处理有什么区别?

2.提供劳务收入（见表4–5）

表4–5 提供劳务收入

内容	具体规定
收入确认条件	企业在各个纳税期末，提供劳务交易的结果能够可靠估计的，应采用完工进度（完工百分比）法确认提供劳务收入。 （1）提供劳务交易的结果能够可靠估计，是指同时满足下列条件： ①收入的金额能够可靠地计量 ②交易的完工进度能够可靠地确定 ③交易中已发生和将发生的成本能够可靠地核算 （2）企业提供劳务完工进度的确定，可选用下列方法： ①已完工作的测量 ②已提供劳务占劳务总量的比例 ③发生成本占总成本的比例
收入确认时间	①安装费，应根据安装完工进度确认收入 安装工作是商品销售附带条件的，安装费在确认商品销售时确认收入 ②宣传媒介的收费，应在相关的广告或商业行为出现于公众面前时确认收入 广告的制作费，应根据制作广告的完工进度确认收入 ③软件费。为特定客户开发软件的收费，应根据开发的完工进度确认收入 ④服务费。包含在商品售价内可区分的服务费，在提供服务的期间分期确认收入 ⑤艺术表演、招待宴会和其他特殊活动的收费，在相关活动发生时确认收入。收费涉及几项活动的，预收的款项应合理分配给每项活动，分别确认收入 ⑥会员费 申请入会或加入会员后，只取得会籍，所有其他服务或商品另行收费的，应该在取得该会员费时确认收入 申请入会或加入会员后，会员在会员期内不再付费就可得到各种服务或商品，或者以低于非会员的价格销售商品或提供服务的，该会员费应在整个受益期内分期确认收入 ⑦特许权费。属于提供设备和其他有形资产的特许权费的，在交付资产或转移资产所有权时确认收入；属于提供初始及后续服务的特许权费的，在提供服务时确认收入 ⑧劳务费。长期为客户提供重复的劳务收取的劳务费，在相关劳务活动发生时确认收入

3.转让财产收入

（1）定义：是指企业转让固定资产、生物资产、无形资产、股权、债权等财产取得的收入。

（2）转让股权收入实现时间：应于协议生效且完成股权变更手续时，确认收入实现。

（3）股权转让所得或损失的确定（见表4–6）：

如何区分转让股权与撤资或减少投资两种情况下应纳税所得额的确定?

表4-6 股权转让所得或损失的确定

所持有的股权转移或者消失的原因	股息、红利所得的确认	股权转让所得的确认
企业转让股权	企业在计算股权转让所得时，不得扣除被投资企业未分配利润等股东留存收益中按该项股权所可能分配的金额	转让股权收入扣除为取得该股权所发生的成本后，为股权转让所得
被投资企业破产清算	相当于从被清算企业累计未分配利润和累计盈余公积中应当分得的部分，应当确认为股息所得	投资方企业从被清算企业分得的剩余资产，减除股息所得后的余额，超过或者低于投资成本的部分，应当确认为投资资产转让所得或者损失
从被投资企业撤回或减少投资	相当于被投资企业累计未分配利润和累计盈余公积按减少实收资本比例计算的部分，应确认为股息所得	投资企业从被投资企业撤回或减少投资，其取得的资产减除初始出资和股息所得后的余额确认为投资资产转让所得

例4-5·2012年单选题改编

甲投资公司2018年10月将2 400万元投资于未公开上市的乙公司，取得乙公司40%的股权。2019年5月，甲公司撤回其在乙公司的全部投资，共计从乙公司收回4 000万元。撤资时乙公司的累计未分配利润为600万元，累计盈余公积为400万元。则甲公司撤资应确认的投资资产转让所得为（　　）。

A.0　　B.400万元　　C.1 200万元　　D.1 600万元

【答案】C

【解析】自2011年7月1日起，投资企业从被投资企业撤回或减少投资，在其取得的资产中，相当于初始出资的部分，应确认为投资收回；相当于被投资企业累计未分配利润和累计盈余公积按减少实收资本比例计算的部分，应确认为股息所得；其余部分确认为投资资产转让所得。撤资应确认的投资资产转让所得=4 000-2 400-（600+400）×40%=1 200（万元）。

4.股息、红利等权益性投资收益

（1）定义：指企业因权益性投资从被投资方取得的收入。

（2）收入确认时间：除国务院财政、税务主管部门另有规定外，按照被投资方作出利润分配决定的日期确认收入的实现。

【提示】被投资企业将股权（票）溢价所形成的资本公积转为股本的，不作为投资方企业的股息、红利收入，投资方企业也不得增加该项长期股权投资的计税基础。

（3）内地企业投资者通过沪港通投资我国香港联交所上市股票取得的股息、红利所得税的处理：

①对内地企业投资者通过沪港通投资香港联交所上市股票取得的股息、红利所得，计入其收入总额，依法计征企业所得税。其中，内地居民企业连续持有H股满12个月取得的股息、红利所得，依法免征企业所得税。

②香港联交所上市H股公司应向中国结算提出申请，由中国结算向H股公司提供内地企业投资者名册，H股公司对内地企业投资者不代扣股息、红利所得税款，应纳税款由企业自行申报缴纳。

③内地企业投资者自行申报缴纳企业所得税时，对香港联交所非H股上市公司

已代扣代缴的股息红利所得税，可依法申请税收抵免。

5.利息收入

（1）定义：企业将资金提供他人使用但不构成权益性投资，或者因他人占用本企业资金取得的收入，包括存款利息、贷款利息、债券利息、欠款利息等收入。

（2）收入确认时间：按照合同约定的债务人应付利息的日期确认收入的实现。

（3）混合性投资业务的税务处理（见表4-7）：

表4-7　混合性投资业务的税务处理

内容	具体规定
定义	兼具权益和债权双重特性的投资业务
需同时符合的5个条件	①被投资企业接受投资后，需要按投资合同或协议约定的利率定期支付利息（或定期支付保底利息、固定利润、固定股息，下同）（收益固定） ②有明确的投资期限或特定的投资条件，并在投资期满或者满足特定投资条件后，被投资企业需要赎回投资或偿还本金（期限固定） ③投资企业对被投资企业净资产不拥有所有权（无所有权） ④投资企业不具有选举权和被选举权（无选举权和被选举权） ⑤投资企业不参与被投资企业日常生产经营活动（不参与经营）
企业所得税处理	①投资企业：应于被投资企业应付利息的日期，确认收入的实现并计入当期应纳税所得额 被投资企业：应于应付利息的日期，确认利息支出，并进行税前扣除（符合条件的扣除，并非全额扣除） ②对于被投资企业赎回的投资，投资双方应于赎回时将赎价与投资成本之间的差额确认为债务重组损益，分别计入当期应纳税所得额

考霸笔记
投资企业：赎价＞投资成本，确认为债务重组收益；赎价＜投资成本，确认为债务重组损失；被投资企业：赎价＞投资成本，确认为债务重组损失；赎价＜投资成本，确认为债务重组所得。

6.租金收入

（1）定义：指企业提供固定资产、包装物或者其他有形资产的使用权取得的收入。

（2）收入确认时间（见表4-8）：

表4-8　收入确认时间

情形	具体规定
一般规定	按照合同约定的承租人应付租金的日期确认收入的实现
特殊情形	如果交易合同或协议中规定租赁期限跨年度，且租金提前一次性支付的，出租人可对上述已确认的收入，在租赁期内，分期均匀计入相关年度收入

7.特许权使用费收入、接受捐赠收入和其他收入（见表4-9）

表4-9　特许权使用费收入、接受捐赠收入和其他收入

收入类型	定义	收入确认时间
特许权使用费收入	指企业提供专利权、非专利技术、商标权、著作权以及其他特许权的使用权取得的收入	按照合同约定的特许权使用人应付特许权使用费的日期确认收入的实现
接受捐赠收入	指企业接受的来自其他企业、组织或者个人无偿给予的货币性资产、非货币性资产	按照实际收到捐赠资产的日期确认收入的实现
其他收入	指企业取得的除以上收入外的其他收入，包括企业资产溢余收入、逾期未退包装物押金收入、确实无法偿付的应付款项、已作坏账损失处理后又收回的应收款项、债务重组收入、补贴收入、违约金收入、汇兑收益等	—

例 4-6 · 2010 年单选题

下列各项中，符合企业销售收入实现有关规定的是（　　）。

A.特许权费，在交付资产或转移资产所有权时确认收入

B.广告制作费，应在相关广告出现在公众面前时确认收入

C.利息收入，应在实际收到利息时确认收入

D.特许权使用费，在交付资产或转移资产所有权时确认收入

【答案】A

【解析】选项B，广告制作费，应按制作广告的完工进度确认收入；选项C，利息收入，应按照合同约定的债务人应付利息的日期确认收入的实现；选项D，特许权使用费，应按照合同约定的特许权使用人应付特许权使用费的日期确认收入的实现。

（二）特殊收入的确认（见表 4-10）

表 4-10　　**特殊收入的确认**

特殊收入的分类	收入确认时间
分期收款	以分期收款方式销售货物的，按照合同约定的收款日期确认收入的实现
大型设备	企业受托加工制造大型机械设备、船舶、飞机，以及从事建筑、安装、装配工程业务或者提供其他劳务等，持续时间超过12个月的，按照纳税年度内完工进度或者完成的工作量确认收入的实现
产品分成	采取产品分成方式取得收入的，按分得产品的日期确认收入的实现，其收入额按照产品的公允价值确定
视同销售	包括非货币性资产交换，将货物、财产、劳务用于捐赠、偿债、赞助、集资、广告、样品、职工福利或者利润分配等用途的视同销售货物、转让财产或者提供劳务

如何理解处置资产所得税处理的差异?

（三）处置资产收入的确认（见表 4-11）

表 4-11　　**处置资产收入的确认**

处置资产的分类	具体情形	所得税处理
内部处置资产（资产所有权属在形式上和实质上均不发生改变，除将资产转移至境外以外）	①将资产用于生产、制造、加工另一产品 ②改变资产形状、结构或性能 ③改变资产用途（如自建商品房转为自用或经营） ④将资产在总机构及其分支机构之间转移 ⑤上述两种或两种以上情形的混合 ⑥其他不改变资产所有权属的用途	不视同销售确认收入，相关资产的计税基础延续计算
外部处置资产（资产所有权属已发生改变）	①用于市场推广或销售 ②用于交际应酬 ③用于职工奖励或福利 ④用于股息分配 ⑤用于对外捐赠 ⑥其他改变资产所有权属的用途	按规定视同销售确认收入 ①自制的资产：按企业同类资产同期对外销售价格确定销售收入 ②外购的资产：按照被移送资产的公允价值确定销售收入

考霸笔记　将资产转移至境外，无论所有权是否发生转移，均需要视同销售。

考霸笔记　会影响计算业务招待费、广告费和业务宣传费扣除限额的计算基数。

例 4-7 · 2016 年单选题

企业在境内发生处置资产的下列情形中，应视同销售确认企业所得税应税收入的是（　　）。

A.将资产用于职工奖励或福利

B.将资产用于加工另一种产品

C.将资产用于在总分支机构之间转移

D.将资产用于结构或性能改变

【答案】A

【解析】选项BCD属于内部移送，没有改变资产权属，不属于视同销售。

例 4-8 · 2013 年单选题

企业在境内处置资产的下列情形中，应视同销售确定企业所得税应税收入的是（　　）。

A.将资产用于股息分配

B.将资产用于生产另一产品

C.将资产从总机构转移至分支机构

D.将资产用途由自用转为经营性租赁

【答案】A

【解析】选项BCD，属于内部处置资产，资产所有权属未发生转移，不视同销售确认收入。

非货币性资产投资业务相关的所得税事项该如何处理？

（四）非货币性资产投资企业所得税处理（见表4-12）

表4-12　　**非货币性资产投资企业所得税处理**

项目	具体规定	备注
范围	居民企业出资设立新的居民企业或将非货币性资产注入现存的居民企业	从某居民企业的股东处以非货币性资产换取此居民企业的股权，不属于此处的“非货币性资产投资”
	确认非货币性资产转让所得：对非货币性资产进行评估并按评估后的公允价值扣除计税基础后的余额，计算确认非货币性资产转让所得	非货币性资产转让所得=非货币性资产评估后的公允价值-该非货币性资产计税基础
投资企业的处理	确认应纳税所得额：非货币性资产转让所得，可在不超过5年的期限内，分期均匀计入相应年度的应纳税所得额，按规定计算缴纳企业所得税	每年确认的应纳税所得额=非货币性资产转让所得÷年限（不超过5年）
	确认取得股权的计税基础：应以非货币性资产的原计税成本为计税基础，加上每年确认的非货币性资产转让所得，逐年进行调整	取得股权的计税基础=非货币性资产的原计税成本+每年确认的非货币性资产转让所得
被投资企业的处理	取得非货币性资产的计税基础，按照非货币性资产的公允价值确定	
投资企业5年内转让股权或者投资收回	（1）停止递延纳税政策： 尚未确认的非货币性资产转让所得：在当年一次性计算缴纳企业所得税 （2）转让股权的计税基础：一次调整到位	
被投资企业5年内注销的	停止递延纳税政策： 尚未确认的非货币性资产转让所得：在当年一次性计算缴纳企业所得税	

考霸笔记

并非把全部的非货币性资产转让所得一次性计入当年的应纳税所得额中，而是将非货币性资产转让所得平均到每年（不超过5年），分年计入应纳税所得额。

（五）企业转让上市公司限售股有关所得税处理（见表4-13）

表4-13 企业转让上市公司限售股有关所得税处理

项　目	具体规定
转让限售股的纳税人	转让限售股取得收入的企业（包括事业单位、社会团体、民办非企业单位等），为企业所得税的纳税义务人
转让代个人持有的限售股	（1）企业转让限售股取得的收入，扣除限售股原值和合理税费后的余额为该限售股转让所得 （2）企业未能提供完整、真实的限售股原值凭证，不能准确计算该限售股原值的，主管税务机关一律按该限售股转让收入的15%，核定为该限售股原值和合理税费 【提示】依照本条规定完成纳税义务后的限售股转让收入余额转付给实际所有人时不再纳税
直接变更到实际所有人名下	依法院判决、裁定等原因，通过证券登记结算公司，企业将其代持的个人限售股直接变更到实际所有人名下的，不视同转让限售股
限售股解禁前转让	（1）企业应按减持在证券登记结算机构登记的限售股取得的全部收入，计入企业当年度应税收入计算纳税 （2）企业持有的限售股在解禁前已签订协议转让给受让方，但未变更股权登记，仍由企业持有的，企业实际减持该限售股取得的收入，按前条规定纳税后，其余额转付给受让方的，受让方不再纳税

考霸笔记
即按表格中"转让代个人持有的限售股"的相关规定处理。

例4-9·单选题

某企业转让代个人持有的限售股，取得转让收入68万元，但不能提供真实的限售股原值凭证。该企业就限售股转让应缴纳的企业所得税是（　　）万元。

A.12.75　　B.13.6　　C.14.45　　D.15.3

【答案】C

【解析】本题考查的是企业转让上市公司限售股有关所得税处理。限售股转让收入扣除限售股原值和合理税费后的余额为限售股转让所得。企业未能提供完整、真实的限售股原值凭证，不能准确计算该限售股原值的，主管税务机关一律按该限售股转让收入的15%，核定为该限售股原值和合理税费。应纳所得税额=68×（1-15%）×25%=14.45（万元）。

例4-10·综合题节选

某企业转让代前三大自然人股东持有的因股权分置改革原因形成的限售股，取得收入240万元。但因历史原因，公司未能提供完整、真实的限售股原值凭证，且不能准确计算该部分限售股的原值，故已全额计入投资收益。

要求：计算纳税调整额。

【答案】

应调减应纳税所得额=240×15%=36（万元）

【解析】应纳税所得额=240×85%=204（万元）；会计确认收入=240万元，税法确认所得=240×85%=204（万元），故纳税调减36万元。

（六）企业接收政府和股东划入资产的企业所得税处理（见表4-14）

表4-14　　企业接收政府和股东划入资产的企业所得税处理

划入资产的主体	划入资产的方式	所得税处理	备注
（县级以上）人民政府	以股权投资方式投入企业	作为国家资本金（包括资本公积）处理（即不确认为收入）	该项资产如为非货币性资产，应按政府确定的接收价值确定计税基础
	无偿划入企业，指定专门用途并按规定进行管理	作为不征税收入处理	该项资产如为非货币性资产，应按政府确定的接收价值计算不征税收入
	无偿划入企业，属于上述2项以外的情形	按政府确定的接收价值计入当期收入总额计算缴纳企业所得税	政府没有确定接收价值的，按资产的公允价值计算确定应税收入
股东	接收股东划入资产，合同、协议约定作为资本金（资本公积）且会计上已做实际处理的	作为资本金（资本公积）处理（即不确认为收入）	企业应按公允价值确定该项资产的计税基础
	接收股东投资作为收入处理的	按公允价值计入当期收入总额计算缴纳企业所得税	

二、不征税收入和免税收入

（一）不征税收入（见表4-15）

表4-15　　不征税收入

不征税收入	具体规定
1.财政拨款	各级政府对纳入预算管理的事业单位、社会团体等组织拨付的财政资金
2.依法收取并纳入财政管理的行政事业性收费、政府性基金	（1）企业收取的各种基金、收费，应计入企业当年收入总额 （2）对企业依法收取并上缴财政的政府性基金和行政事业性收费，准予作为不征税收入，于上缴财政的当年在计算应纳税所得额时从收入总额中减除；未上缴财政的部分，不得从收入总额中减除
3.国务院规定的其他不征税收入	（1）国务院规定的其他不征税收入是指企业取得的，由国务院财政、税务主管部门规定专项用途并经国务院批准的财政性资金 （2）财政性资金的范围： ①不包括企业按规定取得的出口退税款 ②包括直接减免的增值税和即征即退、先征后退、先征后返的各种税收

【提示】

（1）不征税收入对应的费用同样不得税前扣除：

①企业的不征税收入用于支出所形成的费用，不得在计算应纳税所得额时扣除。

②企业的不征税收入用于支出所形成的资产，其计算的折旧、摊销不得在计算应纳税所得额时扣除。

出口退税额需要缴纳企业所得税吗?

不征税收入应如何调整应纳税所得额?

（2）不征税收入的退回：专项用途财政性资金作不征税收入处理后，5年内未支出使用、也未缴回财政部门或其他拨付资金的政府部门的部分，作不征税收入，计入取得资金第6年的应税收入总额。

（3）专项用途财政性资金企业所得税处理的具体规定：有特定的来源和具体管理要求，单独进行核算。

例4-11·2015年综合题节选

某企业2015年获得当地政府财政部门补助的具有专项用途的财政资金500万元，已取得财政部门正式文件，并从中支出400万元。

要求：计算财政补助资金应调整的应纳税所得额。

【答案】应调减应纳税所得额=500-400=100（万元）

【解析】符合规定的不征税收入不计入收入总额，其形成的支出也不得在税前列支。

考霸笔记
免税收入用于支出所形成的各项成本费用，除法律法规另有规定外，允许在计算应纳税所得额时扣除。

（二）免税收入

1.国债利息收入

（1）国债利息收入（见表4-16）

表4-16 国债利息收入

内 容	具体规定
收入确认时间	①企业投资国债从国务院财政部门取得的国债利息收入，应于国债发行时约定应付利息的日期，确认利息收入的实现 ②企业转让国债，应在国债转让收入确认时确认利息收入的实现
国债利息收入的计算	尚未兑付的国债利息收入=国债金额×（适用年利率÷365）×持有天数
所得税处理	企业取得的国债利息收入，免征企业所得税，具体规定如下： ①企业从发行者处直接投资购买的国债持有至到期，其从发行者处取得的国债利息收入，全额免征企业所得税 ②企业到期前转让国债，或者从非发行者处投资购买的国债，其持有期间按照上述公式计算出的尚未兑付的国债利息收入，免征企业所得税

（2）国债转让收入（见表4-17）

表4-17 国债转让收入

内 容	具体规定
收入确认时间	①企业转让国债应在转让国债合同、协议生效的日期，或者国债移交时确认转让收入的实现 ②企业投资购买国债，到期兑付的，应在国债发行时约定的应付利息的日期，确认国债转让收入的实现
国债转让收益（损失）计算	国债转让收益（损失）=转让或到期兑付国债取得的价款-购买国债成本-持有期间尚未兑付的国债利息收入-交易过程中的相关税费
所得税处理	企业取得的国债转让收入，需要缴纳企业所得税

【总结】国债利息收入免税，国债转让收入纳税。

例4-12·2016年综合题节选

某企业2015年投资收益中含转让国债收益85万元，该国债购入面值72万元，发行期限3年，年利率5%，转让时持有天数为700天。

要求：计算转让国债应调整的应纳税所得额。

【答案】转让国债应调减的应纳税所得额=72×5%÷365×700=6.90（万元）

例4-13·2012年综合题节选

某生产化工产品的公司，2014年将自发行者购进的一笔三年期国债售出，取得收入117万元。售出时持有该国债恰满两年，该笔国债的买入价为100万元，年利率为5%，利息到期一次支付。该公司已将17万元计入投资收益。

要求：计算该业务应调整的应纳税所得额。

【答案】国债利息收入免税，应予调减。

调减所得额=100×5%×2=10（万元）

2.符合条件的居民企业之间的股息、红利等权益性收益

符合条件的居民企业之间的股息、红利等权益性收益指居民企业直接投资于其他居民企业取得的投资收益。

3.在中国境内设立机构、场所的非居民企业从居民企业取得与该机构、场所有实际联系的股息、红利等权益性投资收益

【提示】第2项和第3项所称的投资收益不包括连续持有居民企业公开发行并上市流通的股票不足12个月取得的投资收益。

考霸笔记　即如果持有居民企业上市公开发行并上市流通的股票，要求持有时间超过12个月后，股息、红利所得才可享受免税政策。

4.符合条件的非营利组织的收入

（1）符合条件的非营利组织是指：

①依法履行非营利组织登记手续。

②从事公益性或者非营利性活动。

③取得的收入除用于与该组织有关的、合理的支出外，全部用于登记核定或者章程规定的公益性或者非营利性事业。

④财产及其孳生息不用于分配。

⑤按照登记核定或者章程的规定，该组织注销后的剩余财产用于公益性或者非营利性目的，或者由登记管理机关转赠给与该组织性质、宗旨相同的组织，并向社会公告。

⑥投入人对投入该组织的财产不保留或者享有任何财产权利。

⑦工作人员工资福利开支控制在规定的比例内，不变相分配该组织的财产。

⑧国务院财政、税务主管部门规定的其他条件。

（2）非营利组织的下列收入为免税收入：

①接受其他单位或者个人捐赠的收入。

②除《中华人民共和国企业所得税法》第七条规定的财政拨款以外的其他政府补助收入，但不包括因政府购买服务取得的收入。

考霸笔记　财政拨款属于不征税收入。

③按照省级以上民政、财政部门规定收取的会费。

④不征税收入和免税收入孳生的银行存款利息收入。

⑤财政部、国家税务总局规定的其他收入。

例4-14·2018年多选题

某民办学校计划按照非营利组织的免税收入认定条件，申请学费收入免征企业所得税。下列各项中，属于非营利组织免税收入认定条件的有（　　）。

A.工作人员工资福利开支控制在规定的比例内

B.投入人对投入该学校的财产不保留或者享有任何财产权利

C.依法履行非营利组织登记手续

D.财产及孳生息可以在合理范围内根据确定的标准用于分配

【答案】ABC

【解析】符合条件的非营利组织的收入属于企业所得税中的免税收入。其中符合条件的非营利组织是指：（1）依法履行非营利组织登记手续（选项C）。（2）从事公益性或者非营利性活动。（3）取得的收入除用于与该组织有关的、合理的支出外，全部用于登记核定或者章程规定的公益性或者非营利性事业。（4）财产及其孳生息不用于分配。（5）按照登记核定或者章程的规定，该组织注销后的剩余财产用于公益性或者非营利性目的，或者由登记管理机关转赠给与该组织性质、宗旨相同的组织，并向社会公告。（6）投入人对投入该组织的财产不保留或者享有任何财产权利（选项B）。（7）工作人员工资福利开支控制在规定的比例内，不变相分配该组织的财产（选项A）。（8）国务院财政、税务主管部门规定的其他条件。

例4-15·多选题

依据企业所得税的优惠政策，下列收入中，属于免税收入的有（　　）。

A.企业购买国债取得的利息收入

B.非营利组织从事营利性活动取得的收入

C.在境内设立机构的非居民企业从非上市居民企业取得的与该机构有实际联系的红利收入

D.在中国境内设立机构的非居民企业连续持有上市公司股票不足12个月取得的投资收益

【答案】AC

【解析】选项B，符合条件的非营利组织的收入免税，但不包括非营利组织从事营利性活动取得的收入；选项D，在中国境内设立机构、场所的非居民企业从居民企业取得的与该机构、场所有实际联系的股息、红利等权益性投资收益免税，但是该收益不包括连续持有居民企业公开发行并上市流通的股票不足12个月取得的投资收益。

三、扣除原则和范围

（一）税前扣除项目的原则

1.权责发生制原则，是指企业费用应在发生的所属期扣除，而不是在实际支付时确认扣除。

2.配比原则，是指企业发生的费用应当与收入配比扣除。除特殊规定外，企业发生的费用不得提前或滞后申报扣除。

3.相关性原则，企业可扣除的费用从性质和根源上必须与取得应税收入直接相关。

4.确定性原则，即企业可扣除的费用不论何时支付，其金额必须是确定的。

5.合理性原则，符合生产经营活动常规，应当计入当期损益或者有关资产成本的必要和正常的支出。

（二）扣除项目的范围

1.在计算应纳税所得额时需要注意三个方面的内容（见表4-18）

表4-18　在计算应纳税所得额时需要注意三个方面的内容

内　容	对所得税的影响
发生的支出应当区分收益性支出和资本性支出	①收益性支出在发生当期直接扣除 ②资本性支出应当分期扣除或者计入有关资产成本，不得在发生当期直接扣除
不征税收入用于支出的所得税处理	企业的不征税收入用于支出所形成的费用或者财产，不得扣除或者计算对应的折旧、摊销扣除
支出不得重复扣除	除企业所得税法和本条例另有规定外，企业实际发生的成本、费用、税金、损失和其他支出，不得重复扣除

2.扣除项目范围的五个方面（见表4-19）

表4-19　扣除项目范围的五个方面

内　容	具体规定	
成本	是指企业在生产经营活动中发生的销售成本、销货成本、业务支出以及其他耗费，即企业销售商品（产品、材料、下脚料、废料、废旧物资等）、提供劳务、转让固定资产、无形资产（包括技术转让）的成本 【提示】出口货物不得免抵和抵扣税额需计入营业成本	
费用	是指企业每一个纳税年度为生产、经营商品和提供劳务等所发生的销售（经营）费用、管理费用和财务费用。已经计入成本的有关费用除外 ①销售费用：包括广告及业务宣传费、运输费、装卸费、手续费及销售佣金等费用 ②管理费用：包括业务招待费、职工福利费、工会经费、职工教育经费等费用 ③财务费用：包括利息支出、借款费用等费用	
税金	计入税金及附加	消费税、城建税和教育费附加、资源税、土地增值税、房产税、车船税、城镇土地使用税、印花税
	计入相关资产的成本	车辆购置税、契税、进口关税、耕地占用税、不得抵扣的增值税
	通过损失扣除	购进货物发生非正常损失的增值税进项税额转出
	不得税前扣除的税金	企业所得税、可以抵扣的增值税

续表

内 容	具体规定
税金	**例4-16·2016年综合题节选改编** 某市服装生产企业，为增值税一般纳税人。2016年企业自行计算实现年度利润总额1 100万元。聘请会计师事务所进行审核，发现问题： （1）收入、成本中包含9月转让自建旧办公楼合同记载的收入1 300万元、成本700万元（其中土地价款200万元），但未缴纳转让环节的相关税费。经评估机构评估该办公楼的重置成本为1 600万元，成新度折扣率5成。已知生产企业增值税采用简易计税方法。 要求：计算所得税前扣除的税金。 【答案】 （1）应缴纳的城建税及附加费、印花税 =1 300 ÷（1+5%）×5%×（7%+3%+2%）+1 300×0.5‰ =8.08（万元） （2）应缴纳的土地增值税： 扣除金额=200+8.08+1 600×50%=1 008.08（万元） 增值额=1 300÷（1+5%）−1 008.08=230.02（万元） 增值率=230.02÷1 008.08×100%=22.8% 应缴纳的土地增值税=230.02×30%=69.01（万元） （3）所得税前扣除的税金=8.08+69.01=77.09（万元）
损失	是指企业在生产经营过程中发生的固定资产和存货的盘亏、毁损、报废损失，转让财产损失，呆账损失，坏账损失，自然灾害等不可抗力因素造成的损失以及其他损失 ①企业发生的损失，减除责任人赔偿和保险赔款后的余额，依照国务院财政、税务主管部门的规定扣除 ②企业已经作为损失处理的资产，在以后纳税年度又全部收回或者部分收回时，应当计入当期收入（计入收回当年的收入）
扣除的其他支出	是指除成本、费用、税金、损失外，企业在生产经营活动中发生的与生产经营活动有关的、合理的支出

（三）扣除项目及其标准

1.工资、薪金支出（见表4-20）

表4-20 **工资、薪金支出**

情 形	所得税处理
（1）一般情况下工资、薪金支出的扣除规定	企业发生的合理的工资、薪金支出准予据实扣除（注意2个要点：一是“合理”；二是“实际发放”）
（2）国有性质的企业工资、薪金支出	①不得超过政府有关部门给予的限定数额 ②超过部分，不得计入企业工资、薪金总额，也不得在计算企业应纳税所得额时扣除
（3）因雇用季节工、临时工、实习生、返聘离退休人员以及接受外部劳务派遣用工所实际发生的费用	①区分为工资、薪金支出和职工福利费支出，并按规定在企业所得税前扣除 ②其中属于工资、薪金支出的，准予计入企业工资薪金总额的基数，作为计算其他各项相关费用扣除的依据

续表

情　形	所得税处理
(4) 汇算清缴结束前支付汇缴年度工资、薪金税前扣除	企业在年度汇算清缴结束前向员工实际支付的已预提汇缴年度工资、薪金，准予在汇缴年度按规定扣除 （汇缴年度次年5月31日之前）
(5) 接受外部劳务派遣用工所实际发生的费用	按照协议（合同）约定直接支付给劳务派遣公司的费用，应作为劳务费支出（不作为工资、薪金支出）
	直接支付给员工个人的费用，应作为工资、薪金支出和职工福利费支出，并准予计入企业工资、薪金总额的基数，作为计算其他各项相关费用扣除的依据
(6) 对股权激励计划有关所得税处理（股权激励实行方式包括授予限制性股票、股票期权等）	①对股权激励计划实行后立即可以行权： 差价确定为当年上市公司工资、薪金支出，依照税法的规定进行税前扣除 工资、薪金支出=（实际行权时该股票的公允价格-激励对象实际行权支付价格）×行权数量 ②对股权激励计划实行后，需待一定服务年限或者达到规定业绩条件（等待期）方可行权： 上市公司等待期内会计上计算确认的相关成本费用（借：成本费用类科目；贷：资本公积——其他资本公积），不得在对应年度计算缴纳企业所得税时扣除。 ③在股权激励计划可行权后，企业方可计算确定作为当年企业工资、薪金支出，依照税法规定进行税前扣除。 行权当年工资、薪金支出=（实际行权时该股票的公允价格-当年激励对象实际行权支付价格）×行权数量 **例4-17·2015年综合题节选改编** 某上市公司2018年度实发工资4 000万元。当年6月5日，中层以上员工对公司2年前授予的股票期权500万股实施行权，行权价每股6元，当日该公司股票收盘价每股10元。 要求：计算纳税调整金额。 【答案】 会计处理：计入成本、费用的工资总额=4 000万元 税法处理：计入成本、费用的工资总额=6 000万元 因此，应当纳税调减2 000万元

股权激励计划有关事项对企业所得税有何影响？

2. 职工福利费、工会经费、职工教育经费（见表4-21）

表4-21　**职工福利费、工会经费、职工教育经费**

项　目	准予扣除的限额	超过规定比例部分的处理
职工福利费	不超过工资、薪金总额14%的部分	不得扣除
工会经费	不超过工资薪金总额2%的部分	不得扣除
职工教育经费	不超过工资薪金总额8%的部分	准予在以后纳税年度结转扣除（无期限限制）

考霸笔记

须凭工会组织开具的《工会经费收入专用票据》才可在企业所得税前扣除。

【提示1】职工教育经费的特殊规定：

（1）软件生产企业发生的职工教育经费中的职工培训费用，可以全额在企业所得税前扣除。软件生产企业应准确划分职工教育经费中的职工培训费支出，对于不能准确划分的，以及准确划分后职工教育经费中扣除职工培训费的余额，一律按照工资薪金总额8%的比例扣除。

（2）核力发电企业为培养核电厂操纵员发生的培养费用，可以作为企业的发电成本在税前扣除（全额扣除）。企业应将核电厂操纵员培养费与员工的职工教育经费严格区分，单独核算，员工实际发生的职工教育经费支出不得计入核电厂操纵员培养费直接扣除。

【提示2】计算“三费”扣除限额的基数——工资、薪金总额，指的是实际发放的工资、薪金总额，不包括“三费”自身、五险一金。

3.社会保险费（见表4-22）

表4-22 社会保险费

保险类别	所得税处理
按规定的范围和标准为职工缴纳的五险一金	准予扣除
为投资者或者职工支付的补充养老保险费、补充医疗保险费	在规定的范围和标准内，准予扣除
	超过范围和标准，不允许扣除
为投资者或者职工支付的商业保险费	不得扣除
为特殊工种职工支付的人身安全保险费和符合规定的商业保险费	准予扣除
企业参加财产保险	准予扣除

考霸笔记
只需要调整利率，不需要调整本金。

考霸笔记
本金（债资比例分别为5：1和2：1）和利率（不得超过银行同期同类贷款利率）都需要调整。

4.利息费用

（1）准予据实扣除的利息费用

①非金融企业向金融企业借款的利息支出。

②金融企业的各项存款利息支出和同业拆借利息支出。

③企业经批准发行债券的利息支出。

（2）非金融企业向非金融企业借款的利息支出

不超过按照金融企业同期同类贷款利率计算的数额的部分可据实扣除，超过部分不许扣除。

（3）关联企业利息费用

关联企业利息费用应当如何在企业所得税前调整?

6246

①准予据实扣除的情形：企业如果能够按照税法及其实施条例的有关规定提供相关资料，并证明相关交易活动符合独立交易原则的；或者该企业的实际税负不高于境内关联方的，其实际支付给境内关联方的利息支出，在计算应纳税所得额时准予扣除。（符合独立交易原则或者不会减少实际税负）

②有扣除限额：除上述第①条情形外，企业从其关联方接受的债权性投资与权益性投资的比例超过规定标准而发生的利息支出，不得在计算应纳税所得额时扣除：

接受关联方债权性投资与其权益性投资比例为：金融企业5：1，其他企业2：1。

③分开核算：企业同时从事金融业务和非金融业务，其实际支付给关联方的利息支出，应按照合理方法分开计算；没有按照合理方法分开计算的，一律按前述第②条有关其他企业的比例计算准予税前扣除的利息支出。

例4-18·综合题节选

某工业企业因向母公司借款2 000万元，按年利率9%（金融机构同期同类贷款利率为6%）支付利息180万元，该企业不能证明此笔交易符合独立交易原则。母公司适用15%的企业所得税税率且在该企业的权益性投资金额为800万元。

要求：计算纳税调整金额。

【答案】可税前扣除的借款利息=800×2×6%=96（万元）

应调增应纳税所得额=180-96=84（万元）

（4）企业向自然人借款的利息支出

①向股东或其他与企业有关联方关系的自然人借款的利息支出：按照上述“关联企业利息费用”中第②条规定计算企业所得税扣除。

②向除①规定以外的内部职工或其他人员借款的利息支出，需同时符合2个条件（条件：借贷真实、合法、有效；签订了借款合同），其利息支出不超过按照金融企业同期同类贷款利率计算的数额的部分可据实扣除。

5.借款费用（见表4-23）

表4-23　**借款费用**

（1）资本化	企业为购置、建造固定资产、无形资产和经过12个月以上的建造才能达到预定可销售状态的存货发生借款的，在有关资产购置、建造期间发生的合理的借款费用，应予以资本化，作为资本性支出计入有关资产的成本
（2）费用化	有关资产交付使用后发生的借款利息，可在发生当期扣除
	企业在生产经营活动中发生的合理的不需要资本化的借款费用，准予扣除

6.汇兑损失

汇率折算形成的汇兑损失，除已经计入资产成本以及进行利润分配的部分以外，准予扣除。

7.业务招待费（见表4-24）

表4-24　**业务招待费**

分类	所得税处理		举例
日常经营过程中发生的业务招待费	扣除限额	限额①=销售（营业）收入×5‰ 限额②=发生额×60% 孰低原则：选择上述较小者作为可扣除金额	（1）假设实际发生业务招待费50万元： 扣除限额①=50×60%=30（万元） 纳税人销售收入2 000万元，业务招待费扣除限额②=2 000×5‰=10（万元） 则税前可扣除10万元， 纳税调增额=50-10=40（万元） （2）假设实际发生业务招待费10万元： 扣除限额①=10×60%=6（万元） 纳税人销售收入2 000万元，业务招待费扣除限额②=2 000×5‰=10（万元） 则税前可扣除6万元， 纳税调增额=10-6=4（万元）
	计算扣除限额的基数	销售（营业）收入： ①销售（营业）收入包括：主营业务收入、其他业务收入、会计上不确认收入而税法上视同销售收入 ②对于从事股权投资业务的企业，其从被投资企业所分配的股息、红利以及股权转让收入，可包含在销售（营业）收入里面，作为计算扣除限额的基数	
筹建期间发生的业务招待费	企业筹建期间，与筹办有关的业务招待费支出，按实际发生额的60%计入筹办费，按规定税前扣除 【提示】筹建期间发生的筹办费扣除：生产经营当年一次性扣除，或作为长期待摊费用不短于3年摊销		

【提示】

（1）如果没有合法票据，所发生的业务招待费不得扣除。

（2）业务招待费和广告费计算扣除限额的基数一致。

8.广告费和业务宣传费

（1）一般规定（见表4-25）

表4-25 **广告费和业务宣传费的一般规定**

<table>
<tr><th>分类</th><th colspan="2">所得税处理</th><th>举例</th></tr>
<tr><td rowspan="2">日常经营过程中发生的广告费和业务宣传费</td><td>扣除限额</td><td>（1）一般企业：扣除限额为销售（营业）收入的15%，超过部分可结转以后纳税年度扣除（无限期结转）
（2）化妆品制造或销售、医药制造和饮料制造（不含酒类制造）企业：扣除限额为销售（营业）收入的30%，超过部分可结转以后纳税年度扣除（无限期结转）
（3）烟草企业的烟草广告费和业务宣传费支出：一律不得在税前扣除</td><td rowspan="2">（1）某食品生产企业2018年销售收入4 000万元，则广告费发生扣除最高限额4 000×15%=600（万元）：
①若广告费发生800万元：税前可扣除600万元，纳税调增200万元
②若广告费发生500万元：税前可扣除600万元，纳税调整0
（2）结转以后纳税年度扣除的所得税处理：
本年广告费发生500万元，税前扣除限额为600万元
①若以前年度累计结转广告费扣除额90万元，则本年纳税调减90万元
②若以前年度累计结转广告费扣除额120万元，本年纳税调减100万元</td></tr>
<tr><td>计算扣除限额的基数</td><td>同业务招待费</td></tr>
<tr><td>筹建期间发生的广告费和业务宣传费</td><td colspan="3">企业筹建期间，发生的广告费、业务宣传费，按实际发生额计入筹办费，按规定税前扣除</td></tr>
</table>

签订了广告费和业务宣传费分摊协议的关联企业如何进行分摊?

（2）签订分摊协议

对签订广告费和业务宣传费分摊协议（以下简称分摊协议）的关联企业，其中一方发生的不超过当年销售（营业）收入税前扣除限额比例内的广告费和业务宣传费支出可以在本企业扣除，也可以将其中的部分或全部按照分摊协议归集至另一方扣除。另一方在计算本企业广告费和业务宣传费支出企业所得税税前扣除限额时，可将按照上述办法归集至本企业的广告费和业务宣传费不计算在内。

考霸笔记

一般情况下，只有实际发生的费用才可以税前扣除，提取的、尚未实际发生的费用不允许税前扣除（如提取的坏账准备）。此处环境保护专项资金比较特别，提取时就允许扣除，但需要注意的是若提取后改变用途则不得扣除。

9.环境保护专项资金

企业依照法律、行政法规的有关规定提取的用于环境保护、生态恢复等方面的专项资金，准予扣除。上述专项资金提取后改变用途的，不得扣除。

10.租赁费（见表4-26）

表4-26 **租赁费**

分 类	所得税处理
以经营租赁方式租入固定资产发生的租赁费支出	按照租赁期限均匀扣除
以融资租赁方式租入固定资产发生的租赁费支出	按照规定构成融资租入固定资产价值的部分应当提取折旧费用，分期扣除

租赁折旧可以税前扣除吗?

【总结】

经营租赁：租金税前扣除，不计提折旧。

融资租赁：租金不得税前扣除，计提折旧税前扣除。

11.劳动保护费

企业发生的合理的劳动保护支出，准予扣除。

例如，由企业统一制作并要求员工工作时统一着装所发生的工作服饰费用。

12.公益性捐赠支出

（1）公益性捐赠的定义：指企业通过公益性社会团体或者县级（含县级）以上人民政府及其部门，用于规定的公益事业的捐赠。

（2）所得税处理：企业发生的公益性捐赠支出，在年度利润总额12%以内的部分，准予在计算应纳税所得额时扣除；超过年度利润总额12%的部分，准予结转以后三年内在计算应纳税所得额时扣除。

【提示】

①年度利润总额，是指企业依照国家统一会计制度的规定计算的年度会计利润。

②企业发生的公益性捐赠支出未在当年税前扣除的部分，自2017年1月1日起准予向以后年度结转扣除，但结转扣除自捐赠发生年度的次年起计算最长不得超过三年。企业在对公益性捐赠支出计算扣除时，应先扣除以前年度结转的捐赠支出，再扣除当年发生的捐赠支出。

2016年9月1日至2016年12月31日发生的公益性捐赠支出，未在2016年税前扣除的部分，可按上述规定执行。（新增）

（3）纳税人直接向受赠人捐赠发生的捐赠支出，不得在所得税前扣除，应作纳税调增处理。

【提示1】会计利润需要准确计算（综合题考点）。

【提示2】对外公益性捐赠包括货币捐赠和非货币捐赠。

【提示3】非货币捐赠需要综合考虑如下相关事项：

①企业将自产货物用于捐赠，按公允价值缴纳增值税；

②视同对外销售缴纳所得税；

③会计上不确认收入和利润。

【总结1】捐赠方的所得税处理（见表4-27）

第四章

捐赠限额的计算基数包括纳税调整金额吗？

非货币捐赠相关事项该如何进行税务处理？

表4-27　**捐赠方的所得税处理**

捐赠方	企业所得税处理
货币捐赠	扣除标准=会计利润×12% 实际发生的捐赠支出超过扣除标准的部分，不得在本年税前扣除，作纳税调增处理
非货币捐赠	①扣除标准=会计利润×12% 实际发生的捐赠支出超过扣除标准的部分，不得在本年税前扣除，作纳税调增处理 ②确认视同销售所得： 视同销售所得=视同销售收入-视同销售成本 视同销售所得作纳税调增处理。 ③视同销售收入影响业务招待费和广告宣传费的扣除限额计算基数 【提示】非货币捐赠确定的视同销售收入以非货币性资产的公允价值计算

【总结2】受赠方的所得税处理（见表4-28）

表4-28 受赠方的所得税处理

受赠方	企业所得税处理
接受捐赠的货币性资产	按实际收到的金额，计入应纳税所得额
接受捐赠的非货币性资产	按收到的非货币性资产的公允价值和进项税额，计入应纳税所得额

例4-18·2013年计算题真题节选

某企业2017年结转的公益性捐赠支出为4万元，2018年实际发生的符合扣除条件的公益性捐赠支出为7万元，2018年该企业利润总额为100万元。

要求：计算纳税调整金额。

【解析】

2018年公益性捐赠支出扣除限额=100×12%=12（万元）

以前年度结转的公益性捐赠支出+当年发生公益性捐赠支出=4+7=11（万元），小于企业当年年度利润总额的12%，

准予在当年税前扣除的公益性捐赠支出=以前年度结转的公益性捐赠支出+当年发生公益性捐赠支出=11（万元）

纳税调整金额：应当调减应纳税所得额4万元。

例4-19·综合题节选改编

某企业2018年8月将两台重型机械设备通过市政府捐赠给贫困地区用于公共设施建设。“营业外支出”中已列支两台设备的成本及对应的销项税额合计244.8万元。每台设备市场售价为140万元（不含增值税）。当年会计利润为1 000万元。

要求：计算上述业务的纳税调整额。

【解析】

（1）公益性捐赠的扣除限额=1 000×12%=120（万元）

由于营业外支出列示的金额=244.8万元

应调增应纳税所得额=244.8-120=124.8（万元）

（2）捐赠设备视同销售处理：

增值税视同销售销项税额=280×16%=44.8（万元）

应确认视同销售收入=140×2=280（万元）

应确认视同销售成本=100×2=200（万元）

（3）共调增应纳税所得额=124.8+280-200=204.8（万元）

13.有关资产的费用

企业转让各类固定资产发生的费用，允许扣除。企业按规定计算的固定资产折旧费、无形资产和递延资产的摊销费，准予扣除。

14.总机构分摊的费用

非居民企业在中国境内设立的机构、场所，就其中国境外总机构发生的与该机构、场所生产经营有关的费用，能够提供总机构出具的费用汇集范围、定额、分配依据和方法等证明文件，并合理分摊的，准予扣除。

15.资产损失

企业当期发生的固定资产和流动资产盘亏、毁损净损失，由其提供清查盘存资

料经主管税务机关审核后，准予扣除。

16.依照有关法律、行政法规和国家有关税法规定准予扣除的其他项目

例如，会员费、合理的会议费、差旅费、违约金、诉讼费用等。

17.手续费及佣金支出

（1）企业发生与生产经营有关的手续费及佣金支出，不超过以下规定计算限额以内的部分，准予扣除；超过部分，不得扣除（见表4-29）：

表4-29 手续费及佣金支出的扣除限额

企业类型	扣除限额
保险企业	财产保险企业扣除限额=（当年全部保费收入-退保金等）×15% 人身保险企业扣除限额=（当年全部保费收入-退保金等）×10%
其他企业	扣除限额=按与具有合法经营资格中介服务机构或个人（不含交易双方及其雇员、代理人和代表人等）所签订服务协议或合同确认的收入金额×5%
电信企业	在发展客户、拓展业务等过程中（如委托销售电话入网卡、电话充值卡等），需向经纪人、代办商支付手续费及佣金的： 扣除限额=企业当年收入总额×5%
从事代理服务，主营业务收入为手续费、佣金的企业（如证券、期货、保险代理等企业）	为取得该类收入而实际发生的营业成本（包括手续费及佣金支出），据实扣除

（2）支付方式的要求-第三方（见表4-30）

表4-30 支付方式的要求-第三方

情 形	支付方式的要求
向具有合法经营资格中介服务机构支付的	必须转账支付（除委托个人外，以现金等非转账方式支付不得税前扣除）
向个人支付的	可以以现金方式支付，但需要有合法的凭证

考霸笔记
会计上冲减资本公积

（3）其他规定

①发行权益性证券支付给有关证券承销机构的手续费及佣金不得税前扣除。

②企业不得将手续费及佣金支出计入回扣、业务提成、返利、进场费等费用。

③企业已计入固定资产、无形资产等相关资产的手续费及佣金支出，应通过折旧、摊销等方式分期扣除，不得在发生当期直接扣除。

④企业支付的手续费及佣金不得直接冲减服务协议或合同金额，应如实入账。

例4-20

A企业委托B企业销售100万元的货物，约定给予5%的手续费及佣金。

要求：如何确认收入？

【解析】A企业应当确认收入额为100万元，5万元的手续费及佣金应计入销售费用，而不能直接将差额95万元确认为收入。

18.依据财务会计制度的规定，并实际在财务会计处理上已确认的支出，凡没有超过《企业所得税法》和有关税收法规规定的税前扣除范围和标准的，可按企业实际会计处理确认的支出，在企业所得税前扣除。

19.企业维简费支出

（1）实际发生的维简费支出：

①属于收益性支出的，可作为当期费用税前扣除；

②属于资本性支出的，应计入有关资产成本，并按规定计提折旧或摊销费用在税前扣除。

（2）预提的维简费，不得在当期税前扣除。

（3）按有关规定提取且已在当期税前扣除的维简费（见表4-31）：

表4-31　按有关规定提取且已在当期税前扣除的维简费

维简费		所得税处理
已提取但尚未使用的维简费	未作纳税调整的	可不作纳税调整，应首先抵减2013年实际发生的维简费，仍有余额的，继续抵减以后年度实际发生的维简费，至余额为零时，企业方可按收益性支出、资本性支出各自的规定处理
	已作纳税调整的	不再调回，直接按收益性支出、资本性支出各自的规定处理
已提取且已用于资产投资的维简费	形成相关资产全部成本的	该资产提取的折旧或费用摊销额，不得税前扣除；已税前扣除的，应调整作为2013年度应纳税所得额
	形成相关资产部分成本的	该资产提取的折旧或费用摊销额中与该部分成本对应的部分，不得税前扣除；已税前扣除的，应调整作为2013年度应纳税所得额

20.企业参与政府统一组织的棚户区改造支出

企业参与政府统一组织的工矿（含中央下放煤矿）棚户区改造、林区棚户区改造、垦区危房改造并同时符合一定条件的棚户区改造支出，准予在企业所得税前扣除。

21.金融企业涉农贷款和中小企业贷款损失准备金税前扣除

金融企业涉农贷款和中小企业贷款（不超过2亿元）按照以下比例计提的贷款损失准备金，准予在计算应纳税所得额时扣除（见表4-32）：

表4-32　金融企业涉农贷款和中小企业贷款（不超过2亿元）的贷款损失准备金的计提比例

贷款分类	计提比例
关注类贷款	2%
次级类贷款	25%
可疑类贷款	50%
损失类贷款	100%

【提示】金融企业发生的符合条件的涉农贷款和中小企业贷款损失，应先冲减已在税前扣除的贷款损失准备金，不足冲减部分可据实在计算应纳税所得额时扣除。（先冲减，后扣除）

22.金融企业贷款损失准备金企业所得税税前扣除有关政策

自2014年1月1日起至2018年12月31日，金融企业贷款（涉农贷款和中小企业贷款除外）损失准备金企业所得税税前扣除按以下规定（见表4-33）：

表4-33　　金融企业贷款（涉农贷款和中小企业贷款除外）损失准备金企业所得税税前扣除的规定

分类	具体范围
准予提取贷款损失准备金在税前扣除的贷款资产范围	①贷款（含抵押、质押、担保等贷款） ②银行卡透支、贴现、信用垫款（含银行承兑汇票垫款、信用证垫款、担保垫款等）、进出口押汇、同业拆出、应收融资租赁款等各项具有贷款特征的风险资产 ③由金融企业转贷并承担对外还款责任的国外贷款，包括国际金融组织贷款、外国买方信贷、外国政府贷款、日本国际协力银行不附条件贷款和外国政府混合贷款等资产
不得提取贷款损失准备金在税前扣除的贷款资产范围	金融企业的委托贷款、代理贷款、国债投资、应收股利、上交央行准备金以及金融企业剥离的债权和股权、应收财政贴息、央行款项等不承担风险和损失的资产

【提示1】金融企业准予当年税前扣除的贷款损失准备金计算公式：

$$\text{准予当年税前扣除的贷款损失准备金} = \text{本年末准予提取贷款损失准备金的贷款资产余额} \times 1\% - \text{截至上年末已在税前扣除的贷款损失准备金的余额}$$

金融企业按上述公式计算的数额如为负数，应当相应调增当年应纳税所得额。

【提示2】金融企业发生的符合条件的贷款损失，应先冲减已在税前扣除的贷款损失准备金，不足冲减部分可据实在计算当年应纳税所得额时扣除。

例4-21·2014年单选题

下列各项支出中，可以在计算企业所得税应纳税所得额时扣除的是（　　）。

A.向投资者支付的股息　　B.合理的劳动保护支出

C.为投资者支付的商业保险费　　D.内设营业机构之间支付的租金

【答案】B

【解析】选项A，向投资者支付的股息、红利等权益性投资收益款项，不得扣除；选项B，企业发生的合理的劳动保护支出，准予扣除；选项C，企业为投资者或者职工支付的商业保险费，不得扣除；选项D，企业内营业机构之间支付的租金，不得扣除。

四、不得扣除的项目

税收滞纳金、罚金、罚款和违约金是否可以在税前扣除?

1.向投资者支付的股息、红利等权益性投资收益款项。

2.企业所得税税款。

3.税收滞纳金，是指纳税人违反税收法规，被税务机关处以的滞纳金。

4.罚金、罚款和被没收财物的损失，是指纳税人违反国家有关法律、法规规定，被有关部门处以的罚款，以及被司法机关处以的罚金和被没收财物。

5.超过规定标准的捐赠支出。

6.赞助支出，是指企业发生的与生产经营活动无关的各种非广告性质支出。

7.未经核定的准备金支出，是指不符合国务院财政、税务主管部门规定的各项资产减值准备、风险准备等准备金支出。

8.企业之间支付的管理费、企业内营业机构之间支付的租金和特许权使用费，以及非银行企业内营业机构之间支付的利息，不得扣除。

9.与取得收入无关的其他支出。

例4-22·2017年单选题

下列支出在计算企业所得税应纳税所得额时，准予按规定扣除的是（　　）。

A.企业之间发生的管理费支出

B.企业筹建期间发生的广告费支出

C.企业内营业机构之间发生的特许权使用费支出

D.企业内营业机构之间发生的租金支出

【答案】B

【解析】选项A、C、D：企业之间支付的管理费、企业内营业机构之间支付的租金和特许权使用费，以及非银行企业内营业机构之间支付的利息，不得在企业所得税税前扣除。

例4-23·2015年单选题

企业发生的下列支出中，按企业所得税法的规定可在税前扣除的是（　　）。

A.税收滞纳金　　B.非广告性赞助

C.企业所得税税款　　D.按规定缴纳的财产保险费

【答案】D

【解析】选项A、B、C不得税前扣除。

例4-24·2015年多选题

居民企业发生的下列支出中，可在企业所得税税前扣除的有（　　）。

A.逾期归还银行贷款的罚息

B.企业内营业机构之间支付的租金

C.未能形成无形资产的研究开发费用

D.以经营租赁方式租入固定资产的租金

【答案】ACD

【解析】企业内营业机构之间支付的租金不得税前扣除。

五、弥补亏损（见表4-34）

表4-34　　弥补亏损

项　目		所得税处理
弥补期限	一般企业	企业某一纳税年度发生的亏损可以用下一年度的所得弥补，下一年度的所得不足以弥补的，可以逐年延续弥补，但最长不得超过5年
	高新技术企业或科技型中小企业	自2018年1月1日起，当年具备高新技术企业或中小科技型中小企业资格的企业，其具备资格年度之前5个年度发生的尚未弥补完的亏损，准予结转以后年度弥补，最长结转年限由5年延长至10年（新增）
境内外机构间的亏损弥补		境外营业机构的亏损不得抵减境内营业机构的盈利

"亏损弥补结转延长至10年"如何理解？

续表

项 目	所得税处理
亏损年度开始时间	自开始生产经营的年度，为开始计算企业损益的年度
筹办期间税务处理	1.企业筹办期间不计算为亏损年度，企业自开始生产经营的年度，为开始计算企业损益的年度 2.企业从事生产经营之前进行筹办活动期间发生筹办费用支出，不得计算为当期的亏损，企业可以在开始经营之日的当年一次性扣除，也可以按照新税法有关长期待摊费用的处理规定处理，但一经选定，不得改变
税务检查税务调整	税务机关对企业以前年度纳税情况进行检查时调增的应纳税所得额，凡企业以前年度发生亏损，且该亏损属于企业所得税法规定允许弥补的，应允许调增的应纳税所得额弥补该亏损。弥补该亏损后仍有余额的，按照企业所得税法的规定计算缴纳企业所得税
以前年度发生应扣未扣支出的税务处理	1.对企业发现以前年度实际发生的、按照税收的规定应在企业所得税前扣除而未扣除或者少扣除的支出，企业作出专项申报及说明后，准予追补至该项目发生年度计算扣除，但追补确认期限不得超过5年 2.企业由于上述原因多缴的企业所得税税款，可以在追补确认年度企业所得税应纳税款中抵扣，不足抵扣的，可以向以后年度递延抵扣或申请退税 3.亏损企业追补确认以前年度未在企业所得税前扣除的支出，或盈利企业经过追补确认后出现亏损的，应首先调整该项支出所属年度的亏损额，然后再按照弥补亏损的原则计算以后年度多缴的企业所得税款，并按前款规定处理

例4-25·单选题

甲居民企业于2018年取得高新技术企业资格。其2013—2019年弥补亏损前的企业所得税应纳税所得额如下表所示。2021年甲居民企业应当缴纳企业所得税（ ）万元。

年度	2013年	2014年	2015年	2016年	2017年	2018年	2019年	2020年	2021年	2022年	2023年
弥补亏损前的应纳税所得额（万元）	-400	-100	0	-50	-150	200	100	0	300	200	100

A.25　　B.0　　C.15　　D.30

【答案】B

【解析】自2018年1月1日起，当年具备高新技术企业或科技型中小企业资格（以下统称资格）的企业，其具备资格年度之前5个年度发生的尚未弥补完的亏损，准予结转以后年度弥补，最长结转年限由5年延长至10年。甲居民企业于2018年具备资格，无论2013年至2017年是否具备资格，其2013年至2017年发生的尚未弥补完的亏损，均准予结转以后年度弥补，最长结转年限为10年（可结转至2023年）。

根据上述政策，甲居民企业2013年的亏损可由2018年、2019年、2021年的所得进行弥补；2014年的亏损可由2021年的所得进行弥补；2016年的亏损可由2021年的所得进行弥补；2017年的亏损可由2021年、2022年的所得进行弥补。2021年的所得弥补了2013年的亏损100万元、2014年的亏损100万元、2016年的亏损50万元、2017年的亏损50万元以后，应纳税所得额为0，因此2021年度甲企业应当缴纳企业所得税0。

第三节　资产的税务处理

一、固定资产的税务处理

（一）一般规定（见表4-35）

未投入使用的固定资产税会处理有何差异?

表4-35　　固定资产的税务处理的一般规定

内　容	具体规定
折旧的范围	下列固定资产不得计算折旧扣除： ①房屋、建筑物以外未投入使用的固定资产 ②以经营租赁方式租入的固定资产 ③以融资租赁方式租出的固定资产 ④已足额提取折旧仍继续使用的固定资产 ⑤与经营活动无关的固定资产 ⑥单独估价作为固定资产入账的土地 ⑦其他不得计算折旧扣除的固定资产
折旧的计提方法	①折旧起止时间：当月增加下月开始计提折旧，当月减少下月开始停止折旧 ②预计净残值：一经确定，不得变更 ③按照直线法计提折旧
折旧的计提年限	固定资产计算折旧的最低年限如下： ①房屋、建筑物，为20年 ②飞机、火车、轮船、机器、机械和其他生产设备，为10年 ③与生产经营活动有关的器具、工具、家具等，为5年 ④除飞机、火车、轮船以外的运输具，为4年 ⑤电子设备，为3年
改扩建的税务处理	企业对房屋、建筑物固定资产在未足额提取折旧前进行改扩建的： ①如属于推倒重置的，该资产原值减除提取折旧后的净值，应并入重置后的固定资产计税成本，并在该固定资产投入使用后的次月起，按照税法规定的折旧年限，一并计提折旧 ②如属于提升功能、增加面积的，该固定资产的改扩建支出，并入该固定资产计税基础，并从改扩建完工投入使用后的次月起，重新按税法规定的该固定资产折旧年限计提折旧，如该改扩建后的固定资产尚可使用的年限低于税法规定的最低年限的，可以按尚可使用的年限计提折旧

（二）固定资产折旧的所得税处理（见表4-36）

表4-36 固定资产折旧的所得税处理

情 形	所得税处理
会计折旧年限＜税法折旧年限	应调增的应纳税所得额=按会计折旧年限计提的折旧−按税法规定的最低折旧年限计提的折旧
会计折旧年限＞税法折旧年限	折旧应按会计折旧年限计算扣除（不需要纳税调整）
会计折旧年限已期满且会计折旧已提足，但税法规定的最低折旧年限尚未到期且税收折旧尚未足额扣除	按税法规定未足额扣除的部分：准予在剩余的税收折旧年限继续按规定扣除
固定资产减值准备	不得税前扣除 固定资产计税基础=固定资产原值−净残值（不得扣除固定资产减值准备） 税法上每年计提的折旧=固定资产计税基础÷折旧年限
企业按税法的规定实行加速折旧的	按加速折旧办法计算的折旧额可全额在税前扣除

二、生物资产的税务处理

（一）生物资产的分类（见表4-37）

表4-37 生物资产的分类

分 类	定 义	举 例
消耗性生物资产	是指为出售而持有的、或在将来收获为农产品的生物资产（可以理解为存货）	生长中的农田作物、蔬菜、用材林以及存栏待售的牲畜等
生产性生物资产	是指为产出农产品、提供劳务或出租等目的而持有的生物资产（可以理解为固定资产）	经济林、薪炭林、产畜和役畜等
公益性生物资产	是指以防护、环境保护为主要目的的生物资产	防风固沙林、水土保持林、水源涵养林等

（二）生产性生物资产的税务处理（见表4-38）

表4-38 生产性生物资产的税务处理

内 容	具体规定
计税基础	①外购的生产性生物资产，以购买价款和支付的相关税费为计税基础 ②通过捐赠、投资、非货币性资产交换、债务重组等方式取得的生产性生物资产，以该资产的公允价值和支付的相关税费为计税基础
折旧方法	①生产性生物资产按照直线法计算的折旧，准予扣除 ②企业应当自生产性生物资产投入使用月份的次月起计算折旧；停止使用的生产性生物资产，应当自停止使用月份的次月起停止计算折旧
折旧年限	生产性生物资产计算折旧的最低年限如下： ①林木类生产性生物资产，为10年 ②畜类生产性生物资产，为3年

考霸笔记
与固定资产的折旧方法相同。

例4-26·2008年单选题

下列各项中，依据企业所得税法的相关规定可计提折旧的生物资产是（　　）。

A.经济林　　B.防风固沙林

C.用材林　　D.存栏待售特定牲畜

【答案】A

【解析】生物资产中可以折旧的生产性生物资产包括经济林、薪炭林、产畜和役畜。

三、无形资产的税务处理（见表4-39）

表4-39　无形资产的税务处理

内　容	具体规定
不得计算摊销费用扣除的无形资产范围	①自行开发的支出已在计算应纳税所得额时扣除的无形资产 ②自创商誉（外购商誉的支出，在企业整体转让或者清算时，准予扣除） ③与经营活动无关的无形资产 ④其他不得计算摊销费用扣除的无形资产
摊销方法	无形资产的摊销采取直线法计算
摊销年限	①无形资产的摊销不得低于10年 ②作为投资或者受让的无形资产，有关法律规定或者合同约定了使用年限的，可以按照规定或者约定的使用年限分期摊销

四、长期待摊费用的税务处理（见表4-40）

表4-40　长期待摊费用的税务处理

列为长期待摊费用的支出	摊销期限
已足额提取折旧的固定资产的改建支出	按照固定资产预计尚可使用年限分期摊销
租入固定资产的改建支出	按照合同约定的剩余租赁期限分期摊销
固定资产的大修理支出	按照固定资产尚可使用年限分期摊销
其他应当作为长期待摊费用的支出	自支出发生月份的次月起，分期摊销，摊销年限不得低于3年

【提示】企业所得税法所指固定资产的大修理支出，是指同时符合下列条件的支出：

（1）修理支出达到取得固定资产时的计税基础50%以上。

（2）修理后固定资产的使用年限延长2年以上。

例4-27·2017年多选题

下列支出中，可作为长期待摊费用核算的有（　　）。

A.固定资产的大修理支出

B.租入固定资产的改建支出

C.已足额提取折旧的固定资产的改建支出

D.接受捐赠固定资产的改建支出

【答案】ABC

【解析】企业发生的下列支出作为长期待摊费用处理：（1）已足额提取折旧的固定资产的改建支出。（2）租入固定资产的改建支出。（3）固定资产的大修理支出。（4）其他应当作为长期待摊费用的支出。

【总结】固定资产后续支出的所得税处理（见表4-41）：

表4-41 固定资产后续支出的所得税处理

固定资产后续支出项目	所得税处理
固定资产日常修理支出	在发生当期直接扣除
固定资产改良支出	有关固定资产尚未提足折旧，增加固定资产价值
	有关固定资产已提足折旧，可作为长期待摊费用，在规定的期间内平均摊销
固定资产的改建支出	已足额提取折旧的固定资产的改建支出，按照固定资产预计尚可使用年限分期摊销
	租入固定资产的改建支出，按照合同约定的剩余租赁期限分期摊销
	改建的固定资产延长使用年限的，除已足额提取折旧的固定资产、租入固定资产的改建支出外，其他的固定资产发生改建支出，应当适当延长折旧年限
固定资产大修理支出	作为长期待摊费用，按照固定资产尚可使用年限分期摊销

例4-28·2015年单选题

企业发生的下列支出中，可在发生当期直接在企业所得税税前扣除的是（ ）。

A.固定资产改良支出

B.租入固定资产的改建支出

C.固定资产的日常修理支出

D.已足额提取折旧的固定资产的改建支出

【答案】C

【解析】选项A，企业的固定资产改良支出，如果有关固定资产尚未提足折旧，可增加固定资产价值；如有关固定资产已提足折旧，可作为长期待摊费用，在规定的期间内平均摊销；选项B、D，租入固定资产的改建支出和已足额提取折旧的固定资产的改建支出作为长期待摊费用，按照规定摊销的，准予扣除。

五、存货的税务处理（见表4-42）

表4-42 存货的税务处理

内 容	具体规定
存货的计税基础	①通过支付现金方式取得的存货，以购买价款和支付的相关税费为成本 ②通过支付现金以外的方式取得的存货，以该存货的公允价值和支付的相关税费为成本 ③生产性生物资产收获的农产品，以产出或者采收过程中发生的材料费、人工费和分摊的间接费用等必要支出为成本
存货的成本计算方法	企业使用或者销售的存货的成本计算方法，可以在先进先出法、加权平均法、个别计价法中选用一种。计价方法一经选用，不得随意变更（不得采用后进先出法）

六、投资资产的税务处理（见表4-43）

表4-43 投资资产的税务处理

内 容	具体规定
成本的确定方法	1.通过支付现金方式取得的投资资产，以购买价款为成本 2.通过支付现金以外的方式取得的投资资产，以该资产的公允价值和支付的相关税费为成本
扣除方法	1.企业对外投资期间，投资资产的成本在计算应纳税所得额时不得扣除 2.企业在转让或者处置投资资产时，投资资产的成本准予扣除
投资企业撤回或减少投资的税务处理	自2011年7月1日起，投资企业从被投资企业撤回或减少投资，其取得的资产中，相当于初始出资的部分，应确认为投资收回；相当于被投资企业累计未分配利润和累计盈余公积按减少实收资本比例计算的部分，应确认为股息所得；其余部分确认为投资资产转让所得

【提示1】当涉及减资、撤资、清算，股权需要注销时，需要考虑该项股权对应的股息红利；而在股权转让时，并不涉及股权注销，所以仅需考虑股权转让时取得的收入和对应的成本。

【提示2】被投资企业发生的经营亏损，由被投资企业按规定结转弥补；投资企业不得调整减低其投资成本，也不得将其确认为投资损失。

考霸笔记
当企业的会计核算与税法规定不一致时，应当依照税法的规定予以调整。

七、税法规定与会计规定差异的处理

1.企业不能提供完整、准确的收入及成本、费用凭证，不能正确计算应纳税所得额的，由税务机关核定其应纳税所得额。

2.企业依法清算时，以其清算终了后的清算所得为应纳税所得额，按规定缴纳企业所得税。所谓清算所得，是指企业的全部资产可变现价值或者交易价格减除资产净值、清算费用以及相关税费等后的余额。

投资方企业从被清算企业分得的剩余资产，其中相当于从被清算企业累计未分配利润和累计盈余公积中应当分得的部分，应当确认为股息所得；剩余资产减除上述股息所得后的余额，超过或者低于投资成本的部分，应当确认为投资资产转让所得或者损失。

3.企业应纳税所得额是根据税收法规计算出来的，它在数额上与依据财务会计制度计算的利润总额往往不一致。因此，税法规定：对企业按照有关财务会计规定计算的利润总额，要按照税法的规定进行必要调整后，才能作为应纳税所得额计算缴纳所得税。

4.自2011年7月1日起，企业当年度实际发生的相关成本、费用，由于各种原因未能及时取得该成本、费用的有效凭证，企业在预缴季度所得税时，可暂按账面发生金额进行核算；但在汇算清缴时，应补充提供该成本、费用的有效凭证。（预缴按账面，清缴需凭证）

第四节　资产损失税前扣除的所得税处理

一、资产损失的定义

定义：资产损失是指企业在生产经营活动中实际发生的、与取得应税收入有关的损失。

【提示】

1.资产损失包括：现金损失、存款损失、坏账损失、贷款损失、股权投资损失、固定资产和自然灾害等不可抗力因素造成的损失以及其他损失。存货盘亏、毁损、报废、被盗发生的损失等。

2.企业因存货盘亏、毁损、报废、被盗等原因不得从增值税销项税额中抵扣的进项税额也属于资产损失。

3.企业境内、境外营业机构发生的资产损失应分开核算，对境外营业机构由于发生资产损失而产生的亏损，不得在计算境内应纳税所得额时扣除。

二、资产损失扣除政策（见表4-44）

表4-44　资产损失扣除政策

资产类型	损失扣除
货币性资金	1.企业清查出的现金短缺减除责任人赔偿后的余额，作为现金损失在计算应纳税所得额时扣除 2.企业将货币性资金存入法定具有吸收存款职能的机构，因该机构依法破产、清算，或者政府责令停业、关闭等原因，确实不能收回的部分，作为存款损失在计算应纳税所得额时扣除
除贷款类债权外的应收、预付账款	企业除贷款类债权外的应收、预付账款符合相关条件之一的，减除可收回金额后确认的无法收回的应收、预付款项，可以作为坏账损失在计算应纳税所得额时扣除
贷款类债权	企业经采取所有可能的措施和实施必要的程序之后，符合相关条件之一的贷款类债权，可以作为贷款损失在计算应纳税所得额时扣除
股权投资	企业的股权投资符合相关条件之一的，减除可收回金额后确认的无法收回的股权投资，可以作为股权投资损失在计算应纳税所得额时扣除
固定资产或存货	1.对企业盘亏的固定资产或存货，以该固定资产的账面净值或存货的成本减除责任人赔偿后的余额，作为固定资产或存货盘亏损失在计算应纳税所得额时扣除 2.对企业毁损、报废的固定资产或存货，以该固定资产的账面净值或存货的成本减除残值、保险赔款和责任人赔偿后的余额，作为固定资产或存货毁损、报废损失在计算应纳税所得额时扣除 3.对企业被盗的固定资产或存货，以该固定资产的账面净值或存货的成本减除保险赔款和责任人赔偿后的余额，作为固定资产或存货被盗损失在计算应纳税所得额时扣除 4.企业因存货盘亏、毁损、报废、被盗等原因不得从增值税销项税额中抵扣的进项税额，可以与存货损失一起在计算应纳税所得额时扣除
境外资产损失	企业境内、境外营业机构发生的资产损失应分开核算，对境外营业机构由于发生资产损失而产生的亏损，不得在计算境内应纳税所得额时扣除

管理不善造成的外购货物损失为什么增值税不可以抵扣进项税额，而在计算企业所得税时可以税前扣除？

三、资产损失税前扣除管理

（一）准予在税前扣除的资产损失的分类（见表4-45）

表4-45 准予在税前扣除的资产损失的分类

实际资产损失	企业在实际处置、转让资产过程中发生的合理损失
法定资产损失	企业虽未实际处置、转让资产，但符合规定条件计算确认的损失

（二）资产损失税前扣除年度（见表4-46）

表4-46 资产损失税前扣除年度

	一般规定（当年发生，当年扣除）	特殊规定（以前发生）	
实际资产损失	应当在其实际发生且会计上已做损失处理的年度申报扣除	以前年度发生的资产损失未能在当年税前扣除的，应向税务机关说明并进行专项申报扣除	准予追补至该项损失发生年度扣除，其追补确认期限一般不得超过五年
法定资产损失	应当在企业向主管税务机关提供证据资料证明该项资产已符合法定资产损失确认条件，且会计上已做损失处理的年度申报扣除		应在申报年度扣除

【提示1】企业发生的资产损失，应按规定的程序和要求向主管税务机关申报后方能在税前扣除。未经申报的损失，不得在税前扣除。

【提示2】企业向税务机关申报扣除资产损失，仅需填报企业所得税年度纳税申报表《资产损失税前扣除及纳税调整明细表》，不再报送资产损失相关资料，相关资料由企业留存备查。（新增）

第五节　企业重组的所得税处理

如何理解企业重组的一般性税务处理？

一、企业重组的定义

企业重组，是指企业在日常经营活动以外发生的法律结构或经济结构重大改变的交易，包括企业法律形式改变、债务重组、股权收购、资产收购、合并、分立等。

二、企业重组的一般性税务处理（见表4-47）

表4-47 企业重组的一般性税务处理

项目		所得税处理
1. 企业法律形式改变	企业由法人转变为个人独资企业、合伙企业等非法人组织，或将登记注册地转移至中华人民共和国境外（包括中国港澳台地区）	①应视同企业进行清算、分配，股东重新投资成立新企业 ②企业的全部资产以及股东投资的计税基础均应以公允价值为基础确定
	企业发生其他法律形式简单改变	可直接变更税务登记，除另有规定外，有关企业所得税纳税事项（包括亏损结转、税收优惠等权益和义务）由变更后企业承继，但因住所发生变化而不符合税收优惠条件的除外

续表

项　目	所得税处理
2. 债务重组	非货币性资产清偿债务：分解为转让相关非货币性资产、按非货币性资产公允价值清偿债务两项业务，确认相关资产的所得或损失
	债权转股权：分解为债务清偿和股权投资两项业务，确认有关债务清偿所得或损失
	债务人确认的债务重组所得=债务的计税基础-支付的债务清偿额 债权人确认的债务重组损失=债务的计税基础-收到的债务清偿额
	债务人的相关所得税纳税事项原则上保持不变
3. 股权收购、资产收购重组	被收购方：确认股权、资产转让所得或损失
	收购方取得股权或资产的计税基础：以股权或资产的公允价值为基础确定
	被收购企业的相关所得税事项原则上保持不变
4. 企业合并	合并企业接受被合并企业各项资产和负债的计税基础：为被合并企业资产和负债的公允价值
	被合并企业及其股东：按清算进行所得税处理
	被合并企业的亏损不得在合并企业结转弥补
5. 企业分立	被分立企业对分立出去资产应按公允价值确认资产转让所得或损失
	被分立企业继续存在时，其股东取得的对价应视同被分立企业分配进行处理
	被分立企业不再继续存在时，被分立企业及其股东都应按清算进行所得税处理
	分立企业应按公允价值确认接受资产的计税基础
	企业分立相关企业的亏损不得相互结转弥补

第四章

为什么一般性税务处理企业合并不允许弥补亏损?

【总结】重组的一般性税务处理原则：

（1）按照公允价值确认计税基础；

（2）确认资产转让所得；

（3）亏损不得结转弥补。

例 4-29 · 2017 年多选题

下列关于企业股权收购重组的一般性税务处理的表述中，正确的有（　　）。

A. 被收购方应确认股权的转让所得或损失

B. 被收购企业的相关所得税事项原则上保持不变

C. 收购方取得被收购方股权的计税基础以被收购股权的原有计税基础确定

D. 收购方取得股权的计税基础应以公允价值为基础确定

【答案】ABD

【解析】在企业重组一般性税务处理办法下，企业股权收购、资产收购重组交易，相关交易应按以下规定处理：（1）被收购方应确认股权、资产转让所得或损失。（2）收购方取得股权或资产的计税基础应以公允价值为基础确定。（3）被收购企业的相关所得税事项原则上保持不变。

例 4-30·2016年多选题

企业实施合并重组，适用企业所得税一般性税务处理方法时，下列处理正确的有（　　）。

A.被合并企业的亏损不得在合并企业结转弥补

B.合并企业应按账面价值确定接受被合并企业负债的计税基础

C.被合并企业及其股东都应按清算进行所得税处理

D.合并企业应按公允价值确定接受被合并企业各项资产的计税基础

【答案】ACD

【解析】企业重组的一般性税务处理方法下，当事各方应按下列规定处理：

（1）合并企业应按公允价值确定接受被合并企业各项资产和负债的计税基础；

（2）被合并企业及其股东都应按清算进行所得税处理；

（3）被合并企业的亏损不得在合并企业结转弥补。

如何理解企业重组的特殊性税务处理?

三、企业重组的特殊性税务处理

（一）适用特殊性税务处理的条件（需同时满足）

1.具有合理的商业目的，且不以减少、免除或者推迟缴纳税款为主要目的。

2.被收购、合并或分立部分的资产或股权比例符合规定的比例。

3.企业重组后的连续12个月内不改变重组资产原来的实质性经营活动。

4.重组交易对价中涉及股权支付金额符合规定的比例。

5.企业重组中取得股权支付的原主要股东，在重组后连续12个月内，不得转让所取得的股权。

（二）股权支付部分的税务处理（见表4-48）

表4-48　　股权支付部分的税务处理

项目	要求	税务处理
1.债务重组	企业债务重组确认的应纳税所得额占该企业当年应纳税所得额50%以上	①可以在5个纳税年度的期间内，均匀计入各年度的应纳税所得额 ②企业发生债权转股权业务，对债务清偿和股权投资两项业务暂不确认有关债务清偿所得或损失，股权投资的计税基础以原债权的计税基础确定
2.股权收购	收购企业购买的股权不低于被收购企业全部股权的50%，且收购企业在该股权收购发生时的股权支付金额不低于其交易支付总额的85%	①被收购企业的股东取得收购企业股权的计税基础，以被收购股权的原有计税基础确定 ②收购企业取得被收购企业股权的计税基础，以被收购股权的原有计税基础确定 ③收购企业、被收购企业的原有各项资产和负债的计税基础和其他相关所得税事项保持不变

续表

项 目	要 求	税务处理
3.资产收购	受让企业收购的资产不低于转让企业全部资产的50%，且受让企业在该资产收购发生时的股权支付金额不低于其交易支付总额的85%	①转让企业取得受让企业股权的计税基础，以被转让资产的原有计税基础确定 ②受让企业取得转让企业资产的计税基础，以被转让资产的原有计税基础确定
4.企业合并	企业股东在该企业合并发生时取得的股权支付金额不低于其交易支付总额的85%，以及同一控制下且不需要支付对价的企业合并	①合并企业接受被合并企业资产和负债的计税基础，以被合并企业的原有计税基础确定 ②被合并企业合并前的相关所得税事项由合并企业承继 ③可由合并企业弥补的被合并企业亏损的限额=被合并企业净资产公允价值×截至合并业务发生当年年末国家发行的最长期限的国债利率 ④被合并企业股东取得合并企业股权的计税基础，以其原持有的被合并企业股权的计税基础确定
5.企业分立	被分立企业股东在该企业分立发生时取得的股权支付金额不低于其交易支付总额的85%	①分立企业接受被分立企业资产和负债的计税基础，以被分立企业的原有计税基础确定 ②被分立企业已分立出去资产相应的所得税事项由分立企业承继 ③被分立企业未超过法定弥补期限的亏损额可按分立资产占全部资产的比例进行分配由分立企业继续弥补 ④被分立企业的股东取得分立企业的股权（以下简称新股），如需部分或全部放弃原持有的被分立企业的股权（以下简称旧股），新股的计税基础应以放弃旧股的计税基础确定。如不需放弃旧股，则其取得新股的计税基础可从以下两种方法中选择确定：直接将新股的计税基础确定为零；或者以被分立企业分立出去的净资产占被分立企业全部净资产的比例先调减原持有的旧股的计税基础，再将调减的计税基础平均分配到新股上

例4-31·2013年综合题节选

某摩托车生产企业合并一家小型股份公司，股份公司全部资产公允价值为5 700万元、全部负债为3 200万元、未超过弥补年限的亏损额为620万元。合并时摩托车生产企业给股份公司的股权支付额为2 300万元、银行存款200万元。该合并业务符合企业重组特殊税务处理的条件且选择此方法执行。（假定当年国家发行的最长期限的国债年利率为6%）

企业自行处理：企业所得税=（应纳税所得额-620）×25%=570.19（万元）

要求：指出企业自行计算缴纳税款的错误之处，简单说明理由。

【答案】企业合并符合特殊重组税务处理的条件。被合并企业合并前的亏损可由合并企业弥补在补亏限额内弥补。限额=被合并企业净资产公允价值×截至合并业务发生当年年末国家发行的最长期限的国债利率=（5 700-3 200）×6%=150（万元），企业自行弥补620万元错误。

6.重组交易各方按上述1～5项规定对交易中股权支付暂不确认有关资产的转让所得或损失的，其非股权支付仍应在交易当期确认相应的资产转让所得或损失，并调整相应资产的计税基础。

$$\text{非股权支付应对的资产转让所得或损失}=\left(\text{被转让资产的公允价值}-\text{被转让资产的计税基础}\right)\times\left(\text{非股权支付金额}\div\text{被转让资产的公允价值}\right)$$

例4-32·计算题

甲公司共有股权2 000万股，为了将来有更好的发展，将80%的股权让乙公司收购，然后成为乙公司的子公司。假定收购日甲公司每股资产的计税基础为7元，每股资产的公允价值为10元。在收购对价中乙企业以股权形式支付14 400万元，以银行存款支付1 600万元。

要求：请计算甲公司取得非股权支付额对应的资产转让所得或损失。

【解析】转让所得=（10-7）×2 000×80%×（1 600÷16 000）=480（万元）

纳税调减=（10-7）×2 000×80%×（14 400÷16 000）=4 320（万元）

【总结】特殊性企业重组的税务处理（见表4-49）

表4-49　特殊性企业重组的税务处理

支付方式	所得税处理
股权支付部分	暂不确认有关资产的转让所得或损失，按原计税基础确认新资产或负债的计税基础
非股权支付部分	①按公允价值确认资产的转让所得或损失 ②按公允价值确认资产或负债的计税基础 非股权支付对应的资产转让所得或损失=（被转让资产的公允价值-被转让资产的计税基础）×（非股权支付金额÷被转让资产的公允价值）

例4-33·2014年综合题节选

甲公司将80%持股的某子公司股权全部转让，取得股权对价300万元，取得现金对价20万元。该笔股权的历史成本为200万元，转让时的公允价值为320万元。该子公司的留存收益为50万元。此项重组业务已办理了特殊重组备案手续。

要求：计算上述业务的纳税调整额。

【答案】

非股权支付对应的资产转让所得=（320-200）×（20÷320）=7.5（万元）

纳税调减所得额=（320-200）-7.5=112.5（万元）

7.对100%直接控制的居民企业之间，以及受同一或相同多家居民企业100%直接控制的居民企业之间按账面净值划转股权或资产，凡具有合理商业目的，不以减少、免除或者推迟缴纳税款为主要目的，股权或资产划转后连续12个月内不改变被划转股权或资产原来实质性经营活动，且划出方企业和划入方企业均未在会计上确认损益的，可以选择按以下规定进行特殊性税务处理：

（1）划出方企业和划入方企业均不确认所得。

（2）划入方企业取得被划转股权或资产的计税基础，以被划转股权或资产的原账面净值确定。

（3）划入方企业取得的被划转资产，应按其原账面净值计算折旧扣除。

第六节 税收优惠

一、免征与减征优惠

（一）从事农、林、牧、渔业项目的所得：包括免税和减征两部分。

1.免征企业所得税：

（1）蔬菜、谷物、薯类、油料、豆类、棉花、麻类、糖料、水果、坚果的种植；

（2）农作物新品种的选育；

（3）中药材的种植；

（4）林木的培育和种植；

（5）牲畜、家禽的饲养；

（6）林产品的采集；

（7）灌溉、农产品初加工、兽医、农技推广、农机作业和维修等农、林、牧、渔服务业项目；

（8）远洋捕捞。

2.减半征收企业所得税：

（1）花卉、茶以及其他饮料作物和香料作物的种植；

（2）海水养殖、内陆养殖。

例 4-34 · 2014年单选题

企业从事下列项目取得的所得中，免征企业所得税的是（ ）。

A.花卉种植 B.蔬菜种植 C.海水养殖 D.内陆养殖

【答案】B

【解析】企业从事下列项目的所得，减半征收企业所得税：（1）花卉、茶以及其他饮料作物和香料作物的种植。（2）海水养殖、内陆养殖。

例 4-35 · 2013年单选题

企业从事下列项目取得的所得中，减半征收企业所得税的是（ ）。

A.饲养家禽 B.远洋捕捞 C.海水养殖 D.种植中药材

【答案】C

【解析】选项A、B、D免征企业所得税。

（二）定期减免——3免3减半

适用3免3减半的项目所得包括：

1.从事国家重点扶持的公共基础设施项目的投资经营的所得

自项目取得第一笔生产经营收入所属纳税年度起，第1年至第3年免征企业所得税，第4年至第6年减半征收企业所得税。

【提示】企业承包经营、承包建设和内部自建自用本条规定的项目，不得享受本条规定的企业所得税优惠。

2.从事符合条件的环境保护、节能节水项目的所得

自项目取得第一笔生产经营收入所属纳税年度起，第1年至第3年免征企业所

得税，第4年至第6年减半征收企业所得税。

3.符合条件的节能服务公司实施合同能源管理项目的所得

自项目取得第一笔生产经营收入所属纳税年度起，第1年至第3年免征企业所得税，第4年至第6年按照25%的法定税率减半征收企业所得税。

（三）符合条件的技术转让所得（见表4-50）

表4-50 符合条件的技术转让所得

内容	具体规定
技术转让的范围	包括居民企业转让专利技术、计算机软件著作权、集成电路布图设计权、植物新品种、生物医药新品种、5年（含）以上非独占许可使用权以及其他技术以及其他
技术转让所得的计算方法	技术转让所得=技术转让收入-技术转让成本-相关税费 或 技术转让所得=技术转让收入-无形资产摊销费用-相关税费-应分摊期间费用
符合条件的技术转让所得的税收优惠政策	一个纳税年度内，居民企业转让技术所有权所得不超过500万元的部分，免征企业所得税；超过500万元的部分，减半征收企业所得税

考霸笔记
技术转让所得≤500万元，免征企业所得税；
技术转让所得>500万元，技术转让所得应纳税额=（技术转让所得-5 000 000）×50%×税率。

【提示】居民企业从直接或间接持有股权之和达到100%的关联方取得的技术转让所得，不得享受上述优惠。

二、高新技术企业优惠和技术先进型服务企业优惠

减按15%的税率征收企业所得税。

三、小型微利企业税收优惠

（一）小型微利企业的认定

小型微利企业减按20%的税率征收企业所得税，小型微利企业的认定条件如下（见表4-51）：

表4-51 小型微利企业的认定条件

	年度应纳税所得额	从业人数	资产总额
工业企业	≤50万元	≤100人	≤3 000万元
其他企业		≤80人	≤1 000万元

（二）小型微利企业的优惠政策（见表4-52）（新增）

表4-52 小型微利企业的优惠政策

时间	优惠政策
2018年1月1日至2020年12月31日	年应纳税所得额低于100万元（含100万元）的小型微利企业，其所得减按50%计入应纳税所得额，按20%的税率缴纳企业所得税
2019年1月1日至2021年12月31日	对小型微利企业年应纳税所得额不超过100万元的部分，减按25%计入应纳税所得额，按20%的税率缴纳企业所得税（实际税负5%）
	对小型微利企业年应纳税所得额超过100万元但不超过300万元的部分，减按50%计入应纳税所得额，按20%的税率缴纳企业所得税（实际税负10%）
	【提示】上述小型微利企业是指从事国家非限制和禁止行业，且同时符合年度应纳税所得额不超过300万元、从业人数不超过300人、资产总额不超过5 000万元等三个条件的企业（不分行业）

四、加计扣除优惠（见表4-53）

表4-53　　加计扣除优惠

内　容	具体规定
一般企业研究开发费	在2018年至2020年12月31日，未形成无形资产计入当期损益的，按照研究开发费用的75%加计扣除；形成无形资产的，按照无形资产成本的175%摊销
高科技型中小企业研究开发费用	在2017年1月1日至2020年12月31日，未形成无形资产计入当期损益的，按照研究开发费用的75%加计扣除；形成无形资产的，按照无形资产成本的175%摊销
企业委托境外研究开发费用	按照实际发生额的80%计入委托方的境外研发费用，不超过境内符合条件的研发费用2/3的部分，可以按规定在企业所得税前加计扣除
安置残疾人员所支付的工资	在按照支付给残疾职工工资据实扣除的基础上，按照支付给残疾职工工资的100%加计扣除

【提示1】研发费用的具体范围包括（见表4-54）：

表4-54　　研发费用的具体范围

内　容	具体规定
人员人工费用	直接从事研发活动人员的工资薪金、基本养老保险费、基本医疗保险费、失业保险费、工伤保险费、生育保险费和住房公积金，以及外聘研发人员的劳务费用
直接投入费用	①研发活动直接消耗的材料、燃料和动力费用 ②用于中间试验和产品试制的模具、工艺装备开发及制造费，不构成固定资产的样品、样机及一般测试手段购置费，试制产品的检验费 ③用于研发活动的仪器、设备的运行维护、调整、检验、维修等费用 ④通过经营租赁方式租入的用于研发活动的仪器、设备租赁费
折旧费用	用于研发活动的仪器、设备的折旧费
无形资产摊销费用	用于研发活动的软件、专利权、非专利技术（包括许可证、专有技术、设计和计算方法等）的摊销费用
新产品设计费、新工艺规程制定费、新药研制的临床试验费、勘探开发技术的现场试验费	
其他相关费用	与研发活动直接相关的其他费用，如技术图书资料费、资料翻译费、专家咨询费、高新科技研发保险费，研发成果的检索、分析、评议、论证、鉴定、评审、评估、验收费用，知识产权的申请费、注册费、代理费，差旅费、会议费等 此项费用总额不得超过可加计扣除研发费用总额的10%

考霸笔记
例如，接受劳务派遣的企业按照协议（合同）的约定支付给劳务派遣企业，且由劳务派遣企业实际支付给外聘研发人员的工资薪金等费用。

【提示2】失败的研发活动所发生的研发费用可享受税前加计扣除政策。

例4-36·2018年单选题

科技型中小企业开展研发活动中实际发生的研发费用，在企业所得税税前加计扣除的比例为（　　）。

A.50%　　B.75%　　C.25%　　D.100%

【答案】B

【解析】科技型中小企业开展研发活动中实际发生的研发费用，未形成无形资产计入当期损益的，在按规定据实扣除的基础上，在2017年1月1日至2020年12月31日期间，再按照实际发生额的75%在税前加计扣除；形成无形资产的，在上述期间按照无形资产成本的175%在税前摊销。

五、创投企业优惠

创业投资企业采取股权投资方式直接投资于初创科技型企业满2年的，可以按照其投资额的70%在股权持有满2年的当年抵扣该创业投资企业的应纳税所得额；当年不足抵扣的，可以在以后纳税年度结转抵扣。

（并非应纳税额）

六、加速折旧优惠

（一）一般规定（见表4-55）

表4-55　加速折旧优惠的一般规定

项　目	具体规定
加速折旧的固定资产范围	①由于技术进步，产品更新换代较快的固定资产 ②常年处于强震动、高腐蚀状态的固定资产
加速折旧方式	①采取缩短折旧年限方法的，最低折旧年限不得低于规定折旧年限的60% ②采取加速折旧方法的，可以采取双倍余额递减法或者年数总和法

例4-37·2009年多选题

依据企业所得税法的相关规定，下列资产中，可采用加速折旧方法的有（　　）。

A.常年处于强震动状态的固定资产

B.常年处于高腐蚀状态的固定资产

C.单独估价作为固定资产入账的土地

D.由于技术进步原因产品更新换代较快的固定资产

【答案】ABD

【解析】可以加速折旧的固定资产有：由于技术进步，产品更新换代较快的固定资产；常年处于强震动、高腐蚀状态的固定资产。

（二）6个行业+4个领域加速折旧规定（见表4-56）

表4-56　　6个行业+4个领域加速折旧规定

项 目	具体规定
6个行业+4个领域的范围	6个行业： 生物药品制造业 专用设备制造业 铁路、船舶、航空航天和其他运输设备制造业 计算机、通信和其他电子设备制造业 仪器仪表制造业 信息传输、软件和信息技术服务业
	4个领域：轻工、纺织、机械、汽车
6个行业+4个领域加速折旧的规定	6个行业：2014年1月1日后新购进的固定资产，可缩短折旧年限或采取加速折旧的方法
	4个领域：2015年1月1日后新购进的固定资产（包括自行建造），允许缩短折旧年限或采取加速折旧方法
6个行业+4个领域的小型微利企业的加速折旧规定	6个行业：2014年1月1日后新购进的研发和生产经营共用的仪器、设备，单位价值不超过100万元的，允许一次性计入当期成本费用在计算应纳税所得额时扣除；单位价值超过100万元的，可缩短折旧年限或采取加速折旧的方法
	4个领域：2015年1月1日后新购进的研发和生产经营共用的仪器、设备，单位价值不超过100万元（含）的，允许在计算应纳税所得额时一次性全额扣除；单位价值超过100万元的，允许缩短折旧年限或采取加速折旧方法
所有行业	2014年1月1日后新购进的专门用于研发的仪器、设备，单位价值不超过100万元的，允许一次性计入当期成本费用在计算应纳税所得额时扣除，单位价值超过100万元的，可缩短折旧年限或采取加速折旧的方法
	持有的单位价值不超过5 000元的固定资产，允许一次性计入当期成本费用在计算应纳税所得额时扣除，不再分年度计算折旧

（三）设备、器具等固定资产一次性扣除规定（新增）

企业在2018年1月1日至2020年12月31日期间购进的设备、器具（指除房屋、建筑物以外的固定资产），单位价值不超过500万元的，允许一次性计入当期成本费用在计算应纳税所得额时扣除，不再分年度计算折旧；单位价值超过500万元的，仍按原企业所得税法的相关规定执行。

考霸笔记
房屋、建筑物不适用此优惠政策。

例4-38·2015年单选题改编

下列企业于2018年1月1日后购进的固定资产，在计算企业所得税应纳税所得额时，可以一次性计入成本费用扣除的有（　　）。

A.商场购进价值为580万元的房屋作为仓库

B.饮料厂购进价值为420万元的生产用的机器

C.集成电路生产企业购进价值为420万元的生产用的厂房

D.信息技术服务公司购进价值为580万元的研发用的服务器群组

【答案】B

【解析】企业在2018年1月1日至2020年12月31日期间新购进的设备、器具（不包括房屋、建筑物），单位价值不超过500万元的，允许一次性计入当期成本费用在计算应纳税所得额时扣除，不再分年度计算折旧。

七、减计收入优惠

企业综合利用资源，生产符合国家产业政策规定的产品所取得的收入，可以在计算应纳税所得额时减计收入。

企业以《资源综合利用企业所得税优惠目录》规定的资源作为主要原材料，生产国家非限制和禁止并符合国家和行业相关标准的产品取得的收入，减按90%计入收入总额。

八、税额抵免优惠

企业购置并实际使用规定的环境保护、节能节水、安全生产等专用设备的，该专用设备的投资额的10%可以从企业当年的应纳税额中抵免；当年不足抵免的，可以在以后5个纳税年度结转抵免。

专用设备投资额中是否包含增值税税款?

抵免的应纳税额=专用设备的投资额×10%（不是抵减应纳税所得额）

九、非居民企业优惠

（一）减征

这里的非居民企业，是指在中国境内未设立机构场所的，或者虽设立机构场所但取得的所得与其机构、场所没有实际联系的企业。减按10%的所得税税率征收企业所得税。

（二）免税项目

1.外国政府向中国政府提供贷款取得的利息所得。

2.国际金融组织向中国政府和居民企业提供优惠贷款取得的利息所得。

3.经国务院批准的其他所得。

例4-39·2018年单选题

非居民企业取得的下列所得中，应当计算缴纳企业所得税的是（　　）。

A.国际金融组织向中国政府提供优惠贷款取得利息所得

B.国际金融组织向中国居民企业提供优惠贷款取得利息所得

C.外国政府向中国政府提供贷款取得利息所得

D.外国金融机构向中国居民企业提供商业贷款取得利息所得

【答案】D

【解析】非居民企业取得的下列所得免征企业所得税：（1）外国政府向中国政府提供贷款取得的利息所得；（2）国际金融组织向中国政府和居民企业提供优惠贷款取得的利息所得；（3）经国务院批准的其他所得。

例4-40·2014年多选题

下列利息所得中，免征企业所得税的有（　　）。

A.外国政府向中国政府提供贷款取得的利息所得

B.国际金融组织向中国政府提供优惠贷款取得的利息所得

C.国际金融组织向中国居民企业提供优惠贷款取得的利息所得

D.外国银行的中国分行向中国居民企业提供贷款取得的利息所得

【答案】ABC

【解析】非居民企业取得下列所得免征企业所得税：

（1）外国政府向中国政府提供贷款取得的利息所得。

（2）国际金融组织向中国政府和居民企业提供优惠贷款取得的利息所得。

（3）经国务院批准的其他所得。

十、特殊行业优惠（见表4-57）

表4-57 特殊行业优惠

行 业	具体规定	税收优惠
软件产业和集成电路产业	集成电路线宽小于0.8微米（含）的集成电路生产企业	在2017年12月31日前自获利年度起计算优惠期，2免3减半（按25%的法定税率减半）
	集成电路线宽小于0.25微米或投资额超过80亿元的集成电路生产企业	减按15%的税率征收企业所得税，其中经营期在15年以上的，在2017年12月31日前自获利年度起计算优惠期，5免5减半（按25%的法定税率减半）
	我国境内新办的集成电路设计企业和符合条件的软件企业	在2017年12月31日前自获利年度起计算优惠期，2免3减半（按25%的法定税率减半）
	国家规划布局内的重点软件企业和集成电路设计企业	如当年未享受免税优惠的，可减按10%的税率征收企业所得税
	2018年1月1日后新设立的集成电路线宽小于130纳米，且经营期限在10年以上的集成电路生产企业或项目（新增）	2免3减半（按25%的法定税率减半）
	2018年1月1日后新设立的集成电路线宽小于65纳米或投资额超过150亿元，且经营期限在15年以上的集成电路生产企业或项目（新增）	5免5减半（按25%的法定税率减半）
	2017年12月31日前设立但未获利的集成电路线宽小于0.25微米或投资额超过80亿元，且经营期限在15年以上的集成电路生产企业（新增）	自企业获利年度起计算优惠期，5免5减半（按25%的法定税率减半）
	2017年12月31日前设立但未获利的集成电路线宽小于0.8微米（含）的集成电路生产企业（新增）	自企业获利年度起计算优惠期，2免3减半（按25%的法定税率减半）
证券投资基金	证券投资基金从证券市场中取得的收入，包括买卖股票、债券的差价收入，股权的股息、红利收入，债券的利息收入及其他收入	暂不征收企业所得税
	投资者从证券投资基金分配中取得的收入	暂不征收企业所得税
	证券投资基金管理人运用基金买卖股票、债券的差价收入	暂不征收企业所得税
电网企业电网新建项目	暂以资产比例法，即以企业新增输变电固定资产原值占企业总输变电固定资产原值的比例，合理计算电网新建项目的应纳税所得额	3免3减半

考霸笔记

享受优惠的集成电路生产企业，优惠期自企业获利年度起算；享受优惠的集成电路项目，优惠期自项目取得第一笔生产经营收入所属纳税年度起算。

第七节　应纳税额的计算

一、居民企业应纳税额的计算

（一）居民企业应纳税额的基本计算公式为：

应纳税额 = 应纳税所得额 × 适用税率 − 减免税额 − 抵免税额

（二）应纳税所得额的计算方法（见表4-58）：

表4-58　应纳税所得额的计算方法

计算方法	公式
直接计算法	应纳税所得额 = 收入总额 − 不征税收入 − 免税收入 − 各项扣除金额 − 弥补亏损
间接计算法	应纳税所得额 = 会计利润总额 ± 纳税调整项目金额

例4-41·2009年单选题改编

2018年某居民企业实现产品销售收入1 200万元，视同销售收入400万元，债务重组收益100万元，发生的成本费用总额1 600万元，其中业务招待费支出20万元。假定不存在其他纳税调整事项，该居民企业并非高新技术企业，也不是小微企业。2018年度该企业应缴纳企业所得税（　　）万元。

A.16.2　　B.16.8　　C.27　　D.28

【答案】D

【解析】业务招待费税前扣除限额计算：（1 200+400）×5‰=8（万元）＜20×60%=12（万元）；业务招待费应调增应纳税所得额=20−8=12（万元）；应纳税所得额=1 200+400+100−1 600+12=112（万元）；应纳企业所得税税额=112×25%=28（万元）。

二、居民企业核定征收应纳税额的计算

（一）核定征收企业所得税的范围

1.依照法律、行政法规的规定可以不设置账簿的。

2.依照法律、行政法规的规定应当设置但未设置账簿的。

3.擅自销毁账簿或者拒不提供纳税资料的。

4.虽设置账簿，但账目混乱或者成本资料、收入凭证、费用凭证残缺不全，难以查账的。

5.发生纳税义务，未按照规定的期限办理纳税申报，经税务机关责令限期申报，逾期仍不申报的。

6.申报的计税依据明显偏低，又无正当理由的。

【提示】专门从事股权（股票）投资业务的企业，不得核定征收企业所得税。

（二）核定征收的办法

1.具有下列情形之一的，核定其应税所得率：

（1）能正确核算（查实）收入总额，但不能正确核算（查实）成本费用总额的：

应纳税额 = 应税收入 × 应税所得率 × 适用税率

（2）能正确核算（查实）成本费用总额，但不能正确核算（查实）收入总额的：

$$应纳税额=\frac{成本(费用)支出}{1-应税所得率}\times应税所得率\times适用税率$$

（3）通过合理方法，能计算和推定纳税人收入总额或成本费用总额的。

纳税人不属于以上情形的，核定其应纳所得税额。

2.税务机关采用下列方法核定征收企业所得税：

（1）参照当地同类行业或者类似行业中经营规模和收入水平相近的纳税人的税负水平核定。

（2）按照应税收入额或成本费用支出额定率核定。

（3）按照耗用的原材料、燃料、动力等推算或测算核定。

（4）按照其他合理方法核定。

三、非居民企业应纳税额的计算（见表4-59）

表4-59　　非居民企业应纳税额的计算

项　目	具体规定
适用范围	①在中国境内未设立机构、场所的非居民企业的所得 ②虽设立机构、场所但取得的所得与其所设机构、场所没有实际联系的非居民企业的所得
应纳税所得额的计算	①股息、红利等权益性投资收益和利息、租金、特许权使用费所得，以收入全额为应纳税所得额 ②转让财产所得，以收入全额减除财产净值后的余额为应纳税所得额 ③其他所得，参照前两项规定的方法计算应纳税所得额

考霸笔记

不包括在中国境内设立机构、场所且取得的所得与其所设机构、场所有实际联系的非居民企业。

【提示】转让财产差额征税，其余所得全额纳税。

例4-42·2008年多选题

在中国境内未设立机构、场所的非居民企业从中国境内取得的下列所得，应按收入全额计算征收企业所得税的有（　　）。

A.股息　　B.转让财产所得

C.租金　　D.特许权使用费

【答案】ACD

【解析】转让财产所得，以收入全额减除财产净值后的余额为应纳税所得额。

四、非居民企业所得税核定征收办法

（一）核定应纳税所得额的方法

非居民企业因会计账簿不健全，资料残缺难以查账，或者其他原因不能准确计算并据实申报其应纳税所得额的，税务机关有权采取以下方法核定其应纳税所得额（见表4-60）：

表4-60　　核定其应纳税所得额的方法

核定方法	适用范围	应纳税所得额
1.按收入总额核定	适用于能够正确核算收入或通过合理方法推定收入总额，但不能正确核算成本费用的非居民企业	应纳税所得额=收入总额×经税务机关核定的利润率
2.按成本费用核定	适用于能够正确核算成本费用，但不能正确核算收入总额的非居民企业	应纳税所得额=成本费用总额÷（1-经税务机关核定的利润率）×经税务机关核定的利润率
3.按经费支出换算收入核定	适用于能够正确核算经费支出总额，但不能正确核算收入总额和成本费用的非居民企业	应纳税所得额=经费支出总额÷（1-经税务机关核定的利润率）×经税务机关核定的利润率

（二）核定征收办法下利润率的确定

税务机关可按照以下标准确定非居民企业的利润率：

1.从事承包工程作业、设计和咨询劳务的，利润率为15%～30%；

2.从事管理服务的，利润率为30%～50%；

3.从事其他劳务或劳务以外经营活动的，利润率不低于15%。

税务机关有根据认为非居民企业的实际利润率明显高于上述标准的，可以按照比上述标准更高的利润率核定其应纳税所得额。

例4-43·2011年单选题

某批发兼零售的居民企业，2018年度自行申报营业收入总额350万元、成本费用总额370万元，当年亏损20万元。经税务机关审核，该企业申报的收入总额无法核实，成本费用核算正确。假定对该企业采取核定征收企业所得税的方法，应税所得率为8%，该居民企业2018年度应缴纳企业所得税（　　）万元。

A.7.00　　B.7.40　　C.7.61　　D.8.04

【答案】D

【解析】应纳企业所得税=370÷（1-8%）×8%×25%=8.04（万元）。

五、房地产开发企业所得税预缴税款的处理

在未完工前采取预售方式销售取得的预售收入，按照规定的预计利润率分季（或月）计算出预计利润额，计入利润总额预缴，开发产品完工、结算计税成本后按照实际利润再行调整。

第八节　征收管理

一、纳税地点（见表4-61）

表4-61　　企业所得税纳税地点

企业类型		纳税地点
居民企业		①以企业登记注册地为纳税地点 ②登记注册地在境外的，以实际管理机构所在地为纳税地点
非居民企业	在中国境内设立机构、场所的，且取得的境内外所得与机构、场所有实际联系的所得	以机构、场所所在地为纳税地点
	在中国境内未设立机构、场所的，或者虽设立机构、场所但取得的所得与其所设机构、场所没有实际联系的所得	以扣缴义务人所在地为纳税地点

二、纳税期限

企业所得税按年计征，分月或者分季预缴，年终汇算清缴，多退少补（见表4-62）。

表4-62　企业所得税纳税期限

内 容	具体规定
纳税年度	自公历1月1日起至12月31日止为1个纳税年度
	企业在一个纳税年度的中间开业，或者由于合并、关闭等原因终止经营活动，使该纳税年度的实际经营期不足12个月的，应当以其实际经营期为1个纳税年度
	企业清算时，应当以清算期间作为1个纳税年度
汇算清缴期限	年度终了之日起5个月内
	在年度中间终止经营活动的，自实际经营终止之日起60日内，向税务机关办理当期企业所得税汇算清缴

三、纳税申报

1. 预缴：按月或按季预缴的，应当自月份或者季度终了之日起15日内，向税务机关报送预缴企业所得税纳税申报表，预缴税款。企业在报送企业所得税纳税申报表时，应当按照规定附送财务会计报告和其他有关资料。

2. 企业应当在办理注销登记前，就其清算所得向税务机关申报并依法缴纳企业所得税。

3. 纳税年度内无论盈利或者亏损，都应按照规定的期限进行纳税申报。

四、源泉扣缴（见表4-63）

表4-63　源泉扣缴

内 容	具体规定
扣缴义务人	1. 对非居民企业在中国境内未设立机构、场所的，或者虽设立机构、场所但取得的所得与其所设机构、场所没有实际联系的所得应缴纳的所得税，实行源泉扣缴，以支付人为扣缴义务人 2. 对非居民企业在中国境内取得工程作业和劳务所得应缴纳的所得税，税务机关可以指定工程价款或者劳务费的支付人为扣缴义务人
扣缴方法	扣缴税款的计算方法：按照第七节“应纳税额的计算”
	应当扣缴的所得税，扣缴义务人未依法扣缴或者无法履行扣缴义务的，由企业在所得发生地缴纳。企业未依法缴纳的，税务机关可以从该企业在中国境内其他收入项目的支付人应付的款项中，追缴该企业的应纳税款
	税务机关在追缴该企业应纳税款时，应当将追缴理由、追缴数额、缴纳期限和缴纳方式等告知该企业
	扣缴义务人每次代扣的税款，应当自代扣之日起7日内缴入国库，并向所在地的税务机关报送扣缴企业所得税报告表

【提示】扣缴义务人与非居民企业在签订与企业所得税法规定的所得有关的业务合同时，凡合同中约定由扣缴义务人实际承担应纳税款的，应将非居民企业取得

的不含税所得换算为含税所得计算并解缴应扣税款。

五、跨地区经营汇总纳税企业所得税征收管理

企业实行“统一核算、分级管理、就地预缴、汇总清算、财政调库”的企业所得税征收管理。

分支机构预缴税款应该如何计算?

适用范围：跨省、自治区、直辖市和计划单列市设立不具有法人资格分支机构的居民企业。

（一）分支机构预缴税款（见表4-64）

表4-64 分支机构预缴税款

时 限	总机构在每月或每季终了之日起10日内，按上年度各省市分支机构的营业收入、职工薪酬和资产总额三项因素，将统一计算的企业当期应纳税额的50%在各分支机构之间进行分摊
总分机构预缴比例	总机构：50%；分支机构：50% 所有分支机构应分摊的预缴总额=统一计算的企业当期应纳所得税额×50%
各分支机构分摊比例	某分支机构分摊比例=（该分支机构营业收入÷各分支机构营业收入之和）×0.35+（该分支机构职工薪酬÷各分支机构职工薪酬之和）×0.35+（该分支机构资产总额÷各分支机构资产总额之和）×0.30 【提示】当年新设立的分支机构自第2年起参与分摊；当年撤销的分支机构自办理注销税务登记之日起不参与分摊
分支机构分摊预缴额	各分支机构分摊预缴额=所有分支机构应分摊的预缴总额×该分支机构分摊比例

（二）总机构预缴税款

1.总机构就地预缴税款

总机构应将统一计算的企业当期应纳税额的25%，就地办理缴库，所缴纳税款收入由中央与总机构所在地按60：40分享。

2.总机构预缴中央国库税款

总机构应将统一计算的企业当期应纳税额的剩余25%，就地全额缴入中央国库。

【总结】总分支机构预缴税款情况（见表4-65）：

表4-65 总分支机构预缴税款情况

总机构：50%	就地预缴：25%
	预缴中央国库：25%
分支机构：50%	分摊比例： 营业收入：0.35 职工薪酬：0.35 资产总额：0.30

六、合伙企业所得税的征收管理（见表4-66）（能力等级3）

表4-66 合伙企业所得税的征收管理

<table>
<tr><th>项 目</th><th colspan="2">具体规定</th></tr>
<tr><td rowspan="2">纳税义务人</td><td rowspan="2">每一个合伙人为纳税义务人</td><td>合伙人是自然人→缴纳个人所得税</td></tr>
<tr><td>合伙人是法人和其他组织→缴纳企业所得税</td></tr>
<tr><td>征税原则</td><td colspan="2">对合伙企业生产经营所得和其他所得采取先分后税的原则</td></tr>
<tr><td>确定应纳税所得额的原则</td><td colspan="2">1.合伙企业的合伙人以合伙企业的生产经营所得和其他所得，按照合伙协议约定的分配比例确定应纳税所得额
2.合伙协议未约定或者约定不明确的，以全部生产经营所得和其他所得，按照合伙人协商决定的分配比例确定应纳税所得额
3.协商不成的，以全部生产经营所得和其他所得，按照合伙人实缴出资比例确定应纳税所得额
4.无法确定出资比例的，以全部生产经营所得和其他所得，按照合伙人数量平均计算每个合伙人的应纳税所得额
5.合伙协议不得约定将全部利润分配给部分合伙人</td></tr>
<tr><td>亏损抵减</td><td colspan="2">合伙企业的合伙人是法人和其他组织的，合伙人在计算其缴纳企业所得税时，不得用合伙企业的亏损抵减其盈利（合伙企业的亏损不得抵减法人合伙人的盈利）</td></tr>
</table>

考霸笔记
链接：境外营业机构的亏损不得抵减境内营业机构的盈利。

七、居民企业报告境外投资和所得信息的管理

（一）依据

《国家税务总局关于居民企业报告境外投资和所得信息有关问题的公告》（国家税务总局公告2014年第38号）

（二）背景

规范居民企业境外投资和所得信息报告的内容和方式。

（三）适用企业范围

1.居民企业发生规定的境外投资或取得境外所得；

2.非居民企业在境内设立机构、场所，取得发生在境外，但与其所设机构、场所有实际联系的所得。

（四）具体规定

居民企业成立或参股外国企业，或者处置已持有的外国企业股份或有表决权股份，符合以下情形之一，且按照中国会计制度可确认的，应当在办理企业所得税预缴申报时填报《居民企业参股外国企业信息报告表》：

1.在该规定施行之日直接或间接持有外国企业股份或有表决权股份达到10%（含）以上；

2.在该规定施行之日后被投资外国企业中直接或间接持有的股份或有表决权股份自不足10%的状态改变为达到或超过10%的状态；

3.在该规定施行之日后被投资外国企业中直接或间接持有的股份或有表决权股份自达到或超过10%的状态改变为不足10%的状态。

（五）居民企业在办理企业所得税年度申报时，还应附报以下与境外所得相关的资料信息

1.填报《受控外国企业信息报告表》。

2.纳入企业所得税抵免范围的外国企业或符合规定的受控外国企业，按照中国会计制度编报的年度独立财务报表。

职能测评

在线练习	我要提问
扫码在线做题　扫码看答案 本书“本章同步强化训练”均配备二维码，打开微信“扫一扫”即可完成在线测评，查看本章详细的测评反馈报告，了解知识掌握情况，也可扫码直接看答案噢。 快来扫码做题吧！	扫码答疑 本书配备答疑专用二维码，打开微信“扫一扫”，即可完成在线提问，获取专业老师全面个性化解答，让学习问题不再拖延。 快来扫码提问吧！

本章同步强化训练

一、单选题

1.下列企业中，属于企业所得税纳税义务人的是（　　）。

A.在中国境内注册成立的个人独资企业

B.在美国注册成立的，实际管理机构在中国的合伙企业

C.在美国注册成立且实际管理机构在日本的，在我国境内也未取得所得的股份制企业

D.在中国注册成立的，实际管理机构在美国的股份制企业

2.根据企业所得税法的规定，下列关于企业所得来源地说法正确的是（　　）。

A.销售货物所得，按照付款所在地确定

B.股息、红利等权益性投资所得，按照投资企业所在地确定

C.特许权使用费所得，按照负担、支付所得的企业所在地确定

D.动产转让所得，按照交易活动发生地确定

3.根据企业所得税法的规定，下列关于企业收入的确认不正确的是（　　）。

A.企业已确认销售收入的售出商品发生的销售折让和销售退回，应当在发生当期冲减当期销售商品收入

B.企业销售商品涉及现金折扣的，应当按照扣除现金折扣后的金额确定销售商品收入金额

C.销售商品以旧换新的（金银首饰除外），销售商品应当按照销售商品收入确认条件确认收入，回收的商品作为购进商品处理

D.采取售后回购方式销售商品进行融资的，回购价格大于原售价的差额应在回购期间确认为利息费用

4.2019年度某文具零售企业采取买一赠一的促销方式销售一批书包，规定每个书包的销售价格为120元（不含增值税，下同），购买一个书包可赠送一个文具盒，活动期间共销售了2 000个

书包。每个书包的公允价值为120元，文具盒的公允价值为20元。该文具零售企业销售书包应确认收入（　　）元。

A.240 000　　B.280 000　　C.205 714.29　　D.34 285.71

5.2018年12月31日，A企业将一台机器租赁给B企业使用，合同约定自2019年1月1日起每年租金5万元，租期3年。当天B企业一次性支付租金15万元。依据企业所得税法的规定，A企业2019年度应确认租金收入（　　）万元（不考虑其他税费）。

A.0　　B.5　　C.10　　D.15

6.下列属于企业所得税法规定的免税收入的是（　　）。

A.国债转让收入

B.非营利组织接受其他单位捐赠取得的收入

C.居民企业连续持有居民企业公开发行并上市流通的股票不足12个月取得的投资收益

D.依法收取并纳入财政管理的行政事业收费、政府性基金

7.依据企业所得税法的规定，下列收入用于支出所得形成的费用，不得在计算应纳税所得额时扣除的是（　　）。

A.国债利息收入

B.非营利组织因政府购买服务取得的收入

C.财政拨款

D.符合条件的居民企业之间的股息、红利等权益性投资收益

8.根据企业所得税法的规定，下列关于限售股的表述中正确的是（　　）。

A.企业转让代个人持有的限售股取得的收入，应作为个人的应税收入计算纳税

B.企业转让代个人持有的限售股取得的收入，企业不能提供完整、真实的限售股原值凭证，不能准确计算该限售股原值的，主管税务机关一律按照该限售股转让收入的10%，核定该限售股原值和合理税费

C.企业转让代个人持有的限售股，将完成纳税义务后的限售股转让收入余额交付给实际所有人时不再纳税

D.依法院判决、裁定等原因，通过证券登记结算企业，企业将其代持的个人限售股直接变更到实际所有人名下的，视同转让限售股

9.根据企业所得税法的规定，县级以上人民政府将非货币性国有资产以股权投资方式投入企业，企业将该国有资产作为国家资本金处理，以（　　）确定计税基础。

A.公允价值　　B.账面价值

C.政府确定的接收价值　　D.企业自行确定的价值

10.甲居民企业以500万元购入政府发行的5年期国债，年利率为6%，每满365天付息一次。持有600天时甲居民企业将此以600万元的价格转让给乙居民企业。甲居民企业转让国债的交易应确认应纳税所得额（　　）万元（不考虑其他税费）。

A.100　　B.600　　C.80.68　　D.50.68

11.根据企业所得税法的规定，下列选项中，不属于非营利组织免税收入的是（　　）。

A.接受其他个人捐赠的收入　　B.因政府购买服务取得的收入

C.免税收入孳生的银行存款利息收入　　D.接受其他单位捐赠的收入

12.根据企业所得税法的规定，下列关于企业工资薪金支出的相关说法正确的有（　　）。

A.国有性质的企业，其工资薪金，按照实际发放额在计算应纳税所得额时扣除

B.企业接受外部劳务派遣用工所实际发生的费用，其中直接支付给员工个人的费用应作为工资薪金支出和职工福利费支出，并按税法的规定在企业所得税前扣除

C.企业食堂因雇用季节工、临时工所实际发生的费用，应作为工资薪金支出在计算应纳税所得额时扣除

D.上市公司实施股权激励计划，计划实行后立即可行权的，上市公司应当按照行权时该股票的公允价格乘以行权数量计算确定当年上市公司的工资薪金支出，在计算应纳税所得额时扣除

13.依据企业所得税法的规定，企业在筹建期间，发生的与筹办活动有关的业务招待费支出，可按实际发生额的（　　）计入企业筹办费，并按有关规定在税前扣除。

A.50%　　B.60%　　C.70%　　D.80%

14.甲居民企业2018年的利润总额为1 000万元，发生公益性捐赠支出150万元，2015年度结转的公益性捐赠支出还有30万元尚未扣除。2016年和2017年利润总额均为负数。可结转至以后年度扣除的公益性捐赠支出为（　　）万元。

A.30　　B.60　　C.0　　D.120

15.2018年1月1日，甲居民企业向其股东乙居民企业借款4 000万元，年利率为8%，借款期限为1年，2018年12月31日向乙居民企业支付利息320万元。同期同类银行贷款利率为5%，乙居民企业对甲居民企业的权益性投资金额为1 500万元，甲、乙居民企业均为非金融企业。2018年甲企业在计算应纳税所得额时可予税前扣除的利息支出为（　　）万元。

A.320　　B.240　　C.200　　D.150

16.依据企业所得税法的规定，下列各项中最低折旧年限为3年的生物资产有（　　）。

A.存栏待售的牲畜　　B.奶牛　　C.水土保持林　　D.薪炭林

17.2018年11月，甲食品生产企业（增值税一般纳税人）因管理不善，导致一批为生产饼干而直接向农业生产者购入的玉米发生变质（2018年7月购入，已抵扣过进项税额）。该批玉米的成本为89 000元（含运费1 000元，支付运费时取得增值税一般纳税人开具的增值税专用发票）。此批玉米的损失相关责任人赔偿20 000元，保险赔款10 000元，无残值。2018年度，税务机关接受了甲企业该项损失的申报，甲企业可税前扣除的损失金额为（　　）元。

A.59 000　　B.89 000　　C.71 100　　D.101 110

18.高顿物流运输公司于2017年12月份购入一架飞机用于运输，该飞机入账价值为5 000万元（计税基础和会计入账价值一致），会计上规定的折旧年限为8年，会计和税法均采用年限平均法计提折旧，不考虑净残值。2018年12月31日，该飞机按会计规定计提了固定资产减值准备400万元。2019年12月31日，该飞机的计税基础为（　　）万元（不考虑其他税费）。

A.3 750　　B.4 000　　C.3 350　　D.3 600

19.2018年6月，甲企业和乙企业进行企业重组，与乙企业达成协议：甲企业收购乙企业60%的股权。收购日，乙公司每股资产的公允价值为10元，每股资产的计税基础为7元，乙企业共有股权1 000万股。在收购中，甲公司以股权形式支付4 500万元，以银行存款支付1 500万元。假定此次交易的其他条件均符合重组的特殊性税务处理条件。乙企业应当确认股权转让所得为（　　）万元（不考虑除企业所得税以外的其他税费）。

A.450　　B.1 350　　C.1 800　　D.3 000

20.甲居民企业（适用25%的税率）向直接持股100%的子公司乙居民企业转让专利技术，取得收入1 000万元。该专利技术的成本为600万元，转让过程中实际发生相关税费150万元。甲

居民企业就此专利技术转让所得应缴纳企业所得税（ ）万元。

A.0　　B.62.5　　C.250　　D.31.25

21.根据企业所得税法的规定，下列固定资产的成本允许一次性计入2018年度的成本费用，在计算应纳税所得额时扣除的有（ ）。

A.2018年9月，甲居民企业购入一处价值300万元的厂房用于生产经营

B.2018年9月，甲居民企业购入一台价值300万元的设备用于生产经营

C.2018年9月，甲居民企业购入一台价值300万元的小汽车，与企业的生产经营无关

D.2018年9月，甲居民企业购入一台价值600万元的设备用于生产经营

22.甲居民企业2018年度开始开展公共垃圾处理项目，该项目当年取得收入100万元，相应的成本支出为75万元。2018年度甲企业的全部会计利润为600万元，无其他所得税调整事项。2018年度甲企业应纳税所得额为（ ）万元。

A.600　　B.575　　C.500　　D.675

23.某非居民企业在我国设立了办事机构，主要提供设计服务。2018年度该非居民企业自行申报与该办事机构相关的营业收入总额480万元、成本费用总额450万元。经税务机关审核，该非居民企业申报的收入总额核算正确，但成本费用总额无法核实。假定对该非居民企业采取核定征收企业所得税方法，经税务机关核定的利润率为25%，该居民企业2018年度应缴纳企业所得税（ ）万元。

A.30　　B.7.5　　C.37.5　　D.28.13

24.根据企业所得税法的规定，下列关于企业所得税纳税期限的规定，正确的是（ ）。

A.企业所得税按年计征，分月或者分季预缴，年终汇算清缴，多缴的税款留抵下年度进行抵扣，少缴的税款进行补缴

B.企业清算时，应当以清算期间所属公历年度作为1个纳税年度

C.企业在年度中间终止经营活动的，应当自实际经营终止之日起60日内，向税务机关办理当期企业所得税汇算清缴

D.企业应当自年度终了3个月内，向税务机关报送年度企业所得税纳税申报表，并汇算清缴，结清应缴应退税款

二、多选题

1.根据企业所得税法的规定，下列提供劳务满足收入确认条件的，应当按照完工进度确认收入的是（ ）。

A.广告的制作费　　B.为特定客户开发软件收取的软件费

C.销售空调并提供安装服务，收取的安装费　　D.宣传媒介的收费

2.依据企业所得税法的规定，采取产品分成方式取得收入的，下列说法中正确的有（ ）。

A.收入实现确认时间为合同约定分配产品的日期

B.收入实现确认时间为企业分得产品的日期

C.收入额按照产品的公允价值确定

D.收入额按照产品的账面价值确定

3.甲玩具生产企业（居民企业）2018年12月向乙商贸企业销售一批毛绒玩具，已确认销售收入300万元，并结转成本230万元。2019年1月，因此批玩具存在质量问题，经协商，决定给予乙商贸企业10%的销售折让，并开具红字专用发票。除此项业务外，甲企业2018年度实现产

品销售收入1 200万元，发生成本费用800万元；2019年度实现产品销售收入1 700万元，发生成本费用1 250万元。不考虑其他相关情况，下列说法中，正确的有（　　）。

A.2018年度甲企业应纳税额为117.5万元

B.2018年度甲企业应纳税额为110万元

C.2019年度甲企业应纳税额为112.5万元

D.2019年度甲企业应纳税额为105万元

4.根据企业所得税法的规定，下列企业取得收入的形式属于非货币形式的是（　　）。

A.债务的豁免　　B.劳务

C.准备持有至到期的债券投资　　D.股权投资

5.2018年年初，A居民企业将500万元资金提供给B居民企业使用，此投资业务同时符合混合性投资业务的五个认定条件。B居民企业于2019年赎回投资，并向A居民企业支付了480万元的赎价款。下列说法中，正确的有（　　）。

A.A居民企业对B居民企业的投资业务同时具有权益和债权双重特性

B.A居民企业对B居民企业净资产拥有所有权

C.A居民企业应于B居民企业应付利息的日期，确认收入的实现

D.2019年度A居民企业就此项投资业务应确认债务重组利得20万元

6.根据企业所得税法的规定，甲居民企业发生下列情形的处置资产，应视同销售确认收入的是（　　）。

A.将机器设备转移至境外分支机构

B.将自建的商品房由对外出售转为自用

C.将外购的货物用于市场推广

D.将自产的货物用于职工福利

7.下列各项保险支出中，可以在计算2018年度企业所得税应纳税所得额时扣除的有（　　）。

A.按照规定范围和标准为员工缴纳的五险一金

B.为特殊工种职工支付的人身安全保险费

C.为投资者支付的商业保险费

D.按规定缴纳的雇主责任险

8.根据企业所得税法的规定，在计算应纳税所得额时，企业发生的下列项目中，不超过规定比例的部分准予在当年的应纳税所得额中扣除，超过部分可无限期结转以后年度扣除的是（　　）。

A.职工教育经费　　B.业务招待费

C.广告费和业务宣传费　　D.公益性捐赠支出

9.根据企业所得税法的规定，下列关于广告费和业务宣传费的表述正确的是（　　）。

A.酒类制造企业发生的广告费和业务宣传费，不超过当年销售（营业）收入30%的部分，准予扣除；超过部分，准予在以后年度扣除

B.烟草企业的烟草广告费和业务宣传费，一律不得在计算应纳税所得额时扣除

C.企业在筹建期间发生的广告费和业务宣传费，可按照实际发生额计入企业筹办费

D.化妆品制造企业发生的广告费和业务宣传费，不超过当年销售（营业）收入15%的部分，准予扣除；超过部分，准予在以后年度扣除

10.根据企业所得税法的规定，在计算应纳税所得额时，下列支出不得扣除的是（　　）。

A.企业提取的环境保护专项基金

B.企业之间支付的租金

C.被司法机关处予的罚金和被没收财物

D.向投资者支付的股息

11.根据企业所得税法的规定，下列固定资产不得计算折旧扣除的有（　　）。

A.未投入使用的机器设备　　B.以经营租赁方式租出的机器设备

C.以融资租赁方式租入的机器设备　　D.与经营活动无关的机器设备

12.根据企业所得税法的规定，下列说法中正确的是（　　）。

A.固定资产的大修理支出，应当增加固定资产价值，按照固定资产尚可使用年限分期折旧

B.已提足折旧的固定资产的改建支出，应当作为长期待摊费用，按照固定资产尚可使用年限分期折旧

C.租入固定资产的改建支出，应当作为长期待摊费用，按照合同约定的整个租赁期限分期摊销

D.固定资产的日常修理支出，应当在发生当期直接扣除

13.依据企业所得税法的规定，下列各项中关于无形资产税务处理的说法正确的有（　　）。

A.自行开发的支出已在计算应纳税所得额时扣除的无形资产不得计算摊销费用扣除

B.无形资产的摊销年限不得低于5年

C.外购商誉的支出，在发生当期准予税前扣除

D.与经营活动无关的无形资产不得计算摊销费用扣除

14.根据企业所得税法的规定，下列关于企业债务重组的一般性税务处理的表述中，正确的是（　　）。

A.债务人应当按照支付的清偿额低于债务计税基础的差额，确认为债务重组所得

B.以非货币性资产清偿债务，应当分解为转让相关非货币性资产、按非货币性资产账面价值清偿债务两项业务，确认相关资产的所得或损失

C.债务人的相关所得税纳税事项原则上保持不变

D.发生债权转股权的，应当分解为债务清偿和股权投资两项业务，股权投资的计税基础以原债权的计税基础确定

15.下列关于企业实施分立重组，适用企业所得税一般性税务处理方法的，下列处理正确的有（　　）。

A.企业分立相关企业的亏损不得相互结转弥补

B.被分立企业继续存在时，其股东取得的对价应按清算所得进行处理

C.分立企业应按公允价值确认接受资产的计税基础

D.被分立企业对分立出去的资产应按账面价值确认资产转让所得或损失

16.根据企业所得税法的规定，企业从事下列项目取得的所得中免征企业所得税的有（　　）。

A.香料作物的种植　　B.中药材的种植　　C.林木的种植　　D.饮料作物的种植

17.根据企业所得税法的规定，下列关于固定资产加速折旧优惠的说法正确的有（　　）。

A.常年处于强震动、高腐蚀状态的固定资产可以加速折旧

B.由于技术进步、产品更新换代较快的固定资产可以加速折旧

C.采取缩短折旧年限方法的，最低折旧年限不得低于规定折旧年限的70%

D.采取加速折旧方法的，可以采取双倍余额递减法或者年数总和法

18.依据企业所得税法的规定，企业取得的下列所得中，可以享受“自项目取得第一笔生产

经营收入所属纳税年度起，第1年至第3年免征企业所得税，第4年至第6年减半征收企业所得税”税收优惠政策的有（　　）。

A.从事国家重点扶持的公共基础设施项目投资经营的所得

B.从事国家重点扶持的公共基础设施项目承包经营的所得

C.从事符合条件的环境保护项目的所得

D.从事符合条件的节能节水项目的所得

19.下列关于合伙企业缴纳所得税的规定正确的有（　　）。

A.合伙企业生产经营所得和其他所得采取先分后税的原则

B.合伙企业合伙人是自然人的，缴纳个人所得税；合伙人是法人和其他组织的，缴纳企业所得税

C.合伙企业的合伙人是法人和其他组织的，合伙人在计算其缴纳的企业所得税时，不得用合伙企业的亏损抵减其盈利

D.合伙企业的合伙协议不得约定将全部利润分配给部分合伙人

20.甲居民企业2018年度以一条公允价值（经评估）为800万元、计税基础为500万元的生产线直接向乙居民企业进行注资，取得乙居民企业30%的股权。根据企业所得税法的规定，下列选项中说法正确的有（　　）(不考虑除企业所得税以外的其他税费)。

A.甲居民企业以此生产线对乙居民企业进行注资，应当确认的非货币性资产转让所得为300万元

B.甲居民企业确认的非货币性资产转让所得，可以分6年均匀计入相应年度的应纳税所得额，按规定计算缴纳企业所得税

C.甲居民企业应当于投资协议签订时，确认非货币性资产转让收入的实现

D.乙居民企业取得该生产线的计税基础为800万元

第五章

个人所得税法

本章导学

本章框架图

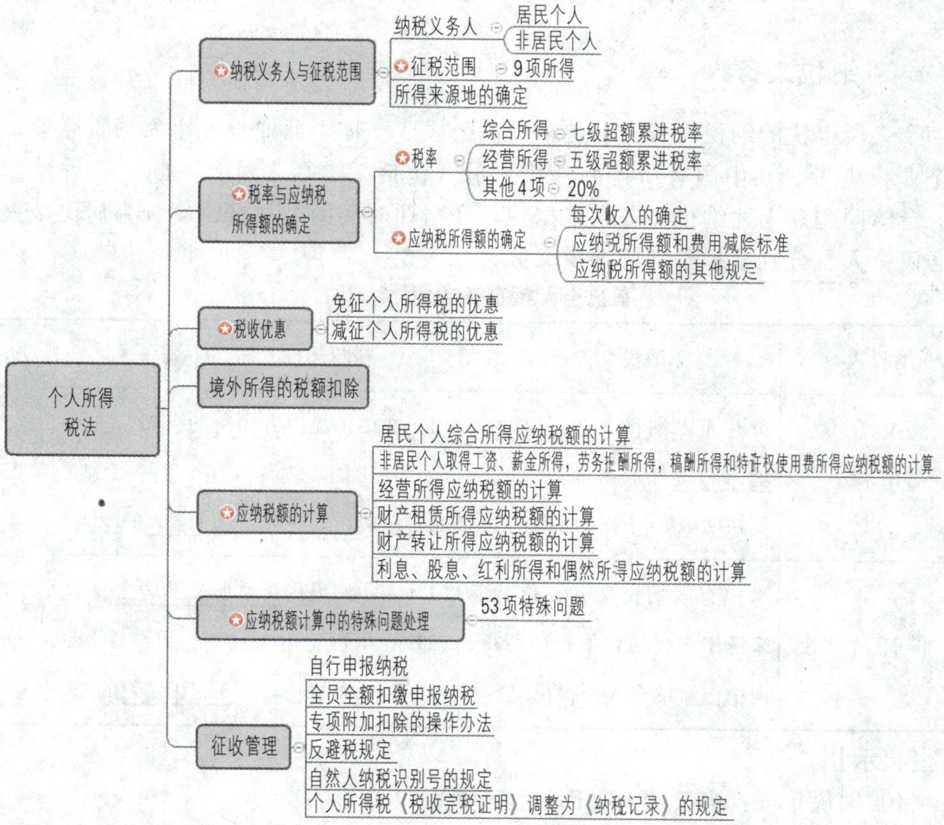

本章考情概述

本章属于CPA税法较为重要的一章，每年都会涉及主观题，需要考生重点掌握。

从历年的试题来看，本章平均分值在10分左右。对于记忆性的考点，如税目辨析、税收优惠，在客观题中较易拿分。在主观题计算中，个人所得税各项所得尽管知识点较多，但各项所得相对独立，对几个特别计算掌握了计税依据，也是不易丢分的，这就需要考生在复习时更加细心和耐心。个人所得税中几项经营性所得，易与增值税、城建税、教育费附加、房产税、印花税等税种组合，考生在复习也需要予以关注。

本章内容包括：纳税义务人与征税范围、税率与应纳税所得额的确定、税收优惠、境外所得的税额扣除、应纳税额的计算、应纳税额计算中的特殊问题、征收管理。

2019年教材主要变化

本章内容根据2018年8月31日修改通过的《中华人民共和国个人所得税法》进行重述。

第一节 纳税义务人与征税范围

一、纳税义务人

个人所得税的纳税义务人，包括中国公民、个体工商业户、个人独资企业、合伙企业投资者、在中国有所得的外籍人员（包括无国籍人员，下同）和香港、澳门、台湾同胞。上述纳税义务人依据住所和居住时间两个标准，区分为居民个人和非居民个人，分别承担不同的纳税义务，见表5-1。

如何区分居民个人和非居民个人?

表5-1 居民个人和非居民个人的区分

纳税人	纳税义务	判断标准（满足下列条件之一）
居民个人	负有无限纳税义务，从中国境内和境外取得的所得，都要在中国缴纳个人所得税	（1）在中国境内有住所的个人 （2）在中国境内无住所，但一个纳税年度内在中国境内居住累计满183天的个人
非居民个人	承担有限纳税义务，仅就其来源于中国境内取得的所得，向中国缴纳个人所得税	（1）在中国境内无住所又不居住的个人 （2）在中国境内无住所，且一个纳税年度内在中国境内居住累计不满183天的个人

【提示】

（1）纳税年度：自公历1月1日起至12月31日止。

（2）在中国境内有住所：指因户籍、家庭、经济利益关系而在中国境内习惯性居住的个人。

（3）中国境内：税法中关于“中国境内”的概念是指中国大陆地区，目前还不包括香港、澳门和台湾地区。

【案例5-1】在我国无住所的某外籍人员2019年8月1日来华工作，2020年3月31日结束工作离华，则该外籍人员是我国的非居民纳税人。这是因为该外籍人员在2019年和2020年两个纳税年度中都未在华居住满183天，所以为我国非居民纳税人。

（4）对境内居住的天数和境内实际工作期间的具体规定（见表5-2）。

表5-2　对境内居住的天数和境内实际工作期间的规定

项目	判断目的	入境、离境、往返或多次往返境内外的当日
境内居住天数	判定其在华负有何种纳税义务，即判断纳税人是居民个人还是非居民个人	按1天计算其在华实际逗留天数
境内实际工作期间	计算其应缴纳的个人所得税（具体计算方法见第六节）	按半天计算其在华实际工作天数

考霸笔记

此处未根据新政策做修改，根据新个人所得税法的规定，在中国境内停留的当天满24小时的，计入中国境内居住天数；不足24小时的，不计入中国境内居住天数。

二、征税范围

个人所得税税目辨析（见表5-3）。

表5-3　个人所得税税目辨析

<table>
<tr><td>1. 工资、薪金所得</td><td>
（1）指个人因任职或者受雇取得的工资、薪金、奖金、年终加薪、劳动分红、津贴、补贴以及与任职或者受雇有关的其他所得
（2）年终加薪、劳动分红（包括公司职工取得的用于赎买企业国有股权的劳动分红），不分种类和取得情况，一律按“工资、薪金所得”征税
（3）个人取得的津贴、补贴不计入工资、薪金所得项目的有：
①独生子女补贴
②执行公务员工资制度未纳入基本工资总额的补贴、津贴差额和家属成员的副食品补贴
③托儿补助费
④差旅费津贴、误餐补助（单位以误餐补助名义发给职工的补助、津贴除外）
⑤外国来华留学生，领取的生活津贴费、奖学金
（4）军队干部取得的津贴、补贴不计入工资、薪金所得项目的有：
①政府特殊津贴
②福利补助
③夫妻分居补助费
④随军家属无工作生活困难补助
⑤独生子女保健费
⑥子女保教补助费
⑦机关在职军以上干部公勤费（保姆费）
⑧军粮差价补贴
（5）军队干部取得的暂不征税的补贴、津贴：
①军人职业津贴
②军队设立的艰苦地区补助
③专业性补助
④基层军官岗位津贴（营连排长岗位津贴）
⑤伙食补贴
【辨析】工资、薪金所得与经营所得：
<table>
<tr><th>工资、薪金所得</th><th>经营所得</th></tr>
<tr><td>出租汽车经营单位对出租车驾驶员采取单车承包或承租方式运营，出租车驾驶员从事客货营运取得的收入</td><td>①从事个体出租车运营的出租车驾驶员取得的收入
②出租车属于个人所有，但挂靠出租车经营单位或企事业单位，驾驶员向挂靠单位缴纳管理费的
③出租车经营单位将出租车所有权转移给驾驶员的，出租车驾驶员从事客货营运取得的收入</td></tr>
</table>
</td></tr>
</table>

怎么理解工资、薪金所得税目的内涵?

第五章

续表

2.劳务报酬所得	(1)指个人独立从事各种非雇用的各种劳务所取得的所得，包括从事设计、装潢、安装、制图、化验、测试、医疗、法律、会计、咨询、讲学、翻译、审稿、书画、雕刻、影视、录音、录像、演出、表演、广告、展览、技术服务、介绍服务、经纪服务、代办服务以及其他劳务取得的所得 (2)自2004年1月20日起，对商品营销活动中，企业和单位对其营销业绩突出的非雇员以培训班、研讨会、工作考察等名义组织旅游活动，通过免收差旅费、旅游费对个人实行的营销业绩奖励（包括实物、有价证券等），应根据所发生费用的全额作为该营销人员当期的劳务收入，按照“劳务报酬所得”项目征收个人所得税，并由提供上述费用的企业和单位代扣代缴 (3)工资、薪金所得和劳务报酬所得的区别 ①工资、薪金所得属于非独立个人劳务活动 ②劳务报酬所得属于个人独立从事各种技艺、提供各项劳务取得的报酬 【辨析】工资、薪金所得与劳务报酬所得： ①个人在任职、受雇公司担任董事取得的董事费收入，按“工资、薪金所得”征税 ②个人担任独立董事取得的董事费收入，按“劳务报酬所得”征税
3.稿酬所得	指个人因其作品以图书、报刊等形式出版、发表而取得的所得 【辨析】稿酬所得与工资、薪金所得： ①任职、受雇于报纸、杂志社等单位的记者、编辑等专业人员，在本单位报纸、杂志上发表作品而取得的所得，按“工资、薪金所得”征税 ②任职、受雇于报纸、杂志社等单位的其他非专业人员，在本单位报纸、杂志社发表作品而取得的所得，按“稿酬所得”征税 ③出版社专业作者撰写、编写或翻译的作品，在出版社以图书形式出版而取得的所得，按“稿酬所得”征税 ④作者去世后，对个人取得的遗作稿酬，按“稿酬所得”征税
4.特许权使用费所得	指个人提供专利权、商标权、著作权、非专利技术以及其他特许权的使用权取得的所得；提供著作权的使用权取得的所得，不包括稿酬所得 【辨析】特许权使用费所得与财产转让所得： ①作者将自己的文字作品手稿原件或复印件公开拍卖（竞价）取得的所得，按“特许权使用费所得”征税 ②作者将自己的非文字作品或别人的作品公开拍卖（竞价）取得的所得，按“财产转让所得”征税 ③个人取得特许权的经济赔偿收入，按“特许权使用费所得”征税 ④编剧从电视剧制作单位取得的剧本使用费，按“特许权使用费所得”征税
5.经营所得	是指： ①个体工商户从事生产、经营活动取得的所得，个人独资企业投资人、合伙企业的个人合伙人来源于境内注册的个人独资企业、合伙企业生产、经营的所得 ②个人依法从事办学、医疗、咨询以及其他有偿服务活动取得的所得 ③个人对企业、事业单位承包经营、承租经营以及转包、转租取得的所得 ④个人从事其他生产、经营活动取得的所得 【辨析】经营所得与工资、薪金所得： ①承包、承租人对企业经营成果不拥有所有权，仅按合同的规定取得一定所得的，按“工资、薪金所得”征税 ②承包、承租人按合同的规定只向发包、出租方缴纳一定费用后，企业经营成果归其所有的，承包、承租人取得的所得，按“经营所得”征税 ③个人因从事彩票代销业务而取得的所得，按“经营所得”征税

怎么理解劳务报酬所得税目的内涵?

经营所得包含哪些内容?

续表

<table>
<tr><td>6. 利息、股息、红利所得</td><td>(1) 指个人拥有债权、股权等而取得的利息、股息、红利所得
(2) 利息所得：除国债和国家发行的金融债券利息外，应当缴纳个人所得税
股息、红利所得：除另有规定外，都应当缴纳个人所得税
【辨析】利息、股息、红利所得与经营所得：
<table>
<tr><th>事项</th><th>个人独资、合伙企业</th><th>其他企业</th></tr>
<tr><td>个人投资者以企业资金为本人、家庭成员及其相关人员支付与企业生产经营无关的消费性支出及购买汽车、住房等财产性支出</td><td rowspan="2">按“经营所得”征税</td><td rowspan="2">按“利息、股息、红利所得”征税</td></tr>
<tr><td>纳税年度内个人投资者从其投资企业借款，在该纳税年度终了后既不归还又未用于企业生产经营的</td></tr>
</table>
</td></tr>
<tr><td>7. 财产租赁所得</td><td>(1) 指个人出租不动产、机器设备、车船以及其他财产取得的所得
(2) 个人取得的财产转租收入，属于“财产租赁所得”的征税范围，由财产转租人缴纳个人所得税</td></tr>
<tr><td>8. 财产转让所得</td><td>(1) 指个人转让有价证券、股权、合伙企业中的财产份额、不动产、机器设备、车船以及其他财产取得的所得
(2) 对个人取得的各项财产转让所得，除股票转让所得外，都要征收个人所得税；对股票转让所得，暂不征收个人所得税
(3) 量化资产股份转让：
<table>
<tr><th>时点</th><th>仅作为分红依据，不拥有所有权</th><th>拥有所有权</th></tr>
<tr><td>取得时</td><td>不征</td><td>暂缓征收</td></tr>
<tr><td>分配股息、红利时</td><td colspan="2">按“利息、股息、红利所得”征税</td></tr>
<tr><td>转让时</td><td>—</td><td>按“财产转让所得”征税</td></tr>
</table>
</td></tr>
<tr><td>9. 偶然所得</td><td>(1) 指个人得奖、中奖、中彩以及其他偶然性质的所得
(2) 企业向个人支付的不竞争款项，按“偶然所得”征税
(3) 个人取得单张有奖发票奖金所得不超过800元（含800元）的，暂免征收个人所得税；超过800元的，全额按“偶然所得”征税
(4) 企业对累积消费达到一定额度的顾客，给予额外抽奖机会，个人的获奖所得，按“偶然所得”征税</td></tr>
</table>

考霸笔记 利息：指个人拥有债权而取得的利息；股息、红利：指个人拥有股权取得的股息、红利。

考霸笔记 因为我国证券市场发育还不成熟，股份制改革仍需完善，所以国务院决定对股票转让所得暂不征收个人所得税。

考霸笔记 量化资产是指企业实行股份制改造，企业把所得资产划分成股份，然后分配给每一名职工的资产。

【提示】

(1) 居民个人取得上述1~4项所得，合并为综合所得，按纳税年度合并计算个人所得税；

(2) 非居民个人取得上述1~4项所得，按月或按次分项计算个人所得税；

(3) 纳税人取得上述5~9项所得，分别计算个人所得税；

(4) 个人取得的所得，难以界定应纳税所得项目的，由国务院税务主管部门确定。

三、所得来源地的确定

所得来源地如何确定?

1. 下列所得，不论支付地点是否在中国境内，均为来源于中国境内的所得：

（1）因任职、受雇、履约等在中国境内提供劳务取得的所得；

（2）将财产出租给承租人在中国境内使用而取得的所得；

（3）许可各种特许权在中国境内使用而取得的所得；

（4）转让中国境内的不动产等财产或者在中国境内转让其他财产取得的所得；

（5）从中国境内企业、事业单位、其他组织以及居民个人取得的利息、股息、红利所得。

如何判断境内无住所纳税人的征税范围?

2. 关于在境内无住所的纳税人征税范围的规定（见表5-4）

（1）在中国境内无住所的个人，在中国境内居住累计满183天的年度连续不满6年的，经向主管税务机关备案，其来源于中国境外且由境外单位或者个人支付的所得，免予缴纳个人所得税。

【提示】在中国境内居住累计满183天的任一年度中有一次离境超过30天的，其在中国境内居住累计满183天的年度的连续年限重新起算。

（2）在中国境内无住所的个人，在一个纳税年度内在中国境内居住累计不超过90天的，其来源于中国境内的所得，由境外雇主支付并且不由该雇主在中国境内的机构、场所负担的部分，免予缴纳个人所得税。

表5-4 无住所个人征税范围

纳税人分类		境内所得		境外所得	
		境内支付	境外支付	境内支付	境外支付
非居民纳税人	居住不超过90天	纳税	免税	不征税	不征税
	居住超过90天不满183天	纳税	纳税	不征税	不征税
居民纳税人	居住累计满183天的年度连续不满6年的	纳税	纳税	纳税	免税
	居住累计满183天的年度连续满6年的	纳税	纳税	纳税	纳税

【提示】

居住累计满183天的年度连续满6年的起点：自2019年（含）以后的年度开始计算，2018年（含）之前已经居住的年度一律“清零”。

第二节　税率和应纳税所得额的确定

一、税率（见表5-5）

如何区分个人所得税各项所得适用的税率?

表5-5　　个人所得税税率

<table>
<tr><th colspan="2">税目</th><th>税率</th><th>说明</th></tr>
<tr><td colspan="2">居民个人综合所得</td><td>3%~45%，七级超额累进税率（见表5-6）</td><td>表5-6为“年度综合所得税率表”</td></tr>
<tr><td rowspan="4">非居民个人</td><td>工资、薪金所得</td><td rowspan="4">3%~45%，七级超额累进税率（见表5-7）</td><td rowspan="4">表5-7为根据表5-6按月换算后的“月度综合所得税率表”</td></tr>
<tr><td>劳务报酬所得</td></tr>
<tr><td>稿酬所得</td></tr>
<tr><td>特许权使用费所得</td></tr>
<tr><td colspan="2">经营所得</td><td>5%~35%，五级超额累进税率（见表5-8）</td><td></td></tr>
<tr><td colspan="2">利息、股息、红利所得</td><td rowspan="4">20%</td><td></td></tr>
<tr><td colspan="2">财产租赁所得</td><td>对个人出租住房取得的所得减按10%的税率征收个人所得税</td></tr>
<tr><td colspan="2">财产转让所得</td><td></td></tr>
<tr><td colspan="2">偶然所得</td><td></td></tr>
</table>

表5-6　　年度综合所得税率表

（综合所得适用）

级数	全年应纳税所得额	税率（%）	速算扣除数（元）
1	不超过36 000元的部分	3	0
2	超过36 000元至144 000元的部分	10	2 520
3	超过144 000元至300 000元的部分	20	16 920
4	超过300 000元至420 000元的部分	25	31 920
5	超过420 000元至660 000元的部分	30	52 920
6	超过660 000元至960 000元的部分	35	85 920
7	超过960 000元的部分	45	181 920

【提示】本表所称全年应纳税所得额是指，居民个人取得综合所得以每一纳税年度收入额减除费用6万元及专项扣除、专项附加扣除和依法确定的其他扣除后的余额。

表 5-7 月度综合所得税率表

（非居民个人工资、薪金所得，劳务报酬所得，稿酬所得，特许权使用费所得适用）

级数	应纳税所得额	税率（%）	速算扣除数（元）
1	不超过3 000元的部分	3	0
2	超过3 000元至12 000元的部分	10	210
3	超过12 000元至25 000元的部分	20	1 410
4	超过25 000元至35 000元的部分	25	2 660
5	超过35 000元至55 000元的部分	30	4 410
6	超过55 000元至80 000元的部分	35	7 160
7	超过80 000元的部分	45	15 160

表 5-8 经营所得税率表

级数	应纳税所得额	税率（%）	速算扣除数（元）
1	不超过30 000元的部分	5	0
2	超过30 000元至90 000元的部分	10	1 500
3	超过90 000元至300 000元的部分	20	10 500
4	超过300 000元至500 000元的部分	30	40 500
5	超过500 000元的部分	35	65 500

如何确定个税中各项所得的收入的计征方法?

【提示】本表所称应纳税所得额是指，每一纳税年度的收入总额减除成本、费用及损失后的余额。

二、应纳税所得额的规定

（一）每次收入的确定（见表5-9）

表 5-9 每次收入的确定

所得项目		计征方法	对“次”的具体规定
居民个人综合所得		按年计征	
非居民个人	工资、薪金所得	按月计征	
非居民个人	劳务报酬所得	按次计征	一般属于只有一次性的收入，应以每次提供劳务取得的收入为一次。但如果一次性劳务报酬收入以分月支付方式取得的，就适用同一事项连续取得收入，以1个月内取得的收入为一次
非居民个人	稿酬所得	按次计征	①同一作品再版取得的所得，应视作另一次稿酬所得征税 ②同一作品先在报刊上连载，然后再出版，或先出版，再在报刊上连载的，应视为两次稿酬所得征税（即连载作为一次，出版作为另一次） ③同一作品在报刊上连载取得收入的以连载完成后取得的所有收入合并为一次征税 ④同一作品在出版和发表时，以预付稿酬或分次支付稿酬等形式取得的稿酬收入，应合并计算为一次征税 ⑤同一作品出版、发表后，因添加印数而追加稿酬的，应与以前出版、发表时取得的稿酬合并计算为一次征税 ⑥在两处或两处以上出版、发表或再版同一作品而取得稿酬所得，则可分别各处取得的所得或再版所得按分次所得征税
非居民个人	特许权使用费所得	按次计征	以某项使用权的一次转让所取得的收入为一次。如果该次转让取得的收入是分笔支付的，应合并为一次征税
经营所得		按年计征	
利息、股息、红利所得		按次计征	以支付利息、股息、红利时取得的收入为一次
财产租赁所得		按次计征	以一个月内取得的收入为一次
财产转让所得		按次计征	
偶然所得		按次计征	以每次收入为一次

考霸笔记

非居民个人取得劳务报酬所得、稿酬所得、特许权使用费所得，属于一次性收入的，以取得该项收入为一次；属于同一项目连续性收入的，以一个月内取得的收入为一次。

（二）应纳税所得额和费用减除标准（见表5-10）

如何确定各项所得的应纳税所得额？

表5-10 应纳税所得额的确定

所得项目		应纳税所得额
居民个人综合所得		每年收入额-减除费用60 000元/年-专项扣除-专项附加扣除-其他扣除
非居民个人	工资、薪金所得	每月收入额-减除费用5 000元/月
	劳务报酬所得	每次收入额
	稿酬所得	每次收入额
	特许权使用费所得	每次收入额
经营所得		每一纳税年度收入总额-成本、费用以及损失
利息、股息、红利所得		每次收入额
财产租赁所得		每次收入额-减除费用（每次收入额不超过4 000元的，减除费用800元；4 000元以上的，减除费用20%）
财产转让所得		转让财产的收入额-财产原值和合理费用
偶然所得		每次收入额

【提示】

（1）居民个人综合所得的扣除项目：

①专项扣除：包括居民个人按照国家规定的范围和标准缴纳的基本养老保险、基本医疗保险、失业保险等社会保险费和住房公积金等。（即“三险一金”）

②专项附加扣除：包括子女教育、继续教育、大病医疗、住房贷款利息或者住房租金、赡养老人等支出，具体扣除标准见表5-11。

如何区分专项附加扣除中各项扣除？

表5-11 专项附加扣除

项目	扣除金额		说明	备查资料
子女教育	每个子女1 000元/月		（1）年满3岁的子女接受学前教育和学历教育的相关支出 （2）父母可以选择其中一方按扣除标准扣100%或双方按扣除标准分别扣50%（只有两种选择，选择后一个纳税年度内不能变更）	在境外接受教育的，应当留存境外学校录取通知书、留学签证等相关教育的证明资料
继续教育	学历（学位）继续教育	400元/月	（1）同一学历（学位）继续教育扣除期限不得超过48个月 （2）个人接受本科及以下学历（学位）继续教育，符合税法规定扣除条件的，可以选择由父母扣除或本人扣除	
	技能人员（专业技术人员）职业资格继续教育	3 600元/年	在取得相关证书的当年扣除	相关证书

考霸笔记

父母扣：按子女教育1 000元/月；

本人扣：按继续教育，400元/月。

考霸笔记

学历（学位）继续教育和技能人员（专业技术人员）职业资格继续教育可以共享。

第五章

续表

<table>
<tr><th>项目</th><th colspan="3">扣除金额</th><th>说明</th><th>备查资料</th></tr>
<tr><td>大病医疗</td><td colspan="3">扣除医保报销后个人负担累计超过15 000元的部分在80 000元的限额内据实扣除</td><td>（1）可以选择由本人或其配偶扣除
（2）未成年子女的医药费用可以选择由父母一方扣除
（3）纳税人及其配偶、未成年子女的医药费支出分别计算扣除额</td><td>医药服务收费及医保报销相关票据原件（或复印件）等资料</td></tr>
<tr><td>住房贷款利息</td><td colspan="3">1 000元/月</td><td>（1）纳税人本人或配偶，单独或共同使用商业银行或住房公积金个人住房贷款，为本人或配偶购买中国境内住房，发生的首套住房贷款利息支出
（2）扣除期限不得超过240个月
（3）只能享受一套首套住房贷款利息扣除
（4）经夫妻双方约定，可以选择其中一方扣除</td><td>住房贷款合同、贷款还款支出凭证</td></tr>
<tr><td rowspan="3">住房租金</td><td colspan="2">直辖市、省会（首府）城市、计划单列市</td><td>1 500元/月</td><td rowspan="3">（1）纳税人及其配偶在纳税人主要工作城市没有自有住房而发生的住房租金支出
（2）夫妻双方主要工作城市相同的，只能由一方扣除住房租金支出
（3）由签订租赁合同的承租人扣除
（4）纳税人及其配偶在一个纳税年度内不能同时分别享受住房贷款利息和住房租金专项附加扣除</td><td rowspan="3">住房租赁合同、协议等有关资料</td></tr>
<tr><td rowspan="2">除上述城市外</td><td>市辖区户籍人口超过100万的城市</td><td>1 100元/月</td></tr>
<tr><td>市辖区户籍人口不超过100万的城市</td><td>800元/月</td></tr>
<tr><td rowspan="2">赡养老人</td><td>独生子女</td><td colspan="2">2 000元/月</td><td rowspan="2">（1）分摊方式：赡养人均摊、约定分摊、被赡养人指定分摊
（2）约定分摊和指定分摊须签订书面分摊协议
（3）指定分摊优先于约定分摊
（4）被赡养人：年满60岁的父母、子女均已去世的年满60岁的祖父母、外祖父母</td><td rowspan="2"></td></tr>
<tr><td>非独生子女</td><td colspan="2">由其与兄弟姐妹分摊2 000元/月的扣除额度，每人分摊不能超过1 000元/月</td></tr>
</table>

考霸笔记

指医保目录范围内的自付部分。

考霸笔记

分摊方式和额度一个纳税年度内不得变更。

例 5-1 · 单选题

中国居民个人王先生在境内某公司担任财务经理的工作，有一对双胞胎女儿，2019年1月已满3岁，但是未参加学前教育；由于工作需要，王先生于2019年取得了中级会计职称证书，自2018年9月起开始，王先生利用业余时间在境内某学校攻读博士学位；王先生夫妻2019年年初贷款购入首套住房，从2019年1月起开始还贷款，1—6月因新房装修王先生一家在外租房居住，王先生工作地和居住地为直辖市，王先生父母均年满60岁，其是独生子。王先生夫妻约定专项附加扣除均由王先生扣除，王先生2019年可以扣除的专项附加扣除金额合计（　　）元。

A.56 400　　B.64 800　　C.68 400　　D.77 400

【答案】C

【解析】王先生2019年可以扣除的专项附加扣除金额=12 000×2（子女教育）+（3 600+4 800）（继续教育）+12 000（住房贷款）+24 000（赡养老人）=68 400（元）。

③依法确定的其他扣除：包括个人缴付符合国家规定的企业年金、职业年金，个人购买符合国家规定的商业健康保险、税收递延型商业养老保险的支出，以及国务院规定可以扣除的其他项目。

④专项扣除、专项附加扣除和依法确定的其他扣除，以居民个人一个纳税年度的纳税年度扣除不完的，不结转以后年度扣除。

（2）取得经营所得的个人，没有综合所得的，计算其每一纳税年度的应纳税所得额时，应当减除费用60 000元、专项扣除、专项附加扣除以及依法确定的其他扣除。

（三）应纳税所得额的其他规定

1.劳务报酬所得、稿酬所得、特许使用费所得以收入减除20%的费用后的余额为收入额。稿酬所得的收入额在扣除20%费用的基础上，再减按70%计算。

2.个人将其所得对教育、扶贫、济困等公益慈善事业进行捐赠，捐赠额未超过纳税人申报的应纳税所得额30%的部分，可以从其应纳税所得额中扣除；国务院规定对公益慈善事业捐赠实行全额税前扣除的，从其规定。

3.对个人从事技术转让、提供劳务等过程中所支付的中介费，如能提供有效、合法凭证的，允许从其所得中扣除。

第三节　税收优惠

一、免征个人所得税的优惠

1.省级人民政府、国务院部委和中国人民解放军军以上单位，以及外国组织颁发的科学、教育、技术、文化、卫生、体育、环境保护等方面的奖金。

个人获得下列奖项的奖金收入，免征个人所得税：

（1）曾宪梓教育基金会教师奖；

（2）学生个人参与“长江小小科学家”活动和“明天小小科学家”活动获得的

考霸笔记

专项附加扣除在办理汇算清缴时减除。

考霸笔记

即劳务报酬所得、特许权使用费所得按收入的80%作为收入额；稿酬所得按收入的56%作为收入额。

考霸笔记

个人通过非营利的社会团体和国家机关向农村义务教育、公益性青少年活动场所、红十字会的捐赠，准予在缴纳个人所得税前的所得额中全额扣除。

需要关注的免征个人所得税的税收优惠有哪些?

奖金；

（3）联合国开发计划署和中国青少年发展基金会“国际青少年消除贫困奖”；

（4）中国青年乡镇企业家协会“母亲河（波司登）奖”；

（5）陈嘉庚基金会“陈嘉庚科学奖”；

（6）中国科学院“刘东生青年科学家奖”“刘东生地球科学奖学金”；

（7）中华全国总工会、科技部、人力资源和社会保障部“全国职工职业技能大赛”获奖者取得的奖金收入；

（8）中华环境保护基金会“中华宝钢环境优秀奖”；

（9）国土资源部、李四光地质科学奖基金“李四光地质科学奖”；

（10）国土资源部、黄汲清青年地质科学技术奖基金管理委员会“黄汲清青年地质科学技术奖”；

2.国债和国家发行的金融债券利息。

3.按照国家统一规定发给的补贴、津贴。

4.福利费、抚恤金、救济金。

5.保险赔款。

6.军人的转业费、复员费。

7.按照国家统一规定发给干部、职工的安家费、退职费、退休工资、离休工资、离休生活补助费。

8.依照我国有关法律的规定应予免税的各国驻华使馆、领事馆的外交代表、领事官员和其他人员的所得。

9.中国政府参加的国际公约以及签订的协议中规定免税的所得。

10.对乡、镇（含乡、镇）以上人民政府或经县（含县）以上人民政府主管部门批准成立的有机构、有章程的见义勇为基金或者类似性质组织，奖励见义勇为者的奖金或奖品，经主管税务机关核准，免征个人所得税。

11.（1）企业和个人按照省级以上人民政府规定的比例提取并缴付的住房公积金、医疗保险金、基本养老保险金、失业保险金，不计入个人当期的工资、薪金收入，免予征收个人所得税。

（2）超过规定的比例缴付的部分计征个人所得税。

（3）个人领取原提存的住房公积金、医疗保险金，基本养老保险金时，免予征收个人所得税。

12.对个人取得的教育储蓄存款利息所得以及国务院财政部门确定的其他专项储蓄存款或者储蓄性专项基金存款的利息所得，免征个人所得税。

13.（1）储蓄机构内从事代扣代缴工作的办税人员取得的扣缴利息税手续费所得，免征个人所得税。

（2）自2008年10月9日起，对居民储蓄存款利息，暂免征收个人所得税。

14.生育妇女按照县级以上人民政府根据国家有关规定制定的生育保险办法，取得的生育津贴、生育医疗费或其他属于生育保险性质的津贴、补贴，免征个人所得税。

15.对工伤职工及其近亲属按照《工伤保险条例》的规定取得的工伤保险待遇，免征个人所得税。

16.对个体工商户或个人，以及个人独资企业和合伙企业从事种植业、养殖业、饲养业和捕捞业（以下简称“四业”），取得的“四业”所得暂不征收个人所得税。（今年新增）

17.个人举报、协查各种违法、犯罪行为而获得的奖金。

18.个人办理代扣代缴税款手续，按规定取得的扣缴手续费。

19.个人转让自用达5年以上并且是唯一的家庭居住用房取得的所得。

20.对按《国务院关于高级专家离休退休若干问题的暂行规定》和《国务院办公厅关于杰出高级专家暂缓离休审批问题的通知》的精神，对达到离休、退休年龄，但确因工作需要，适当延长离休、退休年龄的高级专家，在延长离休、退休期间取得的工资、薪金所得，视同退休工资、离休工资免征个人所得税。

考霸笔记

高级专家从其劳动人事关系所在单位之外的其他地方取得的培训费、讲课费、顾问费、稿酬等各种收入，应缴纳个人所得税。

21.外籍个人从外商投资企业取得的股息、红利所得。

22.凡符合下列条件之一的外籍专家取得的工资、薪金所得可免征个人所得税：

（1）根据世界银行的专项贷款协议由世界银行直接派往我国工作的外国专家。

（2）联合国组织直接派往我国工作的专家。

（3）为联合国援助项目来华工作的专家。

（4）援助国派往我国专为该国无偿援助项目工作的专家。

（5）根据两国政府签订文化交流项目来华工作2年以内的文教专家，其工资、薪金所得由该国负担的。

（6）根据我国大专院校国际交流项目来华工作2年以内的文教专家，其工资、薪金所得由该国负担的。

（7）通过民间科研协定来华工作的专家，其工资、薪金所得由该国政府机构负担的。

23.股权分置改革中非流通股股东通过对价方式向流通股股东支付的股份、现金等收入，暂免征收流通股股东应缴纳的个人所得税。

24.对被拆迁人按照国家有关城镇房屋拆迁管理办法规定的标准取得的拆迁补偿款，免征个人所得税。

25.对个人投资者从投保基金公司取得的行政和解金，暂免征收个人所得税。

26.对个人转让上市公司股票取得的所得暂免征收个人所得税。

27.个人从公开发行和转让市场取得的上市公司股票，持股期限超过1年的，股息红利所得暂免征收个人所得税；持股期限在1个月以内（含1个月）的，其股息红利所得全额计入应纳税所得额；持股期限在1个月以上至1年（含1年）的，暂减按50%计入应纳税所得额；上述所得统一适用20%的税率计征个人所得税。

全国中小企业股份转让系统挂牌公司股息红利差别化个人所得税政策也按此政策执行。

28.个人取得的下列中奖所得，暂免征收个人所得税：

（1）单张有奖发票奖金所得不超过800元（含800元）的，暂免征收个人所得税；超过800元的，全额按“偶然所得”征税。

（2）购买社会福利有奖募捐奖券、体育彩票一次中奖收入不超过10 000元的，暂免征收个人所得税；对一次中奖收入超过10 000元的，应按税法的规定全额征税。

29.乡镇企业的职工和农民取得的青苗补偿费，属种植业的收益范围，同时，也属经济损失的补偿性收入，暂不征收个人所得税。

30.对由亚洲开发银行支付给我国公民或国民的薪金和津贴，凡经亚洲开发银行确认这些人员为亚洲开发银行雇员或执行项目专家的，其取得的符合我国税法规定的有关薪金和津贴等报酬，免征个人所得税。

31.自原油期货对外开放之日起，对境外个人投资者投资中国境内原油期货取得的所得，三年内暂免征收个人所得税。

32.自2018年1月1日至2020年12月31日，对易地扶贫搬迁贫困人口按规定取得的住房建设补助资金、拆旧复垦奖励资金等与易地扶贫搬迁相关的货币化补偿和易地扶贫搬迁安置住房（以下简称安置住房），免征个人所得税。

33.经国务院财政部门批准免税的所得。

二、减征个人所得税的优惠

1.残疾、孤老人员和烈属的所得。

2.因严重自然灾害造成重大损失的。

3.国务院可以规定其他减税情形，报全国人民代表大会常务委员会备案。

例5-2·多选题

下列项目不得享受个人所得税减免税优惠的有（ ）。

A.外籍个人从外商投资企业取得的股息、红利所得

B.国债转让收入

C.个人取得的保险赔款

D.个人取得的企业债券利息收入

【答案】BD

例5-3·2009年多选题

下列有关个人所得税税收优惠的表述中，正确的有（ ）。

A.国债利息和保险赔款免征个人所得税

B.个人领取原提存的住房公积金免征个人所得税

C.残疾、孤老人员和烈属的所得可以减征个人所得税

D.外籍个人按合理标准取得的境内、外出差补贴暂免个人所得税

【答案】ABCD

第四节 境外所得的税额扣除

考霸笔记

从同一国家取得的所得，各项目需要先分别计算各自的抵免限额，然后将各项目的抵免限额相加，和在该国已缴纳的税额合计比较，从而确定是否应补缴个人所得税。

税法规定，居民个人从中国境外取得的所得，可以从其应纳税额中抵免已在境外缴纳的个人所得税税额，但抵免额不得超过该纳税人境外所得依照本法规定计算的应纳税额。计算境外税款扣除限额采用的是分国分项计算、分国加总的方法。

（1）已在境外缴纳的个人所得税税额：是指居民个人来源于中国境外的所得，依照该所得来源国家（地区）的法律应当缴纳并且实际已经缴纳的所得税税额。

（2）纳税人境外所得依照规定计算的应纳税额：是居民个人抵免已在境外缴纳的综合所得、经营所得以及其他所得的所得税税额的限额（以下简称抵免限额）。

除国务院财政、税务主管部门另有规定外，来源于中国境外一个国家（地区）的综合所得抵免限额、经营所得抵免限额以及其他所得抵免限额之和，为来源于该国家（地区）所得的抵免限额。

$$\text{某国家（地区）所得的抵免限额}=\text{该国家（地区）综合所得抵免限额}+\text{经营所得抵免限额}+\text{其他所得抵免限额}$$

（3）居民个人在中国境外一个国家（地区）实际已经缴纳的个人所得税税额，低于依照前款规定计算出的来源于该国家（地区）所得的抵免限额的，应当在中国缴纳差额部分的税款；超过来源于该国家（地区）所得的抵免限额的，其超过部分不得在本纳税年度的应纳税额中抵免，但是可以在以后纳税年度来源于该国家（地区）所得的抵免限额的余额中补扣。补扣期限最长不得超过5年。

（4）居民个人申请抵免已在境外缴纳的个人所得税税额，应当提供境外税务机关出具的税款所属年度的有关纳税凭证。

【总结】分国分项分国加总，缴多不退缴少补足。

第五节　应纳税额的计算

一、居民个人综合所得应纳税额的计算

居民个人取得综合所得应纳税额的计算公式：

$$\text{综合所得应纳税额}=(\text{全年收入额}-60\,000\text{元}-\text{专项扣除}-\text{专项附加扣除}-\text{其他扣除})\times\text{适用税率}-\text{速算扣除数}$$

其中：

$$\text{全年收入额}=\text{工资、薪金所得}+\text{劳务报酬所得}\times 80\%+\text{稿酬所得}\times 80\%\times 70\%+\text{特许权使用费所得}\times 80\%$$

【提示】适用税率和速算扣除数按“年度综合所得税率表”（见表5-6）确定。

【案例5-2】假定某居民个人王某2019年取得工资、薪金收入120 000元，劳务报酬收入10 000元，稿酬所得8 000元，特许权使用费所得30 000元，每月扣除“四险一金”2 000元，每月可享受专项附加扣除4 000元，不享受其他附加扣除。则：

$$\text{综合所得应纳税所得额}=120\,000+10\,000\times 80\%+8\,000\times 56\%+30\,000\times 80\%-60\,000-2\,000\times 12-4\,000\times 12$$

$$=24\,480\text{（元）}$$

综合所得应纳税额=24 480×3%=734.4（元）

二、非居民个人取得工资、薪金所得、劳务报酬所得、稿酬所得和特许权使用费所得应纳税额的计算

非居民个人取得工资、薪金所得应纳税额的计算公式：

工资、薪金所得应纳税额=(每月收入-5 000)×适用税率-速算扣除数

非居民个人取得劳务报酬所得、特许权使用费所得应纳税额的计算公式：

劳务报酬所得、特许权使用费所得应纳税额=每次收入×80%×适用税率-速算扣除数

非居民个人取得稿酬所得应纳税额的计算公式：

稿酬所得应纳税额=每次收入×80%×70%×适用税率-速算扣除数

第五章

如何计算居民个人综合所得应纳税额?

6273

如何计算非居民个人取得工资、薪金所得、劳务报酬所得、稿酬所得和特许权使用费所得应纳税额?

6274

考霸笔记

（1）非居民个人只有工资、薪金所得可以减除费用5 000元/月；（2）非居民个人不享受专项扣除、专项附加扣除和其他扣除。

【提示】适用税率和速算扣除数按“月度综合所得税率表”（见表5-7）确定。

【案例5-3】假定某非居民个人韩某2019年1月取得工资、薪金收入10 000元，劳务报酬收入10 000元，稿酬所得8 000元，特许权使用费所得30 000元，则：

工资、薪金所得应纳税额=（10 000-5 000）×10%-210=290（元）

劳务报酬所得应纳税额=10 000×80%×10%-210=590（元）

稿酬所得应纳税额=8 000×80%×70%×10%-210=238（元）

特许权使用费所得应纳税额=30 000×80%×20%-1 410=3 390（元）

如何计算经营所得应纳税额?

三、经营所得应纳税额的计算

经营所得应纳税额的计算公式：

应纳税额=(全年收入总额－成本、费用以及损失)×适用税率－速算扣除数

【提示】适用税率和速算扣除数按“经营所得税率表”（见表5-8）确定。

（一）个体工商户应纳税额的计算

1.计税基本规定

应纳税所得额＝全年收入总额－成本－费用－税金－损失－其他支出－允许弥补的以前年度亏损

（1）全年收入总额：指从事生产经营以及与生产经营有关的活动取得的货币形式和非货币形式的各项收入。包括：销售货物收入、提供劳务收入、转让财产收入、利息收入、租金收入、接受捐赠收入、其他收入。

其他收入包括：资产溢余收入、逾期一年以上未退包装物押金收入、确实无法偿付的应付款项、已作坏账损失处理后又收回的应收款项、债务重组收入、补贴收入、违约金收入、汇兑收益等。

（2）成本：是指个体工商户在生产经营活动中发生的销售成本、销货成本、业务支出以及其他耗费。

（3）费用：是指个体工商户在生产经营活动中发生的销售费用、管理费用和财务费用。（已经计入成本的有关费用除外）

（4）税金：是指个体工商户在生产经营活动中发生的除个人所得税和允许抵扣的增值税以外的各项税金及附加。

考霸笔记

个体工商户发生的损失，减除责任人赔偿和保险赔款后的余额后按规定税前扣除；已作损失处理的资产，在以后年度又全部或部分收回的，应计入收回当期的收入。

（5）损失：是指个体工商户在生产经营活动中发生的固定资产和存货的盘亏、毁损、报废损失，转让财产损失，坏账损失，自然灾害等不可抗力因素造成的损失以及其他损失。

（6）其他支出：是指除成本、费用、税金、损失外，个体工商户在生产经营活动中发生的与生产经营活动有关的、合理的支出。

（7）个体工商户发生的支出应当区分收益性支出和资本性支出。收益性支出在发生当期直接扣除；资本性支出应当分期扣除或者计入有关资产成本，不得在发生当期直接扣除。

如何确定个体工商户的支出是否能够税前扣除?

（8）个体工商户下列支出不得扣除：

①个人所得税税款；

②税收滞纳金；

③罚金、罚款和被没收财物的损失；（合同违约金可以扣除）

④不符合扣除规定的捐赠支出；

⑤赞助支出；

⑥用于个人和家庭的支出；

⑦与取得生产经营收入无关的其他支出；

⑧国家税务总局规定不准扣除的支出。

（9）个体工商户在生产经营活动中，应当分别核算生产经营费用和个人、家庭费用。对于生产经营与个人、家庭生活混用难以分清的费用，其40%视为与生产经营有关的费用准予扣除。

考霸笔记

个人独资企业生产经营与个人、家庭生活混用难以分清的费用，一律不得扣除。

（10）个体工商户纳税年度发生的亏损，准予向以后年度结转，用以后年度的生产经营所得弥补，但结转年限最长不得超过5年。

（11）个体工商户与企业联营而分得的利润，按“利息、股息、红利所得”项目征税。

（12）个体工商户和从事生产、经营的个人，取得与生产、经营活动无关的各项应税所得，应按规定分别计算征收个人所得税。

2.扣除项目及标准（见表5-12）

表5-12 扣除项目及标准

扣除项目	标 准
工资、薪金	（1）实际支付给从业人员的、合理的工资薪金支出，准予扣除 （2）个体工商户业主的工资薪金支出不得税前扣除；业主的费用扣除标准为60 000元/年
五险一金	按照国务院有关主管部门或者省级人民政府规定的范围和标准为其业主和从业人员缴纳的基本养老保险费、基本医疗保险费、失业保险费、生育保险费、工伤保险费和住房公积金，准予扣除
补充养老保险费、补充医疗保险费	（1）为从业人员缴纳的补充养老保险费、补充医疗保险费，分别在不超过从业人员工资总额5%标准内的部分据实扣除；超过部分，不得扣除 （2）业主本人缴纳的补充养老保险费、补充医疗保险费，以当地（地级市）上年度社会平均工资的3倍为计算基数，分别在不超过该计算基数5%标准内的部分据实扣除；超过部分，不得扣除
商业保险费	除依照国家有关规定为特殊工种从业人员支付的人身安全保险费和财政部、国家税务总局规定可以扣除的其他商业保险费外，个体工商户业主本人或者为从业人员支付的商业保险费，不得扣除
借款费用	（1）在生产经营活动中发生的合理的不需要资本化的借款费用，准予扣除 （2）个体工商户为购置、建造固定资产、无形资产和经过12个月以上的建造才能达到预定可销售状态的存货发生借款的，在有关资产购置、建造期间发生的合理的借款费用应当作为资本性支出计入有关资产的成本，并依照本办法的规定扣除

续表

扣除项目	标　准
利息支出	(1) 向金融企业借款的利息支出，准予扣除 (2) 向非金融企业和个人借款的利息支出，不超过按照金融企业同期同类贷款利率计算的数额的部分，准予扣除
汇兑损失	个体工商户在货币交易中，以及纳税年度终了时将人民币以外的货币性资产、负债按照期末即期人民币汇率中间价折算为人民币时产生的汇兑损失，除已经计入有关资产成本部分外，准予扣除
工会经费	在工资薪金总额的2%的标准内，据实扣除
职工福利费	在工资薪金总额的14%的标准内，据实扣除
职工教育经费	在工资薪金总额的2.5%的标准内，据实扣除；超过部分，准予在以后纳税年度结转扣除 （此比例与企业所得税不同）
业务招待费	(1) 按照实际发生额的60%扣除，但最高不得超过当年销售（营业）收入的5‰ （按两者孰低扣除） (2) 业主自申请营业执照之日起至开始生产经营之日止所发生的业务招待费，按照实际发生额的60%计入个体工商户的开办费
广告费和业务宣传费	不超过当年销售（营业）收入15%的部分，可以据实扣除；超过部分，准予在以后纳税年度结转扣除
税款	个体工商户代其从业人员或者他人负担的税款，不得税前扣除
摊位费、行政性收费、协会会费等	个体工商户按照规定缴纳的摊位费、行政性收费、协会会费等，按实际发生数额扣除
固定资产租赁费	(1) 以经营租赁方式租入固定资产发生的租赁费支出，按照租赁期限均匀扣除 (2) 以融资租赁方式租入固定资产发生的租赁费支出，按照规定构成融资租入固定资产价值的 部分应当提取折旧费用，分期扣除
财产保险	个体工商户参加财产保险，按照规定缴纳的保险费，准予扣除
劳动保护支出	个体工商户发生的合理的劳动保护支出，准予扣除
开办费	可以选择在开始生产经营的当年一次性扣除，也可自生产经营月份起在不短于3年的期限内摊销扣除，但一经选定，不得改变
捐赠支出	(1) 通过公益性社会团体或者县级以上人民政府及其部门，用于《中华人民共和国公益事业捐赠法》规定的公益事业的捐赠，捐赠额不超过其应纳税所得额30%的部分可以据实扣除，财政部、国家税务总局规定可以全额在税前扣除的捐赠支出项目，按有关规定执行 (2) 直接对受益人的捐赠不得扣除
赞助支出	指与生产经营活动无关的各种非广告性质的支出，不得扣除
开发费用	研究开发新产品、新技术、新工艺所发生的开发费用，以及研究开发新产品、新技术而购置单台价值在10万元以下的测试仪器和试验性装置的购置费准予直接扣除；单台价值在10万元以上（含10万元）的测试仪器和试验性装置，按固定资产管理，不得在当期直接扣除

考霸笔记

常见的可以全额在税前扣除的捐赠支出有：
(1) 红十字会；
(2) 农村义务教育；
(3) 青少年活动场所；
(4) 汶川地震受灾地区。

考霸笔记

(1) 工资、薪金总额指允许在当期税前扣除的工资、薪金支出数额。
(2) 个体工商户业主本人向当地工会组织缴纳工会经费、实际发生的职工福利费支出、职工教育经费支出，以当地（地级市）上年度社会平均工资的3倍为计算基数，在比例内据实扣除。

考霸笔记

(1) 开办费：指个体工商户自申请营业执照之日起至开始生产经营之日止所发生符合本办法规定的费用（除为取得固定资产、无形资产的支出，以及应计入资产价值的汇兑损益、利息支出外）；
(2) 开始生产经营之日为个体工商户取得第一笔销售（营业）收入的日期。

如何区分各类捐赠支出的扣除标准?

例 5-4 · 单选题

下列关于个体工商户的生产、经营所得的计税方法，正确的是（　　）。

A. 为业主缴纳的补充养老保险、补充医疗保险，分别在不超过其工资总额 5% 标准内的部分据实扣除

B. 生产经营费用，个人家庭费用难以分清的，60% 视为生产经营费用准予扣除

C. 公益性捐赠，不超过其应纳税所得额 12% 的部分可以据实扣除

D. 个体工商户代其从业人员或者他人负担的税款，不得税前扣除

【答案】D

【解析】选项 A，业主本人缴纳的补充养老保险费、补充医疗保险费，以当地上年度社会平均工资的 3 倍为计算基数，分别在不超过该计算基数 5% 标准内的部分据实扣除。选项 B，对于生产经营与个人、家庭生活混用难以分清的费用，其 40% 视为与生产经营有关费用，准予扣除。选项 C，公益性捐赠，捐赠额不超过其应纳税所得额 30% 的部分可以据实扣除。

（二）个人独资企业和合伙企业应纳税额的计算

1. 查账征收

（1）自 2019 年 1 月 1 日起，个人独资企业和合伙企业投资者的生产经营所得依法计征个人所得税时，个人独资企业和合伙企业投资者本人的费用扣除标准统一确定为 60 000 元/年，即 5 000 元/月。投资者的工资不得在税前扣除。

（2）投资者及其家庭发生的生活费用不允许在税前扣除。投资者及其家庭发生的生活费用与企业生产经营费用混合在一起，并且难以划分的，全部视为投资者个人及其家庭发生的生活费用，不允许在税前扣除。

考霸笔记：此处需要和个体工商户进行区分，个体工商户生产经营和家庭生活混用的，可以扣除 40%。

（3）企业生产经营和投资者及其家庭生活共用的固定资产，难以划分的，由主管税务机关根据企业的生产经营类型、规模等具体情况，核定准予在税前扣除的折旧费用的数额或比例。

（4）企业向其从业人员实际支付的合理的工资、薪金支出，允许在税前据实扣除。

（5）企业拨缴的工会经费、发生的职工福利费、职工教育经费支出分别在工资薪金总额 2%、14%、2.5% 的标准内据实扣除。

（6）每一纳税年度发生的广告费和业务宣传费用不超过当年销售（营业）收入 15% 的部分，可据实扣除；超过部分，准予在以后纳税年度结转扣除。

（7）每一纳税年度发生的与其生产经营业务直接相关的业务招待费支出，按照发生额的 60% 扣除，但最高不得超过当年销售（营业）收入的 5‰。

（8）企业计提的各种准备金不得扣除。

（9）企业的年度亏损，允许用本企业下一年度的生产经营所得弥补，下一年度所得不足弥补的，允许逐年延续弥补，但最长不得超过 5 年。

（（4）～（9）项和个体工商户的规定一致）

（10）投资者兴办两个或两个以上企业，并且企业性质全部是独资的，年度终了后，汇算清缴时，应纳税款的计算按以下方法进行：

①汇总其投资兴办的所有企业的经营所得作为应纳税所得额；

投资者同时兴办两个及以上个人独资企业如何计算经营所得应纳税额？

应纳税所得额 = $\sum$各个企业的经营所得

②根据应纳税所得额确定适用税率，计算出全年经营所得的应纳税额：

应纳税额 = 应纳税所得额 × 税率 − 速算扣除数

③根据每个企业的经营所得占所有企业经营所得的比例，分别计算出每个企业的应纳税额和应补缴税额：

本企业应纳税额 = 应纳税额 × 本企业的经营所得 ÷ $\sum$各个企业的经营所得

本企业应补缴的税额 = 本企业应纳税额 − 本企业预缴的税额

（11）投资者兴办两个或两个以上企业的，根据前述规定准予扣除的个人费用，由投资者选择在其中一个企业的生产经营所得中扣除。

（12）投资者兴办两个或两个以上企业的，企业的年度经营亏损不能跨企业弥补。

（13）投资者来源于中国境外的生产经营所得，已在境外缴纳所得税的，可以按照个人所得税法的有关规定计算扣除已在境外缴纳的所得税。

2.核定征收

（1）核定征收方式：包括定额征收、核定应税所得率征收以及其他合理的征收方式。

（2）有下列情形之一的，主管税务机关应采取核定征收方式征收个人所得税：

①企业依照国家有关规定应当设置但未设置账簿的；

②企业虽设置账簿，但账目混乱或者成本资料、收入凭证、费用凭证残缺不全，难以查账的；

③纳税人发生纳税义务，未按照规定的期限办理纳税申报，经税务机关责令限期申报，逾期仍不申报的。

（3）实行核定应税所得率征收方式的，应纳所得税额的计算公式如下：

应纳所得税额 = 应纳税所得额 × 适用税率

应纳税所得额 = 收入总额 × 应税所得率 = 成本费用支出额 ÷（1 − 应税所得率）× 应税所得率

其中，应税所得率的确定见表5-13。

考霸笔记

企业经营多业的，无论其经营项目是否单独核算，都按主营项目确定其适用的应税所得率。

表5-13 个人所得税核定征收应税所得率

行 业	应税所得率
工业、交通运输业、商业	5% ~ 20%
建筑业、房地产开发业	7% ~ 20%
饮食服务业	7% ~ 25%
娱乐业	20% ~ 40%
其他行业	10% ~ 30%

（4）实行核定征税的投资者，不能享受个人所得税的优惠政策。

（5）实行查账征税方式的个人独资企业和合伙企业改为核定征税方式后，在查账征税方式下认定的年度经营亏损未弥补完的部分，不得再继续弥补。

（6）个体工商户、个人独资企业和合伙企业因在纳税年度中间开业、合并、注销及其他原因，导致该纳税年度的实际经营期不足1年的，对个体工商户业主、个人独资企业投资者与合伙企业自然人和合伙人的生产经营所得计算个人所得税时，以其实际经营期为1个纳税年度。

投资者本人的费用扣除标准，应按照其实际经营月份数，以每月5 000元的减除标准确定。

当年投资者本人的费用扣除额＝月减除费用（5 000元/月）×当年实际经营月份数

3.无论是查账征税的，还是核定征税的个人独资企业和合伙企业，都适用的税法规定：

（1）个人独资企业和合伙企业对外投资分回的利息或者股息、红利，不并入企业的收入，而应单独作为投资者个人取得的利息、股息、红利所得，按“利息、股息、红利所得”应税项目计算缴纳个人所得税。

（2）残疾人员投资兴办或参与投资兴办个人独资企业和合伙企业的，残疾人员取得的经营所得，符合各省、自治区、直辖市人民政府规定的减征个人所得税条件的，经本人申请、主管税务机关审核批准，可按各省、自治区、直辖市人民政府规定减征的范围和幅度，减征个人所得税。

（3）企业进行清算时，投资者应当在注销工商登记之前，向主管税务机关结清有关税务事宜。企业的清算所得应当视为年度生产经营所得，由投资者依法缴纳个人所得税。

所称清算所得，是指企业清算时的全部资产或者财产的公允价值扣除各项清算费用损失、负债、以前年度留存的利润后，超过实缴资本的部分。

（4）企业在纳税年度的中间开业，或者由于合并、关闭等原因，使该纳税年度的实际经营期不足12个月的，应当以其实际经营期为一个纳税年度。

第五章

如何计算财产租赁所得应纳税额?

四、财产租赁所得应纳税额的计算

1.个人出租财产取得的财产租赁收入（包括个人将承租房屋转租取得的租金收入），在计算缴纳个人所得税时，应依次扣除以下费用：

考霸笔记

需要注意扣除顺序，判断每次收入是否超过4 000元（应按扣除前三项后的金额计算确定）

（1）财产租赁过程中缴纳的税金和国家能源交通重点建设基金、国家预算调节基金、教育费附加。（需有完税（缴款）凭证）

（2）向出租方支付的租金。（需有房屋租赁合同和合法支付凭据）

考霸笔记

针对个人将承租的房屋后转租的情形。

（3）由纳税人负担的该出租财产实际开支的修缮费用：允许扣除的修缮费用，以每次800元为限；一次扣除不完的，准予在下次继续扣除，直至扣完为止。

考霸笔记

能提供有效、准确凭证。

（4）税法规定的费用扣除标准：每次收入不超过4 000元，定额减除费用800元；每次收入4 000元以上的，定率减除20%费用。

2.应纳税所得额的计算公式：

（1）每次（月）收入不超过4 000元的：

应纳税所得额＝每次（月）收入额－准予扣除项目－修缮费用（以800元为限）－800（法定扣除）

（2）每次（月）收入超过4 000元的：

应纳税所得额＝［每次（月）收入额－准予扣除项目－修缮费用（以800元为限）］×（1－20%）

3.财产租赁所得适用20%的比例税率。但对个人按市场价格出租的居民住房取得的所得，自2001年1月1日起暂减按10%的税率征收个人所得税。应纳税额的计算公式为：

应纳税额＝应纳税所得额×适用税率

例5-5 · 多选题

中国居民个人高某于2019年1月将一套自有住房按市场价格出租给王某居住。高某每月取得不含税租金4 500元，当月发生房屋修缮费用1 000元（可以提供有效凭证），假定不考虑其他税费，则下列表述正确的有（　　）。

A.高某在1月应纳个人所得税290元

B.高某在1月应纳个人所得税580元

C.高某在2月应纳个人所得税720元

D.高某在2月应纳个人所得税344元

【答案】AD

【解析】高某在1月应缴纳个人所得税=（4 500-800-800）×10%=290（元）；高某在2月应缴纳个人所得税=（4 500-200）×（1-20%）×10%=344（元）。

五、财产转让所得应纳税额的计算

（一）一般情况下财产转让所得应纳税额的计算

财产转让所得应纳税额的计算公式为：

应纳税额=(收入总额－财产原值－合理税费)×20%

（二）个人住房转让所得应纳税额的计算

1.收入总额：以实际成交价格为转让应税收入（不含增值税）。纳税人申报的住房成交价格明显低于市场价格且无正当理由的，征收机关依法有权根据有关信息核定其转让收入，但必须保证各税种计税价格一致。

2.财产原值和合理税费：纳税人可凭原购房合同、发票等有效凭证，经税务机关审核后，允许从其转让收入中减除房屋原值、转让住房过程中缴纳的税金及有关合理费用，具体规定见表5-14。

如何确定财产原值和合理税费?

表5-14　财产原值和合理税费的确定

扣除项目	要　求
房屋原值	（1）商品房：购置该房屋时实际支付的房价款及缴纳的相关税费 （2）自建住房：实际发生的建造费用及建造和取得产权时实际缴纳的相关税费 （3）经济适用房（含集资合作建房、安居工程住房）：原购房人实际支付的房价款及相关税费，以及按规定缴纳的土地出让金 （4）已购公有住房：原购公有住房标准面积按当地经济适用房价格计算的房价款，加上原购公有住房超标准面积实际支付的房价款以及按规定向财政部门（或原产权单位）缴纳的所得收益及相关税费 （5）城镇拆迁安置住房： ①房屋拆迁取得货币补偿后购置房屋的，为购置该房屋实际支付的房价款及缴纳的相关税费 ②房屋拆迁采取产权调换方式的，所调换房屋原值为《房屋拆迁补偿安置协议》注明的价款及缴纳的相关税费 ③房屋拆迁采取产权调换方式，被拆迁人除取得所调换房屋，又取得部分货币补偿的，所调换房屋原值为《房屋拆迁补偿安置协议》注明的价款和缴纳的相关税费，减去货币补偿后的余额 ④房屋拆迁采取产权调换方式，被拆迁人取得所调换房屋，又支付部分货币的，所调换房屋原值为《房屋拆迁补偿安置协议》注明的价款，加上所支付的货币及缴纳的相关税费

续表

扣除项目	要　求
转让住房过程中缴纳的税金	纳税人在转让住房时实际缴纳的城市维护建设税、教育费附加、土地增值税、印花税等税金 （不包括本次转让缴纳的增值税）
合理费用	（1）住房装修费用：纳税人能提供实际支付装修费用的税务统一发票，并且发票上所列付款人姓名与转让房屋产权人一致的，经税务机关审核，其转让的住房在转让前实际发生的装修费用，可在以下规定比例内扣除： ①已购公有住房、经济适用房：最高扣除限额为房屋原值的15% ②商品房及其他住房：最高扣除限额为房屋原值的10% （纳税人原购房为装修房，即合同注明房价款中含有装修费的，不得再重复扣除装修费用） （2）住房贷款利息：纳税人出售以按揭贷款方式购置的住房，其向贷款银行实际支付的住房贷款利息，凭贷款银行出具的有效证明据实扣除 （3）手续费、公证费等费用：纳税人按照有关规定支付的手续费、公证费等，凭有关部门出具的有效证明据实扣除

3.纳税人未提供完整、准确的房屋原值凭证，不能正确计算房屋原值和应纳税额的，税务机关可根据《税收征收管理法》第三十五条的规定，对其实行核定征税，即按纳税人住房转让收入的一定比例核定应纳个人所得税税额。具体比例由省级地方税务局或者省级地方税务局授权的地市级地方税务局根据纳税人出售住房的所处区域、地理位置、建造时间、房屋类型、住房平均价格水平等因素，在住房转让收入1%～3%的幅度内确定。

4.关于个人转让离婚析产房屋的征税问题：

（1）通过离婚析产的方式分割房屋产权是夫妻双方对共同共有财产的处置，个人因离婚办理房屋产权过户手续，不征收个人所得税。

（2）个人转让离婚析产房屋所取得的收入，允许扣除其相应的财产原值和合理费用后，余额按照规定的税率缴纳个人所得税；其相应的财产原值，为房屋初次购置全部原值和相关税费之和乘以转让者占房屋所有权的比例。

（3）个人转让离婚析产房屋所取得的收入，符合家庭生活自用五年以上唯一住房的，可以申请免征个人所得税。

如何理解个人转让离婚析产房屋的征税问题？

考霸笔记

购置时间：按房屋产权证和契税完税证明上注明的时间孰早确定。

（三）个人转让股权应纳税额的计算

1.股权转让：指个人将股权转让给其他个人或法人的行为，包括以下情形：

（1）出售股权；

（2）公司回购股权；

（3）发行人首次公开发行新股时，被投资企业股东将其持有的股份以公开发行方式一并向投资者发售；

（4）股权被司法或行政机关强制过户；

（5）以股权对外投资或进行其他非货币性交易；

（6）以股权抵偿债务；

（7）其他股权转移行为。

2.个人股权转让所得应纳税额的计算公式为：

应纳税额 =（股权转让收入 - 股权原值 - 合理税费）× 20%

（1）股权转让收入：指转让方因股权转让而获得的现金、实物、有价证券和其他形式的经济利益。

①转让方取得与股权转让相关的各种款项，包括违约金、补偿金以及其他名目的款项、资产、权益等，均应当并入股权转让收入。

②纳税人按照合同的约定，在满足约定条件后取得的后续收入，应当作为股权转让收入。

③股权转让收入应当按照公平交易原则确定，具体规定见表5-15。

表5-15 股权转让收入的确定

事　项	情形（符合下列条件之一）
主管税务机关可以核定股权转让收入的	a.申报的股权转让收入明显偏低且无正当理由的 b.未按照规定期限办理纳税申报，经税务机关责令限期申报，逾期仍不申报的 c.转让方无法提供或拒不提供股权转让收入的有关资料 d.其他应核定股权转让收入的情形
视为股权转让收入明显偏低的	a.申报的股权转让收入低于股权对应的净资产份额的。其中，被投资企业拥有土地使用权、房屋、房地产企业未销售房产、知识产权、探矿权、采矿权、股权等资产的，申报的股权转让收入低于股权对应的净资产公允价值份额的 b.申报的股权转让收入低于初始投资成本或低于取得该股权所支付的价款及相关税费的 c.申报的股权转让收入低于相同或类似条件下同一企业同一股东或其他股东股权转让收入的 d.申报的股权转让收入低于相同或类似条件下同类行业的企业股权转让收入的 e.不具合理性的无偿让渡股权或股份 f.主管税务机关认定的其他情形
视为股权转让收入明显偏低，但有正当理由的	a.能出具有效文件，证明被投资企业因国家政策调整，生产经营受到重大影响，导致低价转让股权 b.继承或将股权转让给其能提供具有法律效力身份关系证明的配偶、父母、子女、祖父母、外祖父母、孙子女、外孙子女、兄弟姐妹以及对转让人承担直接抚养或者赡养义务的抚养人或者赡养人 c.相关法律、政府文件或企业章程规定，并有相关资料充分证明转让价格合理且真实的本企业员工持有的不能对外转让股权的内部转让 d.股权转让双方能够提供有效证据证明其合理性的其他合理情形

④主管税务机关核定股权转让收入的，应依次按照下列方法：净资产核定法→类比法→其他合理方法。

（2）股权原值的确认，见表5-16。

表5-16　股权原值的确认

股权取得方式	股权原值
以现金出资	股权原值=实际支付的价款+与取得股权直接相关的合理税费
以非货币性资产出资	股权原值=税务机关认可或核定的投资人股时非货币性资产价格+与取得股权直接相关的合理税费
通过无偿让渡方式取得股权	具备“继承或将股权转让给其能提供具有法律效力身份关系证明的配偶、父母、子女、祖父母、外祖父母、孙子女、外孙子女、兄弟姐妹以及对转让人承担直接抚养或者赡养义务的抚养人或者赡养人”情形的： 股权原值=取得股权发生的合理税费+原持有人的股权原值
被投资企业以资本公积、盈余公积、未分配利润转增股本，个人股东已依法缴纳个人所得税的	新增股本的股权原值=转增额+相关税费
其他	由主管税务机关按照避免重复征收个人所得税的原则合理确认股权原值

考霸笔记
个人多次取得同一被投资企业股权的，转让部分股权时，采用“加权平均法”确定其股权原值。

3.个人股权转让所得个人所得税：以股权转让方为纳税人，以受让方为扣缴义务人。

扣缴义务人应于股权转让相关协议签订后5个工作日内，将股权转让相关情况报告主管税务机关。

（四）个人转让债券类债权时原值的确定

如何确定个人转让债券类债权原值?

转让债券类债权，采用“加权平均法”确定其应予减除的财产原值和合理费用。具体计算公式为：

$$\text{一次卖出某一种类债券允许扣除的买入价和费用}=\text{购进的该种类债券买入价和买进过程中缴纳的税费总和}\times\frac{\text{一次卖出的该种类债券的数量}}{\text{购进的该种类债券总数量}}+\text{卖出该种类债券过程中缴纳的税费}$$

六、利息、股息、红利所得和偶然所得应纳税额的计算

如何计算全年一次性奖金应纳个人所得税额？

利息、股息、红利所得和偶然所得应纳税额的计算公式为：

应纳税额 = 每次收入额 × 20%

第六节　应纳税额计算中的特殊问题处理

一、关于全年一次性奖金、中央企业负责人年度绩效薪金延期兑现收入和任期奖励的规定

考霸笔记
一次性奖金也包括年终加薪、实行年薪制和绩效工资办法的单位根据考核情况兑现的年薪和绩效工资。

1.全年一次性奖金

（1）居民个人取得全年一次性奖金，在2021年12月31日前，可选择不并入当年综合所得，按以下计税办法，由扣缴义务人在发放时代扣代缴：

①将居民个人取得的全年一次性奖金，除以12个月，公式为：

$$\frac{\text{全年一次性奖金}}{12}=X$$

②按其商数X依照“月度综合所得税率表”（见表5-7）确定适用税率和速算扣除数。

③计算全年一次性奖金应纳税额，公式为：

应纳税额 = 全年一次性奖金 × 适用税率 - 速算扣除数

【案例5-4】假定中国居民个人赵某2019年1~12月每月取得工资、薪金所得8 000元（已扣除五险一金），12月又取得全年一次性奖金72 000元，赵某除工资、薪金所得外无其他综合所得，且不享受专项附加扣除和其他扣除，则赵某2019年应缴纳的个人所得税：

综合所得应纳税额=（8 000×12-60 000）×3%=1 080（元）

全年一次性奖金按12个月分摊后，每月奖金为6 000元（72 000÷12），适用税率10%，速算扣除数210元。

全年一次性奖金应纳税额=72 000×10%-210=6 990（元）

赵某2019年应缴纳个人所得税=1 080+6 990=8 070（元）

（2）在一个纳税年度内，对每一个纳税人，该计税办法只允许采用一次。

（3）居民个人取得除全年一次性奖金以外的其他各种名目奖金，如半年奖、季度奖、加班奖、先进奖、考勤奖等，一律与当月工资、薪金收入合并，按税法的规定缴纳个人所得税。

（4）居民个人取得全年一次性奖金，也可以选择并入当年综合所得计算纳税。

（5）自2022年1月1日起，居民个人取得全年一次性奖金，应并入当年综合所得计算缴纳个人所得税。

2.中央企业负责人年度绩效薪金延期兑现收入和任期奖励的规定

在2021年12月31日前，中央企业负责人任期结束后取得的绩效薪金40%部分和任期奖励，比照全年一次性奖金的方法处理；2022年1月1日后的政策另行明确。

考霸笔记

根据新个人所得税政策，计算全年一次性奖金时已不需要考虑当月工资薪金与费用扣除标准的差额。

二、雇主为雇员承担全年一次性奖金部分税款有关个人所得税的计算方法

1.雇主为雇员负担全年一次性奖金部分个人所得税款，属于雇员又额外增加了收入，应将雇主负担的这部分税款并入雇员的全年一次性奖金，换算为应纳税所得额后，按照规定方法计征个人所得税。

（1）雇主为雇员定额负担税款的应纳税额计算：

①应纳税所得额 = 雇员取得的全年一次性奖金 + 雇主替雇员定额负担的税款 - 当月工资薪金低于费用扣除标准的差额

②$\frac{\text{应纳税所得额}}{12}$ = X，X → 确定适用税率A%，速算扣除数a

③年终奖应纳税额 =（税后年终奖 + 定额负担的税款）× A% - a

（2）雇主为雇员按一定比例负担税款的应纳税额计算：

①$\frac{\text{未含雇主负担税款的全年一次性奖金}}{12}$ = X，X→确定适用税率A%，速算扣除数a

②$\text{应纳税所得额} = \frac{\text{未含雇主负担税款的全年一次性奖金} - \text{当月工资薪金低于费用扣除标准的差额} - \text{速算扣除数a} \times \text{雇主负担比例}}{1 - \text{适用税率A\%} \times \text{雇主负担比例}}$

③$\frac{应纳税所得额}{12}$ = Y，Y → 确定适用税率B%，速算扣除数b

④年终奖应纳税额 = 应纳税所得额 × B% − b

2.雇主为雇员负担的个人所得税税款，应属于个人工资、薪金的一部分。凡单独作为企业管理费列支的，在计算企业所得税时不得税前扣除。

三、对在中国境内无住所的个人一次取得数月奖金或年终加薪、劳动分红（以下称奖金，不包括应按月支付的奖金）的计税方法

1.一般情况

对在中国境内无住所的个人取得的奖金，可单独作为1个月的工资、薪金所得计算纳税。公式为：

应纳税额 = 奖金 × 适用税率 − 速算扣除数

【提示】（1）由于对每月的工资、薪金所得计税时已按月扣除了费用，因此对奖金不再减除费用，全额作为应纳税所得额；

（2）不按居住天数进行划分计算；

（3）适用税率和速算扣除数按“月度综合所得税率表”（见表5-7）确定；

（4）个人应在取得奖金月份的次月7日内申报纳税。

2.特殊情况

在中国境内无住所的个人在担任境外企业职务的同时，兼任该外国企业在华机构的职务，但并不实际或不经常到华履行其在华机构职务，对其一次取得的数月奖金中属于全月未在华的月份奖金，依照劳务发生地原则，可不作为来源于中国境内的奖金收入计算纳税；对其取得的有到华工作天数的各月份奖金，应全额依照上述方法计税。

四、关于重点群体创业就业有关个人所得税的规定

1.自2019年1月1日至2021年12月31日，对建档立卡贫困人口、持《就业创业证》或《就业失业登记证》的人员从事个体经营的，在3年内按每户每年12 000元为限额依次扣减其当年实际应缴纳的增值税、城市维护建设税、教育费附加、地方教育附加和个人所得税。限额标准最高可上浮20%，各省、自治区、直辖市人民政府可根据本地区实际情况在此幅度内确定具体限额标准。

2.上述税收优惠政策在2021年12月31日未享受满3年的，可继续享受至3年期满为止。

五、关于自主择业的军队转业干部和随军家属就业，以及自主就业退役士兵创业就业有关个人所得税的规定

1.对从事个体经营的军队转业干部和随军家属，自领取税务登记证之日起，3年内免征个人所得税。

2.2019年1月1日至2021年12月31日，对自主就业退役士兵从事个体经营的，自办理个体工商户登记当月起，在3年内按每户每年12 000元为限额依次扣减其当年实际应缴纳的增值税、城市维护建设税、教育费附加、地方教育附加和个人所得

税。限额标准最高可上浮20%，各省、自治区、直辖市人民政府可根据本地区实际情况在此幅度内确定具体限额标准。

3. 纳税人的实际经营期不足1年的，应当按月换算其减免税限额。换算公式为：

减免税限额 = 年度减免税限额 ÷ 12 × 实际经营月数

4. 城市维护建设税、教育费附加、地方教育附加的计税依据是享受本项税收优惠政策前的增值税应纳税额。

5. 上述税收优惠政策在2021年12月31日未享受满3年的，可继续享受至3年期满为止。

如何计算向职工低价销售住房应纳个人所得税?

六、企事业单位将自建住房以低于购置或建造成本价格销售给职工的个人所得税的征税规定

1. 根据住房制度改革政策的有关规定，国家机关、企事业单位及其他组织在住房制度改革期间，按照所在地县级以上人民政府规定的房改成本价格向职工出售公有住房，职工因支付的房改成本价格低于房屋建造成本价格或市场价格而取得的差价收益，免征个人所得税。

2. 除上述符合规定的情形外，单位按低于购置或建造成本价格出售住房给职工，职工因此而少支出的差价部分，不并入当年综合所得，按以下计税办法计算：

①将职工实际支付的购房价款低于该房屋的购置或建造成本价格的差额除以12个月，公式为：

$$\frac{\text{职工实际支付的购房价款低于该房屋的购置或建造成本价格的差额}}{12}=X$$

②按其商数X依照“月度综合所得税率表”（见表5-7）确定适用税率和速算扣除数。

③计算应纳税额，公式为：

$$\text{应纳税额}=\frac{\text{职工实际支付的购房价款低于该}}{\text{房屋的购置或建造成本价格的差额}}\times\text{适用税率}-\text{速算扣除数}$$

七、关于廉租住房的个人所得税规定

1. 对个人按《廉租住房保障办法》的规定取得的廉租住房货币补贴，免征个人所得税；不符合规定的补贴，应征收个人所得税。

2. 个人捐赠住房作为廉租住房的，捐赠额未超过其申报的应纳税所得额30%的部分准予从其应纳税所得额中扣除。

八、房屋赠与个人所得税的计算

1. 以下情形的房屋产权无偿赠与，对当事双方不征收个人所得税：

（1）房屋产权所有人将房屋产权无偿赠与配偶、父母、子女、祖父母、外祖父母、孙子女、外孙子女、兄弟姐妹；

（2）房屋产权所有人将房屋产权无偿赠与对其承担直接抚养或者赡养义务的抚养人或者赡养人；

（3）房屋产权所有人死亡，依法取得房屋产权的法定继承人、遗嘱继承人或者受遗赠人。

2.除上述情形以外，房屋产权所有人将房屋产权无偿赠与他人的，受赠人因无偿受赠房屋取得的受赠所得，按照“经国务院财政部门确定征税的其他所得”项目缴纳个人所得税，税率为20%。计算公式为：

应纳税额＝（房屋价值－赠与过程中受赠人支付的相关税费）×20%

【提示】房屋价值为房地产赠与合同上标明的赠与房屋的价格，如该价格明显低于市场价格或者合同未标明房屋价格的，税务机关可依据受赠房屋的市场评估价格或采取其他合理方式确定受赠人的应纳税所得额。

3.受赠人转让受赠房屋的，应按“财产转让所得”项目缴纳个人所得税，税率20%。计算公式为：

应纳税额＝（转让收入－原捐赠人取得该房屋的实际购置成本－赠与和转让过程中受赠人支付的相关税费）×20%

【提示】受赠人转让受赠房屋价格明显偏低且无正当理由的，税务机关可以依据该房屋的市场评估价格或其他合理方式确定的价格核定其转让收入。

例5-5·单选题

下列行为应计算缴纳个人所得税的是（　　）。

A.房屋产权所有人将房屋产权无偿赠与兄弟

B.房屋产权所有人将房屋产权无偿赠与赡养人

C.房屋产权所有人死亡，依法取得房屋产权的受遗赠人

D.房屋产权所有人将房屋产权无偿赠与侄女

【答案】D

例5-6·单选题

方某接受房产赠与，手续齐全、合法，赠与合同上注明该房产原值25万元，方某支付相关税费2.5万元。经税务机关评估，该房产市场价格为35万元。方某获赠房产应缴纳个人所得税（　　）万元。

A.2　　B.1.5　　C.7　　D.6.5

【答案】D

【解析】对受赠人无偿受赠房屋计征个人所得税时，其应纳税所得额为房地产赠与合同上标明的赠与房屋价值减除赠与过程中受赠人支付的相关税费后的余额；赠与合同上标明的房屋价值明显偏低于市场价格或者合同未标明房屋价格的，税务机关可依据受赠房屋的市场评估价格确定受赠人的应纳税所得额。方某获赠房产应缴纳个人所得税=（35-2.5）×20%=6.5（万元）。

九、关于外籍个人有关津贴的政策

如何理解外籍个人有关津贴的政策?

1.2019年1月1日至2021年12月31日期间，外籍个人符合居民个人条件的，可以选择享受个人所得税专项附加扣除，也可以选择享受住房补贴、语言训练费、子女教育费等津补贴免税优惠政策，但不得同时享受。外籍个人一经选择，在一个纳税年度内不得变更。

2. 自2022年1月1日起，外籍个人不再享受住房补贴、语言训练费、子女教育费津补贴免税优惠政策，应按规定享受专项附加扣除。

3. 上述可以享受免税优惠的外籍个人津贴包括：

（1）外籍个人以非现金形式或实报实销形式取得的住房补贴、伙食补贴、搬迁费、洗衣费。

（2）外籍个人按合理标准取得的境内、外出差补贴。

（3）外籍个人取得的探亲费、语言训练费、子女教育费等，经当地税务机关审核批准为合理的部分。

考霸笔记

探亲费：仅限于外籍个人在我国的受雇地与其家庭所在地（包括配偶或父母居住地）之间搭乘交通工具，且每年不超过两次的费用。

十、关于个人取得无赔款优待收入征税问题

1. 对于个人因任职单位缴纳有关保险费用而取得的无赔款优待收入，按照“其他所得”应税项目计征个人所得税。

2. 对于个人自己缴纳有关商业保险费（保费全部返还个人的保险除外）而取得的无赔款优待收入，不征收个人所得税。

十一、关于个人取得公务交通、通信补贴收入的征税问题

1. 个人因公务用车和通信制度改革而取得的公务用车、通信补贴收入，扣除一定标准的公务费用后，按照“工资、薪金所得”项目计征个人所得税。

2. 公务费用扣除标准，由省级地方税务局根据纳税人公务交通、通信费用实际发生情况调查测算，报经省级人民政府批准后确定，并报国家税务总局备案。

十二、关于国际组织驻华机构、外国政府驻华使领馆和驻华新闻机构雇员个人所得税的规定

1. 对于在国际组织驻华机构、外国政府驻华使领馆中工作的中方雇员和在外国驻华新闻机构的中外籍雇员，均应按照《中华人民共和国个人所得税法》的规定缴纳个人所得税。

2. 对于仅在国际组织驻华机构和外国政府驻华使领馆中工作的外籍雇员，暂不征收个人所得税。

3. 在中国境内，若国际驻华机构和外国政府驻华使领馆中工作的外交人员、外籍雇员在该机构或使领馆之外，从事非公务活动所取得的收入，应缴纳个人所得税。

4. 各主管税务机关可委托外交人员服务机构代征上述中方雇员的个人所得税。

十三、在外商投资企业、外国企业和外国驻华机构工作的中方人员取得的工资、薪金所得的征税问题

1. 由雇用单位和派遣单位分别支付的，支付单位应按税法的规定代扣代缴个人所得税。

2. 只由雇用单位在支付工资、薪金时，按税法的规定减除费用，计算扣缴个人所得税；派遣单位支付的工资、薪金不再减除费用，以支付金额直接确定适用税率，计算扣缴个人所得税。

3.上述纳税义务人，应持两处支付单位提供的原始明细工资、薪金单（书）和完税凭证原件，选择并固定到一地税务机关申报每月工资、薪金收入，汇算清缴其工资、薪金收入的个人所得税，多退少补。具体申报期限，由各省、自治区、直辖市税务机关确定。

4.对外商投资企业、外国企业和外国驻华机构发放给中方工作人员的工资、薪金所得，应全额征税。但对可以提供有效合同或有关凭证，能够证明其工资、薪金所得的一部分按照有关规定上缴派遣（介绍）单位的，可扣除其实际上缴的部分，按其余额计征个人所得税。

考霸笔记

此条教材未全部根据2019年的新政策作出修改。

十四、在中国境内无住所的个人取得工资薪金所得的征税问题

1.关于工资、薪金所得来源地的确定：个人实际在中国境内工作期间取得的工资、薪金，不论是由中国境内还是境外企业或个人雇主支付，均属来源于中国境内的所得；个人实际在中国境外工作期间取得的工资、薪金，不论是由中国境内还是境外企业或个人雇主支付，均属于来源于中国境外的所得。

2.关于在中国境内无住所个人，我国对其实施税收管辖权的范围，随着其居住时间的增长而扩大。

具体规则见表5-17。

表5-17　中国境内无住所的个人取得工资、薪金所得的征税问题

纳税人分类（非高管）		境内所得		境外所得	
		境内支付	境外支付	境内支付	境外支付
非居民纳税人	居住不超过90日（协定183日）	纳税	免税	不征税	不征税
	居住超过90日（协定183日）	纳税	纳税	不征税	不征税
居民纳税人	累计居住满183天的年度连续不满6年	纳税	纳税	纳税	免税
	累计居住满183天的年度连续满6年	纳税	纳税	纳税	纳税

3.根据2004年7月1日开始实施的计税公式，计算方法如下：

（1）在中国境内无住所而在一个纳税年度中在中国境内连续或累计居住不超过90日或在税收协定规定的期间在中国境内连续或累计居住不超过183日的个人，负有纳税义务的，应适用下述公式：

$$\text{应纳税额}=(\text{当月境内外工资应纳税所得额}\times\text{适用税率}-\text{速算扣除数})\times\frac{\text{当月境内支付工资}}{\text{当月境内外支付工资总额}}\times\frac{\text{当月境内工作天数}}{\text{当月天数}}$$

（2）在中国境内无住所而在一个纳税年度中在中国境内连续或累计居住超过90日或在税收协定规定的期间在中国境内连续或累计居住超过183日但不满1年的个人，负有纳税义务的，应适用下述公式：

$$\text{应纳税额}=(\text{当月境内外工资应纳税所得额}\times\text{适用税率}-\text{速算扣除数})\times\frac{\text{当月境内工作天数}}{\text{当月天数}}$$

（3）自2019年1月1日起，在中国境内无住所但在境内累计居住满183天的年度连续不满6年的个人负有纳税义务的应适用下述公式：

$$\text{应纳税额}=(\text{当月境内外工资应纳税所得额}\times\text{适用税率}-\text{速算扣除数})\times\left(1-\frac{\text{当月境外支付工资}}{\text{当月境内外支付工资总额}}\times\frac{\text{当月境外工作天数}}{\text{当月天数}}\right)$$

（4）自2019年1月1日起，在中国境内无住所但在境内累计居住满183天的年度连续满6年的个人，从第7年起，应当就其来源于中国境外的全部所得缴纳个人所得税。

4.中国境内企业董事、高层管理人员，应自其担任该中国境内企业董事或高层管理职务起，至其解除上述职务止的期间，不论其是否在中国境外履行职务，均应申报缴纳个人所得税；其取得的由中国境外企业支付的工资、薪金，应依照前述规定确定纳税义务。

> 考霸笔记
>
> 在中国境内居住累计满183天的任一年度中有一次离境超过30天的，其在中国境内居住累计满183天的年度的连续年限重新起算。

5.不满1个月的工资、薪金所得应纳税款的计算：

属于前述情况中的个人，凡应仅就不满1个月期间的工资、薪金所得申报纳税的，均应按全月工资、薪金所得计算实际应纳税额。其计算公式如下：

$$\text{应纳税额}=(\text{当月工资应纳税所得额}\times\text{适用税率}-\text{速算扣除数})\times\frac{\text{当月实际在中国天数}}{\text{当月天数}}$$

如果属于上述情况的个人取得的是日工资、薪金，应以日工资、薪金乘以当月天数换算成月工资、薪金后，按上述公式计算应纳税额。

十五、对个人因解除劳动合同取得经济补偿金的征税方法

> 如何计算个人因解除劳动合同取得经济补偿金的应纳个人所得税额?

1.企业依照国家有关法律的规定宣告破产，企业职工从该破产企业取得的一次性安置费收入，免征个人所得税。

2.个人因与用人单位解除劳动关系而取得的一次性补偿收入（包括用人单位发放的经济补偿金、生活补助费和其他补助费用），其收入在当地上年职工平均工资3倍数额以内的部分，免征个人所得税；超过3倍数额部分的一次性补偿收入，不并入综合所得，单独适用“年度综合所得税率表”（见表5-6），具体步骤如下：

（1）确定免税部分：补偿收入≤当地上年职工平均工资×3

（2）不免税部分：应纳税额=（补偿收入−免税部分）×适用税率−速算扣除数

【提示】适用税率和速算扣除数按“年度综合所得税率表”（见表5-6）确定。

3.个人领取一次性补偿收入时按照国家和地方政府规定的比例实际缴纳的住房公积金、医疗保险费、基本养老保险费，失业保险费，可以在计征其一次性补偿收入的个人所得税时予以扣除。

例5-7·多选题

2019年5月，A公司因运营不良进行裁员，与在本公司工作15年的张某解除劳动关系，张某取得一次性补偿收入200 000元，当地上年平均工资50 000元，下列各项表述正确的有（　　）。

A.张某取得的补偿收入中免税部分为50 000元

B.张某取得的补偿收入中免税部分为150 000元

C.张某应缴纳个人所得税2 480元

D.张某应缴纳个人所得税3 425元

【答案】BC

【解析】选项A、B，张某取得的一次性补偿收入在当地上年平均工资3倍以内部分免税，故张某取得的补偿收入中免税部分为150 000元；选项C、D，张某应缴纳个人所得税=（200 000-150 000）×10%-2 520=2 480（元）。

十六、关于企业减员增效和行政事业单位、社会团体在机构改革过程中实行内部退养办法人员取得收入的征税问题

1.实行内部退养的个人在其办理内部退养手续后至法定离退休年龄之间从原任职单位取得的工资、薪金，不属于离退休工资，应按“工资、薪金所得”项目计征个人所得税。

2.个人在办理内部退养手续后从原任职单位取得的一次性收入，应按办理内部退养手续后至法定离退休年龄之间的所属月份进行平均，并与领取当月的“工资、薪金所得”合并后减除当月费用扣除标准，以余额为基数确定适用税率，再将当月工资、薪金加上取得的一次性收入，减去费用扣除标准，按适用税率计征个人所得税。

3.个人在办理内部退养手续后指法定离退休年龄之间重新就业取得的“工资、薪金所得”，应与其从原任职单位取得的同一月份的“工资、薪金所得”合并，并依法自行向主管税务机关申报缴纳个人所得税。

十七、个人提前退休取得补贴收入征收个人所得税规定

如何计算个人提前退休取得补贴收入的个人所得税额?

自2019年1月1日起，个人办理提前退休手续而取得的一次性补贴收入，应按照办理提前退休手续至法定离退休年龄之间实际年度数平均分摊，单独适用“年度综合所得税率表”（见表5-6），公式为：

$$\text{应纳税额}=\left[\left(\text{一次性补贴收入}\div\text{办理提前退休手续至法定退休年龄的实际年度数}-\text{费用扣除标准}\right)\times\text{适用税率}-\text{速算扣除数}\right]\times\text{办理提前退休手续至法定退休年龄的实际年度数}$$

例5-8·单选题

某公司员工王某于2019年1月从该公司办理了提前退休手续，取得一次性补贴收入132 000元，其距离正常退休还有2年。则王某应缴纳个人所得税（　　）元。

A.7 080　　B.2 880　　C.360　　D.180

【答案】C

【解析】王某应缴纳个人所得税=（132 000÷2-60 000）×3%×2=360（元）。

十八、企业年金、职业年金个人所得税的规定

1.企业年金和职业年金缴费的个人所得税处理，见表5-18。

表5-18　　　　企业年金、职业年金个人所得税的规定

企业年金			是否缴纳个人所得税
年金缴费	单位缴费部分		不征
	个人缴费部分	不超过个人缴费工资计税基数4%部分	不征
		超过个人缴费工资计税基数4%部分	并入当期“工资、薪金所得”征税
年金收益			不征
领取年金		按月领取	不并入综合所得，适用“月度综合所得税率表”（见表5-7）
		按季领取	平均分摊至各月，不并入综合所得，适用“月度综合所得税率表”（见表5-7）
		按年领取	不并入综合所得，适用“年度综合所得税率表”（见表5-6）
		因出境定居、个人死亡后继承人一次性领取	不并入综合所得，适用“年度综合所得税率表”（见表5-6）
		因其他原因一次性领取	不并入综合所得，适用“月度综合所得税率表”（见表5-7）

【提示】（1）个人缴费工资计税基数按本人上一年度月平均工资与工作地所在设区城市上一年度职工月平均工资300%孰低计量。

（2）职业年金个人缴费工资计税基数为职工岗位工资和薪级工资之和。

（3）个人领取年金时，其应纳税款由受托人代表委托人委托托管人代扣代缴。

2.建立年金计划的单位应于建立年金计划的次月15日内，向其所在地主管税务机关报送年金方案、人力资源和社会保障部门出具的方案备案函、计划确认函以及主管税务机关要求报送的其他相关资料。年金方案、受托人、托管人发生变化的，应于发生变化的次月15日内重新向其主管税务机关报送上述资料。

考霸笔记

新个税中已取消“其他所得”项目，该项收入应计入哪个税目还有待税法进一步明确。

十九、办理补充养老保险退保和提供担保的征税方法

1.单位为职工个人购买商业性补充养老保险等，在办理投保手续时应作为个人所得税“工资、薪金所得”项目，按税法的规定缴纳个人所得税；因各种原因退保，个人未取得实际收入的，已缴纳的个人所得税应予以退回。

2.个人为单位或他人提供担保获得报酬，应按照《个人所得税法》规定的“其他所得”项目缴纳个人所得税，税款由支付所得的单位或个人代扣代缴。

如何理解个人税收递延型商业养老保险试点个人所得税的规定？

二十、关于开展个人税收递延型商业养老保险试点个人所得税的规定

1.自2018年5月1日起，在上海市、福建省（含厦门市）和苏州工业园区实施个人税收递延型商业养老保险试点。试点期限暂定一年。

2. 个人税收递延型商业养老保险试点个人所得税的规定，见表5-19。

表5-19 个人税收递延型商业养老保险试点个人所得税的规定

时 点	具体规定
购买商业养老保险的支出	允许在一定标准内税前扣除： (1) 取得工资薪金、连续性劳务报酬所得的个人，其缴纳的保费准予在申报扣除当月计算应纳税所得额时予以限额据实扣除，扣除限额按照当月工资薪金、连续性劳务报酬收入的6%和1 000元孰低的办法确定 (2) 取得个体工商户生产经营所得、对企事业单位的承包承租经营所得的个体工商户业主、个人独资企业投资者、合伙企业自然人合伙人和承包承租经营者，其缴纳的保费准予在申报扣除当年计算应纳税所得额时限额据实扣除，扣除限额按照不超过当年应税收入的6%和12 000元孰低的办法确定
账户资金收益	不征
领取商业养老金	其中25%部分予以免税，其余75%部分按照10%的比例税率计算缴纳个人所得税，税款计入“其他所得”项目

考霸笔记

新个税中已取消“其他所得”项目，该项收入应计入哪个税目还有待税法进一步明确。

【提示】(1) 取得连续性劳务报酬所得，是指纳税人连续6个月以上（含6个月）为同一单位提供劳务而取得的所得。

(2) 个人在试点地区范围内从两处或者两处以上取得所得的，只能选择在其中一处享受试点政策。

(3) 个人达到国家规定的退休年龄时，可按月或按年领取商业养老金，领取期限原则上为终身或不少于15年。个人身故、发生保险合同约定的全残或罹患重大疾病的，可以一次性领取商业养老金。

(4) 个人按规定领取商业养老金时，由保险公司代扣代缴其应缴纳的个人所得税。

二十一、关于商业健康保险的个人所得税规定

自2017年7月1日起，商业健康保险的个人所得税规定，见表5-20。

表5-20 商业健康保险的个人所得税规定

内 容	具体规定
扣除标准	(1) 对个人购买符合规定的商业健康保险产品的支出，允许在当年（月）计算应纳税所得额时予以税前扣除，扣除限额为2 400元/年（200元/月） (2) 单位统一为员工购买符合规定的商业健康保险产品的支出，应分别计入员工个人工资薪金，视同个人购买，按上述限额予以扣除
适用对象	(1) 取得工资薪金所得、连续性劳务报酬所得的个人 (2) 取得个体工商户生产经营所得、对企事业单位的承包承租经营所得的个体工商户业主、个人独资企业投资者、合伙企业合伙人和承包承租经营者
征管要求	(1) 单位统一组织为员工购买或者单位和个人共同负担购买符合规定的商业健康保险产品，单位负担部分应当实名计入个人工资薪金明细清单，视同个人购买，并自购买产品次月起，在不超过200元/月的标准内按月扣除。一年内保费金额超过2 400元的部分，不得税前扣除。以后年度续保时，按上述规定执行。个人自行退保时，应及时告知扣缴单位。个人相关退保信息保险公司应及时传递给税务机关 (2) 取得工资薪金所得或连续性劳务报酬所得的个人，自行购买符合规定的商业健康保险产品的，应当及时向代扣代缴单位提供保单凭证。扣缴单位自个人提交保单凭证的次月起，在不超过200元/月的标准内按月扣除。一年内保费金额超过2 400元的部分，不得税前扣除。以后年度续保时，按上述规定执行。个人自行退保时，应及时告知扣缴义务人 (3) 个体工商户业主、企事业单位承包承租经营者、个人独资和合伙企业投资者自行购买符合条件的商业健康保险产品的，在不超过2 400元/年的标准内据实扣除。一年内保费金额超过2 400元的部分，不得税前扣除。以后年度续保时，按上述规定执行

第五章

考霸笔记

不竞争款项是指资产购买方企业与资产出售方企业自然人股东之间在资产购买交易中，通过签订保密和不竞争协议等方式，约定资产出售方企业自然人股东在交易完成后一定期限内，承诺不从事有市场竞争的相关业务，并负有相关技术资料的保密义务，资产购买方企业则在约定期限内，按一定方式向资产出售方企业自然人股东所支付的款项。

如何理解企业促销展业赠送礼品中个人所得税的规定？

二十二、个人兼职和退休人员再任职取得收入个人所得税的征税方法

1.个人兼职取得的收入：按“劳务报酬所得”征税。

2.退休人员再任职取得的收入：在减除按个人所得税法规定的费用扣除标准后，按“工资、薪金所得”征税。

二十三、企业向个人支付不竞争款项征收个人所得税的规定

企业向个人支付不竞争款项属于个人因偶然因素取得的一次性所得，按“偶然所得”征税。

二十四、企业促销展业赠送礼品个人所得税的规定

自2011年6月9日起，企业和单位在营销活动中以折扣折让、赠品、抽奖等方式，向个人赠送现金、消费券、物品、服务等（以下简称礼品）有关个人所得税的具体规定如下，见表5-21。

表5-21 企业促销展业赠送礼品个人所得税的规定

情　形	是否缴纳个人所得税
企业在销售商品（产品）和提供服务过程中向个人赠送礼品，属于下列情形之一的： （1）企业通过价格折扣、折让方式向个人销售商品（产品）和提供服务 （2）企业在向个人销售商品（产品）和提供服务的同时给予赠品 （3）企业对累积消费达到一定额度的个人按消费积分反馈礼品	不征
企业向个人赠送礼品，属于下列情形之一的： （1）企业在业务宣传、广告等活动中，随机向本单位以外的个人赠送礼品 （2）企业在年会、座谈会、庆典以及其他活动中向本单位以外的个人赠送礼品 （3）企业对累积消费达到一定额度的顾客，给予额外抽奖机会	按“偶然所得”征税（税款由赠送礼品的企业代扣代缴）

【提示】企业赠送的礼品是自产产品（服务）的，按该产品（服务）的市场销售价格确定个人的应税所得；是外购商品（服务）的，按该商品（服务）的实际购置价格确定个人的应税所得。

考霸笔记

将自产、委托加工、购进的货物无偿赠送的，应当视同销售，确认销项税额。

二十五、企业为股东个人购买汽车的个人所得税征税方法

1.企业为股东购买车辆并将车辆所有权办到股东个人名下，实质是企业对股东进行了红利性质的实物分配，应按“利息、股息、红利所得”项目征收个人所得税。

2.若该股东个人名下的车辆同时也为企业经营使用的，允许合理减除部分所得；减除的具体数额由主管税务机关根据车辆的实际使用情况合理确定。

如何区分不同企业使用企业资金为个人购房的个人所得税征税方法？

二十六、企业资金为个人购房的个人所得税征税方法（见表5-22）

表5-22 企业资金为个人购房的个人所得税的规定

适用情形	个人类型	个人独资/合伙企业	其他企业
（1）企业出资购买房屋及其他财产，将所有权登记为个人的 （2）个人向企业借款用于购买房屋及其他财产，将所有权登记为个人的，且借款年度终了后未归还借款	投资者个人、投资者家庭成员	按“经营所得”征税	按“利息、股息、红利所得”征税
	企业其他人员	按“工资、薪金所得”征税	

二十七、个人取得拍卖收入征收的个人所得税规定

1.作者将自己的文字作品手稿原件或复印件拍卖取得的所得，按照“特许权使用费所得”项目缴纳个人所得税。

2.个人拍卖除文字作品原稿及复印件外的其他财产，应以其转让收入额减除财产原值和合理费用后的余额为应纳税所得额，按照“财产转让所得”项目适用20%税率缴纳个人所得税。

（1）财产原值，是指售出方个人取得该拍卖品的价格。（以合法有效凭证为准）具体为：

①通过商店、画廊等途径购买的，为购买该拍卖品时实际支付的价款；

②通过拍卖行拍得的，为拍得该拍卖品实际支付的价款及缴纳的相关税费；

③通过祖传收藏的，为其收藏该拍卖品而发生的费用；

④通过赠送取得的，为其受赠该拍卖品时发生的相关税费；

⑤通过其他形式取得的，参照以上原则确定财产原值。

（2）拍卖财产过程中缴纳的税金，是指在拍卖财产时纳税人实际缴纳的相关税金及附加。

（3）有关合理费用，是指拍卖财产时纳税人按照规定实际支付的拍卖费（佣金）、鉴定费、评估费、图录费、证书费等费用。

（4）纳税人如不能提供合法、完整、准确的财产原值凭证，不能正确计算财产原值的，按转让收入额的3%征收率计算缴纳个人所得税；拍卖品为经文物部门认定是海外回流文物的，按转让收入额的2%征收率计算缴纳个人所得税。

考霸笔记

作为海外回流文物的，题目中会告知，未提及的不作为海外回流文物。

例5-9·单选题

关于计算个人所得税时可扣除的财产原值，下列表述正确的是（　　）。

A.拍卖受赠获得的物品，原值为该拍卖品的市场价值

B.拍卖通过拍卖行拍得的物品，原值为该物品的评估价值

C.拍卖祖传的藏品，原值为该拍卖品的评估价值

D.拍卖从画廊购买的油画，原值为购买拍卖品时实际支付的价款

【答案】D

【解析】拍卖受赠获得的物品，原值为受赠该拍卖品时发生的相关税费；拍卖通过拍卖行拍得的物品，原值为拍得该物品的实际价款及相关税费；拍卖祖传的藏品，原值为收藏该拍卖品发生的费用。

二十八、个人以非货币性资产投资的个人所得税规定

1.个人以非货币性资产投资，属于个人转让非货币性资产和投资同时发生。对个人转让非货币性资产的所得，应按“财产转让所得”征税。

2.个人以非货币性资产投资，应于非货币性资产转让、取得被投资企业股权时，确认非货币性资产转让收入的实现。个人应在发生上述应税行为的次月15日内向主管税务机关申报纳税。

3.个人在非货币性资产投资交易过程中取得现金补价的，现金部分应优先用于

缴税；现金不足以缴纳的部分，纳税人一次性缴税有困难的，可合理确定分期缴纳计划并报主管税务机关备案后，自发生上述应税行为之日起不超过5个公历年度内（含）分期缴纳个人所得税。个人在分期缴税期间转让其持有的上述全部或部分股权，并取得现金收入的，该现金收入应优先用于缴纳尚未缴清的税款。

4.纳税人：发生非货币性资产投资行为并取得被投资企业股权的个人。

纳税地点：
- 以不动产投资的，以不动产所在地地税机关为主管税务机关
- 以其持有的企业股权对外投资的，以该企业所在地地税机关为主管税务机关
- 以其他非货币性资产投资的，以被投资企业所在地地税机关为主管税务机关

天使投资个人需要满足哪些条件?

二十九、个人终止投资经营收回款项征收个人所得税的规定

个人终止投资经营收回款项，按“财产转让所得”征税。公式为：

应纳税额 =（个人取得的股权转让收入、违约金、补偿金、赔偿金及以其他名目收回款项合计数 − 原实际出资额（投入额）及相关税费）×20%

三十、关于创业投资企业个人合伙人和天使投资个人有关个人所得税的规定

考霸笔记

此项税收优惠和企业所得税一致。

1.合伙创投企业采取股权投资方式直接投资于初创科技型企业满2年的，合伙创投企业的个人合伙人可以按照对初创科技型企业投资额的70%抵扣个人合伙人从合伙创投企业分得的经营所得；当年不足抵扣的，可以在以后纳税年度结转抵扣。

2.天使投资个人采取股权投资方式直接投资于初创科技型企业满2年的，可以按照投资额的70%抵扣转让该初创科技型企业股权取得的应纳税所得额；当期不足抵扣的，可以在以后取得转让该初创科技型企业股权的应纳税所得额时结转抵扣。

天使投资个人投资多个初创科技型企业的，对其中办理注销清算的初创科技型企业，天使投资个人对其投资额的70%尚未抵扣完的，可自注销清算之日起36个月内抵扣天使投资个人转让其他初创科技型企业股权取得的应纳税所得额。

3.享受上述税收政策的投资，仅限于通过向被投资初创科技型企业直接支付现金方式取得的股权投资，不包括受让其他股东的存量股权。

4.初创科技型企业接受天使投资个人投资满2年，在上海证券交易所、深圳证券交易所上市的，天使投资个人转让该企业股票时，按照现行限售股的有关规定执行，其尚未抵扣的投资额，在税款清算时一并计算抵扣。

三十一、关于创业投资企业个人合伙人所得税政策的规定

自2019年1月1日起至2023年12月31日，创投企业可以选择按单一投资基金核算或者按创投企业年度所得整体核算两种方式之一，对其个人合伙人来源于创投企业的所得计算个人所得税应纳税额。

1.单一投资基金核算：其个人合伙人从该基金应分得的股权转让所得和股息红

利所得，按照20%税率计算缴纳个人所得税。

（1）股权转让所得。单个投资项目的股权转让所得，按年度股权转让收入扣除对应股权原值和转让环节合理费用后的余额计算，股权原值和转让环节合理费用的确定方法，参照股权转让所得个人所得税的有关政策规定执行；单一投资基金的股权转让所得，按一个纳税年度内不同投资项目的所得和损失相互抵减后的余额计算，余额大于或等于零的，即确认为该基金的年度股权转让所得；余额小于零的，该基金年度股权转让所得按零计算且不能跨年结转。

个人合伙人按照其应从基金年度股权转让所得中分得的份额计算其应纳税额，并由创投企业在次年3月31日前代扣代缴个人所得税。如符合《财政部税务总局关于创业投资企业和天使投资个人有关税收政策的通知》规定条件的，创投企业个人合伙人可以按照被转让项目对应投资额的70%抵扣其应从基金年度股权转让所得中分得的份额后再计算其应纳税额，当期不足抵扣的，不得向以后年度结转。

（2）股息红利所得。单一投资基金的股息红利所得，以其来源于所投资项目分配的股息、红利收入以及其他固定收益类证券等收入的全额计算。

个人合伙人按照其应从基金股息红利所得中分得的份额计算其应纳税额，并由创投企业按次代扣代缴个人所得税。

（3）除前述可以扣除的成本、费用之外，单一投资基金发生的包括投资基金管理人的管理费和业绩报酬在内的其他支出，不得在核算时扣除。

（4）上述规定的单一投资基金核算方法仅适用于计算创投企业个人合伙人的应纳税额。

2.创投企业年度所得整体核算：其个人合伙人应从创投企业取得的所得按“经营所得”项目、5%～35%的超额累进税率计算缴纳个人所得税。

（1）如符合《财政部税务总局关于创业投资企业和天使投资个人有关税收政策的通知》规定条件的，创投企业个人合伙人可以按照被转让项目对应投资额的70%抵扣其可以从创投企业应分得的经营所得后再计算其应纳税额。年度核算亏损的，准予按有关规定向以后年度结转。

（2）按照“经营所得”项目计税的个人合伙人，没有综合所得的，可依法减除基本减除费用、专项扣除、专项附加扣除以及依法确定的其他扣除。从多处取得经营所得的，应汇总计算个人所得税，只减除一次上述费用和扣除。

3.创投企业选择按单一投资基金核算或按创投企业年度所得整体核算后，3年内不能变更。

4.创投企业选择按单一投资基金核算的，应当在完成备案的30日内，向主管税务机关进行核算方式备案；未按规定备案的，视同选择按创投企业年度所得整体核算。2019年1月1日前已经完成备案的创投企业，选择按单一投资基金核算的，应当在2019年3月1日前向主管税务机关进行核算方式备案。创投企业选择一种核算方式满3年需要调整的，应当在满3年的次年1月31日前，重新向主管税务机关备案。

个人取得“打包债权”后只处置部分债权的，如何计算应纳税额?

三十二、个人因购买和处置债权取得所得征收个人所得税的方法

1.根据《个人所得税法》及有关规定，个人通过招标、竞拍或者他方式购置债

权以后，通过相关司法或行政程序主张债权而取得的所得，应按照“财产转让所得”项目缴纳个人所得税。

2.个人通过上述方式取得“打包债权”，只处置部分债权的，其应纳税所得额按以下方式确定：

（1）以每次处置部分债权的所得，作为一次财产转让所得征税；

（2）其应税收入按照个人取得的货币资产和非货币资产的评估价值或市场价值的合计数确定；

（3）所处置债权成本费用（即财产原值），按下列公式计算：

$$当次处置债权成本费用=个人购置“打包债权”的实际支出\times\frac{当次处置债权账面价值}{“打包债权”账面价值}$$

（4）个人购买和处置债权过程中发生的拍卖招标手续费、诉讼费，审计评估费以及缴纳的税金等合理税费，在计算个人所得税时允许扣除。

例 5-10 · 单选题

赵某购买某“打包债权”实际支出为40万元，2019年5月处置该债权的40%，处置收入25万元，在债权处置过程中发生评估费用2万元。赵某处置“打包债权”应缴纳个人所得税（　　）万元。

A.1.20　　B.1.40　　C.1.56　　D.1.80

【答案】B

【解析】赵某处置“打包债权”应缴纳个人所得税=（25-40×40%-2）×20%=1.40（万元）。

三十三、纳税人收回转让的股权征收个人所得税的规定

考霸笔记

原合同已完成，收回视同另一次转让，不能退已纳个税；原合同未完成，收回视同原合同解除，不需要缴纳个税。

1.股权转让合同履行完毕、股权已作变更登记，且所得已经实现的，转让人取得的股权转让收入应当依法缴纳个人所得税。转让行为结束后，当事人双方签订并执行解除原股权转让合同、退回股权的协议，是另一次股权转让行为，对前次转让行为征收的个人所得税税款不予退回。

2.股权转让合同未履行完毕，因执行仲裁委员会作出的解除股权转让合同及补充协议的裁决、停止执行原股权转让合同，并原价收回已转让股权的，由于其股权转让行为尚未完成、收入未完全实现，随着股权转让关系的解除，股权收益不复存在，根据《个人所得税法》和《税收征收管理法》的有关规定，以及从行政行为合理性原则出发，纳税人不应缴纳个人所得税。

三十四、个人转让限售股征收个人所得税规定

1.自2010年1月1日起，对个人转让限售股取得的所得，按照“财产转让所得”项目，适用20%的比例税率征收个人所得税。

2.个人转让限售股，以每次限售股转让收入，减除股票原值和合理税费后的余额，为应纳税所得额。即：

应纳税所得额=限售股转让收入-（限售股原值+合理税费）

应纳税额=应纳税所得额×20%

3.如果纳税人未能提供完整、真实的限售股原值凭证，不能准确计算限售股原

值的，主管税务机关一律按限售股转让收入的15%核定限售股原值及合理税费。

4.纳税人同时持有限售股及该股流通股的，其股票转让所得，按照限售股优先原则，即：转让股票视同为先转让限售股，按规定计算缴纳个人所得税。

5.对个人在上海证券交易所、深圳证券交易所转让从上市公司公开发行和转让市场取得的上市公司股票所得，继续免征个人所得税。

例5-11·单选题

钱某在某上市公司任职，任职期间该公司授予钱某限售股3万股，该批限售股已于2019年年初解禁，钱某在8月份之前陆续买进该公司股票2万股，股票平均买价为5.4元/股，但限售股授予价格不明确。2019年8月钱某以8元/股的价格卖出公司股票4万股。在不考虑股票买卖过程中其他相关税费的情况下，钱某转让4万股股票应缴纳个人所得税（　　）元。

A.27 200　　B.32 400　　C.37 600　　D.40 800

【答案】D

【解析】转让限售股中存在限售股成本不明确的，按转让收入的15%核定限售股原值和合理税费，以转让收入减去原值和合理税费后的余额乘以20%税率，计算个人所得税。在钱某转让的这4万股股票中，按照转让限售股优先原则，有3万股是限售股，1万股是上市公司的股票。个人转让上市公司的股票是免征个人所得税的，所以钱某应纳个人所得税=8×30 000×（1-15%）×20%=40 800（元）。

第五章

三十五、关于企业改组改制过程中个人取得的量化资产征税问题（见表5-23）

如何区分个人取得不同类型的量化资产的征税规定?

表5-23　企业改组改制过程中个人取得的量化资产征税问题

时　点	仅作为分红依据，不拥有所有权	拥有所有权
取得时	不征	暂缓征收
分配股息、红利时	按“利息、股息、红利所得”征税	
转让时	—	按“财产转让所得”征税

例5-12·2012年多选题

某国有企业职工王某，在企业改制为股份制企业的过程中以23 000元的成本取得了价值30 000元拥有所有权的量化股份。3个月后，获得了企业分配的股息3 000元。此后，王某以40 000元的价格将股份转让。假如不考虑转让过程中的税费，以下有关王某个人所得税计征的表述中，正确的有（　　）。

A.王某取得量化股份时暂缓计征个人所得税

B.对王某取得的3 000元股息，应按“利息、股息、红利所得”项目计征个人所得税

C.对王某转让量化股份取得的所得应以17 000元为计税依据，按“财产转让所得”项目计征个人所得税

D.对王某取得的量化股份价值与支付成本的差额7 000元，应在取得当月与当月工资、薪金合并，按“工资、薪金所得”项目计征个人所得税

【答案】ABC

【解析】选项A、D，对职工个人以股份形式取得的拥有所有权的企业量化资产，暂缓征收个人所得税；选项B，对职工个人以股份形式取得的企业量化资产参与企业分配而获得的股息、红利所得按“利息、股息、红利”项目征收个人所得税；选项C，待个人将股份转让时，就其转让收入额，减除个人取得该股份时实际支付的费用支出和合理转让费用后的余额，按“财产转让所得”项目计征个人所得税，所以个人转让股份时，应缴纳个人所得税的财产转让所得=40 000-23 000=17 000（元）。

三十六、沪港股票市场交易互联互通机制试点个人所得税的规定（见表5-24）

三十七、深港股票市场交易互联互通机制试点个人所得税的规定（见表5-24）

表5-24　　沪港/深港股票市场交易互联互通机制试点个人所得

<table>
<tr><th>投资者</th><th>投资渠道</th><th>投资对象</th><th>转让差价所得</th><th>股息红利所得</th></tr>
<tr><td rowspan="2">内地个人投资者</td><td rowspan="3">沪港通/深港通</td><td>香港联交所H股</td><td rowspan="2">自2014年11月17日（沪港通）/2016年12月5日（深港通）至2019年12月4日，暂免征收个人所得税</td><td>20%（由H股公司代扣代缴）</td></tr>
<tr><td>香港联交所非H股</td><td>20%（由中国证券登记结算有限责任公司代扣代缴）</td></tr>
<tr><td>香港个人投资者</td><td>上交所上市A股</td><td>暂免征收个人所得税</td><td>10%（由上市公司代扣代缴）</td></tr>
</table>

【提示】

（1）内地证券投资基金通过沪港通/深港通投资香港联交所上市股票取得的股息红利所得，按内地个人投资者股息红利所得处理。

（2）对于香港个人投资者中属于其他国家税收居民且其所在国与中国签订的税收协定规定股息红利所得税率低于10%的，可以自行或委托代扣代缴义务人，向上市公司主管税务机关提出享受税收协定待遇退还多缴税款的申请，主管税务机关查实后，对符合退税条件的，应按已征税款和根据税收协定税率计算的应纳税款的差额予以退税。

例5-13·2016年单选题

某内地个人投资者于2019年6月通过沪港通投资在香港联交所上市的H股股票，取得股票转让差价所得和股息、红利所得。下列有关对该投资者股票投资所得计征个人所得税的表述中，正确的是（　　）。

A.股票转让差价所得按照10%的税率征收个人所得税

B.股息红利所得由H股公司按照10%的税率代扣代缴个人所得税

C.取得的股息红利由中国证券登记结算有限责任公司按照20%的税率代扣代缴个人所得税

D.股票转让差价所得暂免征收个人所得税

【答案】D

【解析】股票转让差价暂免征收个人所得税；内地个人投资者通过沪港通投资香港联交所上市H股取得的股息红利，H股公司应向中国证券登记结算有限责任公司提出申请，由中国证券登记结算有限责任公司向H股公司提供内地个人投资者名册，H股公司按照20%的税率代扣个人所得税。

如何理解与个人转让新三板挂牌公司股票有关的个人所得税政策?

三十八、个人转让全国中小企业股份转让系统（以下简称新三板）挂牌公司股票有关个人所得税政策

1.自2018年11月1日（含）起，对个人转让新三板挂牌公司非原始股取得的所得，暂免征收个人所得税。

2.对个人转让新三板挂牌公司原始股取得的所得，按照“财产转让所得”适用20%的比例税率征收个人所得税。

3.2019年9月1日之前，个人转让新三板挂牌公司原始股的个人所得税，以股票受让方为扣缴义务人，由被投资企业所在地税务机关负责征收管理。

自2019年9月1日（含）起，个人转让新三板挂牌公司原始股的个人所得税，以股票托管的证券机构为扣缴义务人，由股票托管的证券机构所在地主管税务机关负责征收管理。

考霸笔记

非原始股：个人在新三板挂牌公司挂牌后取得的股票，以及由上述股票孳生的送、转股。

三十九、个人投资者收购企业股权后将原盈余积累转增股本征收个人所得税的规定

1.新股东以不低于净资产价格收购股权的，企业原盈余积累已全部计入股权交易价格，新股东取得盈余积累转增股本的部分，不征收个人所得税。

2.新股东以低于净资产价格收购股权的，企业原盈余积累中，对于股权收购价格减去原股本的差额部分已经计入股权交易价格，新股东取得盈余积累转增股本的部分，不征收个人所得税；对于股权收购价格低于原所有者权益的差额部分未计入股权交易价格，新股东取得盈余积累转增股本的部分，应按照“利息、股息、红利所得”项目征收个人所得税。

新股东以低于净资产价格收购企业股权后转增股本，应按照下列顺序进行，即：先转增应税的盈余积累部分，然后再转增免税的盈余积累部分。

3.新股东将所持股权转让时，其财产原值为其收购企业股权实际支付的对价及相关税费。

4.企业发生股权交易及转增股本等事项后，应在次月15日内，将股东及其股权变化情况、股权交易前原账面记载的盈余积累数额、转增股本数额及扣缴税款情况报告主管税务机关。

四十、企业转增股本的个人所得税规定

1.股份制企业用资本公积转增股本不属于股息、红利性质的分配，对个人取得的转增股本数额，不作为个人所得，不征收个人所得税。

2.股份制企业用盈余公积派发红股属于股息、红利性质的分配，对个人取得的

考霸笔记

此处的资本公积指资本公积——股本溢价；如果用资本公积——其他资本公积转增股本，需要缴纳个人所得税。

第五章

红股数额，应作为个人所得征税。

3.自2016年1月1日起，全国范围内的中小高新技术企业（未上市或未在新三板挂牌交易的）以未分配利润、盈余公积、资本公积向个人股东转增股本时，个人股东一次缴纳个人所得税确有困难的，可根据实际情况自行制定分期缴税计划，在不超过5个公历年度内（含）分期缴纳，并将有关资料报主管税务机关备案。

【提示】

（1）个人股东获得转增的股本，应按照“利息、股息、红利所得”项目，适用20%税率征收个人所得税。

（2）股东转让股权并取得现金收入的，该现金收入应优先用于缴纳尚未缴清的税款。

（3）在股东转让该部分股权之前，企业依法宣告破产，股东进行相关权益处置后没有取得收益或收益小于初始投资额的，主管税务机关对其尚未缴纳的个人所得税可不予追征。

4.上市公司、上市中小高新技术企业及在新三板挂牌的中小高新技术企业向个人股东转增股本（不含以股票发行溢价形成的资本公积转增股本），股东应纳的个人所得税，继续按照现行有关股息红利差别化个人所得税的政策执行，即：

（1）持股期限超过1年的，股息红利所得暂免征收个人所得税。

（2）持股期限在1个月以内（含）的，其股息红利所得全额计入应纳税所得额。

（3）持股期限在1个月以上至1年（含）的，暂减按50%计入应纳税所得额。

【总结】（见表5-25）

表5-25　**企业转增股本个人所得税规定**

企业类型	转增股本	是否征税	备　注
上市企业（含新三板）	资本公积——股本溢价转增股本	不征	
	盈余公积、未分配利润转增股本	征	差别化政策
非上市或没有在新三板挂牌交易的中小高新技术企业	未分配利润、盈余公积、资本公积转增股本	征（税率20%）	可在5年内分期纳税
非上市其他企业			不可分期

如何区分不同类型个人股票期权所得个人所得税的征税方法?

四十一、个人股票期权所得个人所得税的征税方法

1.企业员工股票期权（以下简称股票期权）是指上市公司按照规定的程序授予本公司及其控股企业员工的一项权利，该权利允许被授权员工在未来时间内以某一特定价格购买本公司一定数量的股票。

2.股权期权所得征税规定（见表5-26）。

表5-26　股票期权

时点	不可公开交易股票期权	可公开交易股票期权
授予时	不征税	按授予日股票期权市场价格作为“工资、薪金所得”征税
行权前转让	按转让净收入作为“工资、薪金所得”征税	按转让净收入作为“财产转让所得”征税
行权时	按施权价低于市场价的差额作为“工资、薪金所得”征税	不征税
分红时	按“利息、股息、红利所得”征税	
行权后转让	按转让净收入作为“财产转让所得”征税	

例5-14·单选题

根据个人所得税不公开交易股票期权的相关规定，下列税务处理中，正确的是（　　）。

A.行权后分得的股息按“工资、薪金所得”项目缴纳个人所得税

B.行权后股票期权转让净收入应按“财产转让所得”项目缴纳个人所得税

C.行权时的行权价与实际购买价之间的差额按“财产转让所得”项目缴纳个人所得税

D.行权时的行权价与施权价之间的差额按“股息、红利所得”项目缴纳个人所得税

【答案】B

【解析】选项A，按照“利息、股息、红利所得”项目缴纳个人所得税；选项C、D，按照“工资、薪金所得”项目缴纳个人所得税。

3.应纳税款的计算。

（1）按“工资、薪金所得”征税的税款计算：

在2021年12月31日前，对该股票期权形式的工资、薪金所得不并入当年综合所得，全额单独适用“年度综合所得税率表”（见表5-6），计算纳税。计算公式为：

应纳税额＝股权激励收入×适用税率－速算扣除数

【提示】居民个人一个纳税年度内取得两次以上（含两次）股权激励的，应合并按上述规定计算纳税。

例5-15·单选题

2019年1月，宋某被授予本公司不公开交易的股票期权，施权价1元/股，股票3万股。2019年3月份行权，股票当日收盘价7元/股。宋某应就该项所得缴纳个人所得税（　　）元。

A.20 460　　B.22 440　　C.19 080　　D.32 940

【答案】C

【解析】宋某就该项所得应缴纳的个人所得税=（7−1）×30 000×20%−16 920=19 080（元）。

（2）按“财产转让所得”征税的税款计算：个人将行权后的境内上市公司股票再行转让而取得的所得，暂不征收个人所得税；个人转让境外上市公司的股票而取得的所得，应按税法的规定计算应纳税所得额和应纳税额，依法缴纳税款。

（3）按“利息、股息、红利所得”征税的税款计算：除依照有关规定可以免税或减税的外，应全额按规定税率计算纳税。

四十二、股票增值权所得和限制性股票所得的个人所得税规定

1.股票增值权所得：指上市公司授予公司员工在未来一定时期和约定条件下，获得规定数量的股票价格上升所带来收益的权利。被授权人在约定条件下行权，上市公司按照行权日与授权日二级市场股票差价乘以授权股票数量，发放给被授权人现金。被授人应纳税所得额计算公式为：

应纳税所得额 =（行权日股票价格 – 授权日股票价格）× 行权股票份数

纳税义务发生时间为上市公司向被授权人兑现股票增值权所得的日期。

2.限制性股票所得：指上市公司按照股权激励计划约定的条件，授予公司员工一定数量本公司的股票。被激励对象应纳税所得额计算公式为：

$$\text{应纳税所得额}=\left(\frac{\text{股票登记日股票市价}+\text{本批次解禁股票当日市价}}{2}\right)\times\text{本批次解禁股票份数}-\text{被激励对象实际支付的资金总额}\times\frac{\text{本批次解禁股票份数}}{\text{被激励对象获取的限制性股票总份数}}$$

纳税义务发生时间为每一批次限制性股票解禁的日期。

3.股权激励所得应纳税额的计算。

在2021年12月31日前，对股权激励所得不并入当年综合所得，全额单独适用“年度综合所得税率表”（见表5-6），计算纳税。计算公式为：

应纳税额 = 股权激励收入 × 适用税率 – 速算扣除数

【提示】居民个人一个纳税年度内取得两次以上（含两次）股权激励的，应合并按上述规定计算纳税。

四十三、完善股权激励和技术入股有关个人所得税的规定

1.非上市公司授予本公司员工的股票期权、股权期权、限制性股票和股权奖励，符合规定条件的，经向主管税务机关备案，可实行递延纳税政策，即员工在取得股权激励时可暂不纳税，递延至转让该股权时纳税；股权转让时，按照股权转让收入减除股权取得成本以及合理税费后的差额，适用“财产转让所得”项目，按照20%的税率计算缴纳个人所得税。

2.上市公司授予个人的股票期权、限制性股票和股权奖励，经向主管税务机关备案，个人可自股票期权行权、限制性股票解禁或取得股权奖励之日起，在不超过12个月的期限内缴纳个人所得税。

3.个人以技术成果投资入股到境内居民企业，被投资企业支付的对价全部为股票（权）的，可选择继续按现行有关税收政策执行，也可选择适用递延纳税优惠政策。

（1）选择技术成果投资入股递延纳税政策的，经向主管税务机关备案，投资入股当期可暂不纳税，允许递延至转让股权时，按股权转让收入减去技术成果原值和合理税费后的差额计算缴纳所得税。

（2）个人选择使用上述任一项政策，均允许被投资企业按技术成果投资入股时的评估值入账并在企业所得税前摊销扣除。

4.凡不符合递延纳税条件的，应在获得股票（权）时，对实际出资额低于公平市场价格的差额，按照“工资、薪金所得”项目，在2021年12月31日前，对股权激励所得不并入当年综合所得，全额单独适用“年度综合所得税率表”（见表5-6），计算纳税。计算公式为：

应纳税额＝股权激励收入×适用税率－速算扣除数

【提示】居民个人一个纳税年度内取得两次以上（含两次）股权激励的，应合并按上述规定计算纳税。

四十四、促进科技成果转化取得股权奖励有关个人所得税的规定

1.科研机构、高等学校转化职务科技成果以股分或出资比列等股权形式给予科技人员个人奖励，经主管税务机关审核后，暂不征收个人所得税。

2.在获奖人按股份、出资比例获得分红时，对其所得按“利息、股息、红利所得”项目征收个人所得税。

3.获奖人转让股权、出资比例，对其所得按“财产转让所得”项目征收个人所得税，财产原值为零。

4.自2016年1月1日起，全国范围内的高新技术企业转化科技成果，给予本企业相关技术人员的股权奖励，个人一次缴纳税款有困难的，可根据实际情况自行制订分期缴税计划，在不超过5个公历年度内（含）分期缴纳，并将有关资料报主管税务机关备案。个人获得股权奖励时，按照“工资、薪金所得”项目，在2021年12月31日前，对股权激励所得不并入当年综合所得，全额单独适用“年度综合所得税率表”（见表5-6），计算纳税。计算公式为：

应纳税额＝股权激励收入×适用税率－速算扣除数

【提示】居民个人一个纳税年度内取得两次以上（含两次）股权激励的，应合并按上述规定计算纳税。

四十五、科技人员取得职务科技成果转化现金奖励有关个人所得税政策

依法批准设立的非营利性研究开发机构和高等学校（以下简称非营利性科研机构和高校），从职务科技成果转化收入中给予科技人员的现金奖励，可减按50%计入科技人员当月“工资、薪金所得”，依法缴纳个人所得税。

四十六、原城市信用社在转制为城市合作银行过程中个人股增值所得应纳个人所得税的规定

在城市信用社改制为城市合作银行的过程中，个人以现金或股份及其他形式取得的资产评估增值数额，应当按“利息、股息、红利所得”项目计征个人所得税，税款由城市合作银行负责代扣代缴。

第五章

如何理解证券投资基金个人所得税的规定?

四十七、证券投资基金个人所得税的规定

1.对个人投资者买卖基金单位获得的差价收入，暂不征收个人所得税。

2.对投资者从基金分配中获得的股票的股息、红利收入以及企业债券的利息收入，由上市公司和发行债券的企业在向基金派发股息、红利、利息时代扣代缴20%的个人所得税，基金向个人投资者分配股息、红利、利息时，不再代扣代缴个人所得税。

3.对投资者从基金分配中获得的国债利息、储蓄存款利息以及买卖股票价差收入，暂不征收所得税。

4.个人投资者从基金分配中获得的企业债券差价收入，应按税法的规定对个人投资者征收个人所得税，税款由基金在分配时依法代扣代缴。

四十八、内地与香港基金互认涉及的个人所得税规定

基金互认，是指内地基金或香港基金经香港证监会认可或中国证监会注册，在双方司法管辖区内向公众销售。具体规定，见表5-27。

表5-27　内地与香港基金互认涉及的个人所得税规定

投资者	投资渠道	投资对象	转让差价所得	取得收益
内地个人投资者	基金互认	香港基金份额	自2015年12月18日至2019年12月4日，暂免征收个人所得税	20%（由香港基金在内地的代理人代扣代缴）
香港个人投资者		内地基金份额	暂免征收个人所得税	10%（由内地上市公司向内地基金分配股息红利时代扣） 7%（由发行债券企业向内地基金分配股息红利时代扣）

四十九、“长江学者奖励计划”有关个人所得税的规定

1.特聘教授取得的岗位津贴应并入其当月的工资、薪金所得计征个人所得税，税款由所在学校代扣代缴。

2.对特聘教授获得“长江学者成就奖”的奖金，可视为国务院部委颁发的教育方面的奖金，免予征收个人所得税。

3.对教育部颁发的特聘教授在聘期内享受的“特聘教授奖金”，免予征收个人所得税。

五十、律师事务所从业人员取得收入征收个人所得税的有关规定

1.律师个人出资兴办的独资和合伙性质的律师事务所的年度经营所得，从2000年1月1日起，停止征收企业所得税，作为出资律师的个人经营所得，按照有关规定，比照“经营所得”应税项目征收个人所得税。在计算其经营所得时，出资律师本人的工资、薪金不得扣除。

2.合伙制律师事务所应将年度经营所得全额作为基数，按出资比例或者事先约

定的比例计算各合伙人应分配的所得，据以征收个人所得税。

3.律师事务所支付给雇员（包括律师及行政辅助人员，但不包括律师事务所的投资者）的所得，按“工资、薪金所得”应税项目征收个人所得税。

4.作为律师事务所雇员的律师与律师事务所按规定的比例对收入分成，律师事务所不负担律师办理案件支出的费用（如交通费、资料费、通信费及聘请人员等费用），律师当月的分成收入扣除办理案件支出费用后，余额与律师事务所发给的工资合并，按“工资、薪金所得”应税项目计征个人所得税。

考霸笔记

办理案件支出费用的标准，由各省税务局根据当地律师办理案件费用支出的一般情况、律师与律师事务所之间的收入分成比例及其他相关参考因素，在律师当月分成收入的30%比例内确定。

5.兼职律师从律师事务所取得工资、薪金性质的所得，律师事务所在代扣代缴其个人所得税时，不再减除个人所得税法规定的费用扣除标准，以收入全额（取得分成收入扣除办理案件支出费用后的余额）直接确定适用税率，计算扣缴个人所得税。兼职律师应于次月7日内自行向主管税务机关申报两处或两处以上取得的工资、薪金所得，合并计算缴纳个人所得税。

6.律师以个人名义再聘请其他人员为其工作而支付的报酬，应由该律师按“劳务报酬所得”应税项目负责代扣代缴个人所得税。为了便于操作，税款可由其任职的律师事务所代为缴入国库。

7.律师从接受法律事务服务的当事人处取得的法律顾问费或其他酬金，均按“劳务报酬所得”应税项目征收个人所得税，税款由支付报酬的单位或个人代扣代缴。

五十一、保险营销员、证券经纪人佣金收入的政策

如何计算保险营销员、证券经纪人佣金收入的个人所得税?

1.保险营销员、证券经纪人取得的佣金收入，属于劳务报酬所得。

2.自2019年1月1日起，以不含增值税的收入减除20%的费用后的余额为收入额，收入额减去展业成本以及附加税费后，并入当年综合所得，计算缴纳个人所得税。

3.保险营销员、证券经纪人展业成本按照收入额的25%计算。

4.扣缴义务人向保险营销员、证券经纪人支付佣金收入时，应按照累计预扣法计算预扣税款。

应纳税所得额 = 不含增值税收入 ×（1 − 20%）×（1 − 25%）− 附加税费

五十二、北京2022年冬奥会和冬残奥会个人所得税的规定

1.个人捐赠北京2022年冬奥会、冬残奥会、测试赛的资金和物资支出可在计算个人应纳税所得额时予以全额扣除。

2.对受北京冬奥组委邀请的，在北京2022年冬奥会、冬残奥会、测试赛期间临时来华，从事奥运相关工作的外籍顾问以及裁判员等外籍技术官员取得的由北京冬奥组委、测试赛赛事组委会支付的劳务报酬免征个人所得税。

3.对于参赛运动员因北京2022年冬奥会、冬残奥会、测试赛比赛获得的奖金和其他奖赏收入，按现行税收法律法规的有关规定征免应缴纳的个人所得税。

五十三、个人的外币收入折合成人民币的换算方法

1.个人取得的收入和所得为美元、日元、港币的，统一使用中国人民银行公布的人民币对上述三种货币的基准汇价计税。

2.个人取得的收入和所得为其他货币的，应当根据美元对人民币的基准汇价和

国家外汇管理局提供的纽约外汇市场美元对主要外币的汇价套算，按照套算以后的汇价计税。套算公式为：

$$某种货币对人民币的汇价=\frac{美元对人民币的基准汇价}{纽约外汇市场美元对该种货币的汇价}$$

3.个人在报送纳税申报表时，应当附送汇价折算的计算过程。

怎么区分自行纳税申报的各种情形?

第七节　征收管理

一、自行申报纳税（见表5-28）

表5-28　自行申报纳税

<table>
<tr><th>自行纳税申报情形</th><th>申报时间、地点</th></tr>
<tr><td>1.取得综合所得需要办理汇算清缴：</td><td>取得所得的次年3月1日至6月30日内，向任职、受雇单位所在地主管税务机关办理纳税申报
【提示】有下列情形之一的纳税人，应当办理汇算清缴：
（1）从两处以上取得综合所得，且综合所得年收入额减除专项扣除后的余额超过6万元
（2）取得劳务报酬所得、稿酬所得、特许权使用费所得中一项或者多项所得，且综合所得年收入额减除专项扣除的余额超过6万元
（3）纳税年度内预缴税额低于应纳税额
（4）纳税人申请退税</td></tr>
<tr><td>2.取得应税所得没有扣缴义务人</td><td>取得经营所得的纳税申报：
（1）在月度或季度终了后15日内，向经营管理所在地主管税务机关办理预缴纳税申报
（2）在取得所得的次年3月31日前，向经营管理所在地主管税务机关办理汇算清缴</td></tr>
<tr><td>3.取得应税所得，扣缴义务人未扣缴税款</td><td><table>
<tr><td>居民个人</td><td>取得综合所得且符合应当汇算清缴条件，应当依法办理汇算清缴</td><td>按照取得综合所得规定办理</td></tr>
<tr><td>非居民个人</td><td>取得工资、薪金所得，劳务报酬所得，稿酬所得，特许权使用费所得</td><td>于取得所得次年6月30日前，向扣缴义务人所在地主管税务机关申报纳税</td></tr>
<tr><td>纳税人（不区分居民与非居民）</td><td>取得利息、股息、红利所得，财产租赁所得，财产转让所得和偶然所得</td><td>于取得所得次年6月30日前申报纳税</td></tr>
</table>【提示】
（1）税务机关通知限期缴纳的，纳税人应当按照期限缴纳税款
（2）纳税人取得应税所得没有扣缴义务人的，应当在取得所得的次月15日内向税务机关报送纳税申报表，并缴纳税款</td></tr>
<tr><td>4.取得境外所得</td><td>（1）于取得所得的次年3月1日至6月30日内，向中国境内任职、受雇单位所在地主管税务机关办理纳税申报
（2）在境内没有任职、受雇单位的，向户籍所在地或中国境内经常居住地主管税务机关办理纳税申报
（3）户籍所在地与中国境内经常居住地不一致的，选择其中一地主管税务机关办理纳税申报
（4）在中国境内没有户籍的，向中国境内经常居住地主管税务机关办理纳税申报</td></tr>
<tr><td>5.因移居境外注销中国户籍</td><td>在申请注销中国户籍前，向户籍所在地主管税务机关办理纳税申报</td></tr>
<tr><td>6.非居民个人在中国境内从两处以上取得工资、薪金所得</td><td>于取得所得的次月15日内，向其中一处任职、受雇单位所在地主管税务机关办理纳税申报</td></tr>
</table>

考霸笔记

（1）有两处以上任职、受雇单位的，选择向其中一处办理纳税申报；（2）没有任职、受雇单位的，向户籍所在地或经常居住地主管税务机关办理纳税申报。

考霸笔记

从两处以上取得经营所得的，选择其中一处办理年度汇总申报。

二、全员全额扣缴申报纳税

（一）扣缴义务人和代扣预扣税款的范围

1.扣缴义务人，是指向个人支付所得的单位或者个人。

2.实行个人所得税全员全额扣缴申报的应税所得包括：（除“经营所得”外的其他项目）

（1）工资、薪金所得。

（2）劳务报酬所得。

（3）稿酬所得。

（4）特许权使用费所得。

（5）利息、股息、红利所得。

（6）财产租赁所得。

（7）财产转让所得。

（8）偶然所得。

扣缴义务人应当依法办理全员全额扣缴申报。

（二）不同项目所得扣缴方法

如何计算居民个人工资、薪金所得预扣预缴的个人所得税额?

1.扣缴义务人向居民个人支付工资、薪金所得时，应当按照累计预扣法计算预扣税款，并按月办理全员全额扣缴申报。具体计算公式如下：

$$\text{本期应预扣预缴税额}=\left(\text{累计预扣预缴应纳税所得额}\times\text{预扣率}-\text{速算扣除数}\right)-\text{累计减免税额}-\text{累计已预扣预缴税额}$$

$$\text{累计预扣预缴应纳税所得额}=\text{累计收入}-\text{累计免税收入}-\text{累计减除费用}-\text{累计专项扣除}-\text{累计专项附加扣除}-\text{累计依法确定的其他扣除}$$

【提示】

（1）累计减除费用=5 000元/月×纳税人当年截至本月在本单位的任职受雇月份数；

（2）预扣率和速算扣除数按“居民个人工资、薪金所得预扣预缴率表”（见表5-29）确定。

表5-29　居民个人工资、薪金所得预扣预缴率表

级　数	累计预扣预缴应纳税所得额	预扣率（%）	速算扣除数（元）
1	不超过36 000元的部分	3	0
2	超过36 000元至144 000元的部分	10	2 520
3	超过144 000元至300 000元的部分	20	16 920
4	超过300 000元至420 000元的部分	25	31 920
5	超过420 000元至660 000元的部分	30	52 920
6	超过660 000元至960 000元的部分	35	85 920
7	超过960 000元的部分	45	181 920

（3）居民个人向扣缴义务人提供有关信息并依法要求办理专项附加扣除的，扣缴义务人应当按照规定在工资、薪金所得按月预扣预缴税款时予以扣除，不得

拒绝。

(4) 年度预扣预缴税额与年度应纳税额不一致的，由居民个人于次年3月1日至6月30日向主管税务机关办理综合所得年度汇算清缴，税款多退少补。

如何计算居民个人劳务报酬、稿酬、特许权使用费预扣预缴的个税?

2. 扣缴义务人向居民个人支付劳务报酬所得、稿酬所得、特许权使用费所得时，按次或者按月预扣预缴个人所得税。

(1) 劳务报酬所得计算公式为：

劳务报酬所得应预扣预缴税额 = 预扣预缴应纳税所得额 × 预扣率 − 速算扣除数

每次收入不超过4 000元的：

预扣预缴应纳税所得额 = 收入 − 800

每次收入超过4 000元的：

预扣预缴应纳税所得额 = 收入 ×(1 − 20%)

【提示】预扣率和速算扣除数按“居民个人劳务报酬所得预扣预缴率表”（见表5-30）确定。

表5-30 劳务报酬所得预扣预缴率表

级　数	累计预扣预缴应纳税所得额	预扣率（%）	速算扣除数（元）
1	不超过20 000元的部分	20	0
2	超过20 000元至50 000元的部分	30	2 000
3	超过50 000元的部分	40	7 000

(2) 稿酬所得计算公式为：

稿酬所得应预扣预缴税额 = 预扣预缴应纳税所得额 × 20%

每次收入不超过4 000元的：

预扣预缴应纳税所得额 = (收入 − 800) × 70%

每次收入超过4 000元的：

预扣预缴应纳税所得额 = 收入 × (1 − 20%) × 70%

(3) 特许权使用费所得计算公式为：

特许权使用费所得应预扣预缴税额 = 预扣预缴应纳税所得额 × 20%

每次收入不超过4 000元的：

预扣预缴应纳税所得额 = 收入 − 800

每次收入超过4 000元的：

预扣预缴应纳税所得额 = 收入 ×(1 − 20%)

【案例5-5】居民个人高某是某著名大学经济学教授，2019年高某收入情况如下：

(1) 每月从大学取得工资收入20 000元，三险一金2 000元，无其他专项扣除额专项附加扣除；

(2) 3月高某受邀为某公司进行经济学讲座，取得讲座收入3 500元；

(3) 6月高某出版一部经济学著作，取得稿酬收入7 000元；

(4) 10月高某将这部经济学著作的手稿原件进行拍卖，取得拍卖收入10 000元。

则高某2019年缴纳个人所得税情况如下：

(1) 从大学取得的工资收入每月应纳税所得额=20 000−2 000−5 000=13 000（元）

1月该大学应为高某代扣代缴的个人所得税=13 000×3%=390（元）

2月该大学应为高某代扣代缴的个人所得税=13 000×2×3%-390=390（元）

3月该大学应为高某代扣代缴的个人所得税=13 000×3×10%-2 520-390×2=600（元）

4月该大学应为高某代扣代缴的个人所得税=13 000×4×10%-2 520-390×2-600=1 300（元）

5月该大学应为高某代扣代缴的个人所得税=13 000×5×10%-2 520-390×2-600-1 300=1 300（元）

6月该大学应为高某代扣代缴的个人所得税=13 000×6×10%-2 520-390×2-600-1 300×2=1 300（元）

7月该大学应为高某代扣代缴的个人所得税=13 000×7×10%-2 520-390×2-600-1 300×3=1 300（元）

8月该大学应为高某代扣代缴的个人所得税=13 000×8×10%-2 520-390×2-600-1 300×4=1 300（元）

9月该大学应为高某代扣代缴的个人所得税=13 000×9×10%-2 520-390×2-600-1 300×5=1 300（元）

10月该大学应为高某代扣代缴的个人所得税=13 000×10×10%-2 520-390×2-600-1 300×6=1 300（元）

11月该大学应为高某代扣代缴的个人所得税=13 000×11×10%-2 520-390×2-600-1 300×7=1 300（元）

12月该大学应为高某代扣代缴的个人所得税=13 000×12×20%-16 920-390×2-600-1 300×8=2 500（元）

（2）3月该公司应为高某代扣代缴的个人所得税=（3 500-800）×20%=540（元）

（3）6月出版社应为高某代扣代缴的个人所得税=7 000×（1-20%）×70%×20%=784（元）

（4）10月拍卖所应为高某代扣代缴的个人所得税=10 000×（1-20%）×20%=1 600（元）

高某2019年综合所得合计应缴纳的个人所得税=〔13 000×12+3 500×（1-20%）+7 000×（1-20%）×70%+10 000×（1-20%）〕×20%-16 920=17 224（元）

高某汇算清缴时应补缴的个人所得税=17 224-390×2-600-1 300×8-2 500-540-784-1 600=20（元）

3.非居民个人取得工资、薪金所得，劳务报酬所得，稿酬所得和特许权使用费所得，有扣缴义务人的，由扣缴义务人按月或者按次代扣代缴税款，不办理汇算清缴。（计算方法见第五节）

【提示】非居民个人在一个纳税年度内税款扣缴方法保持不变，达到居民个人条件时，应当告知扣缴义务人基础信息变化情况，年度终了后按照居民个人有关规定办理汇算清缴。

（三）代扣代缴期限

扣缴义务人每月或者每次预扣、代扣的税款，应当在次月15日内缴入国库，并向税务机关报送《个人所得税扣缴申报表》。

三、专项附加扣除的操作办法

1.享受子女教育、继续教育、住房贷款利息或者住房租金、赡养老人专项附加扣除的纳税人，自符合条件开始，可以向支付工资、薪金所得的扣缴义务人提供上述专项附加扣除有关信息，由扣缴义务人在预扣预缴税款时，按其在本单位本年可享受的累计扣除额办理扣除；也可以在次年3月1日至6月30日内，向汇缴地主管税务机关办理汇算清缴申报时扣除。

2.纳税人同时从两处以上取得工资、薪金所得，并由扣缴义务人办理上述专项附加扣除的，对同一专项附加扣除项目，一个纳税年度内，纳税人只能选择从其中一处扣除。

3.享受大病医疗专项附加扣除的纳税人，由其在次年3月1日至6月30日内，自行向汇缴地主管税务机关办理汇算清缴申报时扣除。

4.纳税人年度中间更换工作单位的，在原单位任职、受雇期间已享受的专项附加扣除金额，不得在新任职、受雇单位扣除。原扣缴义务人应当自纳税人离职不再发放工资、薪金所得的当月起，停止为其办理专项附加扣除。

5.纳税人未取得工资、薪金所得，仅取得劳务报酬所得、稿酬所得、特许权使用费所得需要享受专项附加扣除的，应当在次年3月1日至6月30日内，自行向汇缴地主管税务机关报送《扣除信息表》，并在办理汇算清缴申报时扣除。

6.在一个纳税年度内，纳税人在扣缴义务人预扣预缴税款环节未享受或未足额享受专项附加扣除的，可以在当年内向支付工资、薪金的扣缴义务人申请在剩余月份发放工资、薪金时补充扣除，也可以在次年3月1日至6月30日内，向汇缴地主管税务机关办理汇算清缴时申报扣除。

四、反避税规定

1.有下列情形之一的，税务机关有权按照合理方法进行纳税调整：

（1）个人与其关联方之间的业务往来不符合独立交易原则而减少本人或者其关联方应纳税额，且无正当理由。

（2）居民个人控制的，或者居民个人和居民企业共同控制的设立在实际税负明显偏低的国家（地区）的企业，无合理经营需要，对应当归属于居民个人的利润不作分配或者减少分配。

（3）个人实施其他不具有合理商业目的的安排而获取不当税收利益。

2.补税及加征利息：

（1）税务机关作出纳税调整，需要补征税款的，应当补征税款，并依法加收利息。

（2）依法加征的利息，应当按照税款所属纳税申报期最后一日中国人民银行公布的与补税期间同期的人民币贷款基准利率计算，自税款纳税申报期满次日起至补缴税款期限届满之日止按日加收。纳税人在补缴税款期限届满前补缴税款的，利息加收至补缴税款之日。

五、自然人纳税识别号的规定

1.有中国公民身份号码的，以其中国公民身份号码作为纳税人识别号；没有中国公民身份号码的，由税务机关赋予其纳税人识别号。

2.自然人纳税人办理纳税申报、税款缴纳、申请退税、开具完税凭证、纳税查询等涉税事项时应当向税务机关或扣缴义务人提供纳税人识别号。

六、个人所得税《税收完税证明》调整为《纳税记录》的规定

1.从2019年1月1日起，纳税人申请开具税款所属期为2019年1月1日（含）以后的个人所得税缴（退）税情况证明的，税务机关不再开具《税收完税证明》（文书式），调整为开具《纳税记录》；纳税人申请开具税款所属期为2018年12月31日（含）以前个人所得税缴（退）税情况证明的，税务机关继续开具《税收完税证明》（文书式）。

2.纳税人2019年1月1日以后取得应税所得并由扣缴义务人向税务机关办理了全员全额扣缴申报，或根据税法的规定自行向税务机关办理纳税申报的，不论是否

实际缴纳税款，均可以申请开具《纳税记录》。

3.纳税人对个人所得税《纳税记录》存在异议的，可以向该项记录中列明的税务机关申请核实。

智能测评

在线练习	我要提问
扫码在线做题　扫码看答案	扫码答疑
本书“本章同步强化训练”均配备二维码，打开微信“扫一扫”即可完成在线测评，查看本章详细的测评反馈报告，了解知识掌握情况，也可扫码直接看答案噢。 快来扫码做题吧！	本书配备答疑专用二维码，打开微信“扫一扫”，即可完成在线提问，获取专业老师全面个性化解答，让学习问题不再拖延。 快来扫码提问吧！

本章同步强化训练

一、单选题

1.下列所得中，应按“经营所得”项目征税的有（　　）。

A.个人因从事彩票代销业务而取得的所得

B.出租汽车经营单位对出租车驾驶员采取单车承包或承租方式运营，出租车驾驶员从事客货营运取得的收入

C.证券经纪人取得的佣金收入

D.个人独资企业员工取得企业为其购买的房屋，且房屋所有权登记为员工个人

2.中国居民个人李小姐2019年大病医疗支出150 000，其中医保报销部分为50 000元。李小姐当年的专项附加扣除中可以扣除的大病医疗支出金额是（　　）元。

A.85 000　　B.80 000　　C.100 000　　D.150 000

3.中国居民个人赵某2019年每月取得工资收入20 000元，每月依法扣除“三险一金”2 500元、专项附加扣除4 000元，当年另取得劳务报酬所得8 000元，稿酬所得10 000元，特许权使用费所得13 000元。赵某2019年综合所得应缴纳个人所得税（　　）元。

A.10 160　　B.10 780　　C.9 920　　D.7 960

4.非居民个人韩某2019年5月取得含税工资收入10 000元，劳务报酬所得4 000元，稿酬所得5 000元，则韩某2019年5月应缴纳个人所得税（　　）元。

A.890　　B.290　　C.1 490　　D.484

5.赵某为运输业个体工商户，2019年取得经营收入50万元，经营成本30万元（其中包括购买的一辆运输专用的货车10万元和一辆运输与家庭混用的小汽车12万元），除经营所得外，赵某当年未取得其他收入，不考虑专项扣除、专项附加扣除和其他扣除。赵某2019年应缴纳的个人所得税金额是（　　）元。

A.31 900　　B.43 900　　C.29 500　　D.17 500

6.中国居民个人姚某于2019年7月1将一个临街商铺出租给王某，每月收取不含税租金50 000元，10月1日将一套自有住房按市场价格出租给高某居住，收取高某每月不含税租金3 500元，不考虑其他税费，则姚某2019年应缴纳个人所得税（　　）元。

A.49 620　　B.48 810　　C.48 840　　D.49 680

7.王某作为某房地产企业优秀员工，2019年5月以60万元的价格取得一套该企业自建的商品房，该商品房的建造成本为每套80万元，则王某应缴纳个人所得税（　　）元。

A.38 590　　B.23 080　　C.6 000　　D.40 000

8.2019年2月王某将其在境内的一套住房无偿赠送给朋友李某，王某购入该套住房时支付价款60万元，房地产赠与合同上标明的赠与房屋价值为100万元，李某支付相关税费2万元；8月李某又将该套住房转让给段某，取得转让收入110万元，李某另支付相关税费5万元。李某2019年合计应缴纳个人所得税（　　）万元。

A.24.28　　B.26.6　　C.24.68　　D.26.2

9.2019年3月，肖某与甲企业解除劳动关系，取得甲企业支付的一次性补偿收入300 000元。假设当地上年职工平均工资为55 000元。肖某取得的一次性补偿收入应缴纳个人所得税（　　）元。

A.32 080　　B.4 980　　C.10 980　　D.13 290

10.甲公司员工钱某于2019年5月从该公司办理了提前退休手续，取得一次性补贴收入120 000元，其距离正常退休还有3年。则钱某应缴纳个人所得税（　　）元。

A.9 480　　B.4 440　　C.0　　D.3 790

11.某上市公司实施股权激励计划授予员工蔡某股票期权（不可公开交易），承诺蔡某在公司工作满2年后可以按每股5元的价格购买该公司股票10万股。2019年2月，蔡某2年工作期届满并于当月按规定行权，此时本公司股票市价为每股6元，蔡某应缴纳个人所得税（　　）元。

A.9 790　　B.7 480　　C.4 960　　D.9 580

12.中国居民个人宋某在境外某国拍卖了自己的图片作品手稿，取得拍卖收入50 000元，在该国已缴纳个人所得税5 000元，则宋某在境内需要补缴个人所得税（　　）元。

A.0　　B.3 000　　C.5 000　　D.4 000

二、多选题

1.下列所得，属于个人所得税中“工资、薪金所得”应税项目的有（　　）。

A.张某任职于甲公司取得的独生子女补贴　　B.王某任职于乙公司取得的劳动分红

C.赵某任职于丙公司取得的午餐补助　　D.李某任职于丁公司取得的董事费收入

2.下列所得，应按“特许权使用费所得”项目征税的有（　　）。

A.作者将自己的文字作品手稿复印件公开拍卖取得的所得

B.编剧从电视剧制作单位取得的剧本使用费

C.转让商标权取得的所得

D.作者将自己的图片作品手稿原件公开拍卖取得的所得

3.下列所得，不论支付地点是否在中国境内，均为来源于中国境内的所得的是（　　）。

A.因在中国任职而取得的由境外总公司支付的工资收入

B.将位于境外的一处房产出租给某中国游客

C.将位于中国的一处房产出售给某境外游客

D.从境内某外商投资企业取得股息收入

4. 下列关于境内无住所纳税人征税范围的规定，说法正确的是（　　）。

A. 在中国境内无住所的个人，在一个纳税年度内在中国境内居住累计不超过90天的，其来源于中国境内的所得，由境外雇主支付并且不由该雇主在中国境内的机构、场所负担的部分，免予缴纳个人所得税

B. 在中国境内无住所的个人，在一个纳税年度内在中国境内居住累计不超过90天的，其来源于中国境外的所得，由境内雇主支付的部分，免予缴纳个人所得税

C. 在中国境内无住所的个人，在中国境内居住累计满183天的年度连续不满六年的，经向主管税务机关备案，其来源于中国境外且由境外单位或者个人支付的所得，免予缴纳个人所得税

D. 在中国境内无住所的个人，在中国境内居住累计满183天的年度连续不满六年的，经向主管税务机关备案，其来源于中国境内的所得，由境外雇主支付并且不由该雇主在中国境内的机构、场所负担的部分，免予缴纳个人所得税

5. 下列各项中，属于专项附加扣除项目的有（　　）。

A. 基本养老保险　　B. 赡养老人支出

C. 税收递延型商业养老保险的支出　　D. 大病医疗支出

6. 下列关于专项附加扣除的规定中，表述正确的有（　　）。

A. 纳税人在一个纳税年度内不能同时享受住房贷款利息和住房租金专项附加扣除

B. 独生子女赡养老人支出扣除标准为每个老人2 000元/月

C. 住房贷款利息扣除期限不得超过360个月

D. 子女教育支出可以选择父母一方扣除100%或父母双方各扣50%

7. 下列项目不得享受个人所得税减免税优惠的有（　　）。

A. 个人转让自用达2年以上并且是唯一的家庭居住用房取得的所得

B. 中奖金额为5 000元的单张有奖发票奖金所得

C. 国债利息收入

D. 个人举报违法行为而获得的奖金所得

8. 个人通过非营利性社会团体对下列机构的捐赠允许在计算个人所得税时全额扣除的有（　　）。

A. 对红十字会的捐赠　　B. 对汶川地震灾区的捐赠

C. 对贫困山区的捐赠　　D. 对农村义务教育的捐赠

9. 某公司员工王某系中国居民个人，2019年共取得工资收入130 000元，12月另取得全年一次性奖金40 000元，不考虑各项扣除。则下列表述正确的有（　　）。

A. 王某当年工资收入应缴纳个人所得税4 480元

B. 王某当年工资收入应缴纳个人所得税6 790元

C. 王某全年一次性奖金应缴纳个人所得税1 480元

D. 王某全年一次性奖金应缴纳个人所得税3 790元

10. 下列所得，应按“偶然所得”项目征税的有（　　）。

A. 企业在业务宣传活动中，随机向本单位以外的个人赠送礼品

B. 企业向个人支付不竞争款项

C. 企业在年会中向本单位的员工赠送礼品

D. 企业对累积消费达到一定额度的顾客，给予额外抽奖机会

11. 下列各项所得中，免征个人所得税的有（　　）。

A.内地个人投资者通过沪港通投资香港联交所上市股票取得的转让差价所得

B.香港个人投资者通过沪港通投资上市A股取得的转让差价所得

C.内地个人投资者通过沪港通投资香港联交所上市股票取得的股息、红利所得

D.内地个人投资者购买上市A股取得的转让差价所得

12.根据个人所得税法的规定，下列纳税人需要依法办理纳税申报的有（　　）。

A.取得综合所得需要办理汇算清缴

B.非居民个人在中国境内从两处以上取得工资、薪金所得

C.取得境外所得

D.取得应税所得，扣缴义务人未扣缴税款

13.根据个人所得税法的规定，下列表述不正确的是（　　）。

A.取得境外所得的居民纳税人应在取得收入次月15日内自行纳税申报

B.移居境外的纳税人应在注销中国户籍后自行办理税款清缴

C.取得应税所得，扣缴义务人未扣税款的，应由扣缴义务人进行申报补缴税款

D.取得应税所得没有扣缴义务人的，应在取得收入次月15日内自行纳税申报

三、综合题

中国居民个人赵某为某大学教授，其2019年取得收入情况如下：

（1）每月从学校取得的收入包括基本工资12 000元、教授津贴5 000元，按照所在省人民政府规定的比例提取并缴付的“五险一金”为1 500元，全年仅享受赡养老人一项专项附加扣除（赵教授为独生子），赵教授自2018年起每年购买符合规定的商业健康保险产品，每年支出3 000元；

（2）1月赵教授取得学校支付的全年一次性奖金60 000元；

（3）2月赵教授将其利用课余时间编写的一部小说完成并出版，取得稿酬收入20 000元，由出版社代扣代缴个人所得税；

（4）6月赵教授将一套自有住房出租给白某，租期半年，一次性收取租金收入30 000元；

（5）12月赵教授将其编写的小说手稿原件和一个古董花瓶一起拍卖，小说手稿取得拍卖收入40 000元，花瓶取得拍卖收入100 000元（花瓶无法提供财产原值凭证），由拍卖行代扣代缴个人所得税。

要求：根据以上资料，按照下列序号计算回答问题，每问需计算出合计数。

（1）计算学校需为赵教授代扣代缴的个人所得税。

（2）计算出版社需为赵教授代扣代缴的个人所得税。

（3）计算赵教授出租住房需要缴纳的个人所得税。

（4）计算拍卖行需为赵教授代扣代缴的个人所得税。

（5）计算赵教授2019年综合所得应缴纳的个人所得税。

（6）计算赵教授年终汇算清缴时需要退（补）缴的个人所得税。

第六章 城市维护建设税法和烟叶税法

本章导学

本章框架图

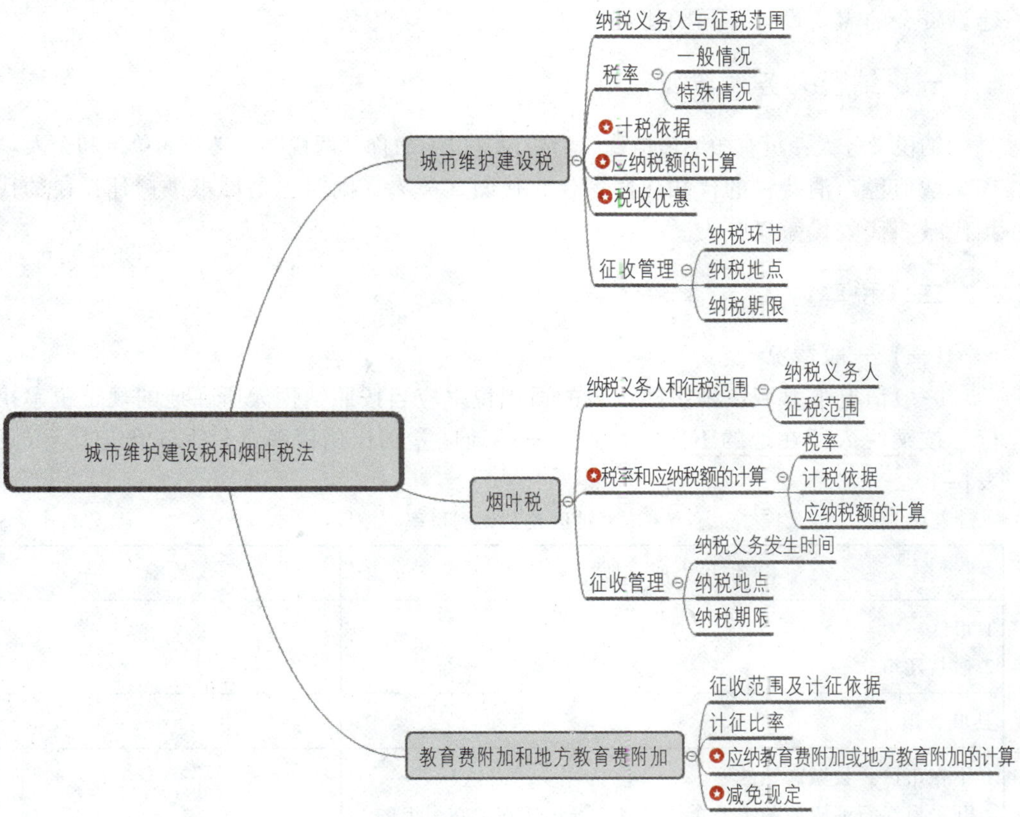

本章考情概述

本章近年平均分值为2~3分，属于非重点章节，考试题型多以客观题为主，考查重点在于城市维护建设税和教育费附加的应纳税额的计算和烟叶税基本概念性知识点。但是，在主观题中，城市维护建设税和教育费附加会随同增值税、消费税和土地增值税一并进行考查。

就备考难度而言，本章总体难度较低，基本上没有难以理解的知识点，学习时注意把握和其他章节的联系即可。

2019年教材主要变化

1.新增城市维护建设税和教育费附加的税收优惠：对实行增值税期末留抵税额纳税人，允许其从城市维护建设税、教育费附加和地方教育费附加的计税（征）依据中扣除退还的增值税税额；

2. 重新表述烟叶税的计税依据；

3. 修改有关烟叶税纳税期限的规定。

第一节 城市维护建设税法

城市维护建设税是对从事经营活动，缴纳增值税、消费税的单位和个人征收的一种税。

特点：（1）税款专款专用；（2）属于一种附加税；（3）根据城镇规模及其维护建设资金的需要设计不同的比例税率。

考霸笔记

城市维护建设税的代扣代缴、代收代缴，比照增值税、消费税的有关规定办理。

一、纳税义务人与征税范围

纳税义务人：负有缴纳增值税、消费税（以下简称“两税”）义务的单位和个人。

增值税、消费税的代扣代缴、代收代缴义务人，同时也是城市维护建设税的代扣代缴、代收代缴义务人。

二、税率

（一）一般情况

一般情况下，城市维护建设税的适用税率应当按照纳税人所在地的规定税率执行。按纳税人所在地的不同，设置了三档地区差别比例税率（税率需要记忆）（见表6-1）。

表6-1 地区差别比例税率

纳税人所在地	税率
1. 市区 2. 撤县建市	7%
县城、镇	5%
1. 不在市区、县城、镇的 2. 开采海洋石油资源的中外合作油（气）田所在地在海上的	1%

考霸笔记

理解城市维护建设税的计税依据需要注意两个要点：1. 实际缴纳的消费税和增值税税额，并不等于增值税和消费税应纳税额；2. 只要缴纳增值税和消费税其中的一种，就需要考虑城市维护建设税和教育费附加（进口环节除外）。

（二）特殊情况

下列两种情况，可按缴纳“两税”所在地的规定税率就地缴纳城市维护建设税：

1. 由受托方代扣代缴“两税”的单位和个人，其代扣代缴、代收代缴的城市维护建设税按受托方所在地适用税率执行；

2. 流动经营等无固定纳税地点的单位和个人，在经营地缴纳“两税”的，其城市维护建设税按经营地适用税率执行。

三、计税依据

城市维护建设税的计税依据，是指纳税人实际缴纳的“两税”税额。

1. 免征或减征“两税”的，要同时免征或减征城市维护建设税；

2.对出口产品退还增值税、消费税的，不退还已缴纳的城市维护建设税；

3.经国家税务总局正式审核批准的当期免抵的增值税税额应纳入城市维护建设税、教育费附加和地方教育费附加的计征范围，分别按规定的税率征收；

4.纳税人违反“两税”有关规定而加收的滞纳金和罚款，不作为城建税的计税依据；

5.纳税人违反“两税”有关规定，被查补“两税”和被处以罚款时，也要对其未缴的城建税进行补税和罚款。

【提示】海关对进口产品代征的增值税、消费税，不征收城建税。

【总结】城建税和教育费附加：进口不征、出口不退、免抵要缴。

例 6-1 · 单选题

（2016年考生回忆）企业缴纳的下列税额中，应作为城市维护建设税计税依据的是（　　）。

A.关税税额　　B.消费税税额

C.房产税税额　　D.城镇土地使用税税额

【答案】B

【解析】城建税计税依据是增值税、消费税实际缴纳的税额。

四、应纳税额的计算

应纳税额＝纳税人实际缴纳的增值税、消费税税额×适用税率

例 6-2 · 单选题

（2015年改编）位于市区的甲企业2018年7月销售产品缴纳增值税和消费税共计50万元，被税务机关查补增值税15万元并处罚款5万元。甲企业7月应缴纳的城市维护建设税为（　　）万元。

A.3.25　　B.3.5　　C.4.9　　D.4.55

【答案】D

【解析】罚款不作为城建税的计税依据，应纳城市维护建设税＝（50＋15）×7%＝4.55（万元）。

例 6-3 · 单选题

（2014年真题改编）位于县城的甲企业2018年5月实际缴纳增值税350万元，其中包括进口环节增值税50万元；消费税530万元，其中包括由位于市区的乙企业代收代缴的消费税30万元，甲企业本月应向所在县城主管税务机关缴纳的城建税为（　　）万元。

A.41.5　　B.40　　C.44　　D.42.5

【答案】B

【解析】城建税的计税依据为纳税人实际缴纳的增值税、消费税税额之和。城建税进口不征，出口不退。所以进口环节增值税和代收代缴的消费税不作为城建税的计税依据。应纳城建税＝（350－50＋530－30）×5%＝40（万元）。

例 6-4 · 单选题

（2010年真题改编）位于市区的某内资生产企业为增值税一般纳税人，经营内销与出口业务。2018年10月，其实际缴纳增值税40万元，出口货物免抵税额5万元。另外，进口货物缴纳增值税16万元、消费税30万元。该企业10月应缴纳的城市维护建设税为（　　）万元。

A.2.8　　B.3.15　　C.4.6　　D.6.09

【答案】B

【解析】城建税是进口不征、出口不退的。经国家税务总局正式审核批准的当期免抵的增值税税额应作为城建税和教育费附加的计税依据。应纳城建税 =（40 + 5）×7% = 3.15（万元）。

例 6-5 · 单选题

（2012年真题改编）位于市区的某公司2018年12月应缴纳增值税170万元，实际缴纳增值税210万元（包括缴纳以前年度欠缴的增值税40万元）。当月因享受增值税先征后退政策，获得增值税退税60万元。则该公司当月应缴纳的城市维护建设税和教育费附加合计为（　　）万元。

A.15　　B.17　　C.21　　D.53

【答案】C

【解析】城建税的计税依据，是指纳税人实际缴纳的“两税”。对“两税”实行先征后返、先征后退、即征即退，除另有规定外，对随“两税”附征的城市维护建设税和教育费附加，一律不退（返）还。应缴纳的城建税和教育费附加 = 210×（7% + 3%）= 21（万元）。

例 6-6 · 单选题

（2010年真题改编）位于某市的甲地板厂为外商投资企业，2018年8月进购一批木材，取得的增值税发票上注明的不含税价格为800 000元，当月委托位于县城的乙工厂将其加工成实木地板，支付不含税加工费150 000元。乙工厂11月交付50%的实木地板，12月份完工交付剩余部分。已知实木地板消费税税率为5%，乙工厂12月应代收代缴的城市维护建设税为（　　）。

A.1 250元　　B.1 750元　　C.2 500元　　D.3 500元

【答案】A

【解析】应代收代缴的城市维护建设税 =（800 000 + 150 000）÷（1 − 5%）× 5% × 50%×5% = 1 250（元）。

> **考霸笔记**
> 城市维护建设税原则上不单独减免，但是由于其具有附加税性质，因此随同主税（增值税和消费税）的减免而相应发生税收减免。

> 为什么直接减免、退还的增值税和消费税，可同时退还城建税、教育费附加？

> 即征即退、先征后退、先征后返有什么区别？为什么对即征即退、先征后退、先征后返的增值税征收的城建税不予退还？

五、税收优惠

1.城建税按减免后实际缴纳的“两税”税额计征，即随“两税”的减免而减免。

2.对于因减免税而需进行“两税”退库的，城建税也可同时退库。

3.对“两税”实行先征后返、先征后退、即征即退办法的，除另有规定外，对随“两税”附征的城建税和教育费附加，一律不予退（返）还。

4.对国家重大水利工程建设基金免征城市维护建设税。

5.对实行增值税期末留抵退税的纳税人，允许其从城市维护建设税、教育费附加和地方教育附加的计税（征）依据中扣除退还的增值税税额（新增）。

例6-7·多选题

（2014年真题改编）下列关于城市维护建设税减免税规定的表述中，正确的有（　　）。

A.城市维护建设税随“两税”的减免而减免

B.对国家重大水利工程建设基金免征城市维护建设税

C.对由海关代征的进口产品增值税和消费税应减半征收城市维护建设税

D.因减免税而对“两税”进行退库的，可同时对已征收的城市维护建设税实施退库

【答案】ABD

【解析】海关对进口产品代征的增值税、消费税，不征收城市维护建设税。

考霸笔记

城市维护建设税的征管办法完全比照“两税”的有关规定执行

六、征收管理

考霸笔记

城市维护建设税纳税地点的特殊情形是由“两税”纳税地点的特殊情形所导致的，因此学习此知识点时注意从城建税具有“附加税”的性质上去把握。

（一）纳税环节

城市维护建设税的纳税环节，实际就是纳税人缴纳“两税”的环节。

（二）纳税地点

一般规定：纳税人缴纳“两税”的地点，就是该纳税人缴纳城市维护建设税的地点。

特殊情形：

1.代扣代缴、代收代缴“两税”的单位和个人，同时也是城市维护建设税的代扣代缴、代收代缴义务人，其城建税的纳税地点为代扣代收地。

2.跨省开采的油田，下属生产单位与核算单位不在同一省内的，其生产的原油，在油井所在地缴纳增值税，其应纳税款由核算单位按照各油井的产量和规定税率，计算汇拨各油井缴纳。所以，各油井应纳的城市维护建设税，应由核算单位计算，随同增值税一并汇拨油井所在地，由油井在缴纳增值税的同时，一并缴纳城市维护建设税。（随同增值税在油井所在地缴纳城建税）

3.纳税人跨地区提供建筑服务、销售和出租不动产的，应在建筑服务发生地、不动产所在地预缴增值税，以预缴增值税税额为计税依据，并按预缴增值税所在地的城建税适用税率和教育费附加征收率就地缴纳城建和教育费附加。

4.对流动经营等无固定纳税地点的单位和个人，应随同“两税”在经营地按适用税率缴纳。

例6-8·2017年多选题

下列关于城市维护建设税纳税地点的表述中，正确的有（　　）。

A.纳税人应在增值税和消费税的纳税地缴纳

B.纳税人跨地区提供建筑服务的，在建筑服务发生地预缴

C.跨省开采的油田，下属生产单位与核算单位不在一个省的，在核算单位所在地纳税

D.无固定纳税地点的流动经营者应随同增值税和消费税在经营地缴纳

【答案】ABD

【解析】选项C：跨省开采的油田，其下属生产单位与核算单位不在一个省的，其生产的原油，在油井所在地缴纳增值税、城建税。

（三）纳税期限

由于城市维护建设税是由纳税人在缴纳“两税”时同时缴纳的，所以其纳税期限分别与“两税”的纳税期限一致。

例 6-9 · 2011 年多选题

下列各项中，符合城市维护建设税征收管理规定的有（　　）。

A.海关对进口产品代征增值税时，应同时代征城市维护建设税

B.对增值税实行先征后返的，应同时返还附征的城市维护建设税

C.对出口产品退还增值税的，不退还已经缴纳的城市维护建设税

D.纳税人延迟缴纳增值税而加收的滞纳金，不作为城市维护建设税的计税依据

【答案】CD

【解析】城建税是进口不征、出口不退的；对“两税”实行先征后返、先征后退、即征即退办法的，除另有规定外，对随“两税”附征的城市维护建设税和教育费附加，一律不予退（返）还。

第二节　烟叶税法

2017年12月27日，第十二届全国人民代表大会常务委员会第三十一次会议通过了《中华人民共和国烟叶税法》，该法自2018年7月1日起施行，2006年4月28日国务院公布的《中华人民共和国烟叶税暂行条例》同时废止。

如何理解烟叶税的纳税义务人?

一、纳税义务人和征税范围（见表6-2）

表6-2　烟叶税法的纳税义务人和征税范围

项目	具体规定
纳税义务人	在中华人民共和国境内依照《中华人民共和国烟叶税暂行条例》的规定收购烟叶的单位为烟叶税的纳税人
征税范围	烤烟叶、晾晒烟叶

考霸笔记

《烟叶税法》中已调整为“依照《中华人民共和国烟草专卖法》的规定”，此处了解即可，无需关注。

二、税率和应纳税额的计算

（一）税率：20%

（二）计税依据：纳税人收购烟叶实际支付的价款总额

实际支付的价款总额包括纳税人支付给烟叶生产销售单位和个人的烟叶收购价款和价外补贴。其中，价外补贴统一按烟叶收购价款的10%计算。

（三）应纳税额的计算

应纳税额=纳税人收购烟叶实际支付的价款总额×税率

=（烟叶收购价款+价外补贴）×20%

=烟叶收购价款×（1+10%）×20%

【提示】收购烟叶可抵扣的增值税：

烟叶进项税额=收购价款×（1＋10%）×（1＋20%）×12%或10%

=收购价款×1.1×1.2×12%或10%

例6-10·单选题

（2017年真题改编）某烟草公司2018年8月8日支付烟叶收购价款88万元，另向烟农支付价外补贴10万元。该烟草公司8月收购烟叶应缴纳的烟叶税为（　　）。

A.17.6万元　　B.19.36万元　　C.21.56万元　　D.19.6万元

【答案】B

【解析】应该缴纳的烟叶税=88×（1+10%）×20%=19.36（万元）。

三、征收管理

（一）纳税义务发生时间

纳税义务发生时间为纳税人收购烟叶的当日。

（二）纳税地点

向烟叶收购地的主管税务机关申报缴纳烟叶税。

（三）纳税期限

按月计征，纳税人应当于纳税义务发生月终了之日起15日内申报并缴纳税款。

例6-11·单选题

（2015年真题改编）甲县某烟草公司去相邻的乙县收购烟叶，2018年8月9日支付烟叶收购价款80万元，另对烟农支付了价外补贴。下列纳税事项的表述中，正确的是（　　）。

A.烟草公司应在9月16日申报缴纳烟叶税

B.烟草公司8月收购烟叶应缴纳烟叶税17.6万元

C.烟草公司应向甲县税务机关申报缴纳烟叶税

D.烟草公司收购烟叶纳税义务发生时间为8月10日

【答案】B

【解析】纳税人应当于纳税义务发生月终了之日起15日内申报并缴纳税款。应缴纳烟叶税＝80×（1＋10%）×20%＝17.6（万元），烟草公司应向乙县主管税务机关申报缴纳烟叶税；烟叶税的纳税义务发生时间为纳税人收购烟叶的当天，即8月9日。

考霸笔记

教育费附加和地方教育费附加不属于税收，而是政府性基金，因此不适用《税收征收管理法》。不过，其由税务机关负责征收。

第三节　教育费附加和地方教育费附加

一、征收范围及计征依据（和城市维护建设税的规定一致）

教育费附加和地方教育费附加对缴纳增值税、消费税的单位和个人征收，以其实际缴纳的增值税、消费税税款为计征依据，分别与增值税、消费税同时缴纳。

二、计征比率（注意不是税率）

1.教育费附加计征比率：3%。

2.地方教育费附加计征比率：2%。

三、应纳教育费附加或地方教育附加的计算

计算公式：

应纳教育费附加或地方教育附加＝实际缴纳的增值税、消费税×征收比率（3%或2%）

四、减免规定

1.海关对进口产品代征的增值税、消费税，不征收教育费附加。

2.对由于减免增值税、消费税而发生退税的，可同时退还已征收的教育费附加。但对于出口产品退还增值税、消费税的，不退还已征的教育费附加。

3.对国家重大水利工程建设基金免征教育费附加。

4.自2016年2月1日起，按月纳税的月销售额或营业额不超过10万元（按季度纳税的季度销售额或营业额不超过30万元）的纳税义务人，免征教育费附加、地方教育费附加。（城市维护建设税无此条税收优惠）

智能测评

在线练习	我要提问
扫码在线做题　扫码看答案 本书“本章同步强化训练”均配备二维码，打开微信“扫一扫”即可完成在线测评，查看本章详细的测评反馈报告，了解知识掌握情况，也可扫码直接看答案噢。 快来扫码做题吧！	扫码答疑 本书配备答疑专用二维码，打开微信“扫一扫”，即可完成在线提问，获取专业老师全面个性化解答，让学习问题不再拖延。 快来扫码提问吧！

本章同步强化训练

一、单选题

1.撤县建市后，适用的城市维护建设税税率为（　　）。

A.5%　　B.1%　　C.7%　　D.3%

2.位于A市区的甲服装厂，2018年5月实际缴纳增值税和消费税354万元，其中：进口环节增值税和消费税为54万元，被税务机关查补的增值税为12万元。补交增值税的同时缴纳的滞纳金和罚款共计8万元。则甲服装厂本月应向所在市区税务机关缴纳的城市维护建设税为（　　）万元。

A.21　B.25.34　C.20.72　D.20.16

3.位于桃花镇的A公司系动漫软件开发公司，2018年10月应缴纳增值税180万元，实际缴纳增值税200万元（包括缴纳以前年度欠缴的增值税20万元）。当月因享受增值税即征即退政策，获得增值税退税50万元。则该公司当月应缴纳的城市维护建设税为（　）万元。

A.9　B.10　C.7.5　D.6.5

4.位于市区的甲建筑企业，2018年5月实际缴纳增值税和消费税282万元，其中包括由位于县城的乙企业代收代缴的消费税22万元、位于小镇的A房地产项目预缴增值税60万元，另被税务机关罚款18万元。则甲企业本月应向所在市区税务机关缴纳的城市维护建设税为（　）万元。

A.19.74　B.18.2　C.14　D.21

5.位于县城的A企业10月实际缴纳增值税和消费税320万元，其中包括流动经营地缴纳的10万元，进口增值税和消费税20万元，另发生因减免税而进行的增值税退库50万元，A企业当月应向其主管税务机关缴纳的城市维护建设税为（　）万元。

A.16　B.12　C.15　D.12.5

6.甲企业2018年9月到B县从农民乙处收购了30吨烟叶，10月将其销售给丙企业加工为卷烟，12月丙企业将加工完成的卷烟销售给丁批发商．下列各项为烟叶税的纳税人的是（　）。

A.农民乙　B.丙企业　C.甲企业　D.丁批发商

7.某烟草公司为增值税一般纳税人，2018年9月收购烟叶支付的烟叶收购价款为100万元。则该烟草公司9月收购烟叶应缴纳的烟叶税为（　）。

A.22万元　B.20万元　C.21.56万元　D.19.6万元

二、多选题

1.下列关于城市维护建设税计税依据的表述中，正确的有（　）。

A.免征或减征“两税”时应同时免征或减征城市维护建设税

B.对出口产品退还增值税的，不退还已缴纳的城市维护建设税

C.纳税人被查补“两税”时应同时对查补的“两税”补缴城市维护建设税

D.当期免抵税额应纳入城市维护建设税的计征范围

2.下列关于城市维护建设税减免税规定的表述中，正确的有（　）。

A.城市维护建设税随“两税”的减免而减免

B.对国家重大水利工程建设基金减半征收城市维护建设税

C.对因减免税而需进行“两税”退库的，城市维护建设税也可同时退还

D.进口商品缴纳“两税”时，同时由海关代征城市维护建设税

3.下列关于城市维护建设税相关规定的表述，正确的有（　）。

A.增值税期末留抵退税的，允许其从城市维护建设税计税依据中扣除退还的增值税税额

B.市区、县城（镇）分别适用7%、3%的城市维护建设税税率

C.进口货物缴纳的增值税，不征收城市维护建设税

D.增值税实行即征即退办法的，其附征的城市维护建设税一并退还

4.下列关于城市维护建设税纳税地点的表述中，正确的有（　）。

A.纳税人应在“两税”的纳税地缴纳

B.纳税人跨地区销售不动产的，在不动产所在地预缴

C.跨省开采的油田，下属生产单位与核算单位不在一个省的，在核算单位所在地缴纳

D.无固定纳税地点的流动经营者应随同“两税”在其经营地缴纳

5.下列关于教育费附加的表述中，正确的有（　　）。

A.对进口的产品按照3%征收教育费附加

B.对于减免增值税和消费税而发生的退税，可同时退还已征收的教育费附加

C.国家重大水利工程建设基金免征教育费附加

D.小规模纳税人免征教育费附加

6.下列各项中，属于烟叶税的征税范围的有（　　）。

A.烤烟叶　　B.生烟叶　　C.晾晒烟叶　　D.烟丝

7.甲烟草公司2018年9月16日到A县收购烟叶支付价款56万元，另向烟农支付了价外补贴5万元，下列关于该烟草公司烟叶税的相关事宜，说法正确的是（　　）。

A.烟草公司9月收购烟叶缴纳烟叶税12.32万元

B.烟草公司收购烟叶的纳税义务发生时间是9月16日

C.烟草公司应向甲所在地主管税务机关申报缴纳烟叶税

D.烟草公司9月收购烟叶缴纳烟叶税12.2万元

8.下列关于烟叶税的说法正确的是（　　）。

A.自纳税义务发生之日次月起15日内申报纳税

B.烟叶收购单位应向其机构所在地主管税务机关申报缴纳烟叶税

C.烟叶税的价外补贴统一按烟叶收购价款的10%计算

D.烟叶税法是由国务院颁布并实施的

第七章

关税法和船舶吨税法

本章导学

本章框架图

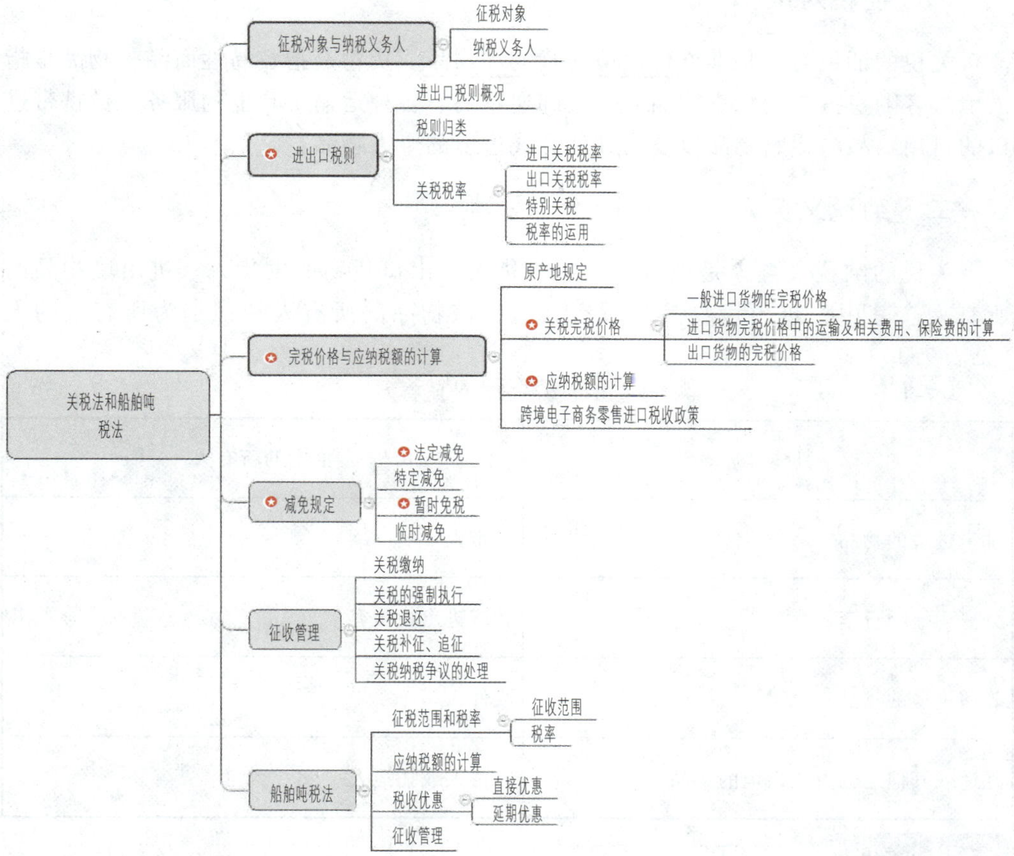

本章考情概述

本章为CPA税法非重点章节，难度不大，考试分值也不高。

从历年的试题来看，本章平均分值在3分左右。在考查的知识点中，考生需要重点关注关税完税价格的构成，关税应纳税额的计算，关税的税收优惠及关税的溢征、追征和补征；同时在考查进口环节增值税和消费税的计算时，会涉及关税完税价格的相关内容。

本章内容包括：关税征税对象与纳税义务人、进出口税则、完税价格与应纳税额的计算、减免规定、征收管理、船舶吨税法。

第七章

2019年教材主要变化

1.修改跨境电子商务零售进口税收政策。

2.船舶吨税根据2018年7月1日实施的《中华人民共和国船舶吨税法》进行重述。

第一节　关税征税对象与纳税义务人

如何区分关境和国境?

一、征税对象

关税的征税对象是准许进出境的货物和物品。货物是指贸易性商品；物品是指入境旅客随身携带的行李物品、个人邮递物品、各种运输工具上的服务人员携带进口的自用物品、馈赠物品以及以其他方式进境的个人物品。

二、纳税义务人

关税的纳税义务人是进口货物的收货人、出口货物的发货人、进出境物品的所有人。其中，进出境物品的所有人包括该物品的所有人和推定为所有人的人(见表7-1)。

如何判断关税的纳税义务人?

表7-1　进出境物品推定的所有人

具体情形	推定的所有人
携带进境的物品	携带人
分离运输的行李	相应进出境旅客
邮递进境的物品	收件人
邮递或其他运输方式出境的物品	寄件人或托运人

例7-1·多选题

下列各项中，属于关税法定纳税义务人的有(　　)。

A.出口货物的收货人　　B.进口货物的收货人

C.进境物品的携带人　　D.进境物品的收件人

【答案】BCD

【解析】选项A，出口货物的纳税义务人是发货人。

如何理解税则的含义?

第二节　进出口税则

一、进出口税则概况

进出口税则以税率表为主体，税率表包括税则商品分类目录和税率栏两部分。我国现行进口税则为四栏税率，出口税则为一栏税率。从1992年1月起，我国开始实施以《商品名称及编码协调制度》为基础的进出口税则。

二、税则归类

税则归类一般按以下步骤进行：

1. 了解需要归类的具体进出口商品的构成、材料属性、成分组成、特性、用途和功能。

2. 查找有关商品在税则中拟归的类、章及税号。对于原材料性质的货品，应首先考虑按其属性归类；对于制成品，应首先考虑按其用途归类。

3. 对考虑采用的有关类、章及税号进行比较，筛选出最为合适的税号。

4. 通过以上方法也难以确定的税则归类商品，可运用归类总规则的有关条款来确定其税号。如进口地海关无法解决的税则归类问题，应报海关总署明确。

三、关税税率

（一）进口关税税率

1. 税率设置与适用（见表7-2）

自2002年1月1日起，我国进口税则设有最惠国税率、协定税率、特惠税率、普通税率、关税配额税率等税率。对进口货物在一定期限内可以实行暂定税率。

表7-2　税率的适用情形

税率	适用情形
最惠国税率	（1）原产于与我国共同适用最惠国待遇条款的WTO成员或地区的进口货物 （2）原产于与我国签订有相互给予最惠国待遇条款的双边贸易协定的国家或地区进口的货物 （3）原产于我国境内的进口货物 （原产于我国及签订最惠国待遇条款的进口货物）
协定税率	原产于我国参加的含有关税优惠条款的区域性贸易协定有关缔约方的进口货物
特惠税率	原产于与我国签订有特殊优惠关税协定的国家或地区的进口货物
普通税率	原产于上述国家或地区以外的其他国家或地区的进口货物

【提示】

（1）按照普通税率征税的进口货物，经国务院关税税则委员会特别批准，可以适用最惠国税率；

（2）适用最惠国税率、协定税率、特惠税率的国家或者地区名单，由国务院关税税则委员会决定，报国务院批准后执行。

2. 税率种类（见表7-3）

按征收关税的标准，其可以分成从价税、从量税、选择税、复合税、滑准税。

表7-3　税率种类

考霸笔记：是我国最常用的计税标准

考霸笔记：适用于原油、啤酒、胶卷等商品

考霸笔记：适用于录像机、放像机、摄像机、数字照相机和摄录一体机等商品

种类	解释
从价税	以货物的价格或价值为征税标准，价格越高，税额越高
从量税	以进口商品的重量、长度、容量、面积等计量单位为计税依据
复合税	又称混合税，是对某种进口货物混合使用从价税和从量税的一种关税计征标准
选择税	对一种进口商品同时定有从价税和从量税两种税率，但选择其税额较高的一种征税
滑准税	（1）是一种关税税率随进口商品价格由高到低而由低到高设置计征关税的方法 （2）特点：保持商品在国内市场价格的相对稳定，不受国际市场价格波动的影响

例7-2·单选题

对一种进口商品同时定有从价税和从量税两种税率，征税时按两种税额之和进行征收，这种计征关税的方法称为（　　）。

A.从价税

B.选择税

C.复合税

D.滑准税

【答案】C

【解析】复合税是对一种进口商品同时定有从价税和从量税两种税率，征税时按两种税额之和进行征收的一种税种。

考霸笔记：涉及国务院关税税则委员会的有：(1)按照普通税率征税的进口货物，经国务院关税税则委员会特别批准，可以适用最惠国税率；(2)适用最惠国税率、协定税率、特惠税率的国家或者地区的名单，由国务院关税税则委员会决定，报国务院批准后执行；(3)征收特别关税的货物、适用国别、税率、期限和征收办法，由国务院关税税则委员会决定，海关总署负责实施。

3.暂定税率与关税配额税率

根据经济发展需要，国家对部分进口原材料、零部件、农药原药和中间体、乐器及生产设备实行暂定税率。

《中华人民共和国进出口关税条例》对暂定税率的适用情形具体规定如下：

（1）适用最惠国税率的进口货物，有暂定税率的，应适用暂定税率；

（2）适用特惠税率、协定税率的进口货物，有暂定税率的，应从低适用税率；

（3）适用普通税率的进口货物，不适用暂定税率。

同时，对部分进口农产品和化肥产品实行关税配额，即一定数量内的上述进口商品适用税率较低的配额内税率，超出该数量的进口商品适用税率较高的配额外税率。

（二）出口关税税率

我国出口税则为一栏税率，即出口税率。国家仅对少数资源性产品及易于竞相杀价、盲目进口、需要规范出口秩序的半制成品征收出口关税。此外，根据需求对其他200多种商品征收暂定税率。　出口暂定税率优先适用于出口税则中规定的出口商品

（三）特别关税

特别关税包括报复性关税、反倾销税与反补贴税、保障性关税。征收特别关税的货物、适用国别、税率、期限和征收办法，由国务院关税税则委员会决定，海关总署负责实施。

例7-3·2016年单选题

下列机构中，有权决定征收特别关税的货物、适用国别、税率、期限的征税办法的是（ ）。

A.商务部　　B.财政部

C.海关总署　　D.国务院关税税则委员会

【答案】D

【解析】征收特别关税的货物、适用国别、税率、期限和征收办法，由国务院关税税则委员会决定，海关总署负责实施。

如何理解进口转关运输货物与出口转关运输货物税率的运用？

（四）税率的运用（见表7-4）

表7-4　税率的运用

具体事项	适用税率
进出口货物	海关接受该货物申报进口或者出口之日实施的税率
进口货物到达前，经海关核准先行申报的	装载该货物的运输工具申报进境之日实施的税率
进口转关运输货物	指运地海关接受该货物申报进口之日实施的税率
货物运抵指运地前，经海关核准先行申报的	装载该货物的运输工具抵达指运地之日实施的税率
出口转关运输货物	启运地海关接受该货物申报出口之日实施的税率
经海关批准，实行集中申报的进出口货物	每次货物进出口时海关接受该货物申报之日实施的税率
因超过规定期限未申报而由海关依法变卖的进口货物	装载该货物的运输工具申报进境之日实施的税率
因纳税义务人违反规定需要追征税款的进出口货物	违反规定的行为发生之日实施的税率；行为发生之日不能确定的，适用海关发现该行为之日实施的税率
已申报进境并放行的保税货物、减免税货物、租赁货物或者已申报进出境并放行的暂时进出境货物，有下列情形之一需缴纳税款的： （1）保税货物经批准不复运出境的 （2）保税仓储货物转入国内市场销售的 （3）减免税货物经批准转让或者移作他用的 （4）可暂不缴纳税款的暂时进出境货物，经批准不复运出境或者进境的 （5）租赁进口货物，分期缴纳税款的	海关接受纳税义务人再次填写报关单申报办理纳税及有关手续之日实施的税率
补征和退还进出口货物税款	按照上述规定确定适用的税率

第七章

第三节 完税价格与应纳税额的计算

一、原产地规定

如何运用原产地规定?

确定进境货物原产国的主要原因之一，是便于正确运用进口税则的各栏税率，对产自不同国家或地区的进口货物适用不同的关税税率。我国基本上采用了“全部产地生产标准”“实质性加工标准”两种国际上通用的原产地规定（见表7-5）。

表7-5 原产地规定

全部产地生产标准	全部产地生产标准是指进口货物“完全在一个国家内生产或制造”，生产或制造国即为该货物的原产国。完全在一国生产或制造的进口货物包括： （1）在该国领土或领海内开采的矿产品 （2）在该国领土上收获或采集的植物产品 （3）在该国领土上出生或由该国饲养的活动物及从其所得产品 （4）在该国领土上狩猎或捕捞所得的产品 （5）在该国的船只上卸下的海洋捕捞物，以及由该国船只在海上取得的其他产品 （6）在该国加工船加工上述第5项所列物品所得的产品 （7）在该国收集的只适用于作再加工制造的废碎料和废旧物品 （8）在该国完全使用上述（1）~（7）项所列产品加工而成的制成品
实质性加工标准	实质性加工标准是指经过几个国家加工、制造的进口货物，以最后一个对货物进行经济上可以视为实质性加工的国家作为有关货物的原产国 “实质性加工”是指符合下列两个条件之一： （1）产品加工后，在进出口税则中四位数税号一级的税则归类已经有了改变 （2）加工增值部分所占新产品总值的比例已超过30%及以上的
其他	对机器、仪器、器材或车辆所用零件、部件、配件、备件及工具，如与主件同时进口且数量合理的，其原产地按主件原产地确定；分别进口的，按各自的原产地确定

例7-4·2012年多选题

下列有关进口货物原产地的确定，符合我国关税相关规定的有（　　）。

A.从俄罗斯船只上卸下的海洋捕捞物，其原产地为俄罗斯

B.在澳大利亚开采并经新西兰转运的铁矿石，其原产地为澳大利亚

C.由中国台湾提供棉纱，在越南加工成衣，经中国澳门包装转运的西服，其原产地为越南

D.在南非开采并经中国香港加工的钻石，加工增值部分占该钻石总值的比例为20%，其原产地为中国香港

【答案】ABC

【解析】我国基本上采用了“全部产地生产标准”和“实质性加工标准”两种国际上通用的原产地规定。选项AB，符合全部产地生产标准；选项C，符合实质性加工标准；选项D，不符合实质性加工标准，应适用全部产地生产标准，原产地属于南非。

二、关税完税价格

（一）一般进口货物的完税价格

进口货物的完税价格包括货物的货价、货物运抵我国境内输入地点起卸前的运输及其相关费用、保险费。进口货物完税价格的确定方法大致可以分为两类，如图7-1所示：

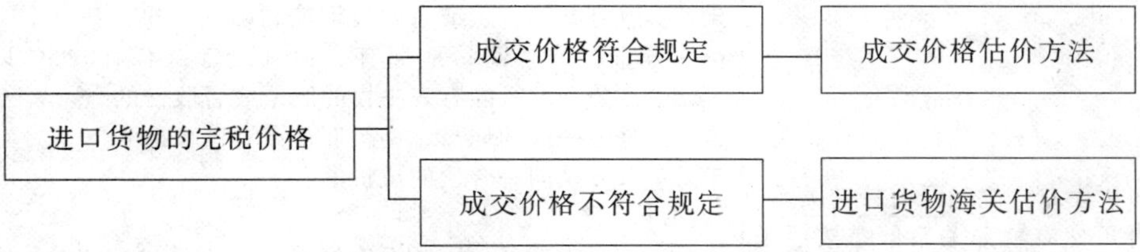

图7-1　一般进口货物的完税价格

1.成交价格估价方法

进口货物的成交价格，是指卖方向中华人民共和国境内销售该货物时，买方为进口该货物向卖方实付、应付的，并且按照相关规定调整后的价款总额，包括直接支付的价款和间接支付的价款。

（1）进口货物的成交价格应当符合的条件（见表7-6）

表7-6　**进口货物的成交价格应当符合的条件**

条件	说明
（1）对买方处置或者使用进口货物不予限制，但是法律、行政法规规定实施的限制、对货物销售地域的限制和对货物价格无实质性影响的限制除外	有下列情形之一的，应当视为对买方处置或使用进口货物进行了限制： ①进口货物只能用于展示或者免费赠送的 ②进口货物只能销售给指定第三方的 ③进口货物加工为成品后只能销售给卖方或者指定第三方的
（2）进口货物的价格不得受到使该货物成交价格无法确定的条件或者因素的影响	有下列情形之一的，应当视为进口货物的价格受到使该货物成交价格无法确定的条件或者因素的影响： ①进口货物的价格是以买方向卖方购买一定数量的其他货物为条件而确定的 ②进口货物的价格是以买方向卖方销售其他货物为条件而确定的 ③其他经海关审查，认定货物的价格受到使该货物成交价格无法确定的条件或者因素影响的
（3）卖方不得直接或者间接获得因买方销售、处置或者使用进口货物而产生的任何收益，或者虽然有收益但是能够按照规定作出调整	

续表

条件	说明
（4）买卖双方之间没有特殊关系，或者虽然有特殊关系但是按照规定未对成交价格产生影响	有下列情形之一的，应当认为买卖双方存在特殊关系： ①买卖双方为同一家族成员的 ②买卖双方互为商业上的高级职员或者董事的 ③一方直接或者间接地受另一方控制的 ④买卖双方都直接或者间接地受第三方控制的 ⑤买卖双方共同直接或者间接地控制第三方的 ⑥一方直接或者间接地拥有、控制或者持有对方 5% 以上（含 5%）公开发行的有表决权的股票或者股份的 ⑦一方是另一方的雇员、高级职员或者董事的 ⑧买卖双方是同一合伙的成员的 【提示】 （1）买卖双方在经营上相互有联系，一方是另一方的独家代理、独家经销或者独家受让人，如果符合前款的规定，也应当视为存在特殊关系 （2）虽有特殊关系，但是成交价格符合下列情形之一的，应当视为特殊关系未对进口货物的成交价格产生影响： ①向境内无特殊关系的买方出售的相同或者类似进口货物的成交价格 ②按照倒扣价格估价方法所确定的相同或者类似进口货物的完税价格 ③按照计算价格估价方法所确定的相同或者类似进口货物的完税价格

如何区分关税完税价格的调整项目？

（2）完税价格的调整项目（见表 7-7）

表 7-7 完税价格的调整项目

分类	具体项目
计入完税价格的项目	（1）货物的货价、货物运抵我国境内输入地点起卸前的运输及其相关费用、保险费 （2）由买方负担的除购货佣金以外的佣金和经纪费 （3）由买方负担的与该货物视为一体的容器费用 （4）由买方负担的包装材料和包装劳务费用 （5）与该货物的生产和向我国境内销售有关的，由买方以免费或者低于成本的方式提供并可以按适当比例分摊的料件、工具、模具、消耗材料及类似货物的价款，以及在境外开发、设计等相关服务的费用 （6）与该货物有关并作为卖方向我国销售该货物的一项条件，应当由买方向卖方或有关方直接或间接支付的特许权使用费 （7）卖方直接或间接从买方对该货物进口后转售、处置或使用所得中获得的收益
不计入完税价格的项目	（1）由买方负担的购货佣金 （2）厂房、机械、设备等货物进口后的基建、安装、装配、维修或者技术援助费用，但是保修费用除外 （3）货物运抵境内输入地点起卸后的运输及其相关费用、保险费 （4）进口关税、进口环节海关代征税及其他国内税 （5）为在境内复制进口货物而支付的费用 （6）境内外技术培训及境外考察费用 （7）同时符合下列条件的利息费用： ①买方为购买进口货物而融资所产生的 ②有书面融资协议的 ③利息费用单独列明的 ④纳税义务人可以证明有关利率不高于在融资当时当地此类交易通常应当具有的利率水平，且没有融资安排的相同或者类似进口货物的价格与进口货物的实付、应付价格非常接近的

考霸笔记

购货佣金：买方购买进口货物向自己的采购代理人支付的劳务费用；经纪费：买方为购买货物向代表买卖双方利益的经纪人支付的劳务费用。

考霸笔记

特许权使用费：为取得专利权、商标权、专有技术、著作权、分销权、销售权的许可或转让而支付的费用。

例7-5·2014年多选题

下列税费中，应计入进口货物关税完税价格的有（　　）。

A.进口环节缴纳的消费税

B.单独支付的境内技术培训费

C.由买方负担的境外包装材料费用

D.由买方负担的与该货物视为一体的容器费用

【答案】CD

【解析】选项AB，不计入进口货物的关税完税价格。

例7-6·多选题

下列各项中，应计入进口关税完税价格的有（　　）。

A.由买方负担的购货佣金

B.设备进口后的保修费用

C.由买方支付的进口货物在境内的复制权费

D.运抵我国境内输入地点起卸前的保险费

【答案】BD

【解析】选项AC，不计入进口货物的关税完税价格。

2.进口货物海关估价方法

进口货物的成交价格不符合规定条件或者成交价格不能确定的，海关经了解有关情况，并且与纳税义务人进行价格磋商后，依次以下列方法（见表7-8）审查确定该货物的完税价格：

表7-8　**进口货物海关估价方法**

估价方法	说明
（1）相同货物成交价格估价方法	以进口货物同时或大约同时（最长不超过前后45日）向境内销售的相同或类似货物的成交价格为基础 如有多个相同或类似货物的成交价格，应以最低成交价格为基础
（2）类似货物成交价格估价方法	
（3）倒扣价格估价方法	下列各项应当扣除： ①同等级或同种类货物在境内第一销售环节销售时，通常的利润和一般费用以及通常支付的佣金 ②货物运抵境内输入地点起卸后的运输及其他相关费用、保险费 ③进口关税、进口环节海关代征税及其他国内税
（4）计算价格估价方法	以下列各项总和为基础： ①生产该货物所使用的料件成本和加工费用 ②向境内销售同等级或同种类货物通常的利润和一般费用 ③货物运抵境内输入地点起卸前的运输及相关费用、保险费
（5）其他合理方法	不得使用以下价格： ①境内生产的货物在境内的销售价格 ②可供选择的价格中较高的价格 ③货物在出口地市场的销售价格 ④以计算价格估价方法规定之外的价值或费用计算的相同或类似货物的价格 ⑤出口到第三国或地区的货物的销售价格 ⑥最低限价或武断、虚构的价格

包括直接费用和间接费用

考霸笔记

（1）五种海关估价方法需按顺序依次适用；（2）纳税人向海关提供有关资料后，可以提出申请，颠倒倒扣价格估价方法和计算价格估价方法的适用次序。

如何理解进口货物海关估价方法?

考霸笔记

指海关以进口货物、相同或者类似进口货物在境内的销售价格为基础，扣除境内发生的有关费用后，审查确定进口货物完税价格的估价方法。

例7-7·2015年多选题

以倒扣价格估价方法估定关税完税价格时，应该扣除的项目有（　　）。

A.在境内销售时的利润、一般费用

B.货物抵运境内输入地点之后的运费、保险费

C.进口关税

D.国内其他环节税

【答案】ABCD

【解析】上述各项均应扣除。

如何理解完税价格?

（二）进口货物完税价格中的运输及相关费用、保险费的计算

1.进口货物的运输及其相关费用，应当按照由买方实际支付或者应当支付的费用计算。如果进口货物的运输及其相关费用无法确定，海关应当按照该货物进口同期的正常运输成本审查确定。

2.运输工具作为进口货物，利用自身动力进境的，海关在审查确定完税价格时，不再另行计入运输及其相关费用。

3.进口货物的保险费，应当按照实际支付的费用计算。如果进口货物的保险费无法确定或者未实际发生，海关应当按照“货价加运费”两者总额的3‰计算保险费，其计算公式如下：

保险费=（货价+运费）×3‰

4.邮运进口的货物，应当以邮费作为运输及其相关费用、保险费。

考霸笔记

即使未实际发生保险费的，也要在完税价格中加上保险费。

例7-8·单选题

某公司进口一批非消费税应税货物，海关审定该货物价款折合人民币1000万元，运费折合人民币10万元，该批货物进口关税率为10%，未实际发生保险费，则该公司应缴纳的关税为（　　）万元。

A.100　　B.101.03

C.101.3　　D.110

【答案】C

【解析】如果进口货物的保险费无法确定或未实际发生，按照“货价加运费”两者总额的3‰计算保险费。该批货物关税完税价格=（1 000+10）×（1+3‰）=1 013.03（万元），该公司应缴纳的关税=1 013.03×10%=101.3（万元）。

（三）出口货物的完税价格

1.已成交价格为基础的完税价格

出口货物的完税价格，由海关以该货物向境外销售的成交价格为基础审查确定，并应包括货物运至我国境内输出地点装载前的运输及其相关费用、保险费，但不包括出口关税。

出口货物的成交价格中含有支付给境外的佣金的，如果单独列明，应当扣除；未单独列明的，不予扣除。

$$出口货物完税价格=\frac{FOB价-单独列明的支付给境外的佣金}{1+出口税率}$$

例7-9·2017单选题

下列出口货物成交价格包含的税收和费用中，应计入出口货物关税完税价格的是（　　）。

A.出口关税税额

B.单独列明支付给境外的佣金

C.货物运至我国境内输出地点装载前的运输费用

D.我国离境口岸至境外口岸之间的保险费

【答案】C

【解析】选项C，出口货物的完税价格应包括货物运至我国境内输出地点装载前的运输及其相关费用、保险费。

例7-10·单选题

我国某公司2018年8月从国内甲港口出口一批黄铜丝到国外，货物成交价格为200万元（不含出口关税），另外支付货物运抵甲港口装载前的运输费30万元、单独列明的支付给境外的佣金10万元、甲港口到国外目的地港口之间的运输保险费15万元。黄铜丝出口关税税率为30%。该公司出口黄铜丝应缴纳的出口关税为（　　）。

A.52.5万元　　B.72万元

C.69万元　　D.76.5万元

【答案】C

【解析】出口货物的完税价格，由海关以该货物向境外销售的成交价格为基础审查确定，并应包括货物运至我国境内输入地点装载前的运费及其相关费用、保险费，但其中包含的出口关税税额，应当扣除。出口货物的成交价格中含有支付给境外的佣金的，如果单独列明，应当扣除。该出口货物完税价格=200+30=230（万元），该公司应纳出口关税=230×30%=69（万元）。

2.出口货物海关估价方法

出口货物的成交价格不能确定时，完税价格由海关依次使用下列方法估定：

（1）同时或大约同时向同一国家或地区出口的相同货物的成交价格；

（2）同时或大约同时向同一国家或地区出口的类似货物的成交价格；

（3）根据境内生产相同或类似货物的成本、利润和一般费用、境内发生的运输及其相关费用、保险费计算所得的价格；

（4）按照合理方法估定的价格。

三、应纳税额的计算

（一）从价税应纳税额的计算

关税税额＝应税进（出）口货物数量×单位完税价格×税率

（二）从量税应纳税额的计算

关税税额＝应税进（出）口货物数量×单位货物税额

（三）复合税应纳税额的计算

关税税额＝应税进（出）口货物数量×单位完税价格×税率＋应税进（出）口货物数量×单位货物税额

（四）滑准税应纳税额的计算

关税税额=应税进（出）口货物数量×单位完税价格×滑准税税率

四、跨境电子商务零售进口税收政策（见表7-9）

如何理解跨境电子商务零售进口税收政策？

表7-9　跨境电子商务零售进口税收政策

纳税人	购买跨境电子商务零售进口商品的个人
代收代缴义务人	电子商务企业、电子商务交易平台企业、物流企业
完税价格	实际交易价格（包括货物零售价格、运费和保险费）
适用范围	适用于从其他国家或地区进口的、《跨境电子商务零售进口商品清单》范围内的以下商品： （1）所有通过与海关联网的电子商务交易平台交易，能够实现交易、支付、物流电子信息“三单”比对的跨境电子商务零售进口商品 （2）未通过与海关联网的电子商务交易平台交易，但快递、邮政企业能够统一提供交易、支付、物流等电子信息，并承诺承担相应法律责任进境的跨境电子商务零售进口商品
计征限额	（1）跨境电子商务零售进口商品的单次交易限值为人民币5 000元，个人年度交易限值为人民币26 000元 （2）在限值以内进口的跨境电子商务零售进口商品，关税税率暂设为0；进口环节增值税、消费税取消免征税额，暂按法定应纳税额的70%征收 （3）完税价格超过5 000元单次交易限值但低于26 000元年度交易限值，且订单下仅一件商品时，可以自跨境电商零售渠道进口，按照货物税率全额征收关税和进口环节增值税、消费税，交易额计入年度交易总额，但年度交易总额超过年度交易限值的，应按一般贸易管理
未超交易限值的税款计算	（1）应征关税=关税完税价格×关税税率（关税税率为0） （2）法定计征的消费税=（关税完税价格+从量消费税）÷（1-从价消费税税率）×消费税税率+从量消费税 应征消费税=法定计征的消费税×70% （3）法定计征的增值税（关税完税价格+从量消费税）÷（1-从价消费税税率）×增值税税率 应征增值税=法定计征的增值税×70%
计征规定	（1）跨境电子商务零售进口商品自海关放行之日起30日内退货的，可申请退税，并相应调整个人年度交易总额 （2）跨境电子商务零售进口商品购买人（订购人）的身份信息应进行认证；未进行认证的，购买人（订购人）身份信息应与付款人一致

考霸笔记：此条教材中未根据新政策更新。

【案例】2019年2月，国内某跨境电商交易平台依次接受了中国公民赵女士的三笔订单，其订单内容和不含税实际交易价格（包括不含国内税货物零售价、运保费）见下表：

商品名称	不含国内税实际交易价格（人民币）
电饭煲1个	600元
高档化妆品1套	2 850元
高档手表1块	15 000元

假定上述商品进口关税税率均为10%，高档化妆品消费税税率为15%，高档手表消费税税率为20%，2019年2月前，赵女士本年度跨境零售交易总额为0元，则该电商交易平台应扣缴的赵女士的税款为：

（1）电饭煲未超过单次限额5 000元，可免征关税，按70%征收增值税，不属于消费税征税范围，不需要缴纳消费税：

应扣缴电饭煲的增值税=600×16%×70%=67.2（元）

（2）高档化妆品未超过单次限额5 000元，可免征关税，按70%征收增值税和消费税：

应扣缴高档化妆品的消费税$=\frac{2\,850}{1-15\%}\times15\%\times70\%=352.06$（元）

应扣缴高档化妆品的增值税$=\frac{2\,850}{1-15\%}\times16\%\times70\%=375.53$（元）

（3）高档手表超过单次限额5 000元，应缴纳关税、增值税和消费税：

应扣缴高档手表的关税=15 000×10%=1 500（元）

应扣缴高档手表的消费税$=\frac{15\,000+1\,500}{1-20\%}\times20\%=4\,125$（元）

应扣缴高档手表的增值税$=\frac{15\,000+1\,500}{1-20\%}\times16\%=3\,300$（元）

第四节　减免规定

一、法定减免税

1.关税税额在人民币50元以下的一票货物，可免征关税；

2.无商业价值的广告品和货样，可免征关税；

3.外国政府、国际组织无偿赠送的物资，可免征关税；

4.进出境运输工具装载的途中必需的燃料、物料和饮食用品，可予免税；

5.在海关放行前损失的货物，可免征关税；

6.在海关放行前遭受损坏的货物，可以根据海关认定的受损程度减征关税；

7.我国缔结或者参加的国际条约规定减征、免征关税的货物、物品，按照规定予以减免关税；

8.法律规定减征、免征关税的其他货物。

例7-11·单选题

下列进口货物中，免征进口关税的是（　　）。

A.外国企业无偿赠送的物资

B.在海关放行前损失的货物

C.因保管不慎造成损坏的进口货物

第七章

D.关税税额为人民币80元的一票货物

【答案】B

【解析】选项B，在海关放行前损失的货物，可免征关税。

如何理解特定减免税?

二、特定减免税

1.科教用品

2.残疾人专用品

3.慈善捐赠物资

4.其他加工贸易产品、边境贸易进口物资等的减免关税规定

三、暂时免税

考霸笔记

(1)规定范围内的货物，暂时进境或暂时出境的，在规定期限内未复运出境或复运进境的，海关应当依法征收关税；

(2)规定范围外的货物，暂时进境货物的，应当按照该货物的完税价格和其在境内滞留时间与折旧时间的比例计算征收进口关税。

暂时进境或者暂时出境的下列货物，在进境或者出境时纳税义务人向海关缴纳相当于应纳税款的保证金或者提供其他担保的，可以暂不缴纳关税，并应当自进境或者出境之日起6个月内复运出境或者复运进境；需要延长复运出境或复运进境期限的，纳税义务人应当根据海关总署的规定向海关办理延期手续：

1.在展览会、交易会、会议及类似活动中展示或者使用的货物；

2.文化、体育交流活动中使用的表演、比赛用品；

3.进行新闻报道或者摄制电影、电视节目使用的仪器、设备及用品；

4.开展科研、教学、医疗活动使用的仪器、设备及用品；

5.在本款第1项至第4项所列活动中使用的交通工具及特种车辆；

6.货样；

7.供安装、调试、检测设备时使用的仪器、工具；

8.盛装货物的容器；

9.其他用于非商业目的的货物。

四、临时减免税

临时减免税是指以上法定和特定减免税以外的其他减免税，即由国务院根据《中华人民共和国海关法》（以下简称《海关法》）对某个单位、某类商品、某个项目或某批进出口货物的特殊情况，给予特别照顾，一案一批，专文下达的减免税。（我国一般不办理个案临时性减免税）

例7-12·单选题

下列各项关于关税减免税的表述中，正确的有（　　）。

A.在海关放行前遭受损坏的货物，暂免征收关税

B.无商业价值的广告品，可酌情减征关税

C.残疾人个人专用品，可免征关税

D.进出境运输工具装载的途中必需的燃料、物料和饮食用品，正常交税

【答案】C

【解析】选项A，在海关放行前遭受损坏的货物，可以根据海关认定的受损程度减征关税；选项B，无商业价值的广告品和货样，可免征关税；选项D，进出境运输工具装载的途中必需的燃料、物料和饮食用品，可予免税。

第五节　关税征收管理

一、关税缴纳（见表7-10）

表7-10　　关税缴纳

	进口货物	出口货物
纳税申报时间	自运输工具申报进境之日起14日内	在货物运抵海关监管区后装货的24小时以前
纳税申报地点	进出境地海关	
缴款期限	自海关填发税款缴款书之日起15日内	
延期缴款的规定	关税纳税义务人因不可抗力或者在国家税收政策调整的情形下，不能按期缴纳税款的，经依法提供税款担保后，可以延期缴纳税款，但最长不得超过6个月	

例7-13·2004年单选题

关税纳税义务人因不可抗力或者在国家税收政策调整的情形下，不能按期缴纳税款的，经依法提供税款担保后，可以延期缴纳税款，但最多不得超过（　　）。

A. 3个月

B. 6个月

C. 9个月

D. 12个月

【答案】B

【解析】关税纳税义务人因不可抗力或者在国家税收政策调整的情形下，不能按期缴纳税款的，经依法提供税款担保后，可以延期缴纳税款，但最长不得超过6个月。

二、关税的强制执行

纳税义务人未在关税缴纳期限内缴纳税款，即构成关税滞纳。《海关法》赋予海关对滞纳关税的纳税义务人强制执行的权利。其强制措施主要有两类（见表7-11）：

表7-11　　强制措施

种类	备注
征收关税滞纳金	自关税缴纳期限届满滞纳之日起，至纳税义务人缴纳关税之日止，按滞纳税款万分之五的比例按日征收，周末或法定节假日不予扣除 关税滞纳金金额＝滞纳关税税额×0.5‰×滞纳天数
强制征收	自缴纳税款期限届满之日起3个月仍未缴纳税款，经直属海关关长或者其授权的隶属海关关长批准，海关可以采取强制扣缴、变价抵缴等强制措施

例7-14·单选题

某进出口公司2018年6月8日进口一批货物，海关于当日填发税款缴款书，该纳税人一直没有缴纳税款。经海关关长批准，海关从（　　）起可对其实施强制措施。

A.9月23日　　B.6月23日　　C.6月22日　　D.9月22日

【答案】A

【解析】纳税人应当自海关填发税款缴款书之日起15日内，向指定银行缴纳税款。自缴纳税款期限届满之日起3个月仍未缴纳税款，经海关关长批准，海关可以采取强制扣缴、变价抵缴等强制措施。

三、关税退还

关税退还是指海关将实际征收多于应征收的税额（即溢征关税）退还给原纳税义务人的一种行政行为。

1.根据《海关法》和《进出口关税条例》的规定，海关多征的税款，分为以下2种情况进行处理：

（1）海关发现的：立即退还。

（2）纳税人发现的：

①自缴纳税款之日起1年内，可以书面申请退还并加算银行同期活期存款利息；

②海关自受理退税申请之日起30日内查实并通知纳税人办理退还手续。

2.有下列情形之一的，纳税人自缴纳税款之日起1年内，可以申请退还关税，并应以书面形式向海关说明理由，提交原缴款凭证及相关资料；海关自受理退税申请之日起30日内查实并通知纳税义务人办理退还手续；纳税义务人自收到通知书之日起3个月内办理有关退税手续：

（1）已征进口关税的货物，因品质或者规格原因，原状退货复运出境的；

（2）已征出口关税的货物，因品质或者规格原因，原状退货复运进境的，并已重新缴纳因出口而退还的国内环节有关税收的；

（3）已征出口关税的货物，因故未装运出口，申报退关的。

四、关税补征和追征

补征和追征是海关在关税纳税义务人按海关核定的税额缴纳关税后，发现实际征收税额少于应当征收的税额（即短征关税）时，责令纳税义务人补缴所差税款的一种行政行为。补征和追征的具体区别见表7-12：

表7-12　　关税补征和追征

	含义	相关规定
补征	非因纳税人违反海关规定造成的短征税款	自缴纳税款或者货物、物品放行之日起1年内补征税款
追征	纳税人违反海关规定造成的短征税款	自缴纳税款或者货物、物品放行之日起3年内追征税款并按日加收少征或漏征税款万分之五的滞纳金

【总结】关税的溢征、补征和追征的年限，与税收征管法中关于税款的溢征、补征和追征的年限规定不同，需要考生注意区别记忆，具体对比见表7-13：

如何区分关税和征管法中对溢征、补征、追征的规定?

表7-13　关税和征管法中对于税款溢征、补征、追征的规定

情况	关税规定	征管法规定
溢征	(1)海关发现的：立即退还 (2)纳税人自纳税之日起1年内发现的：书面申请退还，并加算银行同期活期存款利息	(1)税务机关发现的：立即退还 (2)纳税人自纳税之日起3年内发现的，书面申请退还，并加算银行同期活期存款利
补征	海关发现的：自缴纳税款或货物放行之日起1年内补征，且不加收滞纳金	税务机关发现的：在3年内补征，且不加收滞纳金
追征	海关发现的：在3年内追征，并加收滞纳金 滞纳金：0.5‰/日	(1)一般计算失误情况：税务机关发现在3年内追征，并加收滞纳金 (2)特殊计算失误情况（累计数额在10万元以上的）：追征期延长至5年 (3)偷、抗、骗税的：无限期追征 滞纳金：0.5‰/日

例7-15·1997年单选题

按中国海关的现行规定，进出境货物和物品放行后，海关发现少征或者漏征税款的，应当自缴纳税款或者货物、物品放行之日起（　　）内，向纳税义务人补征税款。

A.半年　　B.1年　　C.2年　　D.3年

【答案】B

【解析】按中国海关的现行规定，进出境货物和物品放行后，海关发现少征或者漏征税款的，应当自缴纳税款或者货物、物品放行之日起1年内，向纳税人义务人补征税款。

例7-16·1995年单选题

进出口货物，因纳税义务人违反规定而造成少征或者漏征关税的，海关可以自纳税义务人缴纳税款或者货物、物品放行之日起（　　）追征。

A.1年内　　B.3年内　　C.10年内　　D.无限期

【答案】B

【解析】进出口货物，因纳税义务人违反规定而造成少征或者漏征关税的，海关可以自纳税义务人缴纳税款或者货物、物品放行之日起3年内追征。

五、关税纳税争议的处理

纳税义务人同海关发生纳税争议时，可以向海关申请复议，但同时应当在规定期限内按海关核定的税额缴纳关税，逾期则构成滞纳，海关有权按规定采取强制执行措施。

纳税争议的申诉程序，见表7-14：

表7-14 纳税争议申诉程序

顺序	时间点	行为
(1) 纳税人提出复议申请	自海关填发税款缴款书之日起60日内	向原征税海关的上一级海关提出复议申请
(2) 海关行政复议机关作出复议决定	自受理复议申请之日起60日内	作出复议决定并以复议决定书形式正式答复纳税人
(3) 纳税人对复议决定不服	自收到复议决定书之日起15日内	向人民法院提起诉讼

考霸笔记
逾期申请复议的，海关不予受理。

第六节 船舶吨税法

考霸笔记
现行船舶吨税的基本规范是《中华人民共和国船舶吨税法》，自2018年7月1日起施行。

一、征税范围和税率

(一) 征税范围

自中华人民共和国境外港口进入境内港口的船舶，应当缴纳船舶吨税。

(二) 税率

1.优惠税率和普通税率（见表7-15）：

表7-15 优惠税率和普通税率

税率	适用情形
优惠税率	(1) 中华人民共和国国籍的应税船舶 (2) 船籍国（地区）与我国签订含有相互给予船舶税费最惠国待遇条款的条约或者协定的应税船舶
普通税率	其他应税船舶

2.船舶吨税税目税率表（见表7-16）：

表7-16 船舶吨税税目税率表

税目（按船舶净吨位划分）	税率（元/净吨）					
	普通税率（按执照期限划分）			优惠税率（按执照期限划分）		
	1年	90日	30日	1年	90日	30日
不超过2 000净吨	12.6	4.2	2.1	9.0	3.0	1.5
超过2 000净吨，但不超过10 000净吨	24.0	8.0	4.0	17.4	5.8	2.9
超过10 000净吨，但不超过50 000净吨	27.6	9.2	4.6	19.8	6.6	3.3
超过50 000净吨	31.8	10.6	5.3	22.8	7.0	3.8

【提示】

(1) 船舶吨税按船舶净吨位和执照标明的使用期确定税额标准，按照30日、90日、1年的三类期限具体划分普通税率和优惠税率；

(2) 拖船：按发动机功率每千瓦=净吨位0.67吨；

（3）无法提供净吨位证明文件的游艇：按发动机功率每千瓦=净吨位0.05吨；

（3）非机动驳船：在船舶管理部门登记为驳船的非机动船舶；

（4）拖船和非机动驳船分别按相同净吨位船舶税率的50%计征税款。

二、应纳税额的计算

1.吨税按照船舶净吨位和吨税执照期限征收，应纳税额按照船舶净吨位乘以适用税率计算。计算公式为：

应纳税额＝船舶净吨位×定额税率

2.吨税由海关负责征收并制发缴款凭证。

3.应税船舶在进入港口办理入境手续时，应当向海关申报纳税领取吨税执照，或者交验吨税执照（或者申请核验吨税执照电子信息）。

应税船舶在离开港口办理出境手续时，应当交验吨税执照（或者申请核验吨税执照电子信息）。

4.应税船舶负责人申领吨税执照时，应当向海关提供下列文件：

（1）船舶国籍证书或者海事部门签发的船舶国籍证书收存证明；

（2）船舶吨位证明。

5.应税船舶因不可抗力在未设立海关地点停泊的，船舶负责人应当立即向附近海关报告，并在不可抗力原因消除后，依照本法的规定向海关申报纳税。

船舶吨税的税收优惠。

三、税收优惠（见表7-17）

表7-17　**税收优惠**

直接优惠	下列船舶免征船舶吨税： （1）应纳税额在人民币50元以下的船舶 （2）自境外以购买、受赠、继承等方式取得船舶所有权的初次进口到港的空载船舶 （3）吨税执照期满后24小时内不上下客货的船舶 （4）非机动船舶（不包括非机动驳船） （5）捕捞、养殖渔船 （6）避难、防疫隔离、修理、改造、终止运营或者拆解，并不上下客货的船舶 （7）军队、武装警察部队专用或征用的船舶 （8）警用船舶 （9）依照法律的规定应当予以免税的外国驻华使领馆、国际组织驻华代表机构及其有关人员的船舶 （10）国务院规定的其他船舶
延期优惠	在吨税执照期限内，应税船舶发生下列情形之一的，海关应按照实际发生的天数批注延长吨税执照期限： （1）避难、防疫隔离、修理，并不上下客货 （2）军队、武装警察部队征用

考霸笔记
此条规定由国务院报全国人民代表大会常务委员会备案

考霸笔记
直接优惠中（5）～（9）项和延期优惠中规定的船舶，应当提供海事部门、渔业船舶管理部门或卫生检疫部门等部门、机构出具的具有法律效力的证明文件或者使用关系证明文件，并申明免税或者延长吨税执照期限的依据和理由。

例7-17·多选题

下列船舶中，免征船舶吨税的有（　　）。

A. 自境外购买后初次进口到港的空载船舶

B. 非机动驳船

C. 军队征用的船舶

D. 吨税执照期满后24小时内上下客货的船舶

【答案】AC

【解析】选项B，非机动船舶（不包括非机动驳船），免征船舶吨税；选项D，吨税执照期满后24小时内不上下客货的船舶，免征船舶吨税。

四、征收管理

1. 船舶吨税纳税义务发生时间：应税船舶进入港口的当日。

应税船舶在吨税执照期满后尚未离开港口的，应当申领新的吨税执照，自上一次执照期满的次日起续缴吨税。

2. 船舶吨税缴款期限：当自海关填发吨税缴款凭证之日起15日内向指定银行缴清税款。未按期缴清税款的，自滞纳税款之日起，按日加收滞纳税款0.5‰的滞纳金。

3. 应税船舶到达港口前，经海关核准先行申报并办结出入境手续的，应税船舶负责人应当向海关提供与其依法履行吨税缴纳义务相适应的担保；应税船舶到达港口后，向海关申报纳税。下列财产、权利可以用于担保：

（1）人民币、可自由兑换货币；

（2）汇票、本票、支票、债券、存单；

（3）银行、非银行金融机构的保函；

（4）海关依法认可的其他财产、权利。

4. 应税船舶在吨税执照期限内发生下列事项的，吨税执照继续有效：

（1）因修理、改造导致净吨位变化的；

（2）因税目税率调整导致税率变化的；

（3）因船籍改变导致税率变化的。

> **考霸笔记**
> 办理出入境手续时，应提供船舶经过修理、改造的证明文件。

> **考霸笔记**
> 办理出入境手续时，应提供船籍改变的证明文件。

5. 吨税执照在期满前损毁或遗失的：向原发照海关书面申请核发吨税执照副本，不再补税。

6. 船舶吨税的溢征、补征和追征（见表7-18）：

表7-18　船舶吨税的溢征、补征和追征

情况	相关规定
溢征	（1）海关发现的：在24小时内通知应税船舶办理退还手续，并加算银行同期活期存款利息 （2）应税船舶发现的：自缴纳税款之日起3年内以书面申请退还，并加算银行同期活期存款利息；海关自自受理退税申请之日起30日内查实并通知应税船舶办理退还手续 【提示】应税船舶应自收到退税通知之日起3个月内办理退还手续
补征	海关发现的：自缴纳税款之日起1年内补征，且不加收滞纳金
追征	海关发现的：自缴纳税款之日起3年内追征，并加收滞纳金 滞纳金：0.5‰/日

> 如何区分船舶吨税的溢征、补征和追征？
> 6321

7.法律责任（见表7-19）：

如何区分违法船舶吨税法的法律责任?

表7-19　法律责任

违法事项	法律责任
未按规定申报纳税、领取吨税执照的	（1）海关责令限期改正，处2 000元以上30 000元以下罚款 （2）不缴或者少缴应纳税款的，处不缴或者少缴税款50%以上5倍以下的罚款，但罚款不得低于2 000元
未按规定交验吨税执照（或者申请核验吨税执照电子信息）以及提供其他证明文件的	

8.吨税税款、税款滞纳金、罚款以人民币计算。

智能测评

在线练习	我要提问
扫码在线做题　扫码看答案 本书“本章同步强化训练”均配备二维码，打开微信“扫一扫”即可完成在线测评，查看本章详细的测评反馈报告，了解知识掌握情况，也可扫码直接看答案噢。 快来扫码做题吧！	扫码答疑 本书配备答疑专用二维码，打开微信“扫一扫”，即可完成在线提问，获取专业老师全面个性化解答，让学习问题不再拖延。 快来扫码提问吧！

本章同步强化训练

一、单选题

1.下列关于进出口税则的说法中正确的是（　　）。

A.进出口税则以税率表为主体

B.我国现行的进口税则为一栏税率

C.税率表包括税则商品分类目录、税率栏和附录三部分

D.进口地海关无法解决的税则归类问题，应报国务院关税税则委员会明确

2.按照普通税率征税的进口货物，经（　　）特别批准，可以适用最惠国税率。

A.国家税务总局　　B.国务院关税税则委员会

C.海关总署　　D.国务院

3.适用最惠国税率、协定税率、特惠税率的国家或地区名单，由（　　）决定，报（　　）批准。

A.国务院关税税则委员会、国务院

B.国务院关税税则委员会、海关总署

C.海关、海关总署

D.海关、国务院关税税则委员会

4.下列税率种类中，可使实行该税率商品的国内市场价格保持相对稳定，不受国际市场价格波动影响的是（　　）。

A.选择税　　B.滑准税　　C.复合税　　D.从价税

5.下列各项中，不属于特别关税的是（　　）。

A.报复性关税　　B.反倾销税　　C.反补贴税　　D.保护性关税

6.征收特别关税的货物、适用国别、税率、期限和征收办法，由（　　）决定，（　　）负责实施。

A.国务院关税税则委员会、国务院　　B.国务院关税税则委员会、海关总署

C.海关、海关总署　　D.海关、国务院关税税则委员会

7.甲企业2018年7月进口一台机器设备，设备的成交价格为90万元，另支付设备进口后发生的装配费用6万元，购货佣金6万元，该货物运抵我国境内输入地点起卸前发生运费10万元，保险费无法确定。已知设备的关税税率为20%。则甲企业进口设备应缴纳的关税为（　　）万元。

A.18.05　　B.21.26　　C.20.06　　D.22.47

8.某公司2018年6月进口一批货物，成交价格折合人民币520万元，其中包括设备进口后的安装费20万元和发生在境外的运输费30万元。该批货物进口关税税率为10%。海关填发税款缴款书的日期为2018年6月17日，该公司于2018年7月17日缴纳该项税款，根据关税有关规定，甲公司应缴纳关税滞纳金（　　）万元。

A.0.38　　B.0.4　　C.0.43　　D.0.42

9.有一艘德国国籍发动机功率为2 000千瓦的游艇“玛丽号”，停靠在我国某港口。游艇负责人向我国海关领取吨税执照时无法提供游艇净吨位证明文件，在港口停靠期限为30天，德国已与我国签订含有相互给予船舶税费最惠国待遇条款的条约。已知不超过2 000净吨的船舶，30天期限的普通税率为2.1元/净吨，优惠税率为1.5元/净吨。该游艇应缴纳的船舶吨税为（　　）元。

A.2 010　　B.210　　C.150　　D.2 814

10.下列船舶中，免征船舶吨税的有（　　）。

A.应纳税额为人民币100元的船舶

B.警用船舶

C.自境外受赠取得所有权后初次载满货物进港的船舶

D.吨税执照期满后24小时内上下客货的船舶

二、多选题

1.下列各项中，属于关税法定纳税义务人的有（　　）。

A.进口货物的发货人　　B.邮递进境物品的寄件人

C.邮递出境物品的托运人　　D.携带进境物品的携带人

2.下列属于我国进口税则中设有的税率的是（　　）。

A.最惠国税率　　B.优惠国税率　　C.特惠税率　　D.协定税率

3.下列关于暂定税率适用情况的表述，正确的是（　　）。

A.适用普通税率的进口货物，有暂定税率的，应当适用暂定税率

B.适用特惠税率的进口货物，有暂定税率的，应当适用暂定税率

C.适用最惠国税率的进口货物，有暂定税率的，应当适用暂定税率

D.适用协定税率的进口货物，有暂定税率的，应从低适用税率

4.下列关于税率运用的表述中，正确的有（ ）。

A.进口转关运输货物，应当适用启运地海关接受该货物申报进口之日实施的税率

B.进口货物到达前，经海关核准先行申报的，应当适用装载该货物的运输工具申报进境之日实施的税率

C.经海关批准，实行集中申报的进出口货物，应当适用集中申报之日实施的税率

D.因纳税义务人违反规定需要追征税款的进出口货物，应当适用违反规定的行为发生之日实施的税率

5.下列有关进口货物原产地的确定，符合我国关税相关规定的有（ ）。

A.在美国领土上狩猎的产品，其原产地为美国

B.在俄罗斯开采并经越南加工，加工增值部分占新产品总值的25%，其原产地为越南

C.由南非提供原料，在中国香港加工为成品，经德国包装转运的钻石项链，其原产地为中国香港

D.在法国采集的植物产品，经中国澳门加工后，在进出口税则中四位数税号一级的税则归类已经有了改变，其原产地为法国

6.下列各项中，应计入关税完税价格的有（ ）。

A.由买方负担的除购货佣金

B.设备进口后发生的保修费用

C.境内技术培训费用

D.货物运抵我国境内输入地点起卸前的运输费

7.中国公民李先生2019年1月通过国内某跨境电商交易平台购买一部交易价格为3 000元的游戏机（此次交易前李先生本年度跨境零售交易总额为0元），2月又通过该平台购买了一套交易价格9 000元的高尔夫球具。假定上述商品进口关税税率均为10%，高尔夫球具消费税税率为10%。下列表述中，正确的有（ ）。

A.李先生合计应缴纳关税0元

B.李先生合计应缴纳增值税2 096元

C.李先生合计应缴纳消费税1 100元

D.李先生合计应缴纳增值税1 568元

8.下列货物属于关税特定减免税的有（ ）。

A.残疾人专用品

B.慈善捐赠物资

C.加工贸易产品

D.无商业价值的广告品和货样

9.下列各项中，属于强制措施的有（ ）。

A.征收关税滞纳金

B.强制征收

C.强制扣缴

D.变价抵缴

10.下列关于关税的征收管理的表述中，正确的有（ ）。

A.由于纳税人违反海关规定造成少缴关税的，海关可以自纳税义务人缴纳税款之日起1年内追征

B.纳税人发现多交税款的，自缴纳税款之日起3年内可以以书面形式要求海关退还多缴税款并加算银行同期活期存款利息

C.非因纳税人违反海关规定造成少缴关税的，海关可以自纳税义务人缴纳税款之日起1年内补征

D.海关发现多征税款的，应当立即退还

本章导学

第八章 资源税法和环境保护税法

本章框架图

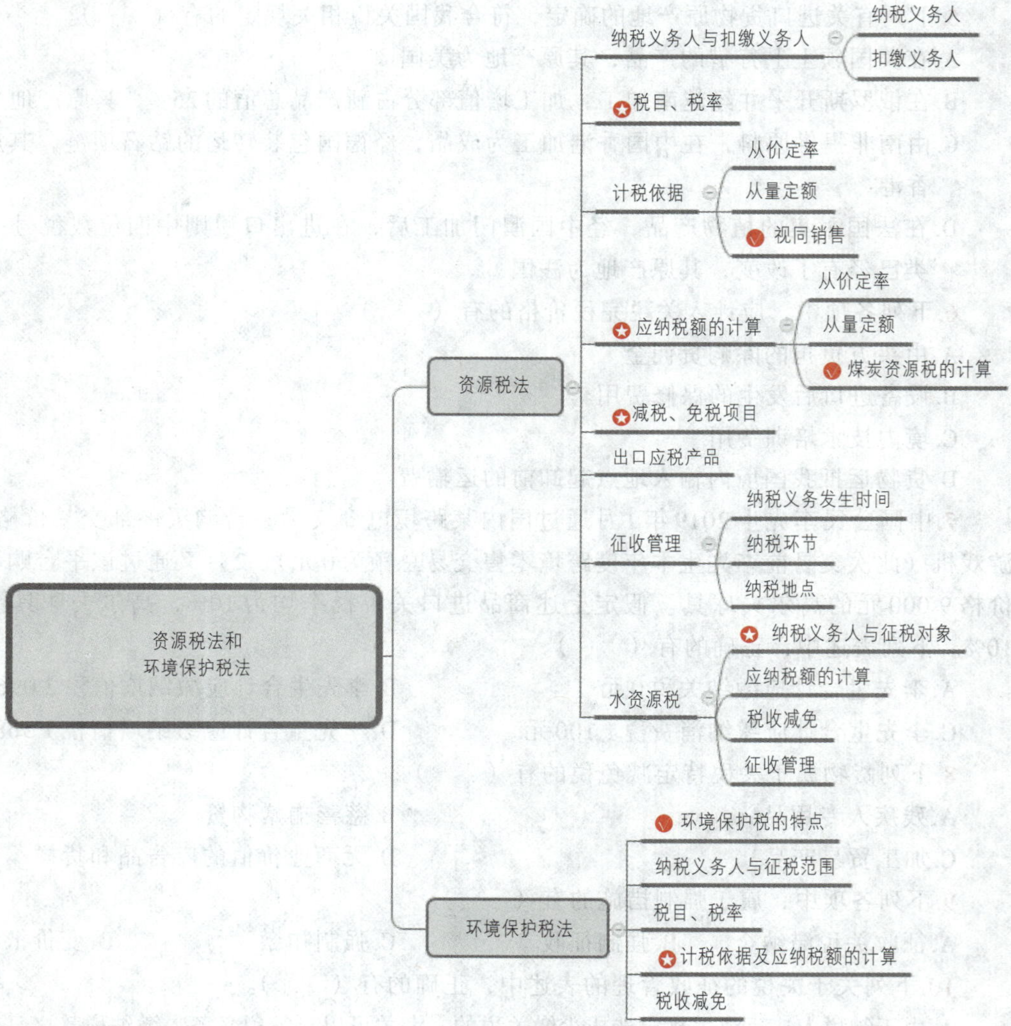

本章考情概述

资源税是CPA税法小税种中比较重要的一种税，从历年考题来看，其既涉及客观题，也会在主观题中与增值税组合命题。资源税的计税依据、原煤和洗选煤资源税的计算、纳税义务发生时间和纳税地点都是比较常见的考点。本章的主要变化是资源税法，对计税依据有较多的内容调整，在确定销售额时，应关注运杂费、特殊情况下销售额的确定、视同销售的情形等，注意主观题的考核；同时，对页岩气的税收优惠政策应予以记忆。

本章内容包括：资源税、环境保护税。

2019年教材主要变化

1. 修改资源税中运杂费用的扣减
2. 修改资源税中洗选煤折算率的确认方法
3. 新增资源税中扣缴义务人的相关表述
4. 新增资源税中特殊情况下销售额的确定
5. 新增资源税视同销售的情形
6. 新增资源税对综合减征率和实际征收率的相关表述
7. 新增页岩气的税收优惠
8. 新增资源税征收管理——纳税环节和纳税地点的相关内容
9. 新增环境保护税法的特点
10. 新增环境保护税税目具体范围的相关内容

第一节　资源税法

一、纳税义务人与扣缴义务人

（一）纳税义务人

资源税的纳税义务人是指在中华人民共和国领域及管辖海域开采应税资源的矿产品或生产盐的单位和个人。

【提示1】资源税仅对在中国境内生产或开采应税资源的单位或个人征收，而对进口应税资源产品的单位或个人不征资源税，相应的，对出口应税产品也不免征或退还已纳资源税。

【提示2】资源税纳税义务人不仅包括符合规定的中国企业和个人，还包括外商投资企业和外国企业。

自然人可以作为资源税的纳税义务人和扣缴义务人吗？

考霸笔记：资源税的征税特点是进口不征，出口不退，因为其要求在“境内”开采或生产。

例8-1·2009年多选题

下列各项中，属于资源税纳税义务人的有（　　）。

A. 进口盐的外贸企业　　B. 开采原煤的私营企业

C. 生产盐的外商投资企业　　D. 中外合作开采石油的企业

【答案】BCD

【解析】资源税进口不征，出口不退；自2011年11月1日起，中外合作开采石油企业，征收资源税。

考霸笔记：注意区分资源税的纳税义务人与扣缴义务人，尤其是对于独立矿山、联合企业以及其他企业的区分。

（二）扣缴义务人

1. 收购未税矿产品的单位为资源税的扣缴义务人。规定资源税的扣缴义务人，主要是针对零星、分散、不定期开采的情况，为了加强管理，避免漏税，由扣缴义务人在收购矿产品时代扣代缴资源税。

2. 资源税代扣代缴的适用范围应限定在除原油、天然气、煤炭以外的，税源

考霸笔记：2019年新增内容，规范了代扣代缴的适用范围。

小、零散、不定期开采等难以在采矿地申报缴纳资源税的矿产品。对已纳入开采地正常税务管理或者在销售矿产品时开具增值税发票的纳税人，不采用代扣代缴的征管方式。（营改增后增值税发票链条逐渐完善，资源税可以做到在开采地源泉控管）

为什么独立矿山、联合企业和其他单位均为资源税的扣缴义务人，其计税依据却不相同?

3.收购未税矿产品的单位是指独立矿山、联合企业和其他单位。其他单位也包括收购未税矿产品的个体户在内。

【提示1】独立矿山、联合企业收购未税矿产品的单位，按照本单位应税产品税额、税率标准，依据收购数量代扣代缴资源税。

【提示2】其他单位收购未税矿产品的单位，按税务机关核定的应税产品税额、税率标准，依据收购数量代扣代缴资源税。

二、税目、税率

（一）税目（见表8-1）

考霸笔记

【掌握】资源税税目，尤其是不征收资源税的项目。

表8-1 税目

税目（五大类）	具体规定
1.原油	指开采的天然原油，不包括人造石油
2.天然气	指专门开采或与原油同时开采的天然气
3.煤炭	包括原煤和以未税原煤（即自采原煤）加工的洗选煤
4.金属矿	包含铁矿、金矿、铜矿、铝土矿、铅锌矿、镍矿、锡矿、钨、钼、未列举名称的其他金属矿产品原矿或精矿
5.其他非金属矿	如石灰石、稀土、煤层（成）气、井矿盐、湖盐、提取地下卤水晒制的盐、海盐，未列举名称的其他非金属矿产品
【提示】纳税人在开采主矿产品的过程中伴采的其他应税矿产品，凡未单独规定适用税额的，一律按主矿产品或视同主矿产品税目征收资源税	

理解资源税的征税范围需要注意哪些要点?

例8-2·2014年单选题

下列生产或开采的资源产品中，不征收资源税的是（　　）。

A.卤水

B.焦煤

C.地面抽采的煤层气

D.与原油同时开采的天然气

【答案】C

【解析】按照教材的表述，征收资源税的天然气指的是专门开采或者与原油同时开采的天然气，对地面抽采煤层气暂不征收资源税。

（二）税率（见表8-2）

表8-2　税率

资源税税目	税率形式
原油、煤炭、天然气	比例税率
金属矿、非金属矿	比例税率：金属矿、大部分非金属矿
	定额税率：非金属矿中的黏土、砂石、部分未列举名称的其他非金属矿产品以及试点省市的水资源

考霸笔记
纳税人开采或者生产不同税目应税产品的，应当分别核算不同税目应税产品的销售额或销售数量；未分别核算或者不能准确提供不同税目应税产品的销售额或者销售数量的，从高适用税率。

三、计税依据

（一）从价定率征收的计税依据

1.销售额的基本规定

从价定率征收的计税依据为计税销售额。计税销售额是指纳税人销售应税产品向购买方收取的全部价款和价外费用，不包括增值税销项税额。

其中，价外费用，包括价外向购买方收取的手续费、补贴、基金、集资费、返还利润、奖励费、违约金、滞纳金延期付款利息、赔偿金储备费、优质费等。

运杂费可以在资源税的计税销售额中扣减吗?

2.运杂费用的扣减

对同时符合以下条件的运杂费用，纳税人在计算应税产品计税销售额时，可予以扣减：

（1）包含在应税产品销售收入中；

（2）属于纳税人销售应税产品环节发生的运杂费用，具体是指运送应税产品从坑口或者洗选（加工）地到车站、码头或者购买方指定地点的运杂费用；

（3）取得相关运杂费用发票或者其他合法有效凭据；

（4）将运杂费用与计税销售额分别进行核算。

考霸笔记
为公平税负，避免重复征税，使资源税计税依据回归到资源本身的价值上来，对包含在销售收入中的、满足条件的运杂费用进行扣减。

【提示】纳税人扣减的运杂费用明显偏高导致应税产品价格偏低且无正当理由的，主管税务机关可以合理调整计税价格。

例8-3·由2012年单选题改编

某油田2018年12月共计开采原油8 000吨，当月销售原油6 000吨，取得销售收入（不含增值税）18 000 000元，其中包含运输费用20 000元（取得对方自行开具的增值税专用发票），同时还向购买方收取违约金23 400元、优质费5 850元。已知销售原油的资源税税率为6%，则该油田12月缴纳的资源税为（　　）。

A.900 000元　　B.900 250元

C.901 000元　　D.1 080 313元

【答案】D

【解析】原油属于从价定率计算资源税的应税产品，以其销售额乘以适用的比例税率计算征收资源税，其中销售额为纳税人销售应税产品向购买方收取的全部价款和价外费用，但不包括收取的增值税，满足条件的运杂费用可以在计算应税销售额时扣除，该油田12月缴纳的资源税=［18 000 000-20 000+（23 400+5 850）÷（1+16%）］×6%=1 080 313（元）。

考霸笔记
把握两个原则：
1.原矿销售额对应原矿税率，金矿销售额对应金矿税率。
2.关注征税对象，征税对象和销售产品不需要同时换算折算。

3.原矿销售额与精矿销售额之间的换算或折算（见表8-3）

表8-3 原矿销售额与精矿销售额之间的换算或折算

征税对象	计税依据	税率	相关处理	其他注意事项
精矿	精矿销售额	精矿税率	征税对象为精矿的，纳税人销售原矿时，应将原矿销售额换算为精矿销售额 精矿销售额=原矿销售额×换算比	①原矿和精矿的销售额或者销售量应当分别核算；未分别核算的，从高确定计税销售额或者销售数量
原矿	原矿销售额	原矿税率	征税对象为原矿的，纳税人销售自采原矿加工的精矿，应将精矿销售额折算为原矿销售额缴纳资源税 原矿销售额=精矿销售额×折算率	②外购原矿或精矿形态的已税产品与本产品征税对象不同的，在计算应税产品计税销售额时，应对混合销售额或外购已税产品的购进金额进行换算或折算

考霸笔记
新增了特殊情况下销售额的确定方法。

【提示】金矿以标准金锭为征税对象，纳税人销售金原矿、金精矿的，应比照上述规定将其销售额换算为金锭销售额缴纳资源税。

4.特殊情形下销售额的确定（见表8-4）

怎么理解"纳税人申报的应税产品销售额明显偏低并无正当理由、有视同销售应税产品行为而无销售额的确定"中的各项确定依据?

表8-4 特殊情形下销售额的确定

特殊情形	销售额的确定
（1）纳税人开采应税产品由其关联单位对外销售	按关联单位销售额征收资源税
（2）纳税人既对外销售应税产品，又将应税产品用于除连续生产应税产品以外的其他方面的（包括用于非生产项目和生产非应税产品）	对自用部分应税产品，按纳税人对外销售应税产品的平均价格计算销售额征收资源税
（3）纳税人将其开采的应税产品直接出口	按离岸价格（不含增值税）征收资源税
（4）纳税人申报的应税产品销售额明显偏低并无正当理由或者有视同销售应税产品行为而无销售额的	税务机关按下列顺序确定其应税产品的计税依据： ①按纳税人最近时期同类产品平均销售价格确定 ②按其他纳税人最近时期同类产品平均售价确定 ③按组成计税价格确定 $组成计税价格=\frac{成本\times(1+成本利润率)}{1-资源税税率}$ 公式中的成本是指应税产品的实际生产成本。公式中的成本利润率由省、自治区、直辖市税务机关确定。 ④按后续加工非应税产品销售价格，减去后续加工环节的成本利润后确定（④⑤为新增的销售额确定方法） ⑤按其他合理方法确定

考霸笔记
在实际征管工作中，对纳税人开采原矿并自用于加工（或冶炼）非应税产品的，其自用原矿或精矿的计税价格难以确认。为解决上述问题，新增了按价值构成进行价格确认的方法，同时新增了"按其他合理方法确定"的兜底条款。

续表

特殊情形	销售额的确定
（5）应税产品混合销售	①纳税人用已纳资源税的应税产品进一步加工应税产品销售的，不再缴纳资源税 ②纳税人以未税产品和已税产品混合销售或者混合加工为应税产品销售的，应当准确核算已税产品的购进金额。在计算加工后的应税产品销售额时，准予扣减已税产品的购进金额；未分别核算的，一并计算缴纳资源税。已税产品购进金额当期不足扣减的，可结转下期扣减 ③外购原矿或精矿形态的已税产品与本产品征税对象不同的，在计算应税产品计税销售额时，应对混合销售额或外购已税产品的购进金额进行换算或折算 ④纳税人核算并扣减当期外购已税产品购进金额的，应依据外购已税产品的增值税发票、海关进口增值税专用缴款书或者其他合法有效凭据

考霸笔记

混合销售或者混合加工应税产品销售额=加工后的应税产品销售额－用于混合销售的已税产品的购进金额。

例8-4·多选题

以下关于资源税的税务处理中，正确的有（　　）。

A.征税对象为原矿的，纳税人销售由自采原矿加工的精矿时，应当将精矿销售额折算为原矿销售额缴纳资源税

B.纳税人用已纳资源税的应税产品进一步加工为应税产品销售的，不再缴纳资源税

C.纳税人以未税产品和已税产品混合销售或者混合加工为应税产品销售的，应当准确核算已税产品的购进金额，在计算加工后的应税产品销售额时，准予扣减已税产品的购进金额；未分别核算的，由税务机关核定扣除金额

D.纳税人核算并扣减当期外购已税产品购进金额的，应依据外购已税产品的增值税发票、海关进口增值税专用缴款书或者其他合法有效凭据

【答案】ABD

【解析】纳税人以未税产品和已税产品混合销售或者混合加工为应税产品销售的，应当准确核算已税产品的购进金额，在计算加工后的应税产品销售额时，准予扣减已税产品的购进金额；未分别核算的，应当一并计算缴纳资源税，故C选项错误。

（二）从量定额征收的计税依据——销售数量

1.销售数量，包括纳税人开采或者生产应税产品的实际销售数量和视同销售的自用数量。

2.纳税人不能准确提供应税产品销售数量的，以应税产品的产量或者主管税务机关确定的折算比换算成的数量为计征资源税的销售数量。

3.纳税人以自产的液体盐加工固定盐，按固体盐税额征税，以加工的固体盐数量为课税数量。纳税人以外购的液体盐加工固体盐，其加工固体盐所耗用的液体盐的已纳税额准予抵扣。

例8-5·2011年单选题

某产盐企业，2018年5月将外购液体盐3 000吨加工成固体盐600吨，将自产液体盐5 000吨加工成固体盐1 000吨，当月销售固体盐1 500吨，取得销售收入300万元。已知液体盐每吨单位税额为5元、固体盐每吨单位税额为40元，该产盐企业5月应缴纳资源税（　　）。

A.20 000元

B.35 000元

C.45 000元

D.60 000元

【答案】C

【解析】纳税人将外购的液体盐加工成固体盐，其加工固体盐所耗用液体盐的已纳税额准予抵扣。应缴纳的资源税=1 500×40−3 000×5=45 000（元）。

为什么会有资源税视同销售的情形?

（三）视同销售的情形

考霸笔记：完善了视同销售情形的描述，明确了用于非生产项目和生产非应税产品的情形

计税销售额或销售数量，包括应税产品实际销售和视同销售两部分。应当征收资源税的视同销售的自产自用产品，包括用于非生产项目和生产非应税产品两类。具体情形包括：

1.纳税人以自采原矿直接加工为非应税产品的，视同原矿销售；

2.纳税人以自采原矿洗选（加工）后的精矿连续生产非应税产品的，视同精矿销售；

3.以应税产品投资、分配、抵债、赠与、以物易物的，视同销售应税产品。

四、应纳税额的计算

（一）两种计税方法——从价定率或从量定额（见表8-5）

表8-5　两种计税方法——从价定率或从量定额

计税方法	计税规定
从价定率——原油、天然气、煤炭、金属矿、其他非金属矿	应纳税额=销售额（不含增值税）×税率
	代扣代缴应纳税额=收购未税矿产品的（不含增值税）单价×收购数量×适用税率
从量定额——黏土、砂石和部分未列举名称的其他非金属矿产品	应纳税额=课税数量×单位税额
	代扣代缴应纳税额=收购未税矿产品的数量×适用的单位税额

（二）煤炭资源税计算方法

考霸笔记：煤炭的计税方法是资源税的常规考点，尤其应掌握原煤和洗选煤之间的换算，以及计税依据的计算。

1.基本计征方式

应税煤炭包括原煤和以未税原煤加工的洗选煤。煤炭资源税实行从价定率计征，应纳税额的计算公式如下：

应纳税额=应税煤炭销售额×适用税率

2.原煤应税销售额的确定（见表8-6）

表8-6　**原煤应税销售额的确定**

情形	资源税处理
（1）将开采的原煤直接对外销售的	原煤应纳税额=原煤销售额×适用税率 ①原煤销售额是指纳税人销售原煤向购买方收取的全部价款和价外费用，不包括收取的增值税以及从坑口到车站、码头或购买方指定地点的运输费用 ②原煤销售额中包含的运输费用、建设基金以及随运销产生的装卸、仓储、港杂等费用应与煤价分别核算，凡取得相应凭据的，允许在计算煤炭计税销售额中予以扣减
（2）将开采的原煤自用于连续生产洗选煤的	在原煤移送使用环节不缴纳资源税
（3）将开采的原煤自用于其他方面的	视同销售原煤，于移送环节缴纳资源税
（4）同时销售（包括视同销售）应税原煤和洗选煤的	应当分别核算原煤和洗选煤的销售额；未分别核算或者不能准确提供原煤和洗选煤销售额的，一并视同销售原煤计算缴纳资源税

3.洗选煤资源税的计算（见表8-7）

表8-7　**洗选煤资源税的计算**

纳税人将其开采的原煤加工为洗选煤对外销售	洗选煤应纳税额=洗选煤销售额×折算率×适用税率 ①洗选煤销售额是指纳税人销售原煤向购买方收取的全部价款和价外费用，不包括收取的增值税以及从坑口到车站、码头或购买方指定地点的运输费用 ②洗选煤销售额中包含的运输费用、建设基金以及随运销产生的装卸、仓储、港杂等费用应与煤价分别核算，凡取得相应凭据的，允许在计算洗选煤销售额时予以扣减 ③包括洗选副产品的销售额
洗选煤折算率计算公式	折算率可通过洗选煤销售额扣除洗选环节成本、利润计算，也可通过洗选煤市场价格与其所用同类原煤市场价格的差额及综合回收率计算。折算率由省、自治区、直辖市财税部门或其授权地市级财税部门确定 公式一： $\text{洗选煤折算率}=\frac{\text{洗选煤平均销售额}-\text{洗选环节平均成本}-\text{洗选环节平均利润}}{\text{洗选煤平均销售额}}\times 100\%$ 【提示】洗选煤平均销售额、洗选环节平均成本、洗选环节平均利润可按照上年当地行业平均水平测算确定 公式二： $\text{洗选煤折算率}=\frac{\text{原煤平均销售额}}{\text{洗选煤平均销售额}\times\text{综合回收率}}\times 100\%$ $\text{综合回收率}=\frac{\text{洗选煤数量}}{\text{入洗前原煤数量}}\times 100\%$ 【提示】原煤平均销售额、洗选煤平均销售额可按照上年当地行业平均水平测算确定
纳税人将其开采的原煤加工为洗选煤自用	视同销售洗选煤
纳税人同时将自采未税原煤和外购已税原煤加工为洗选煤	应当分别核算；未分别核算的，按洗选煤销售额缴纳资源税

原煤和洗选煤是怎么通过折算率换算的?

第八章

例8-6·单选题

某省煤炭资源税税率为8%，位于该省的一煤炭开采企业2018年8月销售以未税原煤加工的洗选煤7万吨，开具的增值税专用发票上注明的金额为300万元，发生从坑口到码头的运输费用5万元，无法取得相应凭据。假设洗选煤折算率为80%，该企业销售洗选煤应缴纳资源税（　　）万元。

A.19.2　　　　B.19.52

C.19.6　　　　D.24

【答案】B

【解析】从价定率征收资源税的销售额不包括与销售额分别核算的运杂费用，凡未取得相应凭据或不能与销售额分别核算的，应当一并计征资源税；纳税人将其开采的未税原煤加工为洗选煤销售的，以洗选煤销售额乘以折算率作为应税煤炭销售额计算缴纳资源税，故该企业销售洗选煤应缴纳资源税=（300+5）×80%×8%=19.52（万元）。

4.煤炭特殊销售情形

纳税人申报的原煤或洗选煤销售价格明显偏低且无正当理由，或者有视同销售应税煤炭行为而无销售价格的，主管税务机关应按照下列顺序确定计税价格：

①按纳税人最近时期同类原煤或洗选煤的平均销售价格确定；

②按其他纳税人最近时期同类原煤或洗选煤平均售价确定；

③按组成计税价格确定。

组成计税价格=成本×（1+成本利润率）÷（1-资源税税率）

④按其他合理方法确定。

5.扣减额计算——扣减外购相应原煤/洗选煤的购进金额

情形	核算方法	计税依据
（1）自采原煤+外购原煤（包括煤矸石）→混合后销售	准确核算外购原煤的数量、单价及运费，在确认计税依据时可以扣减外购相应原煤的购进金额	混合销售计税依据=当期混合原煤销售额-当期用于混售的外购原煤的购进金额
（2）自采原煤连续加工的洗选煤+外购洗选煤→混合销售	准确核算外购洗选煤的数量、单价及运费，在确认计税依据时可以扣减外购相应洗选煤的计税金额	混合销售计税依据=当期混合洗选煤销售额×折算率-当期用于混售的外购洗选煤的购进金额×折算率
（3）自采原煤+外购原煤→混合加工洗选煤	准确核算外购原煤的数量、单价及运费，在确认计税依据时可以扣减外购相应原煤的购进金额	混合洗选煤计税依据=当期洗选煤销售额×折算率-当期用于混洗混售的外购原煤的购进金额

【提示】纳税人扣减当期外购原煤或洗选煤购进额的，应当以增值税专用发票、普通发票或海关报关单作为扣减凭证。

五、减税、免税项目（主要是20%、30%、40%的比例，对比记忆）（见表8-8）

资源税税收优惠的比例有什么记忆的技巧吗?

表8-8　减税、免税项目

原油、天然气优惠政策	1.开采原油过程中用于加热、修井的原油，免税 2.油田范围内运输稠油过程中用于加热、修井的原油、天然气，免税 3.稠油、高凝油和高含硫天然气资源税减征40% 4.三次采油资源税减征30% 5.对低丰度油气田资源税暂减征20% 6.深水油气田资源税减征30%。 7.为促进页岩气开发利用，有效增加天然气供给，经国务院同意，自2018年4月1日至2021年3月31日，对页岩气资源税（按6%的规定税率）减征30%
矿产资源优惠政策	1.铁矿石资源税减按40%征收 2.从2007年1月1日起，对地面抽采煤层气暂不征收资源税。煤层气是指赋存于煤层及其围岩中与煤炭资源伴生的非常规天然气，也称煤矿瓦斯 3.对实际开采年限在15年以上的衰竭期矿山开采的矿产资源，资源税减征30% 4.对依法在建筑物下、铁路下、水体下通过充填开采方式采出的矿产资源，资源税减征50% 5.为促进共伴生矿的综合利用，纳税人开采销售共伴生矿，共伴生矿与主矿产品销售额分开核算的，对共伴生矿暂不计征资源税；没有分开核算的，共伴生矿按主矿产品的税目和适用税率计征资源税。财政部、国家税务总局另有规定的，从其规定
其他减税、免税项目	纳税人开采或生产应税产品的过程中，因意外事故或者自然灾害等原因遭受重大损失的，由省、自治区、直辖市人民政府酌情决定减税或免税

例8-7　多选题

以下各项关于资源税的税收优惠中，正确的有（　　）。

A.纳税人开采或者生产应税产品过程中，因意外事故或者自然灾害等原因遭受重大损失的，可直接予以免征资源税

B.对于三次采油资源税减征30%

C.对低丰度油气田资源税暂减征20%

D.油田范围内运输稠油过程中用于加热的天然气，免征资源税

【答案】BCD

【解析】纳税人开采或者生产应税产品过程中，因意外事故或者自然灾害等原因遭受重大损失的，由省、自治区、直辖市人民政府酌情决定减税或者免税，因此A选项错误。

六、出口应税产品不退（免）资源税的规定

为什么资源税有“进口不征，出口不退”的特点?

开采企业直接出口应税资源产品，属于正常销售，只是销售到境外后，按离岸价格征收资源税。资源税规定仅对在中国境内开采或生产应税产品的单位和个人征收，进口的矿产品和盐不征收资源税。由于对进口应税产品不征收资源税，对应的，对出口应税产品也不免征或退还已纳资源税。

例8-8 多选题

以下各项关于资源税的说法中，正确的有（ ）。

A.对于进口的资源税应当征收资源税

B.对于出口的资源税应当征收资源税

C.对于出口的资源税可以退还已纳的资源税

D.对于进口的资源税不征收资源税

【答案】BD

【解析】资源税规定仅对在中国境内开采或生产应税产品的单位和个人征收，进口的矿产品和盐不征收资源税。由于对进口应税产品不征收资源税，相应的，对出口应税产品也不免征或退还已纳资源税，因此A、C选项错误。

七、征收管理

（一）纳税义务发生时间

1.纳税人采取分期收款结算方式的，其纳税义务发生时间为销售合同规定的收款日期的当天。

2.纳税人采取预收货款结算方式的，其纳税义务发生时间为发出应税产品的当天。

3.纳税人采取其他结算方式的，其纳税义务发生时间为收讫销售款或者取得索取销售款凭据的当天。

资源税的纳税环节有哪些?

4.纳税人自产自用应税产品的纳税义务发生时间，为移送使用应税产品的当天。

5.扣缴义务人代扣代缴税款的纳税义务发生时间，为支付首笔货款或首次开具支付货款凭据的当天。

【注意】资源税的纳税期限与增值税、消费税基本相同。

（二）纳税环节

考霸笔记

增加了资源税视同销售情形对应的纳税环节。

1.资源税在应税产品的销售或自用环节计算纳税。纳税人以自采原矿加工精矿产品的，在原矿移送使用时不缴纳资源税，在精矿销售或自用时缴纳资源税。

2.纳税人以自采原矿直接加工为非应税产品或者以自采原矿加工的精矿连续生产非应税产品的，在原矿或精矿移送环节计算缴纳资源税。

3.以应税产品投资、分配、抵债、赠与、以物易物的，在应税产品所有权转移时计算缴纳资源税。（2、3条今年新增，关注选择题）

4.纳税人以自采原矿加工金锭的，在金锭销售或自用时缴纳资源税。

5.纳税人销售自采原矿或者自采原矿加工的金精矿、粗金的，在原矿或者金精矿、粗金销售时缴纳资源税，在移送使用时不缴纳资源税。

（三）纳税地点（资源税的属地性强）

1.纳税人开采或者生产资源税应税产品的，应当依法向开采地或者生产地主管税务机关申报缴纳资源税。

2.如果纳税人跨省开采，其下属生产单位与核算单位不在同一省、自治区、直辖市的，对其开采的矿产品一律在开采地或者生产地纳税。

3.扣缴义务人代扣代缴的资源税，应当向收购地主管税务机关缴纳。

考霸笔记
【掌握】哪些需要征收水资源税，哪些不征收，以及水资源税的税收优惠政策。

八、水资源税改革试点实施办法

自2017年12月1日起在北京、天津、山西、内蒙古、山东、河南、四川、陕西、宁夏等9个省（自治区、直辖市）扩大水资源税改革试点，由征收水资源费改为征收水资源税。

（一）纳税义务人与征税对象

1.除规定情形外，水资源税的纳税人为直接取用地表水、地下水的单位和个人，包括直接从江、河、湖泊（含水库）和地下取用水资源的单位和个人。

哪些取用水不缴纳水资源税?

2.下列情形下，不缴纳水资源税：

（1）农村集体经济组织及其成员从本集体经济组织的水塘、水库中取用水的；

（2）家庭生活和零星散养、圈养畜禽饮用等少量取用水的；

（3）水利工程管理单位为配置或者调度水资源取水的；

（4）为保障矿井等地下工程施工安全和生产安全必须进行临时应急取用（排）水的；

（5）为消除对公共安全或者公共利益的危害临时应急取水的；

（6）为农业抗旱和维护生态与环境必须临时应急取水的。

（二）税率

试点省份水资源税最低平均税额表见表8-9：

表8-9　**试点省份水资源税最低平均税额表**　（单位：元/立方米）

省（自治区、直辖市）	地表水最低平均税额	地下水最低平均税额
北京	1.6	4
天津	0.8	4
山西	0.5	2
内蒙古	0.5	2
山东	0.4	1.5
河南	0.4	1.5
四川	0.1	0.2
陕西	0.3	0.7
宁夏	0.3	0.7

1.同一类型取用水，地下水税额要高于地表水。

2.水资源紧缺地区地下水税额要大幅高于地表水。

3.超采地区的地下水税额要高于非超采地区，严重超采地区的地下水税额要大幅高于非超采地区。

4.对超计划或超定额用水加征1～3倍水资源税，对特种行业从高征税。

考霸笔记
特种行业取用水，是指洗车、洗浴、高尔夫球场、滑雪场等取用水。

5.对超过规定限额的农业生产取用水、农村生活集中式饮水工程取用水，从低确定税额。

（三）应纳税额的计算（见表8-10）

表8-10　　应纳税额的计算

水资源税从量计征情形	计税依据	计算公式
一般取用水	实际取用水量	应纳税额=实际取用水量×适用税额
采矿和工程建设疏干排水	排水量	应纳税额=实际取用水量×适用税额 【提示】疏干排水的实际取用水量按照排水量确定
水力发电和火力发电贯流式（不含循环式）冷却取用水	实际发电量	应纳税额=实际发电量×适用税额

（四）税收减免

下列情形下，予以免征或者减征水资源税：

1.规定限额内的农业生产取用水，免征水资源税；

2.取用污水处理再生水，免征水资源税；

3.除接入城镇公共供水管网以外，军队、武警部队通过其他方式取用水的，免征水资源税；

4.抽水蓄能发电取用水，免征水资源税；

5.采油排水经分离净化后在封闭管道回注的，免征水资源税；

6.财政部、税务总局规定的其他免征或者减征水资源税的情形。

（五）征收管理

1.水资源税的纳税义务发生时间为纳税人取用水资源的当日。

2.除农业生产取用水外，水资源税按季或者按月征收，由主管税务机关根据实际情况确定。对超过规定限额的农业生产取用水，水资源税可按年征收。不能按固定期限计算纳税的，可以按次申报纳税。

3.纳税人应当自纳税期满或者纳税义务发生之日起15日内申报纳税。

4.纳税人应当向生产经营所在地的税务机关申报缴纳水资源税。跨省（区、市）调度的水资源，由调入区域所在地的税务机关征收水资源税。

第二节　环境保护税法

环境保护税的基本特点有哪些?

一、环境保护税的特点（新增，从选择题角度关注）

作为落实生态文明建设的重要税制改革举措而推出的环境保护税，具有以下基本特点：

1.属于调节型税种。环境保护税的首要功能是减少污染排放，而非增加财政收入。

2.其渊源是排放收费制度。环境保护税基本采用了原排污费的制度框架，环境保护税于2018年1月1日起正式实施，排污费同时停征。

3.属于综合型环境税。环境保护税的征税范围包括大气污染物、水污染物、固体废物和噪声四大类，与对单一污染物征收的税种不同，属于综合型环境税。

4.属于直接排放税。如果企业事业单位和其他生产经营者向依法设立的污水集中处理、生活垃圾集中处理场所排放应税污染物，不属于直接排放，不征收环境保护税。

5.对大气污染物、水污染物规定了幅度定额税率。

6.采用税务、环保部门紧密配合的征收方式。环境保护税采用“纳税人自行申报，税务征收，环保监测。信息共享”的征管方式。

7.收入纳入一般预算收入，全部划归地方。

二、纳税义务人与征税范围

1.环境保护税的纳税义务人是在中华人民共和国领域和中华人民共和国管辖的其他海域直接向环境排放应税污染物的企业事业单位和其他生产经营者（如图8-1所示）。

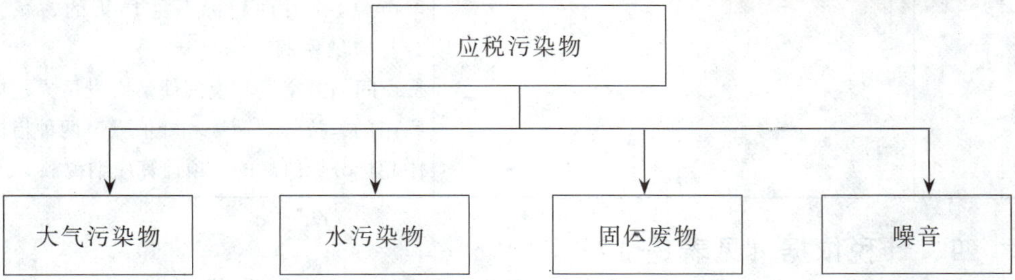

图8-1　应税污染物

2.有下列情形之一的，不属于直接向环境排放污染物，不缴纳相应污染物的环境保护税：（在规定地点排污）

（1）企业事业单位和其他生产经营者向依法设立的污水集中处理、生活垃圾集中处理场所排放应税污染物的。

（2）企业事业单位和其他生产经营者在符合国家和地方环境保护标准的设施、场所贮存或者处置固体废物的。

（3）达到省级人民政府确定的规模标准并且有污染物排放口的畜禽养殖场，应当依法缴纳环境保护税，但依法对畜禽养殖废弃物进行综合利用和无害化处理的除外。

环境保护税的征税范围是在境内直接排放应税污染物，哪些情况不属于直接排放?

三、税目、税率

环境保护税采用定额税率（见表8-11）。

表8-11　环境保护税税目税额表

税目		计税单位	内容
大气污染物		每污染当量	包括二氧化硫、氮氧化物、一氧化碳、氯气、氯化氢、氟化物、氰化氢等
水污染物			—
固体废物	煤矸石	每吨	—
	尾矿		
	危险废物		
	冶炼渣、粉煤灰、炉渣、其他固体废物（含半固态、液态废物）		

考霸笔记
不包括温室气体二氧化碳。

第八章

为什么在当代噪音种类繁多的情况下，目前只有工业噪音污染需要缴纳环境保护税?

续表

税目		计税单位	内容
噪声	工业噪声	超分贝数	1. 一个单位边界上有多处噪声超标的，根据最高一处超标声级计算应纳税额；当沿边界长度超过100米有两处以上噪声超标的，按照两个单位计算应纳税额 2. 一个单位有不同地点作业场所的，应当分别计算应纳税额，合并计征 3. 昼、夜均超标的环境噪声，昼、夜分别计算应纳税额，累计计征 4. 声源1个月内超标不足15天的，减半计算应纳税额 5. 夜间频繁突发和夜间偶然突发厂界超标噪声的，按等效声级和峰值噪声两种指标中超标分贝值高的一项计算应纳税额

四、计税依据（见表8-12）

考霸笔记：应税大气污染物、水污染物的污染当量数=该污染物的排放量÷该污染物的污染当量值。

考霸笔记：固体废物的排放量=当期固体废物的产生量-当期固体废物的综合利用量、贮存量、处置量。

考霸笔记：应税噪声目前只包括工业噪声。

表8-12　　计税依据

应税污染物	计税依据	解释
大气污染物	污染物排放量折合的污染物当量数	每一排放口或者没有排放口的应税大气污染物，按照污染当量数从大到小排序，对前三项污染物征收环境保护税
水污染物		每一排放口的应税水污染物应区分第一类水污染物和其他类水污染物，按照污染当量数从大到小排序，对第一类水污染物按照前5项征收环境保护税，对其他类水污染物按照前3项征收环境保护税
固体废物	固体废物的排放量	1. 固体废物的贮存量、处置量，是指在符合国家和地方环境保护标准的设施、场所贮存或者处置的固体废物数量 2. 固体废物的综合利用量，是指按照国务院发展改革、工业和信息化主管部门关于资源综合利用要求以及国家和地方环境保护标准进行综合利用的固体废物数量
噪声	超过国家规定标准的分贝数（超分贝数）	工业噪声按超过国家规定标准的分贝数确定每月税额。超过国家规定标准的分贝数是指实际产生的工业噪声与国家规定的工业噪声排放标准限值之间的差值

【提示1】纳税人有下列情形之一的，以其当期应税大气污染物、水污染物的产生量作为污染物的排放量：

（1）未依法安装使用污染物自动监测设备或者未将污染物自动监测设备与环境保护主管部门的监控设备联网。

（2）损毁或者擅自移动、改变污染物自动监测设备。

（3）篡改、伪造污染物监测数据。

（4）通过暗管、渗井、渗坑、灌注或者稀释排放以及不正常运行防治污染设施等方式违法排放应税污染物。

（5）进行虚假纳税申报。

【提示2】纳税人有下列情形之一的，以其当期应税固体废物的产生量作为固体废物的排放量：

（1）非法倾倒应税固体废物。

（2）进行虚假纳税申报。

【提示3】应税大气污染物、水污染物、固体废物的排放量和噪声的分贝数，按照下列方法和顺序计算：

（1）纳税人安装使用符合国家规定和监测规范的污染物自动监测设备的，按照污染物自动监测数据计算。

（2）纳税人未安装使用污染物自动监测设备的，按照监测机构出具的符合国家有关规定和监测规范的监测数据计算。

（3）因排放污染物种类多等原因不具备监测条件的，按照国务院环境保护主管部门规定的排污系数、物料衡算方法计算。

（4）不能按照上述第一项至第三项规定的方法计算的，按照省、自治区、直辖市人民政府环境保护主管部门规定的抽样测算的方法核定计算。

考霸笔记

环境保护税应纳税额=计税依据（当量数、超排放量、超分贝数）×定额税率。

五、应纳税额的计算

（一）应税大气污染物应纳税额的计算

应税大气污染物的应纳税额=污染当量数×适用税额

怎么区分污染当量、污染当量值及污染当量数几个指标？

例8-9

某企业2018年3月向大气直接排放二氧化硫、氟化物各140千克，一氧化碳200千克、氯化氢100千克，已知二氧化硫、氟化物、一氧化碳、氯化氢的污染当量值分别为0.95、0.87、16.7、10.75，假设当地大气污染物每污染当量税额3元，该企业只有一个排放口。其应纳税额计算如下：

【解析】第一步：计算各污染物的污染当量数：

污染当量数=该污染物排放量÷该污染物污染当量值

二氧化硫污染当量数=140÷0.95=147.37

氟化物污染当量数=140÷0.87=160.92

一氧化碳污染当量数=200÷16.7=11.98

氯化氢污染当量数=100÷10.75=9.30

第二步：按污染当量数排序

氟化物污染当量数（160.92）>二氧化硫污染当量数（147.37）>一氧化碳污染当量数（11.98）>氯化氢污染当量数（9.30）

该企业只有一个排放口，排序选取计税前三项污染物为：氟化物、二氧化硫、一氧化碳

第三步：计算应纳税额

应纳税额=（160.92+147.37+11.98）×3 =960.81（元）

考霸笔记
对第一类水污染物按照前5项征收环境保护税，对其他类水污染物按照前3项征收环境保护税。

（二）应税水污染物应纳税额的计算

1.适用监测数据法的水污染物（包括第一类水污染物和第二类水污染物）应纳税额的计算

应税水污染物的应纳税额=污染当量数×适用税额

例8-10

甲化工厂是环境保护税纳税人，该厂仅有1个污水排放口且直接向河流排放污水，已安装使用符合国家规定和监测规范的污染物自动监测设备。检测数据显示，该排放口2018年2月共排放污水6万吨（折合6万立方米），应税污染物为六价铬，浓度为六价铬0.5mg/L。

要求：计算该化工厂2月份应缴纳的环境保护税（该厂所在省的水污染物税率为每污染当量2.8元，六价铬的污染当量值为0.02/千克）。

【答案】计算过程如下：

（1）计算污染当量数：

六价铬污染当量数=排放总量×浓度值÷当量值

=60 000 000×0.5 ÷1 000 000÷0.02=1 500

（2）应纳税额=1 500×2.8=4 200（元）

2.适用抽样测算法的水污染物应纳税额的计算

（1）规模化禽畜养殖业的水污染物应纳税额

应纳税额=污染当量数（禽畜养殖数量÷污染当量值）×适用税额

例8-11

某养殖场2018年4月养牛存栏量200头，污染当量值0.1头，当地水污染物适用税额为每污染当量2.8元，则当月应缴纳多少环境保护税？

【答案】水污染当量数=200÷0.1=2 000

应纳环保税=2 000×2.8=5 600（元）

（2）小型企业和第三产业排放的水污染物应纳税额

应纳税额=污水排放量（吨）÷污染当量值（吨）×适用税额

（3）医院排放的水污染物应纳税额

应纳税额=医院床位数÷污染当量值×适用税额

应纳税额=污水排放量÷污染当量值×适用税额

（三）应税固体废物应纳税额的计算

应税固体废物的应纳税额=（当期固体废物的产生量－当期固体废物的综合利用量、贮存量、处置量）×适用税额

（四）应税噪声应纳税额的计算

应税噪声的应纳税额为超过国家规定标准的分贝数对应的具体适用税额。

环境保护税有哪些税收优惠？

6340

六、税收减免

（一）暂免征税项目

下列情形，暂予免征环境保护税：

1.农业生产（不包括规模化养殖）排放应税污染物的。

2.机动车、铁路机车、非道路移动机械、船舶和航空器等流动污染源排放应税

污染物的。

3. 依法设立的城乡污水集中处理、生活垃圾集中处理场所排放相应应税污染物，不超过国家和地方规定的排放标准的。

4. 纳税人综合利用的固体废物，符合国家和地方环境保护标准的。

5. 国务院批准免税的其他情形。

例8-12

根据《中华人民共和国环境保护税法》规定，（　　）等流动污染源排放应税污染物的，暂予免征环境保护税。

A 机动车

B 铁路机车

C 非道路移动机械

D 船舶和航空器

【答案】ABCD

【解析】机动车、铁路机车、非道路移动机械、船舶和航空器等流动污染源排放应税污染物的暂免征收环境保护税。

（二）减征税额项目

1. 纳税人排放应税大气污染物或者水污染物的浓度值低于国家和地方规定的污染物排放标准30%的，减按75%征收环境保护税。

2. 纳税人排放应税大气污染物或者水污染物的浓度值低于国家和地方规定的污染物排放标准50%的，减按50%征收环境保护税。

七、征收管理（能力等级2）（见表8-13）

表8-13 征收管理

项目	具体规定
纳税时间	1. 环境保护税纳税义务发生时间为纳税人排放应税污染物的当日
	2. 环境保护税按月计算，按季申报缴纳；不能按固定期限计算缴纳的，可以按次申报缴纳
纳税地点	1. 纳税人应当向应税污染物排放地的税务机关申报缴纳环境保护税：应税污染物排放地是指应税大气污染物、水污染物排放口所在地；应税固体废物产生地；应税噪声产生地
	2. 纳税人跨区域排放应税污染物，税务机关对税收征收管辖有争议的，由争议各方按照有利于征收管理的原则协商解决
	3. 纳税人从事海洋工程向中华人民共和国管辖海域排放应税大气污染物、水污染物或者固体废物，申报缴纳环境保护税的具体办法，由国务院税务主管部门会同国务院海洋主管部门规定

第八章

智能测评

在线练习	我要提问
扫码在线做题　扫码看答案 本书“本章同步强化训练”均配备二维码，打开微信“扫一扫”即可完成在线测评，查看本章详细的测评反馈报告，了解知识掌握情况，也可扫码直接看答案噢。 快来扫码做题吧！	扫码答疑 本书配备答疑专用二维码，打开微信“扫一扫”，即可完成在线提问，获取专业老师全面个性化解答，让学习问题不再拖延。 快来扫码提问吧！

本章同步强化训练

一.单选题

1.2018年2月，某采选矿联合企业到异地收购未税镍矿石。在计算代扣代缴资源税时，该矿石适用的税率是（　　）。

A.税务机关核定的单位税额　　B.镍矿石收购地适用的单位税额

C.镍矿石原产地适用的单位税额　　D.该联合企业适用的镍矿石单位税额

2.以下各项中，属于从量计征资源税的有（　　）。

A.铁矿石　　B.天然气　　C.黏土、砂石　　D.海盐

3.根据资源税的有关规定，下列说法正确的是（　　）。

A.某工业企业进口铁矿石需缴纳资源税

B.对实际开采年限在15年以上的衰竭期矿山开采的矿产资源免征资源税

C.某外商投资企业在境内开采天然气需缴纳资源税

D.某自然人在境内销售外购的煤炭需缴纳资源税

4.关于资源税从价计征的计税依据，下列表述正确的是（　　）。

A.纳税人以应税产品对外投资的，计税依据只能以组成计税价格确定

B.纳税人开采应税产品由其关联单位对外销售的，按其关联单位的销售额征收资源税

C.纳税人与其关联企业之间的业务往来，必须由税务机关进行调整

D.纳税人开采应税产品直接出口的，以离岸价格和离岸后运杂费合计为计税依据

5.甲县某独立矿山2018年7月份开采铜矿石原矿3万吨，当月还到乙县收购未税铜矿石原矿5万吨并运回甲县，上述矿石的80%已在当月销售。假定甲县铜矿石原矿单位税额每吨5元，则该独立矿山7月份应向甲县税务机关缴纳的资源税为（　　）。

A.12万元　　B.15万元　　C.32万元　　D.40万元

6.某煤炭开采企业2018年6月销售洗选煤5万吨，开具增值税专用发票注明金额5 000万元，另取得从洗选煤厂到码头不含增值税的运费收入50万元。假设洗选煤的折算率为80%，资源税税率为10%，该企业销售洗选煤应缴纳的资源税为（　　）万元。

A.400　　　　B.404　　　　C.505　　　　D.625

7.根据《中华人民共和国环境保护税法》的规定，应税水污染物的应纳税额为（　　）。

A.污染当量数除以具体适用税额

B.污染当量数乘以具体适用税额

C.固体废物排放量乘以具体适用税额

D.超过国家规定标准的分贝数对应的具体适用税额

8.《中华人民共和国环境保护税法》规定，环境保护税的纳税义务发生时间为（　　）

A. 纳税人排放应税污染物的次日

B. 纳税人排放应税污染物的当日

C. 纳税人排放应税污染物的十五日内

D. 纳税人排放应税污染物的五日内

二. 多选题

1.甲县某独立矿山自行开采原油10万吨，其中2万吨用于抵偿债务，1万吨用于修理油井，剩余部分直接对外销售，每吨不含税售价5 000元。到乙县收购未税原油15万吨，每吨不含税收购价6 000元；将该15万吨原油运回甲县销售，每吨不含税售价6 500元。已知甲县原油资源税税率6%，乙县原油资源税税率5%。下列关于上述业务的说法中，正确的有（　　）。

A.独立矿山自行开采的原油应纳资源税2 700万元

B.独立矿山应代扣代缴资源税4 500万元

C.运回甲县销售的原油应纳资源税450万元

D.独立矿山收购未税矿产品代扣代缴的资源税，应向收购地主管税务机关缴纳

2.某金属矿开采企业开采铜矿原矿300吨，对外销售200吨，取得收入500万元（不含增值税，下同），将剩余100吨铜矿原矿与从其他企业购入的已税铜矿原矿混合销售，取得收入250万元。从其他企业购入的铜矿原矿单独核算并已纳资源税10万元。根据现行资源税的相关规定，铜矿以精矿为征税对象，已知铜矿原矿换算比1.34，当地铜矿资源税税率6%，下列选项正确的有（　　）。

A.该企业销售铜矿原矿应将原矿销售额换算为精矿销售额缴纳资源税

B.该企业以未税铜矿和已税铜矿混合销售为应税产品销售的，准予扣除已税铜矿的购进金额

C.纳税人应在铜矿销售地缴纳资源税

D.该企业应纳资源税50.3万元

3.下列各项关于资源税减免税规定的表述中，正确的有（　　）。

A.对出口的应税产品免征资源税

B.对进口的应税产品不征收资源税

C.开采原油过程中用于修井的原油免征资源税

D.开采应税产品过程中因自然灾害有重大损失的可由省级政府减征资源税

4.以下各项中，关于资源税的税收优惠，错误的有（　　）。

A.对于开采过程中用于加热、修井的原油实行免税政策

B.稠油、高凝油和高含硫天然气资源税减征30%

C.铁矿石资源税减征40%

D.对深水油气田资源减征30%

5.下列关于资源税纳税地点的表述中，正确的有（　　）。

A.收购未税矿产品的个体户，其纳税地点为收购地

B.资源税扣缴义务人的纳税地点为应税产品的开采地或生产地

C.资源税纳税义务人的纳税地点为应税产品的开采地或生产地

D.跨省开采应税矿产品且生产单位与核算单位不在同一省的企业，其开采销售应税矿产品的纳税地点为开采地

6.依据资源税法的相关规定，下列选项正确的有（　　）。

A.纳税人采取分期收款结算方式的，纳税义务发生时间为每次实际收到款项的当天

B.扣缴义务人代扣代缴税款的纳税义务发生时间，为支付首笔货款或首次开具支付货款凭据的当天

C.纳税人应当向矿产品的开采地或盐的生产地缴纳资源税

D.资源税在各个流转环节均需纳税

7.以下情形中，予以免征或减征水资源税的有（　　）。

A.取用污水处理再生水

B.抽水蓄能发电取用水

C.军队、武警部队通过接入城镇公共供水管网取用水的

D.农村集体经济组织及其成员从本集体经济组织的水塘、水库中取用水的

8.以下关于水资源税的说法中，正确的有（　　）。

A.水资源税的纳税义务发生时间是自取用水资源起的15日内

B.不能按固定期限计算纳税的，可以按次申报纳税

C.除农业生产取用水外，水资源税按季或按月征收

D.对超过规定限额的农业生产取用水水资源税可按年征收

第九章

城镇土地使用税法和耕地占用税法

本章导学

本章框架图

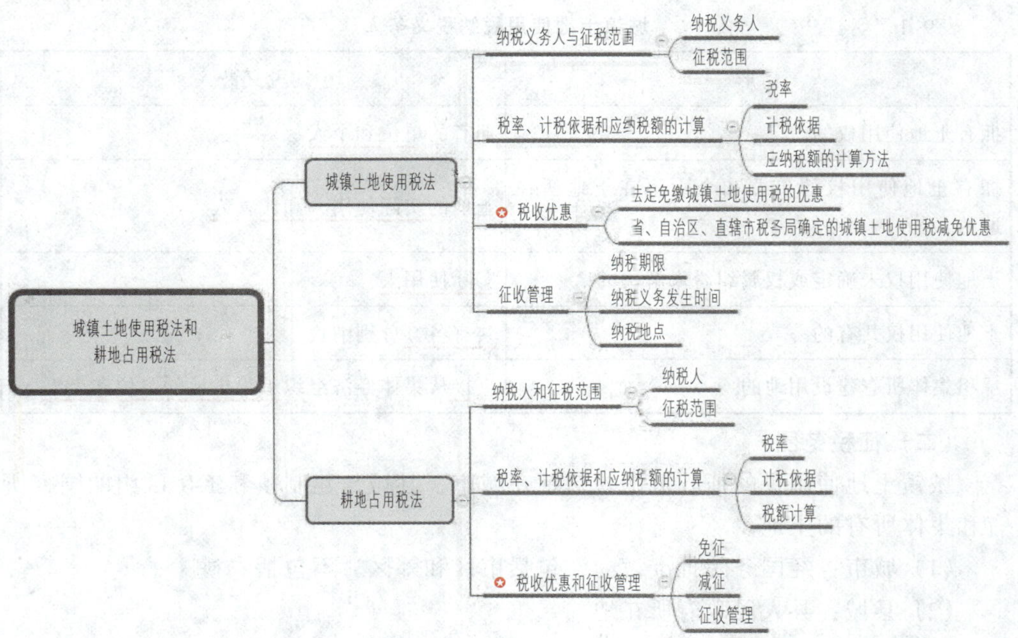

本章考情概述

本章为CPA税法非重点章节，难度不大，考试分值也不高。

从历年的试题来看，本章平均分值在2~3分左右，以客观题为主。由于城镇土地使用税和耕地占用税计税依据简单，考查的重点往往集中在税收优惠和征收管理上。

本章内容包括：城镇土地使用税、耕地占用税。

2019年教材主要变化

1.城镇土地使用税中新增两项税收优惠。

2.耕地占用税根据2018年12月29日通过的《中华人民共和国耕地占用税法》进行重述。

第一节　城镇土地使用税法

一、纳税义务人与征税范围

城镇土地使用税是以国有土地或集体土地为征税对象，对拥有土地使用权的单位和个人征收的一种税。

（一）纳税义务人

城镇土地使用税的纳税义务人，是在城市、县城、建制镇、工矿区范围内使用土地的单位和个人。

（1）单位，包括国有企业、集体企业、私营企业、股份制企业、外商投资企业、外国企业以及其他企业和事业单位、社会团体、国家机关、军队以及其他单位

（2）个人，包括个体工商户以及其他个人（其他个人，指自然人）

（3）具体规定见表9-1：

表9-1 城镇土地使用税纳税义务人

情形	纳税义务人
拥有土地使用权的	拥有的单位和个人
拥有土地使用权的单位和个人不在土地所在地的	土地的实际使用人和代管人
土地使用权未确定或权属纠纷未解决的	实际使用人
土地使用权共有的	共有各方分别纳税
承租集体所有建设用地的	直接从集体经济组织承租土地的单位和个人

（二）征税范围

城镇土地使用税的征收范围，包括在城市、县城、建制镇和工矿区内的国家所有和集体所有的土地。

（1）城市：经国务院批准设立，包括市区和郊区，不包括农村

（2）县城：县人民政府所在地

（3）建制镇、工矿区：须经省、自治区、直辖市人民政府批准设立

（4）建立在城市、县城、建制镇和工矿区以外的工矿企业不需要缴纳城镇土地使用税

如何理解工矿区？

二、税率、计税依据和应纳税额的计算

（一）税率

1.城镇土地使用税采用定额税率，即采用有幅度的差别税额（每个幅度税额的差距规定为20倍），按大、中、小城市和县城、建制镇、工矿区分别规定每平方米土地使用税年应纳税额。具体税率表见表9-2：

表9-2 城镇土地使用税税率表

级别	人口（人）	每平方米税额（元）
大城市	50万以上	1.5～30
中等城市	20万～50万	1.2～24
小城市	20万以下	0.9～18
县城、建制镇、工矿区		0.6～12

2.经济落后地区，适用税额标准可适当降低，但降低额不得超过上述规定最低税额的30%。

3.经济发达地区，适用税额标准可适当提高，但须报财政部批准。

（二）计税依据

1.城镇土地使用税以纳税人实际占用的土地面积为计税依据，土地面积计量标准为每平方米。

2.纳税人实际占用的土地面积按下列办法确定：

（1）由省、自治区、直辖市人民政府确定的单位组织测定土地面积的，以测定的面积为准。

（2）尚未组织测量，但纳税人持有政府部门核发的土地使用证书的，以证书确认的土地面积为准。

（3）尚未核发土地使用证书的，应由纳税人申报土地面积，据以纳税，待核发土地使用证以后再作调整。

如何区分房产税和城镇土地使用税对独立建造的地下建筑物的减免税规定?

（4）对在城镇土地使用税征税范围内单独建造的地下建筑用地：

①计税依据的确定
- 已取得地下土地使用权证的:按土地使用权证确认的土地面积
- 未取得地下土地使用权证或使用权证上未标明土地面积的:按地下建筑垂直投影面积

②暂按应征税款的50%征收城镇土地使用税

（三）应纳税额的计算方法

全年应纳税额=实际占用应税土地面积（m^2）×适用税额

例9-1·2012年单选题

甲企业位于某经济落后地区，2017年12月取得一宗土地的使用权（未取得土地使用证书），2018年1月已按1500平方米申报缴纳城镇土地使用税。2018年4月该企业取得了政府部门核发的土地使用证书，上面注明的土地面积为2000平方米。已知该地区适用每平方米0.9元-18元的固定税额，当地政府规定的固定税额为每平方米0.9元，并另按照国家规定的最高比例降低税额标准。则该企业2018年应该补缴的城镇土地使用税为（　　）。

A.0元

B.315元

C.945元

D.1 260元

【答案】B

【解析】经济落后地区，城镇土地使用税的适用税额标准可适当降低，但降低额不得超过规定最低税额的30%，所以降低额最高为0.9×30%=0.27（元），则适用的城镇土地使用税税额=0.9-0.27=0.63（元）；2018年1月已经缴纳的城镇土地使用税=1 500×0.63=945（元），应缴纳的城镇土地使用税=2 000×0.63=1 260（元），则该企业2018年应该补缴的城镇土地使用税=1 260-945=315（元）。

三、税收优惠（见表9-3）

表9-3 税收优惠

<table>
<tr><th>税收优惠</th><th>具体规定</th></tr>
<tr><td>法定免缴</td><td>
1.国家机关、人民团体、军队自用的土地
2.由国家财政部门拨付事业经费的单位自用的土地
3.宗教寺庙、公园、名胜古迹自用的土地
4.市政街道、广场、绿化地带等公共用地
5.直接用于农、林、牧、渔业的生产用地
6.经批准开山填海整治的土地和改造的废弃土地，从使用的月份起免缴土地使用税5～10年
7.对非营利性医疗机构、疾病控制机构和妇幼保健机构等卫生机构自用的土地，免征城镇土地使用税
8.企业办的学校、医院、托儿所、幼儿园，其用地能与企业其他用地明确区分的，免征城镇土地使用税
9.无偿使用其他单位的土地：
（1）免税单位无偿使用纳税单位的土地（如公安、海关等单位使用铁路、民航等单位的土地），免征城镇土地使用税
（2）纳税单位无偿使用免税单位的土地，纳税单位应照章缴纳城镇土地使用税
（3）纳税单位与免税单位共同使用、共有使用权土地上的多层建筑，对纳税单位可按其占用的建筑面积占建筑总面积的比例计征城镇土地使用税
【总结】
<table>
<tr><th>土地使用权人</th><th>土地实际使用人</th><th>土地使用情况</th><th>纳税情况</th><th>实际纳税人</th></tr>
<tr><td rowspan="2">纳税单位</td><td rowspan="2">免税单位</td><td>无偿使用</td><td>免税</td><td></td></tr>
<tr><td>有偿使用</td><td>纳税</td><td>纳税单位</td></tr>
<tr><td rowspan="2">免税单位</td><td rowspan="2">纳税单位</td><td>无偿使用</td><td>纳税</td><td>纳税单位</td></tr>
<tr><td>有偿使用</td><td>纳税</td><td>免税单位</td></tr>
</table>
10.对行使国家行政管理职能的中国人民银行总行（含国家外汇管理局）所属分支机构自用的土地，免征城镇土地使用税
11.为了体现国家的产业政策，支持重点产业的发展，对石油、电力、煤炭等能源用地，民用港口、铁路等交通用地和水利设施用地，三线调整企业、盐业、采石场、邮电等一些特殊用地划分了征免税界限和给予政策性减免税照顾。具体规定如下：
（1）对石油天然气生产建设中用于地质勘探、钻井、井下作业、油气田地面工程等施工临时用地暂免征收城镇土地使用税
（2）对企业的铁路专用线、公路等用地，在厂区以外、与社会公用地段未加隔离的，暂免征收城镇土地使用税
（3）对企业厂区以外的公共绿化用地和向社会开放的公园用地，暂免征收城镇土地使用税
（4）对盐场的盐滩、盐矿的矿井用地，暂免征收城镇土地使用税
12.自2016年1月1日至2021年12月31日，对专门经营农产品的农产品批发市场、农贸市场使用（包括自有和承租）的房产、土地，暂免征收房产税和城镇土地使用税。对同时经营其他产品的农产品批发市场和农贸市场使用的房产、土地，按其他产品与农产品交易场地面积的比例确定免征房产税和城镇土地使用税
13.自2017年1月1日至2019年12月31日，对物流企业自有的（包括自用和出租）大宗商品仓储设施用地和物流企业承租用于大宗商品仓储设施的土地，减按所属土地等级适用税额标准的50%计征城镇土地使用税。物流企业的办公、生活区用地及其他非直接从事大宗商品仓储的用地，不属于优惠范围，应按规定征收城镇土地使用税
14.自2018年10月1日至2020年12月31日，对按照去产能和调结构政策要求停产停业、关闭的企业，自停产停业次月起，免征城镇土地使用税
15.自2019年1月1日至2021年12月31日，对国家级、省级科技企业孵化器、大学科技园和国家备案众创空间自用以及无偿或通过出租等方式提供给在孵对象使用的土地，免征城镇土地使用税 （14、15为今年新增内容）
</td></tr>
</table>

考霸笔记

不包括农副产品加工场地和生活办公用地

如何区分不同类型学校占用土地享受的土地使用税优惠政策?

考霸笔记

企业享受免税政策的期限累计不得超过2年

考霸笔记

（1）2018年12月31日前认定的国家级科技企业孵化器、大学科技园，自2019年1月1日起享受税收优惠。

（2）2019年1月1日后认定的国家级、省级科技企业孵化器、大学科技园和国家备案众创空间，自认定之日次月起享受税收优惠。

（3）2019年1月1日后被取消资格的，自取消资格之日次月起停止享受税收优惠。

续表

税收优惠	具体规定
省、自治区、直辖市地方税务局确定减免	1.个人所有的居住房屋及院落用地 2.房产管理部门在房租调整改革前经租的居民住房用地 3.免税单位职工家属的宿舍用地 4.集体和个人办的各类学校、医院、托儿所、幼儿园用地

例 9-2 · 2009 年单选题

某盐场 2018 年度占地 200 000 平方米，其中办公楼占地 20 000 平方米，盐场内部绿化占地 50 000 平方米，盐场附属幼儿园占地 10 000 平方米，盐滩占地 120 000 平方米。盐场所在地城镇土地使用税单位税额每平方米 0.7 元。该盐场 2018 年应缴纳的城镇土地使用税为（　　）。

A.14 000 元　　B.49 000 元　　C.56 000 元　　D.140 000 元

【答案】B

【解析】该盐场 2018 年应缴纳的城镇土地使用税=（200 000-10 000-120 000）×0.7=70 000×0.7=49 000（元）。

例 9-3 · 2007 年单选题

某市肉制品加工企业 2018 年占地 60 000 平方米，其中办公占地 5 000 平方米，生猪养殖基地占地 28 000 平方米，肉制品加工车间占地 16 000 平方米，企业内部道路及绿化占地 11 000 平方米。企业所在地城镇土地使用税单位税额每平方米 0.8 元。该企业全年应缴纳城镇土地使用税（　　）。

A.16 800 元　　B.25 600 元　　C.39 200 元　　D.48 000 元

【答案】B

【解析】直接用于农林牧渔业的生产用地免征土地使用税，但不包括农副产品加工场地和生活办公用地；对企业厂区以外的公共绿化用地暂免征收土地使用税，企业厂区以内的绿化用地照章征收城镇土地使用税。该企业全年应纳城镇土地使用税=（60 000-28 000）×0.8=25 600（元）。

四、征收管理

（一）纳税期限

城镇土地使用税实行按年计算、分期缴纳的征收方法，具体纳税期限由省、自治区、直辖市人民政府确定。

（二）纳税义务发生时间（见表 9-4）

如何理解城镇土地使用税的纳税义务发生时间?

表 9-4　纳税义务发生时间

事项	纳税义务发生时间
购置新建商品房	自房屋交付使用之次月起
购置存量房	自办理房屋权属转移、变更登记手续，房地产权属登记机关签发房屋权属证书之次月起
出租、出借房产	自交付出租、出借房产之次月起

第九章

续表

事项	纳税义务发生时间
以出让或转让方式有偿取得土地使用权的	(1) 合同约定交付土地时间的：自合同约定时间的次月起 (2) 合同未约定交付土地时间的：自合同签订的次月起
新征用的耕地	自批准征用之日起满1年起
新征用的非耕地	自批准征用次月起
自2009年1月1日起，纳税人因土地的权利发生变化而依法终止城镇土地使用税纳税义务的，其应纳税款的计算应截止到土地权利发生变化的当月末	

房地产的取得方式有哪些?

考霸笔记
因为需要征收耕地占用税，所以第一年不征城镇土地使用税。

（三）纳税地点

城镇土地使用税在土地所在地缴纳。

（1）土地不属于同一省、自治区、直辖市管辖的，分别向土地所在地税务机关缴纳。

（2）土地在同一省、自治区、直辖市管辖的，纳税人跨地区使用的土地，由各省、自治区、直辖市税务局确定。

例9-4·单选题

下列各项中，符合城镇土地使用税有关纳税义务发生时间规定的有（ ）。

A.纳税人新征用的耕地，自批准征用之次月起缴纳城镇土地使用税

B.纳税人出租房产，自交付出租房产之次月起缴纳城镇土地使用税

C.纳税人新征用的非耕地，自批准征用之月起缴纳城镇土地使用税

D.纳税人购置存量房，自房屋交付使用之次月起缴纳城镇土地使用税

【答案】B

【解析】选项A，纳税人新征用的耕地，自批准征用之日起满1年起纳税；选项C，纳税人新征用的非耕地，自批准征用之次月起纳税；选项D，纳税人购置存量房，自办理房屋权属转移、变更登记手续，房地产权属登记机关签发房屋权属证书之次月起纳税。

如何区分城镇土地使用税和耕地占用税?

第二节 耕地占用税法

一、纳税义务人与征税范围

耕地占用税是对占用耕地建房或从事其他非农业建设的单位和个人，就其实际占用的耕地面积征收的一种税，它属于对特定土地资源占用课税。

（一）纳税义务人

耕地占用税的纳税义务人，是指在中华人民共和国境内占用耕地建设建筑物、构筑物或从事非农业建设的单位和个人。

（1）单位，包括国有企业、集体企业、私营企业、股份制企业、外商投资企业、外国企业以及其他企业和事业单位、社会团体、国家机关、军队以及其他单位。

（2）个人，包括个体工商户以及其他个人。（其他个人，指自然人）

（对单位和个人的范围，城镇土地使用税和耕地占用税一致）

（二）征税范围

耕地占用税的征税范围，包括纳税人占用耕地建设建筑物、构筑物或从事非农业建设的国家所有和集体所有的耕地。

（1）耕地：包括菜地、园地（园地包括花圃、苗圃、茶园、果园、桑园和其他种植经济林木的土地）。

（2）占用鱼塘及其他农用土地建房或从事其他非农业建设，也视同占用耕地。

（3）占用已开发从事种植、养殖的滩涂、草场、水面和林地等从事非农业建设，由省、自治区、直辖市本着有利于保护土地资源和生态平衡的原则，结合具体情况确定是否征收耕地占用税。

如何理解滩涂?

二、税率、计税依据和应纳税额的计算

（一）税率

耕地占用税在税率设计上采用了地区差别定额税率。税率规定见表9-5：

表9-5　耕地占用税税率规定

地区人均耕地面积	每平方米税额（元）
不超过1亩	10—50
超过1亩但不超过2亩	8—40
超过2亩但不超过3亩	6—30
超过3亩	5—25

（1）各地区耕地占用税的适用税额，由省、自治区、直辖市人民政府根据人均耕地面积和经济发展等情况，在上述税额幅度内提出，报同级人民代表大会常务委员会决定，并报全国人民代表大会常务委员会和国务院备案。

（2）在人均耕地低于0.5亩的地区，省、自治区、直辖市可以根据当地经济发展情况，适当提高适用税额，但提高的部分不得超过适用税额的50%。

考霸笔记　本条根据新教材进行重述。

（3）占用基本农田的，应当按照适用税额加征150%。（今年新增内容）

例9-5·单选题

在人均耕地低于0.5亩的地区，税额可以适当提高，但是最多不得超过规定税额标准的（　　）。

A.20%　　B.30%　　C.50%　　D.100%

【答案】C

【解析】在人均耕地低于0.5亩的地区，省、自治区、直辖市可以根据当地经济发展情况，适当提高适用税额，但提高的部分不得超过适用税额的50%。

（二）计税依据

耕地占用税以纳税人实际占用耕地的面积为计税依据，按照规定的适用税额一次性征收。

（三）税额计算

应纳税额=实际占用耕地面积（m^2）×定额税率

第九章

三、税收优惠和征收管理

耕地占用税对占用耕地实行一次性征收，对生产经营单位和个人不设立减免税，仅对公益性单位和需要照顾群体设立减免税。

（一）税收优惠（见表9-6）

表9-6 税收优惠

税收优惠	具体规定
免征	（1）军事设施占用耕地 （2）学校、幼儿园、社会福利机构、医疗机构占用耕地 （3）农村烈士遗属、因公牺牲军人遗属、残疾军人以及符合农村最低生活保障条件的农村居民，在规定用地标准以内新建自用住宅（今年新增内容）
减征	（1）铁路线路、公路线路、飞机场跑道、停机坪、港口、航道占用耕地，减按每平方米2元的税额征收耕地占用税 （2）农村居民在规定用地标准以内占用耕地新建自用住宅，按照当地适用税额减半征收耕地占用税；其中农村居民经批准搬迁，新建自用住宅占用耕地不超过原宅基地面积的部分，免征耕地占用税（今年新增内容）
其他	（1）免征或减征耕地占用税后，纳税人改变用途，不再属于免征或减征情形的，应当补缴耕地占用税 （2）纳税人临时占用耕地的，应照常缴纳耕地占用税；若在批准临时占用耕地的期限内恢复所占用耕地原状的，全额退还已缴纳的耕地占用税 （3）占用林地、牧草地、农田水利用地、养殖水面以及渔业水域滩涂等其他农用地的： ①用于建房或从事非农业建设的：照常缴纳耕地占用税 ②用于建设直接为农业生产服务的生产设施的：不征收耕地占用税

临时占用耕地如何缴纳耕地占用税?

例9-6·单选题

下列各项中，可以按照当地适用税额减半征收耕地占用的是（　　）。

A.铁路线路占用耕地　　B.农村居民占用耕地新建住宅

C.军事设施占用耕地　　D.临时占用耕地

【答案】B

例9-7·单选题

农村居民小高2018年3月购入一块2 000平方米的耕地用于渔业养殖，9月将其中240平方米用于新建住宅，其余用地仍用于渔业养殖。当地耕地占用税税率为40元/平方米，小王应缴纳的耕地占用税为（　　）元。

A.4 800　　B.1 600　　C.9 600　　D.80 000

【答案】A

【解析】占用鱼塘从事其他非农业建设，视同占用耕地，需依法征收耕地占用税。但农村居民占用耕地新建住宅，按照当地适用税额减半征收耕地占用税。小王应缴纳的耕地占用税=240×40×50%=4 800元。

（二）征收管理

1.征收机关：由税务机关负责征收。

2. 纳税义务发生时间：收到自然资源主管部门办理占用耕地手续的书面通知当日。

3. 纳税期限：自纳税义务发生之日起30日内申报缴纳耕地占用税。

4. 自然资源主管部门凭耕地占用税完税凭证或者免税凭证和其他有关文件发放建设用地批准书。

例9-8·2010年多选题

下列关于耕地占用税的表述中，正确的有（　　）。

A. 建设直接为农业生产服务的生产设施而占用农用地的，不征收耕地占用税

B. 获准占用耕地的单位或者个人，应当在收到土地管理部门的通知之日起60日内缴纳耕地占用税

C. 免征或者减征耕地占用税后，纳税人改变原占地用途，不再属于免征或者减征耕地占用税情形的，应当按照当地适用税额补缴耕地占用税

D. 纳税人临时占用耕地，应当依照规定缴纳耕地占用税，在批准临时占用耕地的期限内恢复原状的，可部分退还已经缴纳的耕地占用税

【答案】AC

【解析】选项B，获准占用耕地的单位或者个人，应当在收到土地管理部门的通知之日起30日内缴纳耕地占用税；选项D，纳税人临时占用耕地的，应照常缴纳耕地占用税；若在批准临时占用耕地的期限内恢复所占用耕地原状的，全额退还已缴纳的耕地占用税。

智能测评

在线练习	我要提问
6351 扫码在线做题　6445 扫码看答案 本书“本章同步强化训练”均配备二维码，打开微信“扫一扫”即可完成在线测评，查看本章详细的测评反馈报告，了解知识掌握情况，也可扫码直接看答案噢。 快来扫码做题吧！	6436 扫码答疑 本书配备答疑专用二维码，打开微信“扫一扫”，即可完成在线提问，获取专业老师全面个性化解答，让学习问题不再拖延。 快来扫码提问吧！

本章同步强化训练

一、单选题

1. 甲企业位于某经济落后地区，2019年6月取得一宗土地使用权，其中地上面积为15 000平方米，单独建造的地下建筑用地面积为8 000平方米（已取得地下土地使用权证）。该地区城镇土地使用税适用税额为2元/平方米，按国家规定的最高比例降低税额标准。则甲企业2019年度就该宗土地应缴纳的城镇土地使用税为（　　）元。

A.13 300　　B.32 200　　C.29 000　　D.26 600

2. 根据《城镇土地使用税暂行条例》的规定，经济发达地区的适用税额标准可以适当提高，但须报（　　）批准。

A.国家税务总局 B.税务机关

C.财政部 D.省、自治区、直辖市人民政府

3.某国家机关2019年初拥有一栋30层高办公楼。该楼占地9 000平方米（每层占地面积相等），其中1～10层该机关用于办公，11～20层无偿提供给一家民营企业使用；21～30层出租给另一家民营企业使用，租期1年。已知当地城镇土地使用税年税额为5元/平方米，该国家机关2019年应缴纳城镇土地使用税（ ）元。

A.45 000 B.30 000 C.15 000 D.0

4.下列关于耕地占用税的表述中，正确的有（ ）。

A.人均耕地低于0.5亩的地区，耕地占用税的适用税额标准可适当提高，但是提高部分不得超过适用税额的50%

B.占用基本农田的，耕地占用税的适用税额加征100%

C.耕地占用税实行按年计算，分期缴纳的征收方法

D.人均耕地低于0.5亩的地区，耕地占用税的适用税额标准可适当降低，但是降低部分不得超过适用税额的30%

5.某民营航空公司为建设机场经批准新征用一宗耕地，占地面积30 000平方米，其中停机坪占地10 000平方米，飞机场跑道占地8 000平方米，办公楼占地12 000平方米。当地耕地占用税税额为11元/平方米。该航空公司应缴纳耕地占用税（ ）元。

A.330 000 B.168 000 C.60 000 D.132 000

6.某公园2019年初拥有土地使用权面积为8 000平方米，其中800平方米用于建造影剧院，500平方米用于建造饮食部，700平方米用于公园管理部门办公，剩余6 000平方米土地供游客参观游览。当地城镇土地使用税年税额为5元/平方米。该公园2019年应缴纳城镇土地使用税（ ）元。

A.6 500 B.40 000 C.10 000 D.0

7.某物流企业2019年初拥有土地使用权面积为20 000平方米，其中10 000平方米为大宗商品仓储设施用地（30%用于出租，70%自用），4 000平方米为该物流企业办公区，3 000平方米为该物流企业生活区，2 000平方米为幼儿园用地，剩余1 000平方米无偿借给当地公安机关使用。当地城镇土地使用税年税额为4元/平方米。该物流企业2019年应缴纳城镇土地使用税（ ）元。

A.80 000 B.54 000 C.52 000 D.48 000

8.某批发市场2019年初占地面积5 000平方米，其中1 000平方米专门用于经营蔬菜批发，2 000平方米专门用于经营水产品批发，剩余面积用于经营服装批发。当地城镇土地使用税年税额为6元/平方米。该批发市场2019年应缴纳城镇土地使用税（ ）元。

A.30 000 B.24 000 C.12 000 D.18 000

二、多选题

1.下列各项关于城镇土地使用税纳税人的表述中，正确的是（ ）。

A.拥有土地使用权的单位和个人不在土地所在地的，其土地的实际使用人为纳税人

B.土地使用权未确定或权属纠纷未解决的，其所有人为纳税义务人

C.土地使用权共有的，共有各方都是纳税人，由共有各方分别纳税

D.在城镇土地使用税征税范围内，承租集体所有建设用地的，由集体经济组织缴纳城镇土地使用税

2.下列关于城镇土地使用税的表述中，正确的有（ ）。

A.经济落后地区，城镇土地使用税的适用税额标准可适当降低，但降低额度不得超过最低税额的30%

B.经济发达地区，城镇土地使用税的适用税额标准可适当提高，但提高额度不得超过最高税额的50%

C.城镇土地使用税采用有幅度的差别税额，每个幅度税额的差距为20倍

D.占用基本农田的，城镇土地使用税应当按照适用税额加征150%

3.下列土地中，免征城镇土地使用税的是（　　）。

A.企业办的学校用地且能与企业其他用地明确区分的土地

B.企业厂区内的公共绿化用地

C.2019年12月31日前，物流企业自有的大宗商品仓储设施用地

D.国家外汇管理局自用土地

4.下列关于城镇土地使用税纳税义务时间的说法中，不正确的有（　　）。

A.纳税人购置存量房，自房屋交付使用之次月起，缴纳城镇土地使用税

B.纳税人购置新建房，自房地产权属登记机关签发房屋权属证书之次月起，缴纳城镇土地使用税

C.纳税人出租房产，自出租房产之次月起，缴纳城镇土地使用税

D.纳税人新征用的耕地，自批准征用之次月起，缴纳城镇土地使用税

5.据耕地占用税的有关规定，下列各项土地中属于耕地的有（　　）。

A.桑园　　B.苗圃　　C.园地　　D.菜地

6.下列选项中，属于免征耕地占用税的有（　　）。

A.占用牧草地建设直接为农业生产服务的生产设施

B.农村烈士遗属在规定用地标准以内新建自用住宅

C.学校占用耕地

D.铁路线路占用耕地

7.下列关于耕地占用税的表述中，错误的有（　　）。

A.免征或者减征耕地占用税后，纳税人改变原占地用途，不再属于免征或者减征耕地占用税情形的，应当按照当地适用税额补缴耕地占用税

B.纳税人临时占用耕地，应当依照规定缴纳耕地占用税；纳税人在批准临时占用耕地的期限内恢复所占用耕地原状的，可按比例部分退还已经缴纳的耕地占用税

C.纳税人应当自收到自然资源主管部门办理占用耕地手续的书面通知之日起60日内缴纳耕地占用税

D.纳税人占用林地建设直接为农业生产服务的生产设施，应免征耕地占用税

8.下列耕地占用行为，减按2元/平方米的税额征收耕地占用税的是（　　）。

A.公路线路占用耕地

B.农村居民在规定用地标准以内占用耕地新建自用住宅

C.港口占用耕地

D.残疾军人在规定用地标准以内占用耕地新建自用住宅

9.下列各项土地中，属于城镇土地使用税征税范围的是（　　）。

A.郊区的土地　　B.农村的土地　　C.工矿区以外的土地　　D.建制镇的土地

本章导学

第十章 房产税法、契税法和土地增值税法

本章框架图

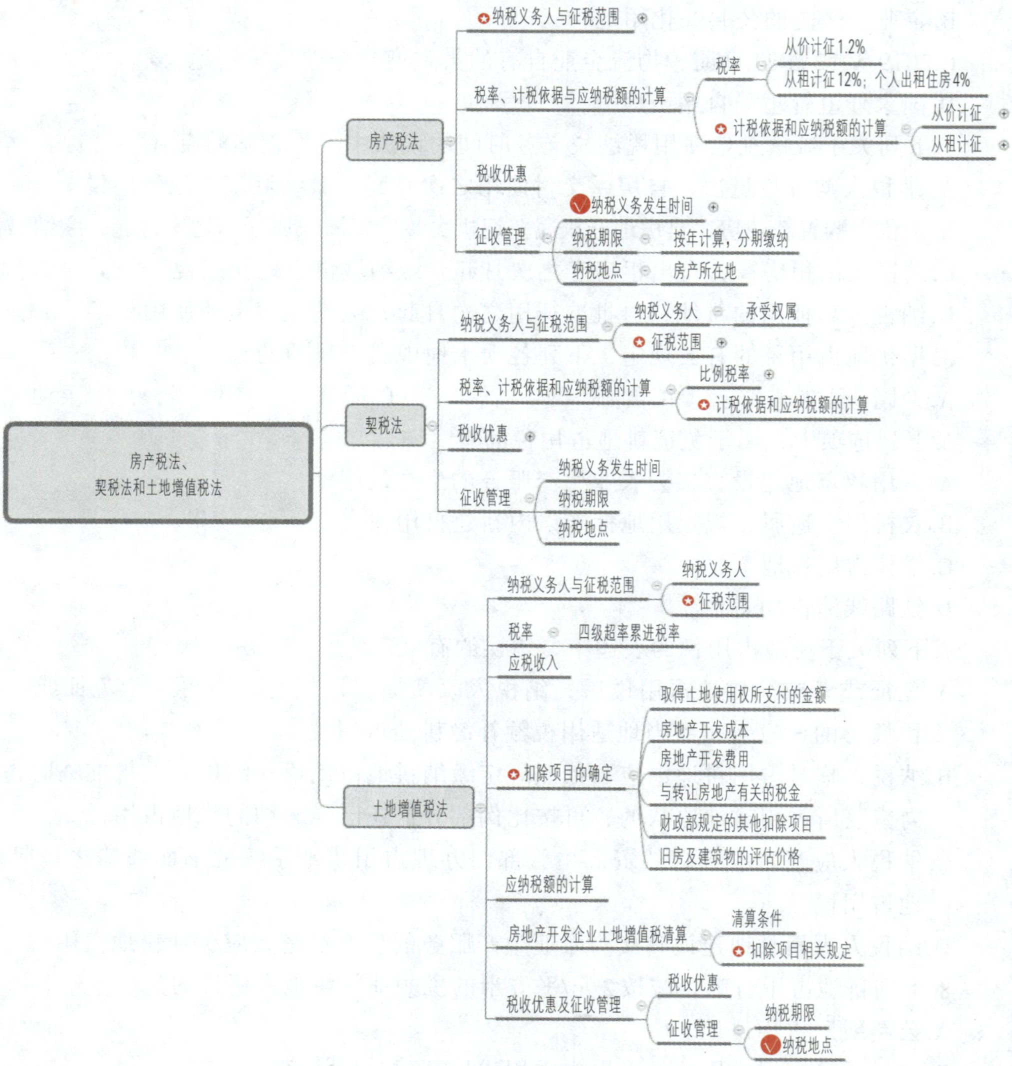

本章考情概述

属于小税种中的重点章节，在考试中所占比重较高；以单选题、多选题为主，房产税、土地增值税比较重要，除个别年份，几乎年年考核主观题，预计考试中本章分值10分左右。

2019年教材主要变化

1.房产税法

（1）增加了去产能和调结构相关的税收优惠政策；

（2）增加了孵化服务相关的税收优惠政策；

（3）增加了高校学生公寓相关的税收优惠政策。

2.契税法

（1）重述企业、事业单位改制重组过程中涉及的税收相关政策时间为“自2018年1月1日至2020年12月31日”。（2）新增公司以土地、房屋权属向其全资子公司增资，视同划转，免征契税。

3.土地增值税法

重述了征收管理–纳税地点中的纳税人为自然人时的相关规定：“当转让的房地产坐落地与其居住所在地不一致时，则在房地产坐落地的税务机关申报纳税”。

第一节　房产税法

一、纳税义务人与征税范围

（一）纳税义务人

房产税是以房屋为征税对象，按照房屋的计税余值或租金收入，向产权所有人征收的一种财产税。房产税的纳税义务人是征税范围内的房屋产权所有人（见表10–1），其中：

表10–1　纳税义务人

产权所有	纳税人
产权属国家所有的	由经营管理单位纳税
产权属集体和个人所有的	由集体单位和个人纳税
产权出典的	由承典人纳税
产权所有人、承典人不在房屋所在地或产权未确定及租典纠纷未解决的	由房产代管人或者使用人纳税
纳税单位和个人无租使用房产管理部门、免税单位及纳税单位房产的	由使用人代为缴纳房产税

考霸笔记

“单位”包括国有企业、集体企业、私营企业、股份制企业、外商投资企业、外国企业以及其他企业和事业单位、社会团体、国家机关、军队以及其他单位；“个人”包括个体工商户和其他个人。

如何区分出租和出典?

（二）征税范围（关注房产结构、地域和特殊企业）

1.房产税以房产为征税对象。房产是指有屋面和围护结构（有墙或两边有柱），能够遮风避雨，可供人们在其中生产、学习、工作、娱乐、居住或储藏物资的场所。

2.房产税的征税范围为城市、县城、建制镇和工矿区。房产税的征税范围不包括农村，主要是为了减轻农民的负担。

3.独立于房屋之外的建筑物（如水塔、围墙等）不属于房产，不征房产税。

4.房地产开发企业建造的商品房，在出售前，不征收房产税；但对出售前房地产开发企业已使用或出租、出借的商品房应按规定征收房产税。

考霸笔记

房地产开发企业的商品房在出售前作为其存货，出售前已使用或出租的，分别为其固定资产和投资性房地产。

例10-1

甲工业企业拥有一个仓库、独立的烟囱、室外的一个水池，均需要缴纳房产税吗？

【答案】仓库需要缴纳房产税，独立的烟囱和水池没有屋面和围护结构，不属于房产，不缴纳房产税。

二、税率、计税依据与应纳税额计算

（一）税率

1.从价计征：税率为1.2%；

2.从租计征：税率为12%；

3.自2008年3月1日起，对个人出租住房，不区分用途，按4%税率征收房产税。

（二）计税依据

1.从价计征

> 考霸笔记：房产原值包括房价和地价

从价计征房产税依照房产原值一次减除10%～30%的扣除比例后的余值计算缴纳。各地扣除比例由当地省、自治区、直辖市人民政府确定。

> 房产原值的计算中有哪些需要注意的点？

（1）房屋原值是指纳税人按照会计制度规定，在会计核算账簿“固定资产”科目中记载的房屋原价。

（2）对按照房产原值计税的房产，无论会计上如何核算，房产原值中均应包含地价，包括为取得土地使用权支付的价款、开发土地发生的成本费用等。宗地容积率低于0.5的，按房产建筑面积的2倍计算土地面积并据此确定计入房产原值的地价。（宗地容积率表示土地的利用效益）

例10-2

某企业用3 000万元购得一宗1 500平方米的土地，并在这宗土地上建立一座建筑面积600平方米的车间，宗地容积率=600÷1 500=0.4<0.5，则计入该车间计征房产税的房产原值的地价=3 000×（600×2÷1500）=2 400（万元）。

> 考霸笔记：宗地容积率=地上建筑面积÷建筑用地面积×100%

（3）房产原值应包括与房屋不可分割的各种附属设备或一般不单独计算的价值的配套设施。为了维持和增加房屋的使用功能或使房屋满足设计要求，凡以房屋为载体，不可随意移动的附属设备和配套设施，如给排水、采暖、消防、中央空调、电气及智能化楼宇设备等，无论在会计核算中是否单独记账与核算，都应计入房产原值，计征房产税。

（4）对于更换房屋附属设备和配套设施的，在将其价值计入房产原值时，可扣减原来相应设备和设施的价值；对附属设备和配套设施中易损坏、需要经常更换的零配件，更新后不再计入房产原值。

（5）纳税人对原有房屋进行改建、扩建的，要相应增加房屋的原值。

例10-3

某企业有一栋厂房原值300万元，年初对其进行改扩建，增加其原值50万元，同时又安装了照明、消防设备，价值15万元。安装完成后该厂房的原值为多少？

【答案】对原有房屋进行改建、扩建的，要相应增加房屋的原值，且房产原值应包括与房屋不可分割的各种附属设备，因此原值=300+50+15=365（万元）。

（6）以房产投资联营的，在计征房产税时应区别对待（见表10–2）：

以房产投资联营的，应如何计算房产税?

表10–2　**计税依据**

联营类型	计税方法	计税依据	纳税人
投资者参与投资利润分红，共担风险	从价计征	按房产余值	被投资方
只收取固定收入，不承担联营风险	从租计征	固定收入视同租金收入	投资方（出租方）

例10–4·单选题

某公司2017年购进市区一处房产，2018年3月1日用于投资联营，投资期3年，当年取得固定不含税收入240万元，房产原值6 000万元，扣除比例30%，2018年应纳房产税（　　）万元。

A.36.6　　B.25.6　　C.37.2　　D.30.6

【答案】C

【解析】以房产投资联营，取得固定收入，不承担联营风险，视同出租。由投资方缴纳房产税。1~2月按照房产余值从价计征房产税，3~12月从租计征房产税。

应纳房产税=6 000×（1–30%）×1.2%×2÷12+240×12%=37.2（万元）

（7）融资租赁的房产，由承租人自融资租赁合同约定开始日的次月起依照房产余值缴纳房产税；合同未约定开始日的，由承租人自合同签订的次月起依照房产余值缴纳房产税。

（8）居民住宅区内业主共有的经营性房产，由实际经营（包括自营和出租）的代管人或使用人缴纳房产税。

考霸笔记

其中，自营的：依照房产原值减除10%~30%后的余值计征；出租的，依照租金收入计征。

（9）凡在房产税征收范围内的具备房屋功能的地下建筑，包括与地上房屋相连的地下建筑以及完全建在地面以下的建筑、地下人防设施等，均应当依据有关规定征收房产税（见表10–3）。

如何区分城镇土地使用税和房产税关于地下建筑物的计算?

表10–3　**地下建筑计税方法**

建筑类型	计税方法
完全建在地面以下的建筑、地下人防设施等	①地下建筑物为工业用途房产：以房屋原价的50%～60%作为应税房产原值 ②地下建筑物为商业和其他用途房产：房屋原价的70%～80%作为应税房产原值 应纳房产税的税额=应税房产原值×［1–（10%～30%）］×1.2%
与地上房屋相连的地下建筑（如房屋的地下室、地下停车场、商场的地下部分等）	应将地下部分与地上房屋视为一个整体，按照地上房屋建筑的有关规定计算征收房产税

例10–5

某企业2018年有一与办公楼相连的地下停车场和另一独立的地下商场，停车场原值150万元，地下商场原价250万元，该企业所在省和地方税务部门确定的商业用途的独立地下建筑物房产原价折算比为70%，省人民政府确定的房产原值减除比例为30%，当年该企业针对地下建筑物应纳房产税=（150+250×70%）×（1–30%）×1.2%=2.73（万元）。

2. 从租计征

从价计征和从租计征在计税方面有哪些区别？

（1）计税依据为房产租金收入。营改增以后，租金收入应为不含增值税收入。

（2）对出租房产，租赁双方签订的租赁合同约定有免收租金期限的，在免收租金期间由产权所有人按照房产原值缴纳房产税。

（3）出租的地下建筑，按照出租地上房屋建筑的有关规定计算征收房产税。

（三）应纳税额的计算（见表10-4）

表10-4 应纳税额的计算

计税方法	计税依据	税率	税额计算公式
从价计征	房产计税余值	1.2%	应纳税额=应税房产原值×（1-扣除比例）×1.2%
从租计征	房屋租金	12%（个人为4%）	应纳税额=租金收入×12%（或4%）

考霸笔记 自2008年3月1日起，对个人出租住房，不区分用途，按4%的税率征收房产税。

三、税收优惠

1. 国家机关、人民团体、军队自用的房产免征房产税。但上述免税单位的出租房产以及非自身业务使用的生产、营业用房，不属于免税范围。

2. 由国家财政部门拨付事业经费的单位，如学校、医疗卫生单位、托儿所、幼儿园、敬老院、文化、体育、艺术这些实行全额或差额预算管理的事业单位所有的，本身业务范围内使用的房产免征房产税。

3. 宗教寺庙、公园、名胜古迹自用的房产免征房产税。

考霸笔记 宗教寺庙自用的房产，是指举行宗教仪式等的房屋和宗教人员使用的生活用房。

考霸笔记 公园、名胜古迹、自用的房产，指供公共参观游览的房屋和宗教人员使用的生活用房。

4. 个人所有非营业用的房产免征房产税。

个人所有的非营业用房，主要是指居民住房，不分面积多少，一律免征房产税。

考霸笔记 个人拥有的营业用房或者出租的房产，不属于免税房产，应照章纳税。

5. 经财政部批准免税的其他房产：

（1）对非营利性医疗机构、疾病控制机构和妇幼保健机构等卫生机构自用的房产，免征房产税。

（2）对按政府规定价格出租的公有住房和廉租住房，暂免征收房产税。

包括企业、自收自支事业单位向职工出租的单位自有住房，房管部门向居民出租的公有住房等。

（3）经营公租房的租金收入，免征房产税。

6. 自2018年10月1日至2020年12月31日，对按照去产能和调结构政策要求停产停业和关闭的企业，自停产停业次月起，免征房产税、城镇土地使用税。

7. 自2019年1月1日至2021年12月31日，对国家级、省级科技企业孵化器、大学科技园和国家备案众创空间自用及无偿或通过出租等方式提供给在孵对象使用的房产免征房产税。

8. 自2019年1月1日至2021年12月31日，对高校学生公寓免征房产税。

考霸笔记 6、7、8三条为新增内容，关注选择题即可

例10-6

国家机关附属的招待所需要缴纳房产税吗？宗教寺庙、公园、名胜古迹内的小卖部需要缴纳房产税吗？

【答案】国家机关、人民团体、军队自用的房产免征房产税，自用的房产指国家机关的办公用房和公务用房，不包括招待所，因此需要缴纳房产税；宗教寺庙、公园、名胜古迹内的营业单位需要缴纳房产税。

四、征收管理（见表10-5）

表10-5　征收管理

项目	具体规定
纳税义务发生时间	1.原有房产用于生产经营的，从生产经营之月起缴纳 2.自建房屋用于生产经营的，自建成之次月起缴纳 3.委托施工企业建房的，从办理验收手续之次月起纳税 4.购置新建商品房，自房屋交付使用之次月起缴纳 5.购置存量房地产，自办理房屋权属转移、变更登记手续，房地产权属登记机关签发房屋权属证书之次月起，缴纳房产税 6.出租、出借房产，自交付出租、出借房产之次月起缴纳 7.房地产开发企业自用出租、出借自建商品房，自房产使用或交付之次月起缴纳 8.自2009年1月1日起，纳税人因房产的实物或权利状态发生变化而依法终止房产税纳税义务的，应纳税款的计算应截止到房产的实物或权利状态发生变化的当月末（相当于次月开始不缴纳房产税）
期限	按年计算、分期缴纳的征收方法，具体纳税期限由省、自治区、直辖市人民政府确定
地点	房产所在地缴纳。房产不在同一地方按房产的坐落地点分别向房产所在地的税务机关缴纳

房产税的纳税义务发生时间有什么记忆的技巧吗?

考霸笔记

只有将“原有的房产”用于“生产经营”是从“当月”起缴纳房产税；其余房产都是从“次月”起缴纳房产税。

例10-7·单选题

甲公司自建一栋办公楼，2018年3月已办理完竣工决算并交付使用，2018年5月办理了房屋产权证明。则该办公楼应在（　　）月办理房产税的纳税申报。

A.3　　B.4　　C.5　　D.6

【答案】B

【解析】纳税人自行新建房屋用于生产经营，从建成之次月起缴纳房产税。纳税义务发生时间并不取决于是否取得房屋产权证明。

第二节　契税法

一、纳税义务人与征税范围

（一）纳税义务人

契税的纳税义务人是指在中华人民共和国境内转移土地、房屋权属，承受的单位和个人。

考霸笔记

契税的纳税义务人强调产权的承受方，且此处的产权仅包括土地和房屋所有权。

【提示】转让房地产权属的行为中交易双方的纳税情况见表10-6。

表10-6　转让房地产权属的行为中交易双方的纳税情况

转让方	承受方
①增值税 ②城建税、教育费附加、地方教育附加 ③印花税 ④土地增值税 ⑤企业所得税或个人所得税	①契税 ②印花税

转让房地产的交易中涉及哪些税种?

（二）征税范围（见表10-7）

契税的征税对象是境内转移土地、房屋权属。具体包括：土地使用权的出让、转让及房屋的买卖、赠与、交换。

表10-7　　征税范围

征税范围	具体要求
1.国有土地使用权的出让	国有土地使用权出让，受让者应向国家缴纳出让金，以出让金为依据计算缴纳契税 【提示1】国有土地使用权出让是指土地使用者向国家交付土地使用权出让费用，国家将国有土地使用权在一定年限内让与土地使用者的行为 【提示2】不得因减免土地出让金而减免契税 （比如国家给予其照顾，减按应支付土地出让金的70%征收，但契税的计税依据为减免前的土地出让金）
2.土地使用权的转让	（1）土地使用权的转让是指土地使用者以出售、赠与、交换或其他方式将土地使用权转移给其他单位和个人的行为 （2）土地使用权的转让不包括农村集体土地承包经营权的转移
3.房屋买卖	（1）以房屋抵债或实物交换房屋，均视同房屋买卖，由产权承受人按房屋现值缴纳契税。以房产抵债的，过户时按照折价款缴纳契税 （2）以自有房产作股投入本人独资经营企业，因未发生权属变化，不需办理房产变更手续，故免纳契税 （3）买房拆料或翻建新房，应照章缴纳契税。即买房者不论其购买目的是为了拆用材料还是为了得到旧房后翻建成新房，都要涉及办理产权转移手续，只要发生房屋权属变化，就要照章缴纳契税
4.房屋赠与	房屋的赠与是指房屋产权所有人将房屋无偿转让给他人所有。房屋的受赠人要按该规定缴纳契税
5.房屋交换	房屋所有者之间交换房屋的行为。交换价格相等时，免征契税
6.其他（以特殊方式转移土地、房屋权属）	（1）以土地房屋权属作价投资、入股 （2）以土地房屋权属抵债 （3）以获奖方式承受土地、房屋权属 （4）以预购方式或者预付集资建房款方式承受土地、房屋权属

为什么将房产投资入股到自己名下的个人独资企业不需要缴纳契税?

房屋附属设施也要缴纳契税吗?

二、税率、计税依据和应纳税额的计算

（一）税率

契税实行3%~5%的幅度税率。

（二）计税依据和应纳税额的计算（见表10-8）

考霸笔记
成交价格包括承受者应交付的货币、实物、无形资产或者其他经济利益。

表10-8　　计税依据和应纳税额的计算

征税对象	纳税人	计税依据	税率	计税公式
国有土地使用权出让	承受方	成交价格（成交价格指的是土地、房屋权属转移合同确定的价格）	3%~5%的幅度内，各省、自治区、直辖市人民政府按本地区实际情况确定	应纳税额=计税依据×税率
土地使用权转让	买方			
房屋买卖	买方			
房屋赠与、抵债等	受赠方	征收机关参照市场价核定		
房屋交换（交换物均为房产）	付出差价方	等价交换免征契税； 差额交换差额计税		

以房产抵债时契税的计税依据是抵偿债务的金额吗?

考霸笔记
区分“以房换房”和“以物换房”。

【提示】以划拨方式取得土地使用权，经批准转让房地产时，由房地产转让者补缴契税。计税依据为补缴的土地使用权出让费用或土地收益。

为什么划拨方式取得的土地再转让时交易双方均需要缴纳契税?

例10-8

A企业2015年经划拨方式取得土地使用权，2018年经批准转让该房地产给B企业，A、B两企业是否需要缴纳契税?

【答案】均需要。房地产转让者要以补交的土地使用权出让费用或出让收益为依据补缴契税；同时房地产的承受者要以成交价格为依据缴纳契税。

例10-9

居民甲有三套住房，将一套出售给乙，成交价格为120万元；将另一套住房与居民丙进行等价交换；将另一套价值100万元的住房与居民丁的一辆豪华小汽车进行交换，取得差价30万元。计算甲乙丙丁各自应缴纳的契税。

【答案】甲：无须缴纳契税，乙：120万元，丙：免征契税，丁：100万元。

例10-10·2015年单选题

下列行为中，应缴纳契税的是（　　）。

A.个人将自有房产无偿赠与法定继承人

B.企业以自有房产等价交换另一企业的房产

C.个人以自有房产投入本人独资经营的企业

D.企业以自有房产投资于另一企业并取得相应的股权

【答案】D

【解析】选项A，个人无偿赠与不动产行为（法定继承人除外），应对受赠人全额征收契税；选项B，以土地使用权交换房屋，交换价格相等时免征契税，企业以自有房产等价交换另一企业的房产不缴纳契税；选项C，以自有房产投入本人独资经营的企业免纳契税。

三、税收优惠

（一）契税优惠的一般规定

1.国家机关、事业单位、社会团体、军事单位承受土地、房屋用于办公、教学、医疗、科研和军事设施的，免征契税。

2.城镇职工按规定第一次购买公有住房，免征契税。

3.因不可抗力灭失住房而重新购买住房，酌情减免。

4.土地、房屋被县级以上人民政府征用、占用后，重新承受土地、房屋权属的，由省级人民政府确定是否减免。

5.承受荒山、荒沟、荒丘、荒滩土地使用权，并用于农、林、牧、渔业生产的，免征契税。

6.经外交部确认，依照我国有关法律规定以及我国缔结或参加的双边和多边条约或协定，应当予以免税的外国驻华使馆、领事馆及其外交代表、领事官员和其他外交人员承受土地、房屋权属，免征契税。

7.公租房经营单位购买住房作公租房的，免征契税。

第十章

8.对个人购买家庭住房（见表10-9）

考霸笔记

家庭成员范围包括购房人、配偶以及未成年子女。

表10-9　　个人购买家庭住房的税收优惠

个人购买住房	面积	契税优惠税率
首套（唯一）	90平方米及以下	1%
	90平方米以上	1.5%
第二套（改善型）	90平方米及以下	1%
	90平方米以上	2%

对于个人购买家庭住房，契税的相关政策是怎样的?

例10-11·2012年单选题

下列关于契税优惠政策的表述中，正确的是（　　）。

A.某居民投资购买了一宗用于建造幼儿园的土地，可以免征契税

B.某退休林场工人到某山区购买了一片荒丘用于开荒造林，应减半缴纳契税

C.某县城国有企业职工按规定第一次购买公有住房，应按1%优惠税率缴纳契税

D.某居民购买一套86平方米的普通住房作为家庭唯一住房，可减按1%税率缴纳契税

【答案】D

【解析】选项A：需要缴纳契税；选项B：承受荒山、荒沟、荒丘、荒滩土地使用权，并用于农、林、牧、渔业生产的，免征契税；选项C：城镇职工按规定第一次购买公有住房，免征契税。

（二）契税优惠的特殊规定（见表10-10）

自2018年1月1日起至2020年12月31日，企业、事业单位改制重组过程中涉及的契税按以下规定执行。

表10-10　　契税优惠的特殊规定

特殊行为	具体情况	契税政策
企业改制	非公司制企业改制为有限责任公司或股份有限公司，有限责任公司变更为股份有限公司，股份有限公司变更为有限责任公司，原企业投资主体存续并在改制（变更）后的公司中所持股权（股份）比例超过75%，且改制（变更）后公司承继原企业权利、义务的，对改制（变更）后公司承受原企业土地、房屋权属	免征
事业单位改制	事业单位按照国家有关规定改制为企业，原投资主体存续并在改制后企业中出资（股权、股份）比例超过50%的，对改制后企业承受原事业单位土地、房屋权属	免征
企业合并	两个或两个以上的公司，依照法律规定、合同约定，合并为一个公司，且原投资主体存续的，对合并后公司承受原合并各方土地、房屋权属，免征契税	免征
企业分立	公司依照法律规定、合同约定分立为两个或两个以上与原公司投资主体相同的公司，对分立后公司承受原公司土地、房屋权属	免征

续表

特殊行为	具体情况		契税政策
企业破产	债权人（包括破产企业职工）承受破产企业抵偿债务的土地、房屋权属		免征
企业破产	非债权人承受破产企业土地、房屋权属	与原企业30%以上职工签订服务年限不少于3年的劳动用工合同的	减半征收
企业破产	非债权人承受破产企业土地、房屋权属	与原企业全部职工签订服务年限不少于3年的劳动用工合同的	免征
资产划转	对承受县级以上人民政府或国有资产管理部门按规定进行行政性调整，划转国有土地、房屋权属的单位，免征契税		免征
资产划转	同一投资主体内部所属企业之间土地、房屋权属的划转，包括母公司与其全资子公司之间，同一公司所属全资子公司之间，同一自然人与其设立的个人独资企业、一人有限公司之间土地、房屋权属的划转，免征契税 公司以土地、房屋权属向其全资子公司增资，视同划转，免征契税。		免征
债权转股权	经国务院批准实施债权转股权的企业，对债权转股权后新设立的公司承受原企业的土地、房屋权属		免征
公司股权（股份）转让	在股权（股份）转让中，单位、个人承受公司股权（股份），公司土地、房屋权属不发生转移，不征收契税		不征收
划拨用地出让或作价出资	以出让方式或国家作价出资（入股）方式承受原改制重组企业、事业单位划拨用地		征收

以房抵债形式转让房地产权属时都需要缴纳契税吗?

四、征收管理

1.纳税义务发生时间

纳税人在签订土地、房屋权属转移合同的当天，或者取得其他具有土地、房屋权属转移合同性质凭证的当天，为纳税义务发生时间。

2.纳税期限：自纳税义务发生之日起的10日内。

3.纳税地点：土地、房屋所在地的征收机关。

4.对已缴纳契税的购房单位和个人，在未办理房屋权属变更登记前退房的，退还已纳契税；在办理房屋权属变更登记后退房的，不予退还已纳契税。

第三节　土地增值税法

一、纳税义务人与征税范围

（一）纳税义务人

土地增值税的纳税义务人为转让国有土地使用权、地上建筑物及其附着物并取得收入的单位和个人。单位包括各类企业、事业单位、国家机关和社会团体及其他组织。个人包括个体经营者。

为什么国有土地出让不属于土地增值税的征税范围?

土地增值税的特殊征税范围是哪些情形?

（二）征税范围

1.基本征税范围

土地增值税是对转让国有土地使用权及其地上建筑物和附着物的行为征税，不包括国有土地使用权出让所取得的收入，包括：

（1）转让国有土地使用权；

（2）地上的建筑物及其附着物连同国有土地使用权一并转让；

（3）存量房地产的买卖。

2.不属于征税范围

（1）不包括国有土地使用权出让行为；

（2）不包括未转让土地使用权、房产产权的行为。是否发生转让行为主要以房地产权属的变更为标准。凡土地使用权、房产产权未转让的（如房地产出租），不征收土地增值税。

3.特殊征税范围（掌握，区分免税和不征税）（见表10-11）

表10-11 特殊征税范围

具体情形		是否征税
（1）房地产的继承		不属于征税范围
（2）房地产的赠与	①房产所有人、土地使用权所有人将房屋产权、土地使用权赠与直系亲属或承担直接赡养义务人	不属于征税范围
	②房产所有人、土地使用权所有人通过中国境内非营利的社会团体、国家机关将房屋产权、土地使用权赠与教育、民政和其他社会福利、公益事业的	
	除此以外的赠与	征税
（3）房地产的出租（未发生产权变更）		不属于征税范围
（4）房地产的抵押	在抵押期间（未发生产权变更）	不属于征税范围
	抵押期满后，对于以房地产抵债而发生房地产权属转让的	征税
（5）房地产的交换	对个人之间互换自有居住用房地产的	免税
	除此以外的房地产交换	征税
（6）合作建房	对于一方出地，一方出资金，双方合作建房，建成后按比例分房自用的	免税
	建成后转让的	征税
（7）房地产的代建房行为		不属于征税范围
（8）房地产的重新评估		不属于征税范围

考霸笔记：虽然发生了房地产的权属变更，但产权原所有人并没有因为权属变更而取得任何收入。

考霸笔记：房地产的赠与是指房产所有人、土地使用权所有人将自己所拥有的房地产无偿地交给其他人，但这里的赠与仅指①②两种情况。

考霸笔记：房地产开发公司代客户进行房地产开发，开发完成后向客户收取代建收入的行为。对于房地产开发公司而言，虽然取得了收入，但没有发生房地产权属的转移，其收入属于劳务收入性质。

考霸笔记：国有企业在清产核资时对房地产进行重新评估而使其升值的情况。因未发生权属转移，房屋产权、土地使用权人也未取得收益。

例10-12

房地产开发企业2018年发生两件赠与事项：①将一项土地使用权赠与一家建筑企业；②通过国家机关将拥有的房屋捐赠给教育机构，以上两件赠与是否均需要缴纳土地增值税？

【答案】房地产开发企业将土地使用权赠与建筑企业，应缴纳土地增值税；通过国家机关将房屋赠与教育机构，属于无偿赠与，不属于土地增值税的征税范围，不缴纳土地增值税。

例10-13·2012年单选题

下列各项中，属于土地增值税征收范围的是（　　）。

A.房地产的出租行为　　B.房地产的抵押行为

C.房地产的重新评估行为　　D.个人互换自有住房的行为

【答案】D

【解析】选项A：房地产的出租，没有发生房产产权、土地使用权的转移，不属于土地增值税的征税范围；选项B：对房地产的抵押，在抵押期间不征收土地增值税；选项C：房地产的重新评估没有发生房地产权属的转移，不属于土地增值税的征税范围。

（三）企业改制重组的土地增值税政策

考霸笔记：此改制重组有关土地增值税政策不适用于房地产转移任意一方为房地产开发企业的情形。

1.非公司制企业整体改制为有限责任公司或者股份有限公司，有限责任公司（股份有限公司）整体改制为股份有限公司（有限责任公司），对改制前的企业将国有土地使用权、地上的建筑物及其附着物（以下称房地产）转移、变更到改制后的企业，暂不征收土地增值税。

2.两个或两个以上企业合并为一个企业，且原企业投资主体存续的，对原企业将房地产转移、变更到合并后的企业，暂不征收土地增值税。

3.企业分设为两个或两个以上与原企业投资主体相同的企业，对原企业将房地产转移、变更到分立后的企业，暂不征收土地增值税。

4.单位、个人在改制重组时以房地产作价入股进行投资，对其将房地产转移、变更到被投资的企业，暂不征收土地增值税。

如何区分增值税、土地增值税、契税的征税范围？

（四）契税和土地增值税征税范围对比（见表10-12）

表10-12　契税和土地增值税征税范围对比

具体情况	契税征税对象	土地增值税征税对象
1.国有土地使用权出让	是	不是
2.土地使用权的转让	是	是
3.房屋买卖（含以房产抵债、投资、买房拆料或翻建新房等视同房屋买卖行为）	是	是
4.房屋赠与、继承	法定继承不是	赠与直系亲属、承担直接赡养义务人以及公益性赠与、继承不是，上述以外均是
5.房屋交换	是（等价交换免）	是（个人交换居住用房免）

二、税率——四级超率累进税率（需要记忆）（见表10-13）

表10-13 税率——四级超率累进税率

级数	增值额与扣除项目金额的比率	税率	速算扣除系数
1	不超过50%的部分	30%	0
2	超过50%至100%的部分	40%	5%
3	超过100%至200%的部分	50%	15%
4	超过200%的部分	60%	35%

【提示】土地增值税的四级超率累进税率需要考生记忆，考试时不提供该组税率表。

三、应税收入

转让房地产的全部价款及有关的经济利益。从收入形式看，包括货币收入、实物收入和其他收入。

营改增后，纳税人转让房地产的土地增值税应税收入不含增值税。

（1）适用增值税一般计税方法的纳税人，其转让房地产的土地增值税应税收入不含增值税销项税额；

（2）适用简易计税方法的纳税人，其转让房地产的土地增值税应税收入不含增值税应纳税额。

四、扣除项目的确定

计算土地增值税的应纳税额，并不是直接对转让房地产所取得的收入征税，而是要对收入额减除国家规定的各项扣除项目后的余额计算征税（这个余额就是纳税人在转让房地产中获取的增值额）。因此，要计算增值额，首先必须确定扣除项目。税法准予纳税人从转让收入额中减除的扣除项目包括如下几项：

（一）取得土地使用权所支付的金额（见表10-14）

（1）纳税人为取得土地使用权所支付的地价款；

（2）纳税人在取得土地使用权时按国家统一规定缴纳的有关费用。

考霸笔记

【提示】区分"取得土地使用权所支付的金额"与"取得土地使用权支付的地价款"，前者还包含了取得土地使用权时的有关税费。

表10-14 取得土地使用权所支付的金额

扣除项目	具体内容
土地使用权支付的地价款	①以协议、招标、拍卖等出让方式取得土地使用权的，地价款为纳税人所支付的土地出让金 ②以行政划拨方式取得的，地价款为按照国家有关规定补交的土地出让金 ③以转让方式取得的，地价款为向原土地使用权人实际支付的地价款
交纳的有关税费	如契税，登记、过户手续费

（二）房地产开发成本

房地产开发成本是指纳税人房地产开发项目实际发生的成本，包括6项：

1. 土地征用及拆迁补偿费。包括土地征用费、耕地占用税、劳动力安置费及有关地上、地下附着物拆迁补偿的净支出、安置动迁用房支出等。

2. 前期工程费包括规划、设计、项目可行性研究和水文、地质、勘察、测绘、“三通一平”等支出。

3. 建筑安装工程费是指以出包方式支付给承包单位的建筑安装工程费，以自营方式发生的建筑安装工程费。

4. 基础设施费包括开发小区内道路、供水、供电、供气、排污、排洪、通信、照明、环卫、绿化等工程发生的支出。

5. 公共配套设施费包括不能有偿转让的开发小区内公共配套设施发生的支出。

6. 开发间接费用是指直接组织、管理开发项目发生的费用，包括工资、职工福利费、折旧费、修理费、办公费、水电费、劳动保护费、周转房摊销等。

房地产开发费用是根据什么标准扣除的?

（三）房地产开发费用

房地产开发费用是指与房地产开发项目有关的销售费用、管理费用、财务费用。根据现行财务会计制度的规定，这三项费用作为期间费用，直接计入当期损益，不按成本核算对象进行分摊。故作为土地增值税扣除项目的房地产开发费用，不按纳税人房地产开发项目实际发生的费用进行扣除，而按《实施细则》的标准进行扣除。扣除细则见表 10-15：

表 10-15　**扣除细则**

扣除项目	具体内容
房地产开发费用	1. 纳税人能够按转让房地产项目计算分摊利息支出，并能提供金融机构的贷款证明的，其允许扣除的房地产开发费用为： 不超标的利息+（取得土地使用权所支付的金额+房地产开发成本）×5% 以内 【利息扣除注意三点】 （1）提供金融机构证明 （2）不能超过按商业银行同类同期银行贷款利率计算的金额 （3）不包括加息、罚息 2. 纳税人不能按转让房地产项目计算分摊利息支出或不能提供金融机构贷款证明的，其允许扣除的房地产开发费用为： （取得土地使用权所支付的金额+房地产开发成本）×10% 以内 3. 土地增值税清算时，已经计入房地产开发成本的利息支出，应调整至财务费用中计算扣除

考霸笔记：利息最高不能超过按商业银行同类同期贷款利率计算的金额。

考霸笔记：全部使用自有资金，没有利息支出的，也按该方法扣除。

例 10-14

某企业开发房地产取得土地使用权所支付的金额为 1 000 万元，房地产开发成本 4 000 万元，向金融机构借入资金发生利息支出 500 万元（能够按转让房地产项目计算分摊利息支出，并能提供金融机构的贷款证明），其中 50 万元为罚息，可扣除的房地产开发费用 =（500−50）+（1 000+4 000）×5%=700 万元。

计算土地增值税时，印花税为什么不作为房地产开发企业“转让环节的相关税金”扣除?

（四）与转让房地产有关的税金

1. 房地产开发企业：扣“一税两费”（城建税、教育费附加、地方教育费附加）。

2. 非房地产开发企业：扣“两税两费”（印花税、城建税、教育费附加、地方

考霸笔记
该其他扣除项目的对象必须是房地产开发企业的新建项目，目的是抑制炒买炒卖房地产的投机行为，保护正常开发投资者的积极性。

教育费附加）。

（五）财政部规定的其他扣除项目（只适用于从事房地产开发的纳税人）

从事房地产开发的纳税人可按《实施细则》第七条（一）（二）项规定计算的金额之和，加计20%的扣除。

加计扣除费用=（取得土地使用权支付的金额+房地产开发成本）×20%

（六）旧房及建筑物的评估价格

1.纳税人转让旧房的，应按房屋及建筑物的评估价格、取得土地使用权所支付的地价款或出让金、按国家统一规定交纳的有关费用、转让环节缴纳的税金作为扣除项目金额计征土地增值税。

2.对取得土地使用权时未支付地价款或不能提供已支付的地价款凭据的，在计征土地增值税时不允许扣除。

如何确定转让存量房时房屋及建筑物的价格?

3.旧房及建筑物的评估价格是指在转让已使用的房屋及建筑物时，由政府批准设立的房地产评估机构评定的重置成本价乘以成新度折扣率后的价格。依据能否取得评估价格，有如下两种情况（见表10-16）：

表10-16　**旧房及建筑物的评估价格**

扣除项目	具体内容
转让旧房及建筑物时的评估价格	（1）有评估价格：重置成本价×成新度折扣率 （2）无评估价格但有能提供购房发票： 按发票金额并从购买年度起至转让年度止每年加计5%计算扣除 “每年”按购房发票所载日期起至售房发票开具之日止，每满12个月计一年；超过一年，未满12个月但超过6个月的，可以视同一年

考霸笔记
【提示】区分“取得土地使用权支付的价款”和“存量房的购置价款”。

4.对纳税人购房时缴纳的契税，凡能提供契税完税凭证的，准予作为“与转让房地产有关的税金”予以扣除，但不作为加计5%的基数。

5.对于转让旧房及建筑物，既没有评估价格，又不能提供购房发票的，地方税务机关可以实行核定征收。

转让存量房未取得评估价格，按照发票金额计算扣除项目金额，发票金额如何确定?

【总结】土地增值税允许扣除项目的确定（见表10-17）：

表10-17　**土地增值税允许扣除项目的确定**

<table>
<tr><th colspan="3">项目</th><th colspan="2">可扣除项目</th></tr>
<tr><td colspan="3">土地使用权</td><td colspan="2">（一）（四）</td></tr>
<tr><td rowspan="5">房屋</td><td rowspan="2">新建</td><td>房地产企业</td><td colspan="2">（一）（二）（三）（四）（五）</td></tr>
<tr><td>非房地产企业</td><td colspan="2">（一）（二）（三）（四）</td></tr>
<tr><td rowspan="3">存量</td><td>有评估价格</td><td colspan="2">（一）（四）（六）（其中（一）取得土地使用权所支付的金额中，需要单独计算扣除契税）</td></tr>
<tr><td rowspan="2">没有评估价格</td><td>有评估价格</td><td>（一）（四）（六）
【提示】购入时已缴纳的契税在评估价格中已考虑，不另作为转让环节的税金扣除</td></tr>
<tr><td>没有评估价格</td><td>发票所载金额×（1+5%×n）+契税+（四）
【提示】契税作为转让环节的税金扣除</td></tr>
</table>

五、应纳税额的计算

(一) 增值额的确定

在实际房地产交易活动中，有些纳税人由于不能准确提供房地产转让价格和扣除项目金额，致使增值额不准确，直接影响应纳税额的计算和缴纳。因此纳税人有下列情形之一的，按照房地产评估价格计算征收土地增值税：

(1) 隐瞒、虚报房地产成交价格的；

(2) 提供扣除项目金额不实的；

(3) 转让房地产的成交价格低于房地产评估价格，又无正当理由的。

(二) 应纳税额的计算方法

计算步骤见表10-18：

表10-18　　应纳税额的计算步骤

序号	具体内容
1	计算转让房地产取得的收入=A
2	计算扣除项目金额=B
3	计算增值额C=A-B
4	计算增值率=C/B 确定适用税率和扣除率
5	计算应纳税额=增值额C×适用税率-扣除项目金额B×扣除系数

例10-15

假定某房地产开发公司转让商品房一栋，取得不含税收入总额1 000万元，应扣除的购买土地的金额、开发成本的金额、开发费用的金额、相关税金的金额、其他扣除金额合计450万元。计算应缴纳的土地增值税：

【答案】①增值额=1 000-450=550（万元）

②增值率=550/450×100%=122.22%，适用税率50%，速算扣除系数15%；

③应纳土地增值税=550×50%-450×15%=207.5（万元）。

六、房地产开发企业土地增值税清算

(一) 土地增值税的清算单位

1.以国家有关部门审批的房地产开发项目为单位进行清算，对于分期开发的项目，以分期项目为单位清算；

2.开发项目中同时包含普通住宅和非普通住宅的，应分别计算增值额。

第十章

土地增值税进行清算有哪些规定条件?

（二）土地增值税的清算条件（见表10-19）

表10-19　　土地增值税的清算条件

清算类型	具体内容
1.应进行清算	符合下列情形之一的，纳税人应当进行土地增值税的清算： （1）开发项目全部竣工、完成销售的 （2）整体转让未竣工决算房地产开发项目的 （3）直接转让土地使用权的
2.要求进行清算	符合下列情形之一的，主管税务机关可要求纳税人进行土地增值税清算： （1）已竣工验收的项目，已转让建筑面积占整个项目可售建筑面积的比例在85%以上，或该比例虽未超过85%，但剩余的可售建筑面积已经出租或自用的 （2）取得销售（预售）许可证满三年仍未销售完毕的 （3）纳税人申请注销税务登记但未办理土地增值税清算手续的 （4）省税务机关规定的其他情况

例10-16　2010年多选题

可要求企业进行土地增值税清算的有（　　）。

A.取得预售许可证满3年仍未销售完毕的

B.直接转让土地使用权的

C.整体转让为竣工决算房地产项目的

D.纳税人申请注销税务登记但未办理土地增值税清算手续的

【答案】AD

【解析】选项BC：应当进行清算，并不是可以要求清算的情况。

（三）非直接销售和自用房地产的收入确定

1.房地产开发企业将开发产品用于职工福利、奖励、对外投资、分配给股东或投资人、抵偿债务、换取其他单位和个人的非货币性资产等，发生所有权转移时应视同销售房地产，其收入按下列方法和顺序确认：

（1）按本企业在同一地区、同一年度销售的同类房地产的平均价格确定；

（2）由主管税务机关参照当地当年、同类房地产的市场价格或评估价值确定。

2.土地增值税清算时，已全额开具商品房销售发票的，按照发票所载金额确认收入；未开具发票或未全额开具发票的，以交易双方签订的销售合同所载的售房金额及其他收益确认收入。销售合同所载商品房面积与有关部门实际测量面积不一致，在清算前已发生补、退房款的，应在计算土地增值税时予以调整。

土地增值税的扣除项目中有哪些需要关注的点吗?

（四）土地增值税的扣除项目（关注选择题）

1.扣除项目须提供合法有效凭证；不能提供合法有效凭证的，不予扣除。

2.房地产开发企业办理土地增值税清算所附送的前期工程费、建筑安装工程费、基础设施费、开发间接费用的凭证或资料不符合清算要求或不实的，地方税务机关可参照当地建设工程造价管理部门公布的建安造价定额资料，结合房屋结构、用途、区位等因素，核定上述四项开发成本的单位面积金额标准，并据以计算扣除。具体核定方法由省税务机关确定。

3.与清算项目配套的居委会和派出所用房、会所、停车场（库）、物业管理场所、变电站、热力站、水厂、文体场馆、学校、幼儿园、托儿所、医院、邮电通信等公共设施，按以下原则处理（见表10-20）：

表10-20　**土地增值税的扣除项目**

用途	收入	成本费用
（1）建成后产权属于全体业主所有的	无须确认收入	其成本、费用可以扣除
（2）建成后无偿移交给政府、公用事业单位用于非营利性社会公共事业的		
（3）建成后有偿转让的	计算收入	

4.房地产开发企业销售已装修的房屋的装修费用可以计入房地产开发成本。房地产开发企业的预提费用，除另有规定外，不得扣除。

5.多个房地产项目共同的成本费用，应按清算项目可售建筑面积占多个项目可售总建筑面积的比例或其他合理的方法，计算确定清算项目的扣除金额。

6.质量保证金开具发票的，按发票所载金额予以扣除；未开具发票的，扣留的质保金不得计算扣除。

【提示】房地产开发企业在工程竣工验收后，根据合同约定，扣留建筑安装施工企业一定比例的工程款，作为开发项目的质量保证金。

7.房地产开发企业逾期开发缴纳的土地闲置费不得扣除。

8.房地产开发企业为取得土地使用权所支付的契税，应视同"按国家统一规定交纳的有关费用"，计入"取得土地使用权所支付的金额"中扣除。

9.拆迁安置费的扣除（见表10-21）。

表10-21　**拆迁安置费的扣除**

安置类型	税务处理
（1）房地产企业用建造的该项目房地产安置回迁户的	①安置用房视同销售处理，同时将此确认为房地产开发项目的拆迁补偿费 ②房地产开发企业支付给回迁户的补差价款，计入拆迁补偿费；回迁户支付给房地产开发企业的补差价款，应抵减本项目拆迁补偿费
（2）开发企业采取异地安置	①异地安置的房屋属于自行开发建造，房屋价值按视同销售处理，计入本项目的拆迁补偿费 ②异地安置的房屋属于购入的，以实际支付的购房支出计入拆迁补偿费
（3）货币安置拆迁的	房地产开发企业凭合法有效凭据计入拆迁补偿费

10.土地增值税的核定征收

房地产开发企业有下列情形之一的，税务机关可以参照与其开发规模和收入水平相近的当地企业的土地增值税税负情况，按不低于预征率的征收率核定征收土地增值税：　都是违规的，所以核定。

（1）依照法律、行政法规的规定应当设置但未设置账簿的；

（2）擅自销毁账簿或者拒不提供纳税资料的；

（3）虽设置账簿，但账目混乱或者成本资料、收入凭证、费用凭证残缺不全，难以确定转让收入或扣除项目金额的；

（4）符合土地增值税清算条件，未按照规定的期限办理清算手续，经税务机关责令限期清算，逾期仍不清算的；

（5）申报的计税依据明显偏低，又无正当理由的。

为了规范核定工作，核定征收率原则上不得低于5%，各省级税务机关要结合本地实际，区分不同房地产类型制定核定征收率。

11.清算后再转让房地产的处理

在土地增值税清算时未转让的房地产，清算后销售或有偿转让时，纳税人应按规定进行土地增值税的纳税申报，扣除项目金额按清算时的单位建筑面积成本费用乘以销售或转让面积计算。

12.土地增值税清算后应补缴的土地增值税加收滞纳金

纳税人按规定预缴土地增值税后，清算补缴的土地增值税，在主管税务机关规定的期限内补缴的，不加收滞纳金。

七、土地增值税税收优惠和征收管理

（一）税收优惠

1.建造普通标准住宅出售，其增值率未超过20%的，予以免税。增值率超过20%的，应就其全部增值额按规定计税。

2.因国家建设需要而被政府征用、收回的房地产，免税。

3.因城市实施规划、国家建设的需要而搬迁，由纳税人自行转让原房地产的，免征土地增值税。

关于公租房有哪些税收优惠政策?

4.单位转让旧房作为公租房房源且增值率未超过20%的，予以免税。

【提示】关于公租房的税收优惠（见表10-22）

表10-22　关于公租房的税收优惠

公租房	税收优惠
房产税	经营公租房的租金收入，免征房产税
契税	公租房经营单位购买住房作公租房，免征契税
土地增值税	企事业单位、社会团体以及其他组织转让旧房作为公租房房源且增值率未超过20%的，予以免税
印花税	对公租房经营管理单位建造公租房涉及的印花税予以免征

（二）征收管理

1.纳税期限：纳税人应在转让房地产合同签订后的7日内办理纳税申报。

2.纳税地点（见表10-23）：

表 10-23 纳税地点

纳税人类型	转让房产坐落地与纳税人所在地	纳税地点
法人	一致	纳税人机构所在地或经营所在地，办理税务登记的原管辖税务机关
	不一致	房地产坐落地所管辖的税务机关
自然人	一致	纳税人住所所在地
	不一致	房地产坐落地所管辖的税务机关（今年重述）

例 10-17

下列关于土地增值税纳税地点的表述中，正确的有（ ）。

A.土地增值税的纳税人应该向其房地产所在地的主管税务机关办理纳税申报

B.自然人纳税人转让的房地产坐落地与其居住所在地不一致的，应在房地产所在地的税务机关申报纳税

C.法人纳税人转让的房地产坐落地与其机构所在地一致的，应在办理税务登记的原管辖税务机关申报纳税

D.法人纳税人转让的房地产坐落地与其机构所在地不一致的，应在房地产的坐落地所管辖的税务机关申报纳税

【答案】ABCD

【解析】以上选项全部正确。

智能测评

在线练习	我要提问
扫码在线做题 扫码看答案 本书“本章同步强化训练”均配备二维码，打开微信“扫一扫”即可完成在线测评，查看本章详细的测评反馈报告，了解知识掌握情况，也可扫码直接看答案噢。 快来扫码做题吧！	扫码答疑 本书配备答疑专用二维码，打开微信“扫一扫”，即可完成在线提问，获取专业老师全面个性化解答，让学习问题不再拖延。 快来扫码提问吧！

本章同步强化训练

一、单选题

1.下列房屋及建筑物中，属于房产税征税范围的是（ ）。

A.农村的居住用房

B.建在室外的露天游泳池

C.个人拥有的市区经营性用房

D.尚未使用或出租而待售的商品房

2.2017年某企业支付6 000万元取得10万平方米的土地使用权，新建厂房建筑面积4万平方米，工程成本1 000万元，2018年底竣工验收，对该企业征收房产税的房产原值是（　　）万元。

A.1 000　　B.5 800　　C.7 000　　D.6 000

3.某上市公司2017年以5 000万元购得一处高档会所，然后加以改建，支出500万元在后院新建一露天泳池，支出500万元新增中央空调系统，拆除200万元的照明设施，再支付500万元安装智能照明和楼宇声控系统，会所于2017年底改建完毕并对外营业。当地规定计算房产余值扣除比例为30%，2018年该会所应缴纳房产税（　　）。

A.42万元　　B.48.72万元　　C.50.4万元　　D.54.6万元

4.李某于2019年1月出租一套位于市中心的自有房产用于他人居住，租赁期为1年，租金为每月不含税5 000元，2019年2月李某花费不含税2 000元对房产进行了修缮，取得的当月租金已按规定缴纳了相关税费，税费支出均已取得合法有效凭证。下列关于李某2019年1月取得的租金收入应纳税事项的表述中，正确的有（　　）。

A.应缴纳增值税71.43元

B.应缴纳房产税200元

C.应缴纳地方教育附加1.43元

D.应缴纳城市维护建设税和教育费附加合计5元

5.某工业企业2018年2月自建的厂房竣工并投入使用。该厂房的原值为8 000万元，其中用于储存物资的独立地下室为800万元。假设房产原值的减除比例为30%，地下室应税原值为房产原值的60%。该企业2018年应缴纳房产税（　　）。

A.53.76 万元　　B.56 万元　　C.59.14 万元　　D.61.60 万元

6.某工厂2018年以出让方式获得一宗土地，土地成交价5 500万元，将其计入“无形资产”科目。并于同年11月在该土地上建成一座厂房，厂房造价12 500万元，作为房产原值记入“固定资产”科目。根据规定，2018年应当缴纳的房产税是（　　）万元。（房产原值扣除比例按最大幅度减除）

A.151.2　　B.46.2　　C.25.2　　D.12.6

7.下列情形中，免予缴纳契税的是（　　）。

A.买房拆料　　B.受赠房产

C.交换价格相等的房屋　　D.承受国有土地使用权支付土地出让金

8.甲企业2018年1月因无力偿还乙企业已到期的债务3 000万元，经双方协商甲企业同意以自有房产偿还债务。该房产的原值5 000万元，净值2 000万元，评估现值9 000万元。乙企业支付了差价款6 000万元，双方办理了产权过户手续。则乙企业计缴契税的计税依据是（　　）。

A.2 000万元　　B.5 000万元　　C.6 000万元　　D.9 000万元

9.下列关于契税的税收优惠中，正确的是（　　）。

A.个人购买家庭唯一住房，面积为120平方米及以下的，减按1%的税率征收契税；面积为120平方米以上的，减按1.5%的税率征收契税

B.城镇职工按规定第一次购买公有住房，减半征契税

C.承受荒山土地使用权，用于体育馆建设，免征契税

D.因不可抗力灭失住房而重新购买住房的，酌情减免

10.下列情形中，可以享受免征土地增值税税收优惠政策的是（　　）。

A.企业间互换办公用房

B.企业转让一栋房产给政府机关用于办公

C.房地产开发企业将建造的商品房作价入股某酒店

D.居民因省政府批准的文化园项目建设需要而自行转让房地产

11.下列情形中，应当计算缴纳土地增值税的是（　　）。

A.工业企业向房地产开发企业转让国有土地使用权

B.房产所有人通过希望工程基金会将房屋产权赠与西部教育事业

C.甲企业出资金，乙企业出土地，双方合作建房，建成后按比例分房自用

D.房地产开发企业代客户进行房地产开发，开发完成后向客户收取代建收入

12.位于县城的某商贸公司2018年6月销售一栋旧办公楼，取得收入不含税1 000万元，缴纳印花税0.5万元。因无法取得评估价格，公司提供了购房发票，该办公楼购于2016年3月，购买不含税价款为600万元，缴纳契税18万元，且能够提供契税完税凭证。该公司销售办公楼计算土地增值税时，可扣除项目金额的合计数为（　　）万元。（不考虑地方教育附加）

A. 639.6　　B. 640.1　　C. 700.1　　D. 763.7

13.下列关于土地增值税的说法中，正确的有（　　）。

A.纳税人建造普通标准住宅出售，增值额未超过扣除项目金额15%的，免征土地增值税

B.取得销售许可证两年仍未销售完毕的，税务机关可要求纳税人进行土地增值税清算

C.计算扣除项目时，耕地占用税应计入与转让房地产有关的税金中

D.多个房地产项目共同的成本费用，可按清算项目可售建筑面积占多个项目可售总建筑面积的比例，确认扣除项目金额

14.房地产开发企业进行土地增值税清算时，下列各项中，允许在计算增值额时扣除的是（　　）。

A.加罚的利息

B.已售精装修房屋的装修费用

C.逾期开发土地缴纳的土地闲置费

D.未取得建筑安装施工企业开具发票的扣留质量保证金

15.下列情形中，纳税人应进行土地增值税清算的是（　　）。

A.直接转让土地使用权

B.转让未竣工结算房地产开发项目50%股权的

C.取得销售（预售）许可证满1年仍未销售完毕的

D.房地产开发项目尚未竣工但已销售面积为50%的

二、多选题

1.以下关于房产税纳税人的表述中，正确的有（　　）。

A.外籍个人不缴纳房产税

B.房屋产权出典的，承典人为纳税人

C.房屋产权属于集体所有的，集体单位为纳税人

D.房屋产权未确定及租典纠纷未解决的，代管人或使用人为纳税人

2.下列情形中，应由房产代管人或者使用人缴纳房产税的有（　　）。

A.房屋产权未确定的

B.房屋租典纠纷未解决的

C.房屋承典人不在房屋所在地的

D.房屋产权所有人不在房屋所在地的

3.下列各项中，应依照房产余值缴纳房产税的有（　　）。

A.融资租赁的房产

B.产权出典的房产

C.无租使用其他单位的房产

D.用于自营的居民住宅区内业主共有的经营性房产

4.下列项目中，应以房产租金作为计税依据征收房产税的有（　　）。

A.以融资租赁方式租入的房屋

B.以经营租赁方式租出的房屋

C.居民住宅区内业主自营的共有经营性房屋

D.以收取固定收入、不承担联营风险方式投资的房屋

5.下列房屋中，免征房产税的有（　　）。

A.居民个人出租的住房

B.公园管理部门自用的办公用房

C.专门经营农产品的批发市场用房

D.实行全额预算管理的学校出租给企业使用的办公用房

6.下列关于契税计税依据的表述中，正确的有（　　）。

A.购买的房屋以成交价格作为计税依据

B.接受赠与的房屋参照市场价格核定计税依据

C.采取分期付款方式购买的房屋参照市场价格核定计税依据

D.转让以划拨方式取得的土地使用权以补交的土地使用权出让金作为计税依据

7.下列关于契税征收管理的规定中，正确的有（　　）。

A.土地使用权的出让、转让均由土地的承受方纳税

B.纳税人签订土地、房屋权属转移合同的当天，为契税的纳税义务发生时间

C.契税在土地、房屋所在地的征收机关缴纳

D.已缴纳契税的纳税人，在办理了房屋权属变更登记后退房的，可退还已缴纳的契税

8.甲房地产开发企业为增值税一般纳税人，开发的某楼盘按一般计税方法计税，2018年8月建成并将其全部销售，进行土地增值税清算，已知取得含增值税销售收入15.5亿元，允许扣除的土地价款4.83亿元，房地产开发成本2.62亿元，甲企业不能提供金融机构贷款证明，其开发费用可按上限计算扣除，不考虑其他税费。则下列说法中正确的有（　　）。

A.土地增值税清算收入为13.95亿元　　B.土地增值税清算收入为14.53亿元

C.房地产开发费用为0.75亿元　　D.其他扣除项目金额为2.91亿元

9.转让旧房产，计算其土地增值税增值额时准予扣除的项目有（　　）。

A.旧房产的评估价格　　B.支付评估机构的费用

C.建造旧房产的重置成本　　D.转让环节缴纳的各种税费

10.下列情形中，应按评估价格计征土地增值税的有（　　）。

A.提供扣除项目金额不实的

B.隐瞒、虚报房地产成交价格的

C.房地产开发项目全部竣工完成销售需要进行清算的

D.转让房地产的成交价格低于房地产评估价格，又无正当理由的

三、跨章节综合题

某市房地产开发企业2018年发生如下业务：

（1）2018年1月通过竞拍方式取得该市一处占地面积50 000平方米的土地使用权，支付土地出让金5 000万元。

（2）自4月份开始在该土地上建造写字楼，与一建筑企业签订建筑安装工程承包合同，合同约定的工程款为2 500万元，于当年11月底完工；根据合同约定，扣留建筑安装施工企业10%的工程款作为该项目的质量保证金，对方按实际收取的工程款开具发票。

（3）11月底完工后销售写字楼的70%，取得不含增值税的收入15 000万元，剩余30%自用，该30%经过核算后的房产原值为4 500万元。

（4）该开发项目开发销售期间发生管理费用750万元，销售费用600万元，利息费用550万元（其中包括向金融机构贷款利息支出100万元和超过贷款期限加罚利息30万元，利息支出可以提供金融机构贷款证明，并且能够按照房地产项目计算分摊）。

（5）其他资料：计算土地增值税时允许扣除的税金及附加合计180万元，当地契税比例为3%；当地省政府规定房产原值的减除比例为30%。

要求：根据上述资料，按照下列序号计算回答问题，每问需计算出合计数：

1.该房地产开发企业签订的建筑安装工程承包合同应纳的印花税和房产税。

2.税务机关是否可要求该房地产开发公司进行土地增值税清算？请说明理由。

3.该房地产开发公司计算土地增值额时可扣除的取得土地使用权金额。

4.该房地产开发公司计算土地增值额时可扣除的房地产开发成本。

5.该房地产开发公司计算土地增值额时可扣除的房地产开发费用。

6.该房地产开发公司计算土地增值税时可扣除的项目合计。

7.该房地产开发公司应缴纳的土地增值税。

本章导学

第十一章 车辆购置税法、车船税法和印花税法

本章框架图

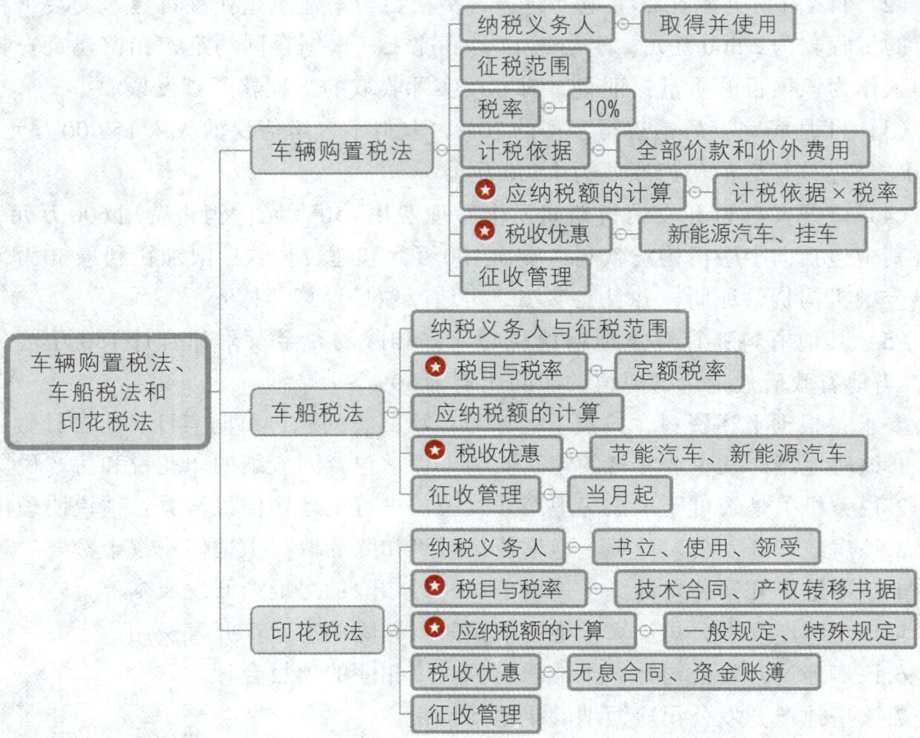

本章考情概述

本章内容包括车辆购置税、车船税、印花税，属于非重点章节，但内容比较繁杂，记忆性的考点较多。

从历年的考题来看，本章平均分值在6分左右，以客观题为主。考生在复习时需要重点关注车辆购置税的征税范围、计税依据、税收优惠、征收管理，车船税的计税单位和税收优惠，印花税的税目辨析和计税依据，同时要注意与企业所得税等税种结合考核综合题。

2019年教材主要变化

《中华人民共和国车辆购置税法》（以下简称《车辆购置税法》）于2018年12月29日通过立法，并于2019年7月1日施行，此部分有较多重述、新增、删除的内容，应重点关注变化部分的学习。车船税法、印花税法在税收优惠中有相应修订。

本章均应注重客观题的考核。

第一节　车辆购置税法

现行车辆购置税法的基本规范，是2018年12月29日在第十三届全国人民代表大会常务委员会第七次会议通过，并于2019年7月1日起施行的《车辆购置税法》。

车辆购置税是指向在中华人民共和国境内购置汽车、有轨电车、汽车挂车、排气量超过150毫升的摩托车（以下简称应税车辆）的购置者征收的一种税。

什么叫取得并自用?

一、纳税义务人与征税范围

（一）纳税义务人

车辆购置税的纳税人是指在中华人民共和国境内购置应税车辆的单位和个人。其中购置是指以购买、进口、自产、受赠、获奖或者其他方式取得并自用应税车辆的行为。

车辆购置税实行一次性征收。购置已税车辆，不再征收车辆购置税。

考霸笔记 购置二手车，无须再缴纳车辆购置税。

（二）征税范围

以列举的车辆为征税对象，未列举的车辆不纳税。其征税范围包括汽车、有轨电车、汽车挂车、排气量超过150毫升的摩托车。

考霸笔记 车辆购置税征收范围的调整，由国务院决定。

考霸笔记 该征税范围中的汽车包括“各类汽车”，而消费税征税范围中的汽车仅包括“小汽车”，因此范围会比车辆购置税小。

二、税率与计税依据

（一）税率

我国车辆购置税实行统一比例税率，税率为10%。（固定税率）

（二）计税依据

计税依据为应税车辆的计税价格，规定见表11-1。

计税依据怎么确定?

表11-1　　车辆购置税的计税依据

应税行为	计税依据
购买自用	按纳税人实际支付的全部价款，不包括增值税（应当注意） 1.随车购买的工具件和零部件，应作为价外费用并入计税依据中 2.支付的车辆装饰费，应作为价外费用并入计税依据中 3.使用代收单位票据收取款项的，应视作代收单位价外收费，购买者支付的价费款，应作为价外费用并入计税依据中；凡使用委托方票据收取，受托方只履行代收义务和收取代收手续费的款项，则无须并入计税依据中　（受托方） 4.销售单位开展优质销售活动所收取的费用，其收取的各项费用的组成计程价格为计税依据，并在一张发票上难以划分的，应作为价外费用并入计税依据中
进口自用	按关税完税价格加上关税和消费税
自产自用	按纳税人生产的同类应税车辆售价，不包括增值税
其他方式取得自用（受赠、获奖等）	按购置应税车辆时相关凭证载明的价格，不包括增值税

考霸笔记 如加价提车费。

三、应纳税额的计算

车辆购置税实行从价定率的方法计算应纳税额，基本公式为：

应纳税额=计税依据×税率

但由于应税车辆来源、应税行为的发生以及计税依据组成的不同，计算方法也有区别。

（一）购买自用应税车辆应纳税额的计算

纳税人购买自用的应税车辆，其计税价格为纳税人实际支付给销售者的全部价款（含价外费用），不包括增值税。

【提示】购买自用也包括购买进口车辆，这里购买的进口车辆并不是指自行报关进口的车辆，而是指购买其他单位进口的车辆。

例 11-1 · 计算题

A公司2018年9月从甲汽车销售有限公司购入一辆进口小汽车供自己使用，不含增值税的款项为660 000元，另支付随车工具和零部件价款12 000元、代收临时牌照费800元、代收保险费8 000元、车辆装饰费5 300元。所支付的款项均由甲汽车销售有限公司开具相关票据。计算A公司应纳车辆购置税。

【答案】计税依据=660 000+（12 000+800+8 000+5 300）÷（1+16%）=682 500（元）

应纳税额=682 500×10%=68 250（元）

（二）进口自用应税车辆应纳税额的计算

进口自用车辆，是指纳税人报关进口并自用的车辆。纳税人进口自用的应税车辆以组成计税价格为计税依据，计算公式为：

$$组成计税价格 = 关税完税价格 + 关税 + 消费税 = \frac{关税完税价格 \times (1 + 关税税率)}{1 - 消费税税率}$$

应纳税额 = 组成计税价格 × 税率

【提示】如果进口的车辆不属于消费税的征税范围，则无须考虑消费税。

（比如挂车等非消费税应税车辆）

例 11-2 · 计算题

甲进出口公司于2018年10月从外国进口10辆小轿车。每辆关税完税价格为300 000元人民币，海关对每辆小轿车征收了45 000元关税，并代征了73 600元增值税、115 000元消费税。由于业务需要，该公司将一辆小轿车留作自用。根据上述资料，计算应纳车辆购置税。

组成计税价格=300 000+45 000+115 000=460 000（元）

应纳税额=460 000×10%=46 000（元）

其他自用应税车辆应纳税额如何计算？

（三）其他自用应税车辆应纳税额的计算

纳税人自产自用、受赠使用、获奖使用和以其他方式取得并自用应税车辆的，凡不能取得该车辆的购置价格，或者低于同类型应税车辆最低计税价格的，以国家税务总局核定的最低计税价格为计税依据计算征收车辆购置税：

应纳税额=最低计税价格×税率

例 11-3 · 计算题

2018年11月，甲客车制造厂将一辆自产的客车用于接送职工，并以开具的发票上注明的金额115 000元向税务机关申报纳税。经审核，国家税务总局对该车同类型车辆核定的最低计税价格为130 000元。计算该车应纳购置税。

应纳税额=130 000×10%=13 000（元）

四、税收优惠（能力等级3）

（一）车辆购置税减免税规定

1.外国驻华使馆、领事馆和国际组织驻华机构及其有关人员自用的车辆免税。

2.中国人民解放军和中国人民武装警察部队列入装备订货计划的车辆免税。

3.设有固定装置的非运输车辆免税。

考霸笔记　如消防车、救护车。

4.国务院规定的其他免税情形：

（1）防汛部门和森林消防部门用于指挥、检查、调度、报汛（警）、联络的设有固定装置的指定型号的车辆；

（2）回国服务的留学人员用现汇购买1辆自用国产小汽车；

（3）长期来华定居专家进口1辆自用小汽车。

5.农用三轮运输车免征车辆购置税。

6.自2016年1月1日至2020年12月31日，对城市公交企业购置的公共汽电车辆免征车辆购置税。

7.自2018年1月1日至2020年12月31日，对购置的新能源汽车免征车辆购置税。

8.自2018年7月1日至2021年6月3日，对购置挂车减半征收车辆购置税。

（二）车辆购置税的退税

纳税人已经缴纳车辆购置税但在办理登记手续前，需要办理退还车辆购置税的，由纳税人申请，征收机构审核后办理退还车辆购置税手续。

五、征收管理（见表11-2）

表11-2　　征收管理

项目	相关规定
纳税申报	车辆购置税实行一车一申报制度。免税车辆因转让、改变用途等原因，其免税条件消失的，纳税人应重新申报纳税
纳税环节	车辆购置税征税环节为使用环节（即最终消费环节） 纳税人应当在办理车辆登记注册手续前，缴纳车辆购置税
纳税地点	应当向车辆登记注册地的主管税务机关申报纳税 购置不需要办理车辆登记注册手续的应税车辆，应当向纳税人所在地主管税务机关申报纳税 【注】车辆登记注册地是指车辆的上牌落籍地或落户地
纳税期限（60天）	1.纳税人购买自用的应税车辆，自购买之日起60日内申报纳税 2.进口自用的应税车辆，应当自进口之日起60日内申报纳税 3.自产、受赠、获奖和以其他方式取得并自用应税车辆的，应当自取得之日起60日内申报纳税 4.免税车辆因转让、改变用途等原因，其免税条件消失的，纳税人应在免税条件消失之日起60日内到主管税务机关重新申报纳税

考霸笔记　购买之日是指购车发票上注明的销售日期。

考霸笔记　进口之日是指纳税人报关进口的当天。

第十一章

续表

项目	相关规定
缴税管理	车辆购置税缴纳税款的方法主要有以下几种： 1.自报核缴；2.集中征收缴纳；3.代征、代扣、代收
退税制度	1.已缴纳车辆购置税的车辆，发生下列情形之一的，准予纳税人申请退税： （1）车辆退回生产企业或者经销商的 （2）符合免税条件的设有固定装置的非运输车辆但已征税的 （3）其他情形 2.退税款的计算 车辆被退回生产企业或者经销商的，自纳税人办理纳税申报之日起，按已缴税款每满1年扣减10%计算退税额；未满1年的，按已缴税款全额退税

第二节　车船税法

境内的含义是什么？

车船税是以车辆、船舶为征税对象，向车辆、船舶的所有人或者管理人征收的一种税。

一、纳税义务人与征税范围

（一）纳税义务人

车船税的纳税义务人是指在中华人民共和国境内，车辆、船舶（以下简称车船）的所有人或者管理人，应当依照《中华人民共和国车船税法》（以下简称《车船税法》）的规定缴纳车船税。

考霸笔记：管理人，虽不具有车船的所有权，但对车船具有管理权或使用权，因此也属于纳税义务人。

（二）征税范围

征收范围是《车船税法》所附税目税额表规定的车辆和船舶，包括：

（1）依法应当在车船管理部门登记的机动车辆和船舶；

（2）依法不需要在车船管理部门登记的在单位内部场所行驶或者作业的机动车辆和船舶。

考霸笔记：如机场摆渡车。

二、税目与税率

车船税实行定额税率，即对征税的车船规定单位固定税额。车船税税目和计税单位见表11-3。

表11-3　车船税税目和计税单位

项目	税目	计税单位	备注
乘用车	按排气量分档	每辆	核定载客人数9人（含）以下
商用车	客车	每辆	核定载客人数9人（包括电车）以上
	货车	整备质量每吨	挂车按照货车税额的50%计算
船舶	机动船舶	净吨位每吨	拖船、非机动驳船分别按机动船舶税额的50%计算
	游艇	艇身长度每米	
摩托车	—	每辆	
其他车辆	专用作业车/轮式专用机械车	整备质量每吨	不包括拖拉机

1.拖船按照发动机功率每1千瓦折合净吨位0.67吨计算征收车船税。

2.车船税法及其实施条例涉及的整备质量、净吨位、艇身长度等计税单位，有尾数的一律按照含尾数的计税单位据实计算车船税应纳税额。计算得出的应纳税额小数点后超过两位的可四舍五入保留两位小数。

3.车船税法及其实施条例所涉及的排气量、整备质量、核定载客人数、净吨位、千瓦、艇身长度，以车船管理部门核发的车船登记证书或者行驶证所载数据为准。

【提示】考试时会提供车船税税率，考生只需熟练运用。

例11-4·单选题

某机械制造厂2018年拥有货车3辆，每辆货车的整备质量均为1.499吨；挂车1部，其整备质量为1.2吨；小汽车2辆。已知货车车船税税率为整备质量每吨年基准税额16元，小汽车车船税税率为每辆年基准税额360元。该厂2018年度应纳车船税为（　）。

A.441.6元　　B.792元　　C.801.55元　　D.811.2元

【答案】C

【解析】挂车按照货车税额的50%计算纳税。车船税法及其实施条例涉及的整备质量、净吨位等计税单位，有尾数的一律按照含尾数的计税单位据实计算车船税应纳税额。

该机械制造厂2018年应纳车船税 $=1.499\times3\times16+1.2\times16\times50\%+2\times360=801.55$（元）

三、应纳税额的计算

1.购置的新车船，购置当年的应纳税额自纳税义务发生的当月起按月计算，计算公式为：

应纳税额 = 年应纳税额÷12×应纳税月份数

考霸笔记：拥有当月起开始征税。

考霸笔记：按本年实际占有车船的月份数。

2.在一个纳税年度内，已完税的车船被盗抢、报废、灭失的，纳税人可以凭有关管理机关出具的证明和完税凭证，向纳税所在地的主管税务机关申请退还自被盗抢、报废、灭失月份起至该纳税年度终了期间的税款。

3.已办理退税的被盗抢车船失而复得的，纳税人应当从公安机关出具相关证明的当月起计算缴纳车船税。

4.纳税人在非车辆登记地由保险机构代收代缴机动车车船税，且能够提供合法有效完税凭证的，纳税人不再向车辆登记地的地方税务机关缴纳机动车车船税。

考霸笔记：保险机构代收车船税的，不再向税务机关缴税。

5.已缴纳车船税的车船在同一纳税年度内办理转让过户的，不另纳税，也不退税。

例11-5·单选题

某企业2018年1月缴纳了5辆客车车船税，其中一辆9月被盗，已办理车船税退还手续；当年11月由公安机关找回并出具证明，企业补缴车船税，假定该类型客车每辆年基准税额为480元，该企业2018年实际缴纳的车船税总计为（　）元。

A.1 920　　B.2 280　　C.2 400　　D.2 320

【答案】D

【解析】已办理退税的被盗抢车船失而复得的，纳税人应当从公安机关出具相关证明的当月起计算缴纳车船税。

实际缴纳的车船税 = 4×480 + 480÷12×10 = 2 320（元）

四、税收优惠（见表11-4）

表11-4　　车船税税收优惠

优惠类型	具体规定
法定减免	1.捕捞、养殖渔船
	2.军队、武装警察部队专用的车船
	3.警用车船
	4.依法应予以免税的外国驻华使领馆、国际组织驻华代表机构及其有关人员的车船
	5.对节能汽车，减半征收车船税 【提示】符合条件的节能乘用车、节能商用车，均予以减半征收车船税
	6.对新能源车船，免征车船税 （1）免征车船税的新能源汽车，是指纯电动商用车、插电式（含增程式）混合动力汽车、燃料电池商用车 （2）纯电动乘用车和燃料电池乘用车不属于车船税征税范围，不征收车船税
	7.省、自治区、直辖市人民政府根据当地实际情况，可对公共交通车船，农村居民拥有并主要在农村地区使用的摩托车、三轮汽车和低速载货汽车定期减征或者免征车船税
	8.国家综合性消防救援车辆由部队牌号改挂应急救援专用号牌的，一次性免征改挂当年车船税（新增）
特定减免	1.经批准临时入境的外国车船和香港特别行政区、澳门特别行政区、台湾地区的车船，不征收车船税
	2.按照规定缴纳船舶吨税的机动船舶，自车船税法实施之日起5年内免征
	3.依法不需要在车船登记管理部门登记的机场、港口、铁路站场内部行驶或者作业的车船，自车船税法实施之日起5年内免征

考霸笔记：如公安机关领取警用牌照的车辆，与武装警察的有所不同。

考霸笔记：新能源车船更节能环保，因此税收优惠措施更大。

考霸笔记：车船税法自2012年1月1日实施，至今已过5年期限，属于过时的政策，可不再关注，下同。

例11-6·单选题

下列车船中，享受减半征收车船税优惠的是（　　）。

A.纯电动商用车　　B.燃料电池乘用汽车

C.符合规定标准的节约能源乘用车　　D.插电式混合动力汽车

【答案】C

【解析】选项AD，纯电动商用车、插电式混合动力汽车免征车船税。选项B，燃料电池乘用汽车不征收车船税。

五、征收管理（见表11-5）

表11-5　征收管理

征收管理	相关规定
纳税期限	车船税纳税义务发生时间为取得车船所有权或管理权的当月。以购买车船的发票或者其他证明文件所载日期的当月为准
纳税地点	1.纳税人自行申报缴纳车船税的，纳税地点为车船登记地的主管税务机关所在地 2.扣缴义务人代扣代缴车船税的，纳税地点为扣缴义务人所在地 3.依法不需要办理登记的车船，纳税地点为车船的所有人或者管理人主管税务机关所在地
纳税申报	车船税按年申报，分月计算，一次性缴纳。纳税年度为公历1月1日至12月31日
其他规定	1.当年已税车辆变更所有权或管理权的，税额不退不补 2.从事机动车第三者责任强制保险业务的保险机构为机动车车船税的扣缴义务人，应当在收取保险费时依法代收车船税，并出具代收税款凭证

第三节　印花税法

印花税是以经济活动和经济交往中，书立、使用、领受应税凭证的行为为征税对象征收的一种税。

一、纳税义务人

印花税的纳税义务人是在中国境内书立、使用、领受印花税法所列举的凭证并应依法履行纳税义务的单位和个人。

上述单位和个人，按照书立、使用、领受应税凭证的不同，可以分别确定为立合同人、立据人、立账簿人、领受人、使用人和各类电子应税凭证的签订人（见表11-6）。

表11-6　纳税义务人的分类

纳税义务人	具体内容
立合同人	指合同的当事人。所谓当事人，是指对凭证有直接权利义务关系的单位和个人，但不包括合同的担保人、证人、鉴定人。各类合同的纳税人是立合同人
立据人	产权转移书据的纳税人是立据人。立据人是指土地、房屋权属转移过程中买卖双方的当事人
立账簿人	营业账簿的纳税人是立账簿人。所谓立账簿人，是指设立并使用营业账簿的单位和个人
领受人	权利、许可证照的纳税人是领受人。领受人是指领取或接受并持有该项凭证的单位和个人
使用人	在国外书立、领受，但在国内使用的应税凭证，其纳税人是使用人
各类电子应税凭证的签订人	即以电子形式签订的各类应税凭证的当事人。凡由两方或两方以上当事人共同书立的，其当事人各方都是印花税的纳税人

二、税目与税率

印花税的税目
如何掌握?

印花税的税目是指印花税法明确规定的应当纳税的项目，它具体划定了印花税的征税范围。一般来说，列入税目的就要征税，未列入税目的就不征税。印花税共有13个税目（见表11-7）。

表11-7　印花税税目、范围和税率

税目	范围	税率
1.购销合同	包括供应、预购、采购、购销结合及协作、调剂、补偿、易货等合同	按购销金额0.3‰贴花
2.加工承揽合同	包括加工、定做、修缮、修理、印刷广告、测绘、测试等合同	按加工或承揽收入0.5‰贴花
3.建设工程勘察设计合同	包括勘察、设计合同	按收取费用0.5‰贴花
4.建筑安装工程承包合同	包括建筑、安装工程承包合同	按承包金额0.3‰贴花
5.财产租赁合同	包括租赁房屋、船舶、飞机、机动车辆、机械、器具、设备等合同	按租赁金额1‰贴花。税额不足1元，按1元贴花
6.货物运输合同	包括民用航空运输、铁路运输、海上运输、内河运输、公路运输和联运合同	按运输费用0.5‰贴花
7.仓储保管合同	包括仓储、保管合同等	按仓储保管费用1‰贴花
8.借款合同	银行及其他金融组织和借款人（不包括银行同业拆借）所签订的借款合同	按借款金额0.05‰贴花
9.财产保险合同	包括财产、责任、保证、信用等保险合同	按收取保险费用1‰贴花
10.技术合同	包括技术开发、转让（包括专利申请权转让和非专利技术转让）、咨询、服务等合同	按所载金额0.3‰贴花
11.产权转移书据	包括财产所有权和版权、商标专用权、专利权、专有技术使用权等转移书据和专利实施许可合同、土地使用权出让合同、土地使用权转让合同、商品房销售合同等	按所载金额0.5‰贴花
12.营业账簿	生产、经营用账册	记载资金的账簿，按实收资本和资本公积的合计金额0.5‰贴花。其他账簿按件贴花5元
13.权利、许可证照	包括政府部门发给的房屋产权证、工商营业执照、商标注册证、专利证、土地使用证	按件贴花5元

考霸笔记
不动产相关的合同属于产权转移书据。

考霸笔记
注意有最新税收优惠。

考霸笔记
四证一照要牢记。

例 16-7 · 单选题

下列合同中，应按“购销合同”税目征收印花税的是（　）。

A.企业之间签订的土地使用权转让合同

B.发电厂与电网之间签订的购售电合同

C.银行与工商企业之间签订的融资租赁合同

D.开发商与个人之间签订的商品房销售合同

【答案】B

【解析】选项A、D，按照“产权转移书据”税目征收印花税；选项C，按照“借款合同”税目征收印花税。

【总结】税率税目总结见表11-8。（记忆）

表11-8　　税率税目总结

税率		税目
比例税率	0.05‰	借款合同
	0.3‰	购销合同、建筑安装工程承包合同、技术合同
	0.5‰	加工承揽合同、建设工程勘察设计合同、货物运输合同、产权转移书据、营业账簿中记载资金的账簿
	1‰	财产租赁合同（税额不足1元，按1元贴花）、仓储保管合同、财产保险合同
定额税率	5元	权利、许可证照和营业账簿中的其他账簿

三、应纳税额的计算

（一）计税依据的一般规定

印花税的计税依据为各种应税凭证上所记载的计税金额。具体规定为：

1.购销合同的计税依据为合同记载的购销金额。

> 考霸笔记：如果合同金额包含增值税，不得扣减，也应当一并计征。

（1）包括出版单位与发行单位之间订立的图书、报纸、期刊和音像制品的应税凭证，例如订购单、订数单等。

（2）包括发电厂与电网之间、电网与电网之间（国家电网公司系统、南方电网公司系统内部各级电网互供电量除外）签订的购售电合同。但电网与用户之间的供用电合同不属于印花税的征税范围，不征收印花税。

> 考霸笔记：作为终端用户，其供电合同不征收印花税。

（3）商品购销活动中，采用以货易货方式进行商品交易签订的合同，是反映既购又销双重经济行为的合同。因此应按合同所载的购、销合计金额计税贴花。

例 11-8 · 计算题

购销合同中，合同记载的为货物不含税金额30万元、税额3.9万元，则以不含税金额30万元作为印花税的计税依据，购销合同按合同金额的0.3‰贴花，则：

应纳印花税=300 000×0.3‰=90（元）

若合同中记载的为货物含税金额33.9万元，税额未单独注明，则以含税金额33.9万元作为印花税的计税依据，则：

应纳印花税=339 000×0.3‰=101.7（元）

2.加工承揽合同的计税依据为加工或承揽收入的金额，具体规定见表11-9。

表11-9　加工承揽合同计税依据的具体规定

合同类型	具体规定	
受托方提供原材料的加工、定做合同	分别记载加工费、原材料金额	原材料，按“购销合同”计税贴花（0.3‰）
		加工费，按“加工承揽合同”计税贴花（0.5‰）
	未分别记载，则全部金额按“加工承揽合同”计税贴花（0.5‰）	
委托方提供主要材料或原料，受托方只提供辅助材料的加工合同	无论是否分别记载，均以辅助材料与加工费的合计数，按“加工承揽合同”计税贴花（0.5‰） 【注】委托方提供的主要材料或原料金额不计税	

3.建设工程勘察设计合同的计税依据为收取的费用。

4.建筑安装工程承包合同的计税依据为承包金额。

考霸笔记
尽管总承包合同已计税贴花，但新的分包或转包合同是一种新的凭证，因此产生了新的纳税义务。

施工单位将自己承包的建设项目，分包或者转包给其他施工单位所签订的分包合同或转包合同，应按新的分包合同或转包合同所载金额计算应纳税额。

5.财产租赁合同的计税依据为租赁金额。

（1）税额不足1元，按1元贴花。

（2）合同中只规定了月（天）租金标准而无租赁期限的，可在签订时先按定额5元贴花，以后结算时再按实际金额计税，补贴印花。

例11-9·单选题

甲公司1月将闲置厂房出租给乙公司，合同约定每月租金2 500元，租期未定。签订合同时，预收租金5 000元，双方已按定额贴花。5月底合同解除，甲公司收到乙公司3到5月的租金7 500元。甲公司5月份应补缴印花税（　）。

A.7.5元　　B.8元　　C.9.5元　　D.12.5元

【答案】A

【解析】应补缴印花税 =（5 000 + 7 500）×1‰ − 5 = 7.5（元）

6.货物运输合同的计税依据为取得的运输费用（即运费收入）。

如何理解联运相关规定?

（1）不包括所运货物金额、装卸费和保险费等。

（2）国内货物联运，因结算单据（合同）所列运费的结算方式不同而计税依据不同：在起运地全程结算运费的，按全程运费为计税依据；分程结算运费的，应以分程运费为计税依据。国际货运，托运方按全程运费计税。承运方为我国运输企业的按本程运费计算贴花，承运方为外国运输企业的免纳印花税。

7.仓储保管合同的计税依据为收取的仓储保管费用。

8.借款合同的计税依据为借款金额。不同借款形式的借款合同计税依据的税务处理见表11-10。

9.财产保险合同的计税依据为收取的保险费用。

【提示】不包括所保财产的金额。

表11-10　　不同借款形式的借款合同计税依据的税务处理

借款形式	税务处理
1.一项信贷业务既签订整体借款合同，又一次或分次填开借据的	以借款合同所载金额为依据计税贴花
2.一项信贷业务只填开借据作为合同使用的	以借据所载金额为依据计税贴花
3.流动资金周转性借款合同，规定最高限额，借款人在规定期限和最高限额内随借随还	以最高限额为依据，在签订时贴花一次。限额内随借随还不签订新合同的，不再另贴印花
4.借款方以财产做抵押，取得抵押借款的合同	按借款合同贴花
5.借款方因无力偿还借款而将抵押财产转移给贷款方的	就双方签订的产权转移书据，按产权转移书据的规定计税贴花
6.银行及其他金融组织的融资租赁业务签订的融资租赁合同	按合同所载租金总额，暂按借款合同计税
7.银团借款	各方应分别在所执的合同正本上，按各自的借款金额计税贴花
8.基建贷款中，按年度用款计划分年签订借款合同，在最后一年按总概算签订借款总合同，且总合同借款金额包括各分合同的借款金额的	应按分合同分别贴花，最后签订的总合同，只就借款总额扣除分合同借款金额后的余额计税贴花

考霸笔记
与合同抵押物价值无关。

考霸笔记
由一家银行牵头，多家银行参加组成的银行集团，应按合同借款方与贷款银团各方分别在所执的合同正本上，各自的借款金额计税贴花。

例11-10·单选题

下列关于印花税计税依据的表述中，正确的是（　　）。

A.技术合同的计税依据包括研究开发经费

B.财产保险合同的计税依据包括所保财产的金额

C.货物运输合同的计税依据包括货物装卸费和保险费

D.记载资金账簿的计税依据为"实收资本"和"资本公积"的合计金额

【答案】D

【解析】选项A，技术合同的计税依据为合同所载的价款、报酬或使用费。为了鼓励技术研究开发，对技术开发合同，只就合同所载的报酬金额计税，研究开发经费不作为计税依据。选项B，财产保险合同的计税依据为收取的保险费，不包括所保财产的金额。选项C，货物运输合同的计税依据为取得的运输费用（即运费收入），不包括所运货物的金额、装卸费和保险费等。

10.技术合同的计税依据为合同所载的价款、报酬或使用费。

（1）研究开发经费不作为计税依据。

考霸笔记
为了鼓励技术研究开发，对技术开发合同，只就合同所载的报酬金额计税。

（2）签订时无法确定计税金额的：技术转让合同中的转让收入，是按销售收入的一定比例或是按实现利润分成的，可在签订时先按定额5元贴花，以后结算时再按实际金额计税，补贴印花。

（3）一般的法律、会计、审计等方面的咨询不属于技术咨询，其所立合同不贴印花。

11.产权转移书据的计税依据为所载金额。

【总结】对技术合同与产权转移书据中有关专利、非专利技术转让的总结见表

11-11。

表11-11 对技术合同与产权转移书据中有关专利、非专利技术转让的总结

类别	行为	适用税目
专利类	转让专利权、专利实施许可	产权转移书据
	专利申请权转让	技术合同
非专利类	转让专有技术使用权	产权转移书据
	非专利技术转让	技术合同

12.营业账簿税目中记载资金的账簿的计税依据为“实收资本”与“资本公积”的合计金额。

其他账簿的计税依据为应税凭证件数，包括日记账簿和各明细账簿。

【提示】银行用以反映资金存贷经营活动、记载经营资金增减变化、核算经营成果的账簿，如各种日记账、明细账和总账都属于营业账簿，应按照规定缴纳印花税；银行根据业务管理需要设置的各种登记簿，如空白重要凭证登记簿、有价单证登记簿、现金收付登记簿等，其记载的内容与资金活动无关，仅用于内部备查，不征收印花税。

考霸笔记
属于非营业账簿。

13.权利、许可证照的计税依据为应税凭证件数。

（二）计税依据的特殊规定

1.上述凭证以“金额”“收入”“费用”作为计税依据的，应当全额计税，不得做任何扣除。

2.同一凭证，载有两个或两个以上经济事项而适用不同税目税率，如分别记载金额的，应分别计算应纳税额，相加后按合计税额贴花；如未分别记载金额的，按税率高的计税贴花。

3.按金额比例贴花的应税凭证，未标明金额的，应按照凭证所载数量及国家牌价计算金额；没有国家牌价的，按市场价格计算金额，然后按规定税率计算应纳税额。

4.应税凭证所载金额为外国货币的，应按照凭证书立当日国家外汇管理局公布的外汇牌价折合成人民币，然后计算应纳税额。

5.应纳税额不足1角的，免纳印花税；1角以上的，其税额尾数不满5分的不计，满5分的按1角计算。

6.应税合同在签订时纳税义务已产生，应计算应纳税额并贴花。所以，无论合同是否兑现或是否按期兑现，均应贴花。

7.从2008年9月19日起，对证券交易印花税政策进行调整，由双边征收改为单边征收，即只对卖出方（或继承、赠与A股、B股股权的出让方）征收证券（股票）交易印花税，对买入方（或受让方）不再征收。税率仍保持1‰。

（三）应纳税额的计算方法

应纳税额=应税凭证计税金额（或应税凭证件数）×适用税率

例 11-11 · 计算题

甲企业2018年8月开业，当年发生如下业务：领取工商营业执照1份、土地使用证1份、房屋产权证1份、安全生产许可证1份；与保险公司签订财产保险合同，所保财产价值80万元，支付保险费3万元；与A企业签订专利权转让合同，所载金额50万元；与银行签订借款合同，所载金额300万元。计算甲企业上述内容应交纳的印花税。

（1）企业领受权利、许可证照应纳税额：

应纳税额=3×5=15（元）

（2）签订财产保险合同应纳税额：

应纳税额=30 000×1‰=30（元）

（3）签订产权转移书据应纳税额：

应纳税额=500 000×0.5‰=250（元）

（4）签订借款合同应纳税额：

应纳税额=3 000 000×0.05‰=150（元）

（5）当年企业应纳印花税=15+30+250+150=445（元）

四、税收优惠

1.对已缴纳印花税凭证的副本或者抄本免税。以副本或者抄本视同正本使用的，则应另贴印花。

2.对无息、贴息贷款合同免税。

考霸笔记：无息、贴息贷款体现国家政策，其利息全部或部分是由国家财政负担的，对该类合同征收印花税没有财政意义。

3.对房地产管理部门与个人签订的用于生活居住的租赁合同免税。

4.对农牧业保险合同免税。

5.对与高校学生签订的高校学生公寓租赁合同免税。

6.对公租房经营管理单位建造公租房涉及的印花税予以免税。

7.对改造安置住房经营管理单位、开发商与改造安置住房相关的印花税以及购置安置住房的个人设计的印花税免税。

8.自2018年5月1日起，对按0.5‰税率贴花的资金账簿减半征收印花税，对按件贴花5元的其他账簿免征印花税。（新增）

例 11-12 · 单选题

某企业2018年期初营业账簿记载的实收资本和资本公积余额为500万元，6月该企业增加实收资本120万元，新建其他账簿12本，领受专利局发给的专利证1件、卫生局发给的卫生许可证1件。该企业上述凭证2018年应纳印花税为（　　）。

A.65元　　B.70元　　C.305元　　D.3 165元

【答案】C

【解析】应纳印花税＝1200 000×0.5‰÷2＋1×5＝305（元）

9.对全国社会保障基金理事会、全国社会保障基金投资管理人管理的全国社会保障基金转让非上市公司股权，免征全国社会保障基金理事会、全国社会保障基金投资管理人应缴纳的印花税。（新增）

五、征收管理

（一）纳税方法（见表11-12）

表11-12　　3种印花税纳税办法

考霸笔记
即“三自”纳税办法。

方法	适用范围	具体规定
自行贴花	应税凭证较少或贴花次数较少的纳税人	1.自行计算应纳税额，自行购买印花税票，自行一次贴足印花税票并加以注销或划销 2.对于已贴花的凭证，修改后所载金额增加的，其增加部分应当补贴印花税票，但多贴印花税票者，不得申请退税或者抵用
汇贴或汇缴	应纳税额较大或者贴花次数频繁的纳税人	1.汇贴：当一份凭证应纳税额超过500元时，应向税务机关申请填写缴款书或者完税凭证，将其中一联粘贴在凭证上加注完税标记代替贴花 2.汇缴：同一种类应税凭证需要频繁贴花的，纳税人可自行决定是否采用按期汇总缴纳印花税的方式，汇总缴纳的期限为1个月
委托代征	通过税务机关委托，经由发放或者办理应纳税凭证的单位代为征收印花税税款	

（二）纳税环节

在书立和领受时贴花。

如果合同是在国外签订，并且不便在国外贴花的，应在将合同带入境时办理贴花纳税手续。

（三）纳税地点

一般实行就地纳税。

（四）违章处罚（了解，略）

智能测评

在线练习	我要提问
扫码在线做题　扫码看答案 本书“本章同步强化训练”均配备二维码，打开微信“扫一扫”即可完成在线测评，查看本章详细的测评反馈报告，了解知识掌握情况，也可扫码直接看答案噢。 快来扫码做题吧！	扫码答疑 本书配备答疑专用二维码，打开微信“扫一扫”，即可完成在线提问，获取专业老师全面个性化解答，让学习问题不再拖延。 快来扫码提问吧！

本章同步强化训练

一、单选题

1. 某企业2018年6月进口载货汽车1辆；4月在国内市场购置载货汽车2辆，支付全部价款和价外费用为75万元（不含增值税），另支付车辆购置税7.5万元，车辆牌照费0.1万元，代办保险费2万元，均取得相关部门开具的发票；5月受赠小汽车1辆。上述车辆全部为企业自用。下列车辆购置税的表述中正确的是（　　）。

A. 国内购置载货汽车的计税依据为84.5万元

B. 进口载货汽车的计税依据为关税完税价格加关税

C. 受赠小汽车的计税依据为同类小汽车的市场价格加增值税

D. 国内购置载货汽车的计税依据为77万元

2. 下列关于车船税计税单位确认的表述中，正确的是（　　）。

A. 摩托车按"排气量"作为计税单位

B. 游艇按"净吨位每吨"作为计税单位

C. 专业作业车按"整备质量每吨"作为计税单位

D. 商用货车按"每辆"作为计税单位

3. 某船运公司2018年度拥有旧机动船5艘，每艘净吨位1 500吨；拥有拖船4艘，每艘发动机功率3 000千瓦。2018年7月购置新机动船6艘，每艘净吨位3 000吨。该公司船舶适用的车船税年税额为：净吨位201～2 000吨的，每吨4元；净吨位2 001～10 000吨的，每吨5元。该公司2018年度应缴纳的车船税为（　　）元。

A. 87 000　　B. 91 080　　C. 95 100　　D. 123 000

4. 下列车船中，免征车船税的是（　　）。

A. 辅助动力帆艇　　B. 武警专用车船　　C. 半挂牵引车　　D. 客货两用汽车

5. 下列关于车船税的说法中，正确的是（　　）。

A. 拖船和非机动驳船均属于车船税的征税范围

B. 客车以"整备质量每吨"为计税单位

C. 境内单位和个人将船舶出租至境外的，不征收车船税

D. 已缴纳车船税的车船在同一纳税年度内办理过户转让的，原已缴纳的税款允许退还

6. 下列合同或书据中，应按照"技术合同"税目征收印花税的是（　　）。

A. 技术转让合同　　B. 专有技术使用权转移书据

C. 专利实施许可合同　　D. 专利权转移书据

7. 孙某将自有住房无偿赠与非法定继承人王某，已向税务机关提交经审核并签字盖章的"个人无偿赠与不动产登记表"。下列有关孙某赠房涉及税收的表述中，不正确的有（　　）。

A. 孙某应缴纳契税　　B. 王某应缴纳契税

C. 孙某应缴纳印花税　　D. 王某应缴纳印花税

8. 某中学委托一服装厂加工校服，合同约定布料由学校提供，价值50万元，学校另支付加工费10万元，下列各项关于计算印花税的表述中，正确的是（　　）。

A. 学校应以50万元的计税依据，按"销售合同"税目的税率计算印花税

B. 服装厂应以50万元的计税依据，按"销售合同"税目的税率计算印花税

C.服装厂应以10万元加工费为计税依据，按“加工承揽合同”税目的税率计算印花税

D.服装厂和学校均以60万元为计税依据，按“加工承揽合同”税目的税率计算印花税

9. 2018年6月王某从汽车4S店购置了一辆排气量为1.8升的乘用车，支付购车款（含增值税）234 000元并取得“机动车销售统一发票”，支付代收保险费5 000元并取得保险公司开具的票据，支付购买工具件价款（含增值税）1 000元并取得汽车4S店开具的普通发票。王某应缴纳的车辆购置税为（ ）元。

A.20 000　　B.20 258.62　　C.20 512.82　　D.24 000

二、多选题

1. 下列各项中，属于车辆购置税应税行为的有（ ）。

A.受赠使用应税车辆　　B.进口使用应税车辆

C.经销商经销应税车辆　　D.债务人以应税车辆抵债

2. 某机关2018年5月购车一辆，随购车支付的下列款项中，应并入计税依据征收车辆购置税的有（ ）。

A.手续费　　B.增值税税款　　C.零部件价款　　D.车辆装饰费

3. 依据车辆购置税法的相关规定，下列税金中，属于进口自用车辆的车辆购置税组成计税价格有（ ）。

A.关税　　B.消费税　　C.增值税　　D.关税完税价格

4. 甲运输企业2018年7月15日进口1辆中轻型商用客车自用，支付海关审定的关税完税价格为100万元。当月21日取得其他企业用于抵偿200万元债务的大货车8辆、小汽车2辆，甲企业将该批货车全部自用，小汽车赠送给员工。该大货车不含税售价为30万元，国家税务总局规定的最低计税价格为32万元。已知该客车关税税率为15%，消费税税率为5%。下列说法正确的有（ ）。

A.购买进口小汽车应纳车辆购置税12.11万元

B.以抵偿债务方式取得并自用的货车不用缴纳车辆购置税

C.以抵偿债务方式取得并自用的货车，其计税依据由主管税务机关参照国家税务总局规定的最低计税价格核定

D.赠送员工的小汽车由甲企业缴纳车辆购置税

5. 某旅游公司2018年8月从游艇生产企业购进一艘游艇，取得的增值税专用发票注明价款120万元、税额20.4万元；从汽车贸易公司购进一辆小汽车，取得增值税机动车统一销售发票注明价款40万元、税额6.8万元；游艇的消费税税率为10%，小汽车消费税税率为5%。下列关于上述业务相关纳税事项的表述中，正确的有（ ）。

A.汽车贸易公司应缴纳消费税2万元

B.游艇生产企业应缴纳消费税12万元

C.旅游公司应缴纳游艇车辆购置税12万元

D.旅游公司应缴纳小汽车的车辆购置税4万元

6. 下列车船中，应计算缴纳车船税的有（ ）。

A.军队专用车船　　B.警用车辆

C.企业内部职工通勤车辆　　D.非机动驳船

7. 下列关于印花税纳税人的表述中，正确的有（ ）。

A.各类电子应税凭证的签订人属于印花税的纳税人

B.印花税的纳税人不包括合同的担保人

C.取得政府部门颁发的各种权利、许可证照的单位和个人均属于印花税纳税人

D.设置台账的办公室属于印花税纳税人

8.下列合同中，应按照“产权转移书据”税目缴纳印花税的有（　　）。

A.商品房销售合同　　B.专利实施许可合同

C.股权转让合同　　D.专利申请权转让合同

9.下列选项中，不属于印花税征税范围的有（　　）。

A.贴息贷款合同　　B.银行内部管理设置的账簿

C.用户与电网之间签订的供用电合同　　D.发电厂与电网之间签订的购销电合同

10.甲电网公司在2018年6月与发电厂订了购销电合同1份，与保险公司签订了保险合同1份，直接与用户签订了供电合同若干份，另与房地产开发公司签订了一份购房合同。下列说明甲电网公司缴纳印花税的表述中，正确的有（　　）。

A.签订的保险合同按“保险合同”税目缴纳印花税

B.与发电厂签订的购销电合同按“购销合同”税目缴纳印花税

C.与用户签订的供电合同按“购销合同”税目缴纳印花税

D.签订的购房合同“按产权转移书据”税目缴纳印花税

11.甲公司因资金周转困难，决定将公司价值100万元的小汽车向银行抵押，取得抵押贷款80万元。由于经营不佳持续亏损，导致贷款到期无力偿还，甲公司将小汽车所有权转移给银行，双方签订产权转移书据，其中注明金额100万元。已知购销合同印花税税率为0.3‰，借款合同印花税税率为0.05‰，产权转移书据印花税税率为0.5‰。针对上述业务，下列说法正确的有（　　）。

A.与银行之间的贷款合同按“抵押合同”税目贴花

B.该抵押贷款合同在借款到期时计算缴纳印花税

C.甲公司合计缴纳印花税540元

D.该抵押贷款合同的计税依据为借款金额

12.甲公司于2018年8月与乙公司签订了数份以货易货合同，以共计750 000元的钢材换取650 000元的水泥，甲公司取得差价100 000元。下列各项中表述正确的有（　　）。

A.甲公司8月应缴纳的印花税为225元

B.甲公司8月应缴纳的印花税为420元

C.甲公司可对易货合同采用汇缴方式缴纳印花税

D.甲公司可对易货合同采用汇贴方式缴纳印花税

13.我国运输企业甲与国外运输企业乙根据我国境内托运方企业丙的要求签订了1份国际货运合同，合同规定由甲负责起运，乙负责境外运输，甲乙丙分别持有全程运费结算凭证。下列关于计算缴纳印花税的表述中正确的有（　　）。

A.甲按本程运费贴花　　B.乙按本程运费贴花

C.乙按全程运费贴花　　D.丙按全程运费贴花

14.关于印花税的征收管理，下列说法正确的是（　　）。

A.印花税一般实行就地纳税

B.如果合同在国外签订，且不便在国外贴花，则不需要缴纳印花税

C.印花税自行贴花指的是纳税人自购、自贴、自申报

D.印花税应当在书立或领受时贴花

三、计算题

甲企业2018年发生下列业务：

（1）1月份取得国有土地4 000平方米，签订了土地使用权出让合同，记载的出让金额为4 000万元，并约定当月交付；然后委托施工企业建造仓库，工程4月份竣工，5月份办妥了验收手续。该仓库在甲企业账簿“固定资产”科目中记载的原值为9 500万元。

（2）3月份甲企业因为生产规模扩大，购置了乙企业的仓库1栋，产权转移书据上注明的交易价格为1 200万元，在乙企业“固定资产”科目上记载的原值为1 250万元，取得了房屋权属证书。

（其他相关资料：已知当地省政府规定的房产税计算余值的扣除比例为30%，契税税率为4%，城镇土地使用税税率为20元/平方米，产权交易印花税税率为0.5‰。）

根据上述资料，计算回答问题：

（1）计算业务（1）甲企业应缴纳的契税、印花税。

（2）计算业务（1）甲企业2018年应缴纳的房产税、城镇土地使用税。

（3）计算业务（2）甲企业应缴纳的契税、印花税。

（4）计算业务（2）甲企业2018年应缴纳的房产税。

第十二章
国际税收税务管理实务

本章导学

本章框架图

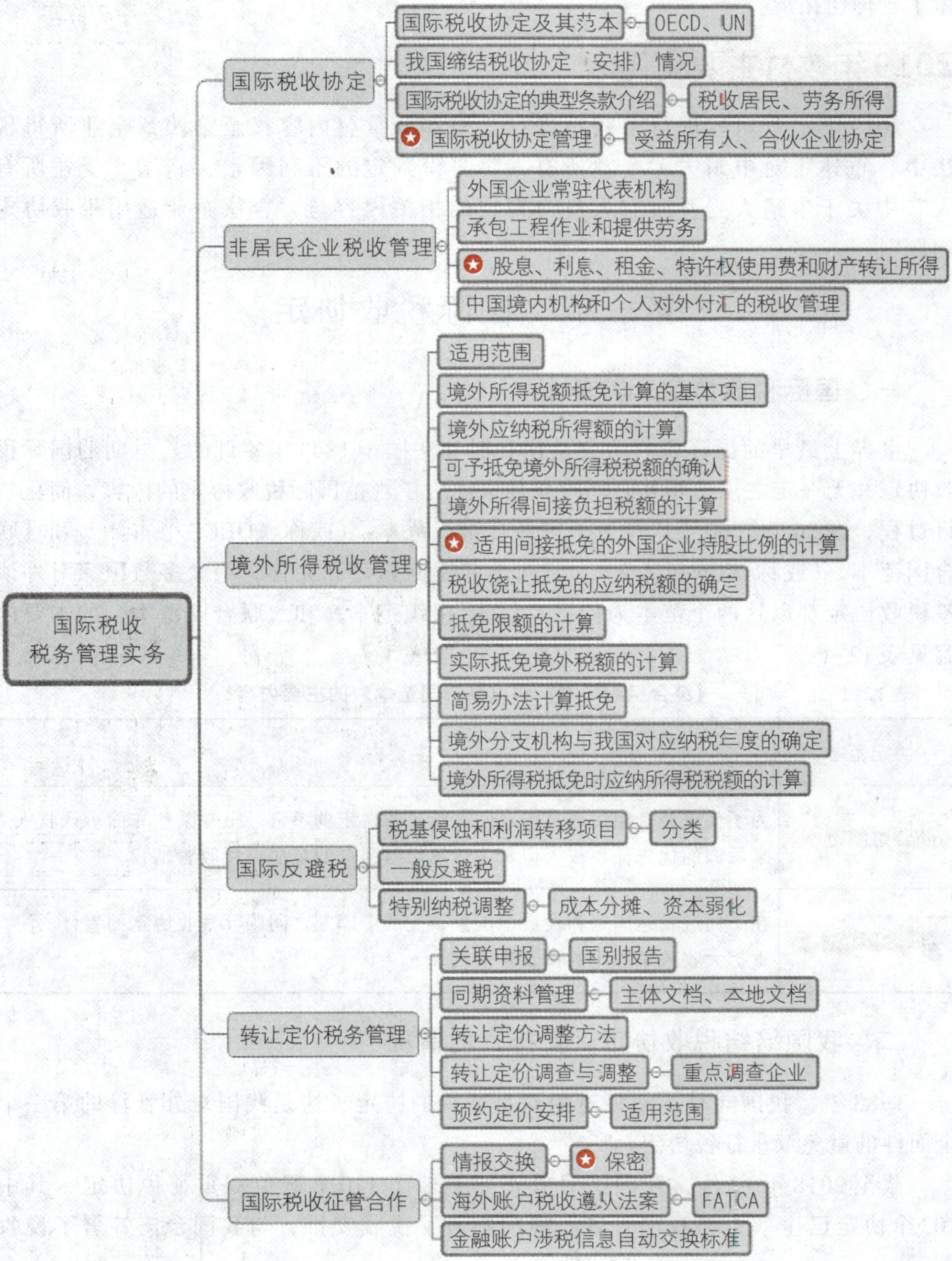

本章考情概述

本章自2015年加入教材，考核过多种题型，在2016年、2018年各命制了一道计算问答题，因此考生要对非居民企业税收管理、境外所得税收管理整予以关注。

国际税收税务管理实务涉及我国与其他国家（地区）间各个税种的税收征管。第一章税法总论第七节国际税收关系，简述了国际税收的基本知识，本章重点介绍国际税收实务管理，也对第四章企业所得税法和第五章个人所得税法中的相关规定做了延伸与拓展。

2019年教材主要变化

2019年本章内容进行了较小修订，把部分重叠内容移至第四章企业所得税法中，重述了对申请人“受益所有人”身份判定的不利因素，新增“受益所有人”中关于申请人受益所有人身份判定的相关内容与“合伙企业适用税收协定问题”。

第一节 国际税收协定

一、国际税收协定及其范本

世界上最早的国际税收协定是比利时和法国于1843年签订的。早期的国际税收协定并无一定之规，相互之间差异较大。为了规范国际税收协定的内容，简化签订过程，在20世纪60年代产生了《经合组织范本》（或称《OECD范本》）和《联合国范本》（或称《UN范本》）。经过多年不断修订和完善，绝大多数国家对外谈签税收协定都以这两个范本为依据。《经合组织范本》和《联合国范本》的主要内容见表12-1。

表12-1 《经合组织范本》和《联合国范本》的主要内容

协定范本	主要内容
《经合组织范本》	为了促进经合组织成员国之间国际税收协定的签订。虽在某些方面承认收入来源国的优先征税权，但其主导思想所强调的是居民税收管辖权
《联合国范本》	在于促进发达国家和发展中国家、发展中国家之间国际税收协定的签订。注重扩大收入来源国的税收管辖权

考霸笔记 按属人原则确立，强调居民管辖权。

考霸笔记 按属地原则确立，强调地域管辖权。

二、我国缔结税收协定（安排）的情况

1983年，我国同日本签订避免双重征税的协定，这是我国对外签订的第一个全面性的避免双重征税协定。

截至2018年12月，我国已对外正式签署了110个避免双重征税协定，其中103个协定已生效；与我国香港、澳门签署了税收安排，与我国台湾签署了税收

协议。

这些税收协定（安排、协定）的签署在吸引外资和促进我国企业实施“一带一路”倡议等方面发挥了重要作用。

三、国际税收协定的典型条款介绍

国际税收协定的典型条款介绍

以下基于《中华人民共和国政府和新加坡共和国政府关于对所得避免双重征税和防止偷漏税的协定》（简称《中新协定》）及议定条文解释，选取了“税收居民”和“劳务所得”两个条款对国际税收协定的典型条款进行简要介绍。

（一）税收居民

1.“缔约国一方居民”，是指按照该缔约国法律，由于住所、居所、管理机构所在地、总机构所在地、注册地或任何其他类似标准，在该缔约国负有纳税义务的人，也包括该缔约国、地方当局或法定机构。

居民应是在一国负有全面纳税义务的人，这是判断居民身份的必要条件。这里所指的“纳税义务”并不等同于事实上的征税。相反，在一国负有纳税义务的人却未必都是该国居民。

考霸笔记：例如，新加坡公民因公需要，来我国工作，产生了纳税义务，但不能因此判定为中国居民，而应根据协定来进一步判断。

2.双重居民身份下最终居民身份的判定（见表12-2）。

考霸笔记：若只根据上述第1点中的内容判断，同一人有可能同时为中国和新加坡居民，为了明确居民的身份归属，因此制定了以下标准。

表12-2　　双重居民身份下最终居民身份的判定

判定标准	判定顺序
（1）永久性住所 （2）重要利益中心 （3）习惯性居处 （4）国籍	只有当使用前一标准无法解决问题时，才能使用后一标准

当采用上述标准依次判断仍然无法确定其身份时，可由缔约国双方主管当局按照协定规定的相互协商程序协商解决。

例12-1·2017年单选题

下列关于双重居民身份下最终居民身份判定标准的排序中，正确的是（　　）。

A.永久性住所、重要利益中心、习惯性居处、国籍

B.重要利益中心、习惯性居处、国籍、永久性住所

C.国籍、永久性住所、重要利益中心、习惯性居处

D.习惯性居处、国籍、永久性住所、重要利益中心

【答案】A

【解析】居民身份判定标准依次为：①永久性住所；②重要利益中心；③习惯性居处；④国籍。

3.除个人以外（即公司和其他团体），同时为缔约国双方居民的人，应认定其是“实际管理机构”所在国的居民。

（二）劳务所得

劳务所得的类型及具体规定见表12-3。

考霸笔记
如，新加坡居民在新加坡受雇取得的报酬应仅在新加坡纳税，但在中国从事受雇活动取得的报酬，中国可以征税。

新加坡居民以雇员的身份在中国从事活动，满足什么条件，其获得的报酬需要在中国纳税？

表 12-3 劳务所得的类型及具体规定

类型	具体规定
独立个人劳务	缔约国一方居民个人由于专业性劳务或者其他独立性活动取得的所得，应仅在该缔约国征税，即一般情况下仅在该个人为其居民的国家征税，但符合下列条件之一的，来源国有征税权： （1）该居民个人在缔约国另一方为从事上述活动的目的设有经常使用的固定基地（有固定场所） （2）该居民个人在任何12个月中在缔约国另一方停留连续或累计达到或超过183天
非独立个人劳务	（1）缔约国一方居民因受雇所得的薪金、工资和其他类似报酬，除在缔约国另一方从事受雇的活动以外，应仅在该缔约国一方征税。上述规定不适用《中新协定》中的“董事费”、“退休金”以及“政府服务”条款 （2）缔约国一方居民因在缔约国另一方从事受雇的活动取得的报酬，同时具有以下三个条件的，应仅在该缔约国一方征税：时间、支付方、负担方三方面 ①收款人在任何12个月中在该缔约国另一方停留连续或累计不超过183天 ②该项报酬由并非该缔约国另一方居民的雇主支付或代表该雇主支付 ③该项报酬不是由雇主设在该缔约国另一方的常设机构或固定基地所负担 （3）在缔约国一方企业经营国际运输的船舶或飞机上从事受雇活动取得的报酬，应仅在该缔约国征税。按从事该项运输的企业为其居民的国家征税

四、国际税收协定管理

什么是实际雇主？

（一）受益所有人（见表12-4）

表 12-4 受益所有人

受益所有人	具体规定
1.定义	指对所得或所得据以产生的权力或财产具有所有权和支配权的人
2.不利于对申请人受益所有人身份的判定的因素	（1）申请人有义务在收到所得的12个月内将所得的50%以上支付给第三国（地区）居民 （2）申请人从事的经营活动不构成实质性经营活动 （3）缔约对方国家（地区）对有关所得不征税或免税，或征税但实际税率极低 （4）在利息据以产生和支付的贷款合同之外，存在债权人与第三人之间在数额、利率和签订时间等方面相近的其他贷款或存款合同 （5）在特许权使用费据以产生和支付的版权、专利、技术等使用权转让合同之外，存在申请人与第三人之间在有关版权、专利、技术等的使用权或所有权方面的转让合同
3.可认定为具有受益所有人身份的情形	申请人从中国取得的所得为股息时，申请人虽不符合“受益所有人”条件，但直接或间接持有申请人100%股份的人符合“受益所有人”条件，并且属于以下两种情形之一的，应认为申请人具有“受益所有人”身份： （1）符合“受益所有人”条件的人为申请人所属居民国（地区）居民 （2）符合“受益所有人”条件的人虽不为申请人所属居民国（地区）居民，但该人和间接持有股份情形下的中间层均为符合条件的人
4.可直接判定申请人具有受益所有人身份的情形	（1）缔约对方政府 （2）缔约对方居民且在缔约对方上市的公司 （3）缔约对方居民个人 （4）申请人被第（1）至（2）项中的一人或多人直接或间接持有100%股份，且间接持有股份情形下的中间层为中国居民或缔约对方居民

考霸笔记
2019年教材对受益所有人身份的不利因素判定做出了重述。

考霸笔记
在判定“受益所有人”身份时，应根据本条所列因素结合具体案例的实际情况进行综合分析。

例 12-2 · 多选题

下列申请人中，从中国取得的所得为股息时，可直接判定为受益所有人的有（　　）。

A. 缔约对方居民企业　　B. 缔约对方政府

C. 缔约对方个人　　D. 被缔约对方政府直接持有100%股份的居民企业

【答案】BCD

【解析】选项A，只有缔约对方居民且在缔约对方上市的公司才可直接认定为受益所有人；选项BCD，可直接认定为受益所有人。

1. 上述第3条、第4条要求的持股比例应当在取得股息前连续12个月以内任何时候均达到规定比例。**（新增）**

2. 代理人或指定收款人等不属于"受益所有人"。申请人通过代理人代为收取所得的，无论代理人是否属于缔约对方居民，都不应据此影响对申请人"受益所有人"身份的判定。**（新增）**

【提示】判断是否为"代理人代为收取所得"时，应根据代理合同或指定收款合同等资料进行分析。

3. 申请人虽具有"受益所有人"身份，但主管税务机关发现需要适用税收协定主要目的测试条款或国内税收法律规定的一般反避税规则的，适用一般反避税相关规定。**（新增）**

（二）合伙企业适用税收协定问题（见表12-5）**（新增）**

考霸笔记：只要合伙人或合伙企业为缔约对方居民，其在中国负有纳税义务的所得就能享受协定待遇。

表12-5　合伙企业适用税收协定问题

情形	具体规定
可以在中国享受协定待遇的情形	1. 依照中国法律在中国境内成立的合伙企业，其合伙人为税收协定缔约对方居民的，该合伙人在中国负有纳税义务的所得被缔约对方视为其居民的所得的部分
	2. 依照外国（地区）法律成立的合伙企业，其实际管理机构不在中国境内，但在中国境内设立机构、场所的，或者中国境内未设立机构、场所，但有来源于中国境内所得的，是中国企业所得税的非居民企业纳税人。除税收协定另有规定的以外，只有在该合伙企业是缔约对方居民的情况下，其在中国负有纳税义务的所得才能享受协定待遇

（三）非居民纳税人享受税收协定待遇的税务管理（见本章第二节）

（四）居民享受税收协定待遇的税务管理

企业或者个人为享受中国政府对外签署的税收协定、条款待遇，可向主管其所得税的县税务机关申请开具中国税收居民身份证明。企业或者个人可以就其构成中国税收居民的任一公历年度申请开具《中国税收居民身份证明》。

常驻代表机构指什么？

第二节　非居民企业税收管理

一、外国企业常驻代表机构

设立在中国境内的外国企业（包括我国港澳台企业）及其他组织的常驻代表机构

（以下简称代表机构），应当自领取工商登记证件（或有关部门批准）之日起30日内，向所在地主管税务机关申报办理税务登记。

代表机构应就其所得在季度终了之日起15日内向主管税务机关据实申报缴纳企业所得税；发生增值税应税行为的，应就其应税收入按照相关法规计算缴纳增值税，同时还需要计算应缴纳的城市维护建设税、教育费附加和地方教育附加。

二、承包工程作业和提供劳务

以下规定只适用于非居民企业和非居民个人在中国境内承包工程作业和提供劳务的税收征收管理。

1.非居民企业在中国境内承包工程作业和提供劳务的，应当自项目合同或协议签订之日起30日内，向项目所在地主管税务机关办理税务登记手续。

2.非居民企业在中国境内承包工程作业或提供劳务的，应当在项目完工后15日内，向项目所在地主管税务机关报送项目完工证明、验收证明等相关文件复印件，并依据《税务登记管理办法》的有关规定申报办理注销税务登记。

3.境内机构和个人向非居民发包工程作业或劳务项目合同发生变更的，发包方或劳务受让方应自变更之日起10日内向所在地主管税务机关报送“非居民项目合同变更情况报告表”。

4.应纳税所得额的确定（见第四章企业所得税法，第七节第四项，非居民企业应纳税额的计算）。

考霸笔记：注意需要同时缴纳或者扣缴附加税费。

5.在境内设有经营机构的，应当按照规定自行计算并申报增值税；如果境外单位在境内未设有经营机构，则以购买方为增值税扣缴义务人，扣缴义务人应当按照下列公式计算应扣缴税额：

$$应扣缴税额=\frac{购买方支付的价款}{1+税率}\times税率$$

增值税扣缴义务发生时间为纳税人增值税纳税义务发生的当天。

6.税务申报要求。

（1）企业所得税按纳税年度计算、分期预缴、年终汇算清缴，并在工程项目的完工或劳务合同履行完毕后结清税款。

例12-3·多选题

工程价款支付方所在地主管税务机关根据相关信息，可以指定工程价款的支付人为扣缴义务人的情形有（　　）。

A.预计工程作业期限不足1个纳税年度，且有证据表明不履行纳税义务的

B.没有办理税务登记，且未委托境内代理人履行纳税义务的

C.未按期办理企业所得税纳税申报或者预缴申报的

D.工程价款超过1 000万元的

【答案】ABC

【解析】工程价款或劳务费的支付人所在地县（区）以上主管税务机关根据“境内机构和个人发包工程作业或劳务项目报告表”及非居民企业申报纳税证明资料或其他信息。确定符合以下所列指定扣缴的三种情形之一的，可指定工程价款

和劳务费的支付人为扣缴义务人，并将《非居民企业承包工程作业和提供劳务企业所得税扣缴义务通知书》送达被指定方。

①预计工程作业或者提供劳务期限不足1个纳税年度，且有证据表明不履行纳税义务的。

②没有办理税务登记或者临时税务登记，且未委托中国境内的代理人履行纳税义务的。

③未按照规定期限办理企业所得税纳税申报或者预缴申报的。

（2）非居民企业在中国境内发生增值税应税行为，在中国境内设立经营机构的，应按税法规定自行申报缴纳增值税；未在境内设立经营机构的，以发包方、劳务受让方或购买方为扣缴义务人。

三、股息、利息、租金、特许权使用费和财产转让所得

我国现行税法规定，对非居民企业取得来源于中国境内的股息、红利等权益性投资收益和利息、租金、特许权使用费所得、转让财产所得以及其他所得应当缴纳的企业所得税，实行源泉扣缴。以依照有关法律规定或者合同约定对非居民企业直接负有支付相关款项义务的单位或者个人为扣缴义务人。

考霸笔记
源泉扣缴预提所得税率一般为10%，但有税收协定税率的从其协定。

（一）应纳税额的计算

（见第四章企业所得税法，第七节第四项，非居民企业应纳税额的计算）

（二）扣缴税款要求（见表12-6）

表12-6　扣缴税款要求

扣缴规定	具体内容
申报解缴税款时间	扣缴义务人应当自扣缴义务发生之日起7日内向扣缴义务人所在地主管税务机关申报和解缴代扣税款 【提示】扣缴义务发生之日为股息、红利等权益性投资收益实际支付之日
所得发生地主管税务机关确定原则	1.不动产转让所得，为不动产所在地主管税务机关 2.权益性投资资产转让所得，为被投资企业的所得税主管税务机关 3.股息、红利等权益性投资所得，为分配所得企业的所得税主管税务机关 4.利息所得、租金所得、特许权使用费所得，为负担、支付所得的单位或个人的所得税主管税务机关

考霸笔记
非居民企业采取分期收款方式取得应源泉扣缴所得税的同一项转让财产所得的，其分期收取的款项可先视为收回以前投资财产的成本，待成本全部收回后，再计算并扣缴应扣税款。

【提示】扣缴义务人应扣未扣的，由扣缴义务人所在地主管税务机关依照规定责令扣缴义务人补扣税款，并依法追究扣缴义务人责任；需要向纳税人追缴税款的，由所得发生地主管税务机关依法执行。

（三）其他相关规定

1. 2017年1月1日起，对境外投资者从中国境内居民企业分配的利润，直接投资于鼓励类投资项目，凡符合规定条件的，实行递延纳税政策，暂不征收预提所得税。2018年1月1日起，适用范围由外商鼓励类项目扩大至所有非禁止外商投资的项目和领域。（新增）

第十二章

例 12-4·多选题

境外投资者从中国境内居民企业分配的利润，直接投资于鼓励类投资项目的，凡同时满足（　　），可实行递延纳税政策，暂不征收预提所得税。

A.境外投资者以分得的利润进行直接投资

B.境外投资者分得的利润属于中国境内居民企业向投资者实际分配已经实现的留存收益而形成的股息、红利等权益性投资收益

C.境外投资者用于直接投资的利润以现金形式支付的，相关款项从利润分配企业的账户直接转入被投资企业或股权转让方账户，在直接投资前不得在境内其他账户周转

D.境外投资者用于直接投资的利润以实物、有价证券等非现金形式支付的，相关资产所有权直接从利润分配企业转入被投资企业或股权转让方，在直接投资前不得由其他企业、个人代为持有或临时持有

【答案】ABCD

【解析】境外投资者暂不征收预提所得税须同时满足以下条件：

（1）境外投资者以分得利润进行的直接投资，包括境外投资者以分得利润进行的增资，新建、股权收购等权益性投资行为，但不包括新增、转增、收购上市公司股份（符合条件的战略投资除外）。

（2）境外投资者分得的利润属于中国境内居民企业向投资者实际分配已经实现的留存收益而形成的股息、红利等权益性投资收益。

（3）境外投资者用于直接投资的利润以现金形式支付的，相关款项从利润分配企业的账户直接转入被投资企业或股权转让方账户，在直接投资前不得在境内其他账户周转；境外投资者用于直接投资的利润以实物、有价证券等非现金形式支付的，相关资产所有权直接从利润分配企业转入被投资企业或股权转让方，在直接投资前不得由其他企业、个人代为持有或临时持有。

考霸笔记

境外投资者享受本通知规定的暂不征收预提所得税政策待遇后，被投资企业发生重组符合特殊性重组条件，并实际按照特殊性重组进行税务处理的，可继续享受暂不征收预提所得税政策待遇，不补缴递延的税款。

【提示】境外投资者按照金融主管部门的规定，通过人民币再投资专用存款账户划转再投资资金，并在相关款项从利润分配企业账户转入境外投资者人民币再投资专用存款账户的当日，再由境外投资者人民币再投资专用存款账户转入被投资企业和股权转让方账户的，视为符合上述第（3）条规定。**（新增）**

2.境外投资者已享受暂不征收预提所得税政策，经税务部门后续管理核实不符合规定条件的，除属于利润分配企业责任外，视为境外投资未按照规定申报缴纳企业所得税，依法追究延迟纳税责任，税款延迟缴纳期限自相关利润支付之日起计算。

3.境外投资者通过股权转让、回购、清算等方式实际收回享受暂不征收预提所得税政策待遇的直接投资，在实际收取相应款项后7日内，按规定程序向税务部门申报补缴递延的税款。

补缴税款的，境外投资者可按照有关规定享受税收协定待遇，但是仅可适用相关利润支付时有效的税收协定。后续税收协定另有规定的，按后续税收协定执行。**（新增）**

四、中国境内机构和个人对外付汇的税收管理（见表12-7）

表12-7 中国境内机构和个人对外付汇的税收管理

对外付汇的税务备案	具体规定
需要进行备案的情形	境内机构和个人向境外单笔支付等值5万美元以上（不含等值5万美元）外汇资金，应向所在地主管税务机关税务备案： （1）境外机构或个人从境内获得的各类服务贸易收入 （2）境外个人在境内的工作报酬，境外机构或个人从境内获得的股息、红利等收益和经常转移收入 （3）境外机构和个人从境内获得融资租赁租金、不动产的转让收入、股权转让所得及外国投资者其他合法所得
无须进行备案的情形	（1）境内机构在境外发生的差旅、会议、商品展销等各项费用 （2）境内机构在境外代表机构的办公经费，以及境内机构在境外承包工程的工程款 （3）境内机构发生在境外的进出口贸易佣金、保险费、赔偿费 （4）进口贸易项下境外机构获得的国际运输费用 （5）保险项下保费、保险金等相关费用 （6）从事运输和远洋渔业的境内机构在境外发生的修理、油料、港杂等各项费用 （7）境内旅行社从事出境旅游业务的团费以及代订、代办的住宿、交通等相关费用 （8）亚洲开发银行和世界银行集团下属的国际金融公司从我国取得的所得或收入 （9）外国政府和国际金融组织向我国提供的外国政府（转）贷款和国际金融组织贷款项下的利息 （10）外汇指定银行或财务公司自身对外融资，如境外借款、境外同业拆借、海外代付以及其他债务等项下的利息 （11）我国省级以上国家机关对外无偿捐赠援助资金 （12）境外证券公司或登记结算公司向境外机构或境外个人支付其依法取得的股息、红利、利息收入及有价证券卖出所得收益 （13）境内个人境外留学、旅游、探亲等因私用汇 （14）境内机构和个人办理服务贸易、收益和经常转移项下退汇

例12-5·2018年多选题

境内机构对外支付下列外汇资金时，无须办理和提交“服务贸易等项目对外支付税务备案表”的有（　　）。

A.境内机构在境外发生的商品展销费用

B.进口贸易项下境外机构获得的国际运输费月

C.境内机构在境外承包工程的工程款

D.我国区县级国家机关对外无偿捐赠援助资金

【答案】ABC

【解析】选项D，只有我国省级以上国家机关对外无偿捐赠援助资金，才无须办理备案。

第三节　境外所得税收管理

依照企业所得税法的规定，居民企业以及非居民企业在中国境内设立的机构、场所，应在其应纳税额中抵免在境外已缴纳的所得税税额。具体抵免操作如下：

一、适用范围

考霸笔记　缴纳的属于企业所得税性质的税额，而不拘泥于名称。不同的国家有不同的称呼，如法人所得税、公司所得税等。判断依据主要看其是否是针对企业净所得征收的税额。

（一）纳税人境外所得的范围

1. 居民企业可以就其取得的境外所得直接缴纳和间接负担的境外企业所得税性质的税额进行抵免。

2. 非居民企业在中国境内设立机构（场所）可以就其取得的发生在境外，但与其有实际联系的所得直接缴纳的境外企业所得税性质的税额进行抵免。

（二）抵免办法

如何区分直接抵免和间接抵免?

1. 直接抵免，是指企业直接作为纳税人，就其境外所得在境外缴纳的所得税税额，在我国应纳税额中抵免。

2. 间接抵免，是指境外企业就分配股息前的利润缴纳的外国所得税税额中由我国居民企业就该项分得的股息性质的所得间接负担的部分，在我国的应纳税额中抵免。

二、境外所得税税额抵免计算的基本项目

考霸笔记　教材内容、例题主要以分国(地区)不分项的方法予以介绍。

自2017年7月1日起，企业可以选择按国（地区）别分别计算（即“分国（地区）不分项”），或者不按国（地区）别汇总计算（即“不分国（地区）不分项”）其来源于境外的应纳税所得额，并按照有关规定分别计算其可抵免境外所得税税额和抵免限额。

企业取得境外所得，其在中国境外已经实际直接缴纳和间接负担的企业所得税性质的税额，进行境外税额抵免计算的基本项目包括：境内、境外所得分国（地区）别的应纳税所得额、可抵免税额、抵免限额和实际抵免税额。

三、境外应纳税所得额的计算

考霸笔记　若实际收到所得的日期与利润分配日期不在同一纳税年度，仍按被投资方做出利润分配决定的纳税年度确认境外所得。

确定境外所得时，应将取得的来源于境外的税后所得还原为税前所得，再按我国税法纳税。

考霸笔记　因为分支机构不具有分配利润职能，因此其所得均应计入。

1. 居民企业在境外投资设立不具有独立纳税地位的分支机构，其取得的各项所得，无论是否汇回中国境内，均应计入境外应纳税所得额。

2. 来源于境外的股息、红利等权益性投资收益，应按被投资方做出利润分配决定的日期确认收入实现；来源于境外的利息、租金、特许权使用费、转让财产等收入，应按有关合同约定应付交易对价款的日期确认收入实现。

共同支出该如何理解?

3. 在计算境外应纳税所得额时，企业为取得境内、境外所得而在境内、境外发生的共同支出，与取得境外应税所得有关的、合理的部分，应在境内、境外（分国

别（地区））应税所得之间，按照合理比例进行分摊后扣除。

分国（地区）别方法，企业在计算总所得额时已统一归集并扣除的共同费用，按境外每一国（地区）别数额占企业全部数额的下列一种或几种比例的综合比例，在每一国（地区）别的境外所得中对应调整扣除，计算来自每一国（地区）别的应纳税所得额。

（1）资产比例；

（2）收入比例；

（3）员工工资支出比例；

（4）其他合理比例。

4.基于分国（地区）不分项原则，企业在同一纳税年度的境内、外所得加总为零或正数的，其境外分支机构发生的亏损，由于结转弥补的限制而发生的未予弥补的部分（即非实际亏损额），今后在该分支机构的结转弥补期限不受5年期限制。

考霸笔记　可无限期向后结转弥补。

企业当期境内外所得盈利额与亏损额加总后为负数，则以境外分支机构的亏损额超过企业盈利额部分的实际亏损额，准予向以后年度结转，但结转年限最长不得超过5年；未超过企业盈利额部分的非实际亏损额，仍可无限期向后结转弥补。

【案例12-1】2018年中国居民企业A境内盈利额为1 000万元，在甲国的境外分支机构B的亏损额为1 200万元。

则实际亏损额为1 200-1 000=200（万元），准予向以后5个年度内结转，用以后年度的所得弥补；非实际亏损额为1 000万元，可无限期向以后年度结转弥补。

四、可予抵免境外所得税税额的确认

可抵免境外所得税税额，是指企业来源于中国境外的所得，依照中国境外税收法律以及相关规定应当缴纳并已实际缴纳的企业所得税性质的税款。可抵免境外所得税税额的相关规定见表12-8。

表12-8　**可予抵免境外所得税税额的相关规定**

项目	具体规定
可抵免境外所得税税额的基本条件	1.企业来源于中国境外的所得依照中国境外税收法律以及相关规定计算而缴纳的税额 2.缴纳的属于企业所得税性质的税额，而不拘泥于名称 3.限于企业应当缴纳且已实际缴纳的税额 4.可抵免的企业所得税税额，若是税收协定非适用所得税项目，或来自非协定国家的所得，无法判定是否属于对企业征收的所得税税额的，应层报国家税务总局裁定
不应作为可抵免境外所得税税额的情形	1.按照境外所得税法律及相关规定属于错缴或错征的境外所得税税额 2.按照税收协定规定不应征收的境外所得税税额 3.因少缴和迟缴境外所得税而追加的利息、滞纳金或罚款 4.境外所得税纳税人或者其利害关系人从境外征税主体得到实际返还或补偿的境外所得税税款 5.按照我国相关规定，已经免征我国企业所得税的境外所得负担的境外所得税税款 6.按照我国相关规定，已经从企业境外应纳税所得额中扣除的境外所得税税额

考霸笔记　如果我国税收法律法规做出对某项境外的所得给予免税优惠规定，企业取得的该项所得对应的应纳税所得额及其缴纳的境外所得税，均应从计算境外所得税税额抵免的境外应纳税所得额和境外已纳税额中减除。

五、境外所得间接负担税额的计算

居民企业在用上述境外所得间接负担的税额进行税收抵免时，其取得的境外投资收益实际间接负担的税额，是指根据直接或者间接持股方式合计持股20%以上（含20%，下同）的规定层级的外国企业股份。由此应分得的股息、红利等权益性投资收益中，从最低一层外国企业起逐层计算的属于由上一层企业负担的税额。其计算公式如下：

$$\text{本层企业所纳税额属于由一家上一层企业负担的税额}=(\text{本层企业就利润和投资收益所实际缴纳的税额}+\text{由本层企业间接负担的税额})\times\text{本层企业向一家上一层企业分配的股息红利}\div\text{本层企业所得税后利润额}$$

公式中：

（1）本层企业是指实际分配股息（红利）的境外被投资企业。

（2）本层企业就利润和投资收益所实际缴纳的税额，是指本层企业按所在国税法就利润缴纳的企业所得税和在被投资方所在国就分得的股息等权益性投资收益，被源泉扣缴的预提所得税。

（3）本层企业间接负担的税额，是指该层企业由于从下一层企业分回股息（红利）而间接负担的由下一层企业就其利润缴纳的企业所得税税额。

（4）本层企业向一家上一层企业分配的股息（红利），是指该层企业向上一层企业实际分配的扣缴预提所得税税前的股息（红利）数额。

（5）本层企业所得税后利润额，是指该层企业实现的利润总额减去就其利润实际缴纳的企业所得税后的余额。

六、适用间接抵免的外国企业持股比例的计算

除另有规定外，由居民企业直接或者间接持有20%以上股份的外国企业，限于符合以下持股方式的三层外国企业：

1.第一层：单一居民企业直接持有20%以上股份的外国企业。

2.第二层：单一第一层外国企业直接持有20%以上股份，且由单一居民企业直接持有或通过一个或多个符合本条规定持股条件的外国企业间接持有总和达到20%以上股份的外国企业。

3.第三层：单一第二层外国企业直接持有20%以上股份，且由单一居民企业直接持有或通过一个或多个符合本条规定持股条件的外国企业间接持有总和达到20%以上股份的外国企业。

上述符合规定的“持股条件”是指，各层企业直接持股、间接持股以及为计算居民企业间接持股总和比例的每一个单一持股，均应达到20%的持股比例。

自2017年1月1日起，企业在境外取得的股息所得，在按规定计算该企业境外股息所得的可抵免所得税税额和抵免限额时，由该企业直接或者间接持有20%以上股份的外国企业，限于按照规定持股方式确定的五层外国企业，即：

第一层：企业直接持有20%以上股份的外国企业。

第二层至第五层：单一上一层外国企业直接持有20%以上股份，且由该企业直接持有或通过一个或多个符合规定持股方式的外国企业间接持有总和达到20%

以上股份的外国企业。

（教材收录的案例仍属于三层抵免，考生只需掌握抵免范围的判定和三层抵免的计算即可。）

【案例12-2】A企业在境外投资的相关投资结构及持股比例如图12-1所示。

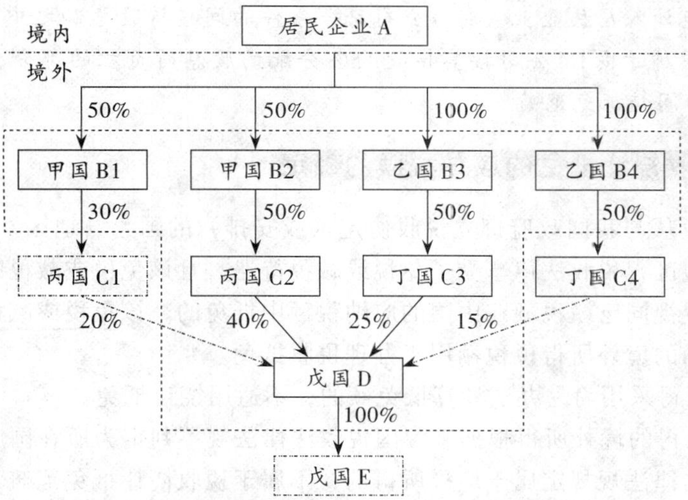

图12-1　A企业在境外投资的相关投资结构及持股比例

多层持股条件的综合判定：

1.B层（第一层）各公司间接抵免持股条件的判定

B1、B2、B3、B4公司分别直接被A公司控股50%、50%、100%、100%，均符合间接抵免第一层公司的持股条件。

2.C层（第二层）各公司间接抵免持股条件的判定

（1）C1公司虽然被符合条件的上一次B1公司控股30%，但仅受居民企业A间接持股15%（50%×30%），因此属于不符合间接抵免持股条件的公司。

（2）C2公司被符合条件的上一层B2公司控股50%，且被居民企业A间接控股达到25%（50%×50%），因此属于符合间接抵免持股条件的公司。

（3）C3公司被符合条件的上一层B3公司控股50%，且被居民企业A间接控股达到50%（100%×50%），因此属于符合间接抵免持股条件的公司。

（4）C4公司情形与C3公司相同，属于符合条件间接抵免持股条件的公司。

3.D层（第三层）公司间接抵免持股条件的判定

（1）虽然D公司被C1公司控股达到了20%，但由于C1公司属于不符合抵免持股条件的公司，所以C1公司对D公司的20%持股也不得再计入D公司间接抵免持股条件的范围，来源于D公司20%部分的所得已纳税款不能进入居民企业A的抵免范畴。

（2）D公司被C2公司控股达到40%，但被居民企业A通过符合条件的B2、C2公司间接持股仅10%（50%×50%×40%），未达到20%，因此还不能判定D公司是否符合间接抵免条件。

（3）D公司被C3公司控股达到25%，且由居民企业A通过符合条件的B3、C3公司间接控股达到12.5%（100%×50%×25%），加上居民企业A通过B2、C2公司间接控股10%，间接控股总和达到22.5%，因此D公司符合间接抵免条件，其

第十二章

所纳税额中属于向C2、C3公司分配的65%股息所负担的部分，可进入居民企业A的间接抵免范畴。

（4）D公司被C4公司控股15%，虽然C4公司自身是符合间接抵免条件的公司，但其对D公司的持股不符合直接控股达20%的条件，因此该C4公司对D公司15%的持股，不能计入居民企业A对D公司符合条件的间接持股总和之中；同时，D公司所纳税额中属于向C4公司按其持股15%分配的股息所负担的部分，也不能进入居民企业A的间接抵免范畴。

税收饶让抵免该如何理解?

七、税收饶让抵免的应纳税额的确定

居民企业从与我国政府订立税收协定（或安排）的国家（地区）取得的所得，按照该国（地区）税收法律享受了免税或减税待遇，且该免税或减税的数额按照税收协定规定应视同已缴税额在中国的应纳税额中抵免的，该免税或减税数额可作为企业实际缴纳的境外所得税税额用于办理税收抵免。

1.境外所得采用简易办法计算抵免额的，不适用饶让抵免。

2.企业取得的境外所得根据来源国税收法律法规不判定为所在国应税所得。而按中国税收法律法规规定属于应税所得的，不属于税收饶让抵免范畴，应全额按中国税收法律法规规定缴纳企业所得税。

【案例12-3】我国与甲国签订了税收饶让协定，并在该国设立了子公司，属于当地的高新技术企业，适用15%的优惠税率，而甲国企业所得税基本税率为35%，在计算可在我国应纳税额中抵免的部分时，应视同该子公司按35%缴纳了甲国的企业所得税。

八、抵免限额的计算

（一）依据分国（地区）别不分项方式计算境外税额的抵免限额

$$\text{某国（地区）所得税抵免限额}=\text{中国境内、境外所得依照企业所得税法及实施条例的规定计算的应纳税总额}\times\left(\text{来源于某国（地区）的应纳税所得额}\div\text{中国境内、境外应纳税所得总额}\right)$$

例12-6·单选题

甲国境内A公司当年境内应纳税所得额为350万元，适用30%的企业所得税税率。在乙国的分公司应纳税所得额为120万元，适用25%的企业所得税税率，则2018年度A公司汇总纳税时实际在我国应缴纳企业所得税（　　）万元。

A.105　　B.135　　C.111　　D.141

【答案】C

【解析】境外缴纳企业所得税抵免限额=120×25%=30（万元），需补缴企业所得税=120×（30%-25%）=6（万元）；汇总纳税时实际在我国应缴纳企业所得税=350×30%+6=111（万元）。

（二）依据不分国（地区）不分项方式计算境外税额的抵免限额

$$\text{境外所得税抵免限额}=\text{中国境内、境外所得依照企业所得税法及实施条例的规定计算的应纳税总额}\times\left(\text{来源于各国（地区）的应纳税所得额}\div\text{中国境内、境外应纳税所得总额}\right)$$

九、实际抵免境外税额的计算 孰低原则

在计算实际应抵免的境外已缴纳和间接负担的所得税税额时，企业在境外一国（地区）当年缴纳和间接负担的符合规定的所得税税额低于所计算的该国（地区）抵免限额的，应以该项税额作为境外所得税抵免额从企业应纳税总额中据实抵免；超过抵免限额的，当年应以抵免限额作为境外所得税抵免额进行抵免。

考霸笔记

超过抵免限额的余额允许从次年起在连续5个纳税年度内，用每年度抵免限额抵免年应抵税额后的余额进行抵补。

例题讲解

例12-7 · 2016年计算题

我国居民企业甲在境外进行了投资，相关投资结构及持股比例如图12-2所示。

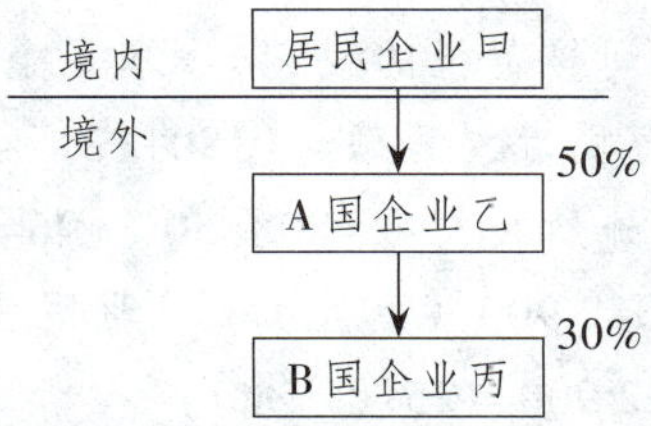

图12-2　甲企业在境外投资的相关投资结构及持股比例

2015年经营及分配状况如下：

（1）B国企业所得税税率为30%，预提所得税税率为12%，丙企业应纳税所得总额为800万元，丙企业将部分税后利润按持股比例进行了分配。

（2）A国企业所得税税率为20%，预提所得税税率为10%。乙企业应纳税所得总额（该应纳税所得总额包含投资收益还原计算的间接税款）为1 000万元，其中来自丙企业的投资收益为100万元，按照12%的税率缴纳B国预提所得税12万元；乙企业在A国享受税收抵免后实际缴纳税款180万元，乙企业将全部税后利润按持股比例进行了分配。

（3）居民企业甲适用的企业所得税税率为25%，其来自境内的应纳税所得额为2 400万元。

要求：根据上述资料，回答下列问题。

（1）简述居民企业可适用境外所得税抵免的税额范围。

（2）判断企业丙分回企业甲的投资收益能否适用间接抵免优惠政策，并说明理由。

（3）判断企业丙分回企业乙的投资收益能否适用间接抵免优惠政策，并说明理由。

（4）计算企业乙所纳税额属于企业甲负担的税额。

（5）计算企业甲取得来源于企业乙投资收益的抵免限额。

（6）计算企业甲取得来源于企业乙投资收益的实际抵免额。

【答案与解析】

（1）居民企业可以就其取得的境外所得直接缴纳和间接负担的境外企业所得性质的税额进行抵免。

（2）不适用间接抵免优惠政策。理由：适用间接抵免的外国企业中的第二层：单一第一层外国企业直接持有20%以上股份，且由单一居民企业直接持有或通过

一个或多个符合本条规定持股条件的外国企业间接持有总和达到20%以上股份的外国企业；本题企业甲直接持有企业乙20%以上的股份，企业乙直接持有企业丙20%以上的股份，但企业甲间接持有企业丙的股份为15%（50%×30%），不足20%，不能适用间接抵免的优惠政策。

（3）适用间接抵免优惠政策。理由：适用间接抵免的外国企业中的第一层：单一居民企业直接持有20%以上股份的外国企业；本题境内企业甲直接持有企业乙的股份超过20%，可以适用间接抵免的优惠政策。

（4）企业乙的税后利润=1 000−180−12=808（万元）。本层企业所纳税额属于由一家上一层企业负担的税额=（本层企业就利润和投资收益所实际缴纳的税额+符合本通知规定的由本层企业间接负担的税额）×本层企业向一家上一层企业分配的股息（红利）÷本层企业所得税后利润额=（180+12）×808×50%÷808 =96（万元）。

（5）企业甲取得的境外所得总额=808×50%+96=500（万元）。企业甲取得的境内外所得总额=500+2 400=2 900（万元）。企业甲应纳税额=2 900×25%=725（万元）。抵免限额=725×500÷2 900=125（万元）。

（6）境外所得税总额=96+808×50%×10%=136.4（万元），其中96万元为分配的利润间接负担的境外所得税，40.4万元为直接负担的预提税。则企业甲取得来源于企业乙投资收益的实际抵免额为125万元。

十、简易办法计算抵免

1.可按境外应纳税所得额的12.5%作为抵免限额。

企业从境外取得的营业利润所得以及符合境外税额间接抵免条件的股息所得，因客观原因无法真实、准确地确认应当缴纳并已经实际缴纳的境外所得税税额的，除就该所得直接缴纳及间接负担的税额在所得来源国（地区）的实际有效税率低于12.5%以上的外，可按境外应纳税所得额的12.5%作为抵免限额，企业按该国（地区）税务机关或政府机关核发具有纳税性质凭证或证明的金额，其不超过抵免限额的部分，准予抵免；超过的部分不得抵免。

2.企业从境外取得的营业利润所得以及符合境外税额间接抵免条件的股息所得，凡就该所得缴纳及间接负担的税额在所得来源国（地区）的法定税率且其实际有效税率明显高于我国的，可直接按规定计算的境外应纳税所得额和税率计算的抵免限额作为可抵免的已在境外实际缴纳的企业所得税税额。

考霸笔记
指实际缴纳或负担的企业所得税税额与应纳税所得额的比率。

十一、境外分支机构与我国对应纳税年度的确定

1.企业在境外投资设立不具有独立纳税地位的分支机构，其计算生产、经营所得的纳税年度与我国规定的纳税年度不一致的，与我国纳税年度当年度相对应的境外纳税年度，应为在我国有关纳税年度中任何一日结束的境外纳税年度。

【案例12-4】2017年我国居民企业在甲国设立了分公司，甲国的企业所得税纳税年度为公历7月1日至次年6月30日。则该分公司在甲国计算的2017年7月1日至2018年6月30日的营业利润及其已纳税额，应在我国2018年度计算境内外应纳税额中抵免。

十二、境外所得税抵免时应纳所得税税额的计算

企业抵免境外所得税税额和实际应纳所得税税额的计算公式为：

企业实际应纳所得税税额=企业境内外所得应纳税总额-企业所得税减免、抵免优惠税额-境外所得税抵免额

第四节 国际反避税

一、税基侵蚀和利润转移项目

《税基侵蚀和利润转移行动计划》（简称BEPS行动计划）是由二十国集团（简称G20）领导人背书，并由经济合作与发展组织（简称OECD）推进并发布，该项工作的重点是消除双重不征税。BEPS行动计划全部15项产出成果，包括13份最终报告和1份解释性声明。BEPS行动计划分类表见表12-9。

表12-9 BEPS行动计划分类表

类别	行动计划
应对数字经济带来的挑战	数字经济
协调各国企业所得税税制	混合错配、受控外国公司规则 利息扣除、有害税收实践
重塑现行税收协定和转让定价国际规则	税收协定滥用、常设机构 无形资产、风险和资本、其他高风险交易
提高税收透明度和确定性	数据统计分析、强制披露原则、转让定价同期资料、争端解决
开发多边工具促进行动计划实施	多边工具

二、一般反避税

1.一般反避税

考霸笔记：只有当特别反避税条款不适用时，才会启用一般反避税条款。

为规范一般反避税管理，根据有关规定，国家税务总局制定了《一般反避税管理办法（试行）》，相关规定见表12-10。

表12-10 一般反避税相关规定

项目	内容
适用情形	对企业实施的不具有合理商业目的而获取税收利益的避税安排，实施的特别纳税调整 【解释】不具有合理商业目的，是指以减少、免除或者推迟缴纳税款为主要目的
不适用情形	（1）与跨境交易或者支付无关的安排 （2）涉嫌逃避缴纳税款、逃避追缴欠税、骗税、抗税以及虚开发票等税收违法行为
特别纳税调整范围	企业的安排属于转让定价、成本分摊、受控外国企业、资本弱化等其他特别纳税调整范围的，应当首先使用其他特别纳税调整的相关规定

考霸笔记：一般反避税办法仅针对跨境交易，不涉及境内。

续表

项目	内容
调整方法	税务机关应当以具有合理商业目的和经济实质的类似安排为基准，按照实质重于形式的原则实施特别纳税调整。调整方法包括： （1）对安排的全部或者部分交易重新定性 （2）在税收上否定交易方的存在，或者将该交易方与其他交易方视为同一实体 （3）对相关所得、扣除、税收优惠、境外税收抵免等重新定性或者在交易各方间重新分配 （4）其他合理方法

如何判断是否具有合理商业目的?

“间接转让中国应税财产”是什么意思?

2.间接转让财产

（1）非居民企业通过实施不具有合理商业目的的安排，间接转让中国居民企业股权等财产，避免企业所得税纳税义务的，应按照企业所得税法的有关规定，重新定性该间接转让交易，确认为直接转让中国居民企业股权等财产。

（2）间接转让中国应税财产所得，应按以下顺序进行税务处理：

①对归属于境外企业及直接或间接持有中国应税财产的下属企业在中国境内所设机构、场所财产的数额，应作为与所设机构、场所有实际联系的所得，按照企业所得税法的有关规定征税。

②除适用第①项规定情形外，对归属于中国境内不动产的数额，应作为来源于中国境内的不动产转让所得，按照企业所得税法的有关规定征税。

③除适用第①项或第②项规定情形外，对归属于在中国居民企业的权益性投资资产的数额，应作为来源于中国境内的权益性投资资产转让所得，按照企业所得税法的有关规定征税。

【案例12-5】甲国A公司持有乙国B公司股权，B公司持有我国C公司股权，B公司不从事制造、经销、管理等实质性经营活动，是纯粹的控股公司。此时A公司将B公司股权转让给了位于乙国的D公司（乙国国内股权转让所得不征所得税），因此间接将我国C公司的股权转让给了乙国D公司。间接转让中国应税财产所得案例示意图如图12-3所示。

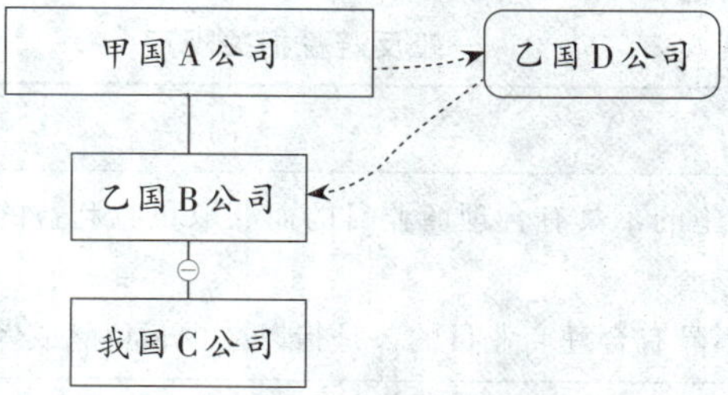

图12-3 间接转让中国应税财产所得案例示意图

此时，我国可就该项交易重新定性，否认A公司转让B公司的行为，直接确认为转让我国的居民企业股权。

三、特别纳税调整

（一）转让定价

考霸笔记
是现代企业特别是跨国公司进行国际避税的重要工具，主要利用各国税收差别实现避税。

转让定价也称划拨定价，即交易各方之间确定的交易价格，它通常是指关联企业之间内部转让交易所确定的价格，这种内部交易价格通常不同于一般市场价格。（详见本章第五节）

（二）成本分摊协议

成本分摊协议，是对企业与其关联方签署的成本分摊协议是否符合独立交易原则进行审核评估和调查调整等工作的总称。企业与其关联方签署成本分摊协议，共同开发、受让无形资产，或者共同提供、接受劳务，应符合法律规定。

1.成本分摊协议的参与方对开发、受让的无形资产或参与的劳务活动享有受益权，并承担相应的活动成本。关联方承担的成本应与非关联方在可比条件下为获得上述受益权而支付的成本相一致。

2.参与方使用成本分摊协议所开发或受让的无形资产不需另支付特许权使用费。

3.企业对成本分摊协议所涉及无形资产或劳务的受益权应有合理的、可计量的预期收益，且以合理商业假设和营业常规为基础。

4.涉及劳务的成本分摊协议一般适用于集团采购和集团营销策划。

5.企业与其关联方签署成本分摊协议，有下列情形之一的，其自行分摊的成本不得税前扣除：

（1）不具有合理商业目的和经济实质。

（2）不符合独立交易原则。

（3）没有遵循成本与收益配比原则。

（4）未按本办法有关规定备案或准备、保存和提供有关成本分摊协议的同期资料。

（5）自签署成本分摊协议之日起经营期限少于20年。

（三）受控外国企业

1.受控外国企业是指由居民企业，或者由居民企业和居民个人控制的设立在实际税负低于25%的企业所得税税率水平50%的国家（地区），并非出于合理经营需要对利润不做分配或减少分配的外国企业。

考霸笔记
对于受控外国企业的利润中应归属于该居民企业股东的部分，应当视同分配计入该居民企业的当期收入。

2.中国居民企业股东能够提供资料证明其控制的外国企业满足以下条件之一的，可免于将外国企业不作分配或减少分配的利润视同股息分配额，计入中国居民企业股东的当期所得：

（1）设立在国家税务总局指定的非低税率国家（地区）；

（2）主要取得积极经营活动所得；

（3）年度利润总额低于500万元人民币。

（四）资本弱化

1.企业从其关联方接受的债权性投资与权益性投资的比例超过规定标准而发生的利息支出，不得在计算应纳税所得额时扣除。

所称债权性投资，是指企业直接或者间接从关联方获得的，需要偿还本金和支付利息或者需要从其他具有支付利息性质的方式予以补偿的融资。

所称权益性投资，是指企业接受的不需要偿还本金和支付利息，投资人对企业净资产拥有所有权的投资。

所称利息支出，包括直接或间接关联债权投资实际支付的利息、担保费、抵押费和其他具有利息性质的费用。

如何理解关联债资比例?

2. 不得在计算应纳税所得额时扣除的利息支出应按以下公式计算：

$$不得扣除利息支出=年度实际支付的全部关联方利息\times\frac{1-标准比例}{关联债资比例}$$

其接受关联方债权性投资与其权益性投资比例为：

①金融企业，为5∶1。

②其他企业，为2∶1。

考霸笔记

企业自关联方取得的不符合规定的利息收入应按照有关规定缴纳企业所得税。

【提示】企业如果能够提供相关资料，并证明相关交易活动符合独立交易原则的，或者该企业的实际税负不高于境内关联方的，其实际支付给境内关联方的利息支出，在计算应纳税所得额时准予扣除。

第五节　转让定价税务管理

根据我国税法的有关规定，税务机关可以对企业与其关联方之间的业务往来是否符合独立交易原则进行审核、评估和调查。对于不符合独立交易原则而减少应纳税收入或者所得额的关联交易，税务机关有权选择合理方法实施转让定价纳税调整。

考霸笔记

仅因国家持股或者由国有资产管理部门委派董事、高级管理人员而存在第（1）至（5）项关系的，不构成关联关系。

一、关联申报

实行查账征收的居民企业和在中国境内设立机构、场所并据实申报缴纳企业所得税的非居民企业向税务机关报送年度企业所得税纳税申报表时，应当就其与关联方之间的业务往来进行关联申报，并附送“年度关联业务往来报告表”。

（一）关联方

关联方持股比例如何确定?

企业与其他企业、组织或者个人具有下列关系之一的，构成关联关系：

（1）一方直接或者间接持有另一方的股份总和达到25%以上；双方直接或者间接同为第三方所持有的股份达到25%以上。

（2）双方存在持股关系或者同为第三方持股，虽持股比例未达到第（1）项规定，但双方之间借贷资金总额占任一方实收资本比例达到50%以上，或者一方全部借贷资金总额的10%以上由另一方担保（与独立金融机构之间的借贷或者担保除外）。

考霸笔记

如果一方通过中间方对另一方间接持有股份，只要对中间方持股比例达到25%以上的，则其对另一方的持股比例按照中间方对另一方的持股比例计算。

（3）双方存在持股关系或者同为第三方持股，虽持股比例未达到第（1）项规定，但一方的生产经营活动必须由另一方提供专利权、非专利技术、商标权、著作权等特许权才能正常进行。

（4）双方存在持股关系或者同为第三方持股，虽持股比例未达到第（1）项规定，但一方的购买、销售、接受劳务、提供劳务等经营活动由另一方控制。

（5）一方半数以上董事或者半数以上高级管理人员（包括上市公司董事会秘书、经理、副经理、财务负责人和公司章程规定的其他人员）由另一方任命或者委派，或者同时担任另一方的董事或者高级管理人员；或者双方各自半数以上董事或者半数以上高级管理人员同为第三方任命或者委派。

（6）具有夫妻、直系血亲、兄弟姐妹以及其他抚养、赡养关系的两个自然人分别与双方具有第（1）至（5）项关系之一。

（7）双方在实质上具有其他共同利益。

（二）关联交易类型

1.有形资产使用权或者所有权的转让。

2.金融资产的转让。

3.无形资产使用权或者所有权的转让。

4.资金融通。

5.劳务交易。

（三）国别报告

1.国别报告主要披露最终控股企业所属跨国企业集团所有成员实体的全球所得、税收和业务活动的国别分布情况。

考霸笔记

最终控股企业是指能够合并其所属跨国企业集团所有成员实体财务报表的，且不能被其他企业纳入合并财务报表的企业。

2.存在下列情形之一的居民企业，应当在报送“年度关联业务往来报告表”时，填报国别报告：

考霸笔记

最终控股企业为中国居民企业的跨国企业集团，其信息涉及国家安全的，可以按照国家有关规定，豁免填报部分或全部国别报告。

（1）该居民企业为跨国企业集团的最终控股企业，且其上一会计年度合并财务报表中的各类收入金额合计超过55亿元。

（2）该居民企业被跨国企业集团指定为国别报告的报送企业。

3.企业虽不属于第2条规定填报国别报告的范围，但其所属跨国企业集团按照其他国家有关规定应当准备国别报告，且符合下列条件之一的，税务机关可以在实施特别纳税调查时要求企业提供国别报告：

（1）跨国企业集团未向任何国家提供国别报告。

（2）虽然跨国企业集团已向其他国家提供国别报告，但我国与该国尚未建立国别报告信息交换机制。

（3）虽然跨国企业集团已向其他国家提供国别报告，且我国与该国已建立国别报告信息交换机制，但国别报告实际未成功交换至我国。

二、同期资料管理

企业应当依据《企业所得税法实施条例》的规定，按纳税年度准备并按税务机关要求提供其关联交易的同期资料。同期资料包括主体文档、本地文档和特殊事项文档。

（一）主体文档

1.符合下列条件之一的企业，应当准备主体文档：

（1）年度发生跨境关联交易，且合并该企业财务报表的最终控股企业所属企业集团已准备主体文档；

（2）年度关联交易总额超过10亿元的企业。

2.主要披露最终控股企业所属企业集团的全球业务整体情况，包括以下内容：

（1）组织架构；

（2）企业集团业务；

（3）无形资产；

（4）融资活动；

（5）财务与税务状况。

3.准备主体文档的企业，还需注意的是：（新增）

考霸笔记
指在税务机关实施特别纳税调查前企业提供主体文档的情形。

（1）依照规定需要准备主体文档的企业集团，如果集团内企业分属两个以上税务机关管辖，可以选择任一企业主管税务机关主动提供主体文档。

（2）收到企业主动提供主体文档的，主管税务机关应区分以下情形进行处理：

①企业集团内各企业均属一个省、自治区、直辖市、计划单列市税务机关管辖的，收到主体文档的主管税务机关须层报至省级税务机关由省级税务机关负责主体文档管理，统一组织协调，按需求提供给集团内各企业主管税务机关使用。

②企业集团内各企业分属两个或者两个以上省、自治区、直辖市、计划单列市税务机关管辖的，收到主体文档的主管税务机关须层报至国家税务总局，由国家税务总局负责主体文档管理，统一组织协调，按需求提供给集团内各企业主管税务机关使用。

（二）本地文档

1.年度关联交易金额符合下列条件之一的企业，应当就其全部关联交易准备本地文档：

（1）有形资产所有权转让金额（来料加工业务按照年度进出口报关价格计算）超过2亿元；

（2）金融资产转让金额超过1亿元；

（3）无形资产所有权转让金额超过1亿元；

（4）其他关联交易金额合计超过4 000万元。

考霸笔记
税务机关认可的价格。

【提示】企业执行预约定价安排的，预约定价安排涉及的关联交易金额不计入上述第（1）项至第（4）项规定的关联交易金额范围。

考霸笔记
包括直接或者间接拥有企业股权的关联方。

2.本地文档主要披露企业关联交易的详细信息，包括以下内容：

（1）企业概况； （2）关联关系；

（3）关联交易； （4）可比性分析；

（5）转让定价方法的选择和使用。

（三）特殊事项文档

特殊事项文档包括成本分摊协议特殊事项文档和资本弱化特殊事项文档。

1.企业签订或者执行成本分摊协议的，应当准备成本分摊协议特殊事项文档。

2.企业关联债资比例超过标准比例需要说明符合独立交易原则的，应当准备资本弱化特殊事项文档。

（四）豁免情形

1.企业仅与境内关联方发生关联交易的，可以不准备主体文档、本地文档和特殊事项文档。

2.企业执行预约定价安排的，可以不准备预约定价安排涉及关联交易的本地文档和特殊事项文档。

（五）时限及其他要求

1.主体文档应当在企业集团最终控股企业会计年度终了之日起12个月内准备

完毕；本地文档和特殊事项文档应当在关联交易发生年度次年6月30日之前准备完毕。同期资料应当自税务机关要求之日起30日内提供。企业因不可抗力无法按期提供同期资料的，应当在不可抗力消除后30日内提供同期资料。

2.同期资料应当使用中文，并标明引用信息资料的出处来源。

3.同期资料应当自税务机关要求的准备完毕之日起保存10年。企业合并、分立的，应当由合并、分立后的企业保存同期资料。

三、转让定价调整方法

企业发生关联交易以及税务机关审核、评估关联交易均应遵循独立交易原则，选用合理的转让定价方法。合理的转让定价方法包括可比非受控价格法、再销售价格法、成本加成法、交易净利润法、利润分割法（见表12-11）和其他符合独立交易原则的方法。

转让定价调整方法

表12-11 转让定价调整方法

转让定价调整方法	含义	适用范围
可比非受控价格法	是指按照没有关联关系的交易各方进行相同或者类似业务往来的价格进行定价的方法	适用于所有类型的关联交易
再销售价格法	是指按照从关联方购进商品再销售给非关联方的价格，减除相同或者类似业务的销售毛利进行定价的方法	通常适用于再销售者未对商品进行改变外形、性能、结构或更换商标等实质性增值加工的简单加工或单纯购销业务
成本加成法	是指按照成本加合理的费用和利润进行定价的方法	通常适用于有形资产的购销、转让和使用，劳务提供或资金融通的关联交易
交易净利润法	是指按照没有关联关系的交易各方进行相同或者类似业务往来取得的净利润水平确定利润的方法	通常适用于有形资产的购销、转让和使用，无形资产的转让和使用以及劳务提供等关联交易
利润分割法	是指将企业与其关联方的合并利润或者亏损在各方之间采用合理标准进行分配的方法	通常适用于各参与方关联交易高度整合且难以单独评估各方交易结果的情况

考霸笔记

该方法以非关联方之间进行的与关联交易相同或类似业务活动所收取的价格作为关联交易的公平成交价格。

选用合理的转让定价方法应进行可比性分析。可比性分析因素主要包括交易资产或劳务特性、交易各方功能和风险、合同条款、经济环境、经营策略五个方面。

四、转让定价调查与调整

税务机关有权根据规定，确定调查企业，进行转让定价调查、调整。被调查企业必须据实报告其关联交易情况，并提供相关资料，不得拒绝或隐瞒。

（一）转让定价调查

转让定价调查应重点选择以下企业：（调查谁）

（1）关联交易数额较大或类型较多的企业；

（2）长期亏损、微利或跳跃性盈利的企业；

（3）低于同行业利润水平的企业；

（4）利润水平与其所承担的功能风险明显不相匹配的企业；

（5）与避税港关联方发生业务往来的企业；

（6）未按规定进行关联申报或准备同期资料的企业；

（7）其他明显违背独立交易原则的企业。

对于实际税负相同的境内关联方之间的交易，只要该交易没有直接或间接导致国家总体税收收入的减少，原则上不做转让定价调查、调整。

（二）转让定价调整（调查并形成结论）

税务机关分析、评估企业关联交易时，因企业与可比企业运营资本占用不同而对营业利润产生的差异原则上不做调整。需要调整的，须层报国家税务总局批准。

（三）跟踪管理（调整后进行的后续管理）

1.税务机关对企业实施转让定价纳税调整后，应自企业被调整的最后年度的下一年度起5年内实施跟踪管理。

2.在跟踪管理期内，企业应在跟踪年度的次年6月20日之前向税务机关提供跟踪年度的同期资料。

（四）向境外关联方支付费用的转让定价管理（跟踪管理期限）

企业向境外关联方支付费用不符合独立交易原则的，税务机关可以在该业务发生的纳税年度起10年内，实施特别纳税调整。

考霸笔记

企业向未履行功能、承担风险，无实质性经营活动的境外关联方支付的费用，在计算企业所得税应纳税所得额时不得扣除。

五、预约定价安排

预约定价安排是指企业就其未来年度关联交易的定价原则和计算方法，向税务机关提出申请，与税务机关按照独立交易原则协商、确认后达成的协议。

预约定价安排可以分为单边、双边和多边三种类型。企业与两个或两个以上国家税务主管当局签署的预约定价安排为双边或多边预约定价安排的，可以有效避免国际重复征税。

预约定价安排

（一）适用范围

1.预约定价安排适用于主管税务机关向企业送达接收其谈签意向的《税务事项通知书》之日所属纳税年度起3至5个年度的关联交易。

2.企业以前年度的关联交易与预约定价安排使用年度相同或者类似的，经企业申请，税务机关可以将预约定价安排确定的定价原则和计算方法追溯适用于以前年度该关联交易的评估和调整。追溯期最长为10年。

3.预约定价安排一般适用于主管税务机关向企业送达接收其谈签意向的《税务事项通知书》之日所属纳税年度前3个年度每年度发生的关联交易金额4 000万元人民币以上的企业。

（二）预约定价安排的6个阶段

预约定价安排的谈签与执行经过预备会谈、谈签意向、分析评估、正式申请、协商签署和监控执行6个阶段。

（三）预约定价安排的优先受理

有下列情形之一的，税务机关可以优先受理企业提交的正式申请：

1.企业关联申报和同期资料完备合理，披露充分；

2.企业纳税信用级别为A级；

3.税务机关曾经对企业实施特别纳税调查、调整，并已经结案；

4.签署的预约定价安排执行期满，企业申请续签，且预约定价安排所述事实和经营环境没有发生实质性变化；

5.企业提交的申请材料齐备，对价值链或者供应链的分析完整、清晰，充分考虑成本节约、市场溢价等地域特殊因素，拟采用的定价原则和计算方法合理；

6.企业积极配合税务机关开展预约定价安排谈签工作；

7.申请双边或者多边预约定价安排的，所涉及的税收协定缔约对方税务主管当局有较强的谈签意愿，对预约定价安排的重视程度较高；

8.其他有利于预约定价安排谈签的因素。

（四）预约定价安排的其他事项

1.在预约定价安排签署前，税务机关和企业均可暂停、终止预约定价安排程序。

2.没有按照规定的权限和程序签署预约定价安排，或者税务机关发现企业隐瞒事实的，应当认定预约定价安排无效。

3.预约定价安排同时涉及两个或者两个以上省、自治区、直辖市和计划单列市税务机关的，由国家税务总局统一组织协调。

4.单边预约定价安排涉及一个省、自治区、直辖市和计划单列市内两个或者两个以上主管税务机关，由省、自治区、直辖市和计划单列市相应税务机关统一组织协调。

5.税务机关与企业在预约定价安排谈签过程中取得的所有信息资料，双方均负有保密义务。

6.税务机关与企业不能达成预约定价安排的，税务机关在协商过程中所取得的有关企业的提议、推理、观念和判断等非事实性信息，不得用于对该预约定价安排涉及关联交易的特别纳税调查、调整。

情报交换的权利和义务是什么?

第六节　国际税收征管合作

一、情报交换

（一）情报交换概述

情报交换，是指我国与相关税收协定缔约国家主管当局为了正确执行税收协定及其所涉及税种的国内法而相互交换所需信息的行为。

考霸笔记

我国主管当局为国家税务总局。

（二）情报交换的种类与范围

1.情报交换的类型，包括专项情报交换、自动情报交换、自发情报交换，以及同期税务检查、授权代表访问和行业范围情报交换等。

2.情报交换的范围。

第十二章

例 12-8 · 单选题

下列关于税收情报交换范围的选项中，正确的是（　　）。

A.国家范围为与我国正式签订税收协定但尚未生效的国家

B.税种范围为国内全部税种

C.人的范围为税收协定缔约国一方或双方的居民

D.地域范围为缔约国全部领域

【答案】C

【解析】除缔约国双方另有规定外，情报交换的范围一般为：

（1）国家范围应仅限于与我国正式签订含有情报交换条款的税收协定并生效执行的国家。

（2）税收范围应仅限于税收协定规定的税种，主要为具有所得（和财产）性质的税种。

（3）人的范围应仅限于税收协定缔约国一方或双方的居民。

（4）地域范围应仅限于缔约国双方有效行使税收管辖权的区域。

3.我国从缔约国主管当局获取的税收情报可以作为税收执法行为的依据，并可以在诉讼过程中出示。

【提示】税收情报应作为密件处理，因此在诉讼程序中作为证据使用时，税务机关应根据行政诉讼法等法律规定，向法庭申请不在开庭时公开质证。

（三）税收情报的秘密

1.税收情报应做密件处理。

2.确定税收情报秘密的原则如下：

（1）一般应确定为秘密级。

（2）属以下情形的，应确定为机密级：

①税收情报事项涉及偷税、骗税或其他严重违反税收法律法规的行为。

②缔约国主管当局对税收情报有特殊保密要求的。

（3）税收情报事项涉及最重要的国家秘密时，应确定为绝密级。

3.绝密级情报保密期限一般为30年，机密级情报保密期限一般为20年，秘密级情报保密期限一般为10年。

二、海外账户税收遵从法案

考霸笔记：又叫“肥咖法案”。

1.美国《海外账户税收遵从法案》（简称FATCA），其主要目的是追查全球范围内美国富人的逃避缴纳税款行为。属美国国内法，但适用范围远远超出美国辖区。美国公布以政府间合作方式实施FATCA的两种协议模式：

（1）模式一：通过政府开展信息交换，包括互惠型和非互惠型两种子模式。

（2）模式二：金融机构直接向美国税务机关报送信息。

【提示】虽然金融机构负有尽职调查与信息报告义务，但举证责任最终仍由纳税人承担。

2.2014年6月，中国按照模式一中的互惠型子模式与美国签订政府间协议。

三、金融账户涉税信息自动交换标准

金融账户涉税信息自动交换标准

随着经济全球化进程的不断加快，纳税人通过境外金融机构持有和管理资产，并将收益隐匿在境外金融账户以逃避居民国纳税义务的现象日趋严重。受G20委托，OECD于2014年7月发布了《金融账户涉税信息自动交换标准》（以下简称AEOI标准），为各国加强国际税收合作、打击跨境逃避税提供了强有力的工具。

考霸笔记 我国在2014年9月，承诺将实施AEOI标准。

四、税收公约

1.《多变税收征管互助公约》（以下简称《公约》）适用于根据我国法律由税务机关征收管理的税种。

【提示】具体包括：企业所得税、个人所得税、城镇土地使用税、房产税、土地增值税、增值税、消费税、烟叶税、车辆购置税、车船税、资源税、城市维护建设税、耕地占用税、印花税、契税。

2.我国税务机关现阶段与《公约》其他缔约方之间开展征管协助的形式为情报交换。

3.以下事项属于《公约》批准书中我国声明保留内容：

（1）对上述税种以外的税种，不提供任何形式的协助；

（2）不协助其他缔约方追缴税款，不协助提供保全措施；

（3）不提供文书送达方面的协助；

（4）不允许通过邮寄方式送达文书。

4.在我国政府另行通知前，《公约》暂不适用于我国香港特别行政区和澳门特别行政区。

考霸笔记 规范国际情报交换制定的《国际税收情报交换工作规程》同时适用于《内地和香港特别行政区关于对所得避免双重征税的安排》和《内地和澳门特别行政区关于对所得避免双重征税的安排》。

智能测评

在线练习	我要提问
扫码在线做题　扫码看答案 本书“本章同步强化训练”均配备二维码，打开微信“扫一扫”即可完成在线测评，查看本章详细的测评反馈报告，了解知识掌握情况，也可扫码直接看答案噢。 快来扫码做题吧！	扫码答疑 本书配备答疑专用二维码，打开微信“扫一扫”，即可完成在线提问，获取专业老师全面个性化解答，让学习问题不再拖延。 快来扫码提问吧！

本章同步强化训练

一、单项选择题

1.下列关于双重居民身份下最终居民身份判定标准的排序中，正确的是（　　）。

A.永久性住所、重要利益中心、习惯性居处、国籍

B.重要利益中心、习惯性居处、国籍、永久性住所

C.国籍、永久性住所、重要利益中心、习惯性居处

D.习惯性居处、国籍、永久性住所、重要利益中心

2.A国甲居民企业在B国设有分支机构，在B国取得应纳税所得额100万元，B国税率为30%，A国税率为25%，B国规定在本国取得收入的非居民企业享受税率为20%的优惠，A和B签订税收饶让协定，则甲居民企业对在B国取得的收入应补税（　　）万元。

A.5　　B.0　　C.10　　D.25

3.关联交易同期资料中的主体文档，应当在企业集团最终控股企业会计年度终了之日起一定期限内准备完毕，这一期限为（　　）。

A.15个月　　B.18个月　　C.12个月　　D.24个月

4.发生下列关联交易的企业，可免于准备关联交易同期资料的是（　　）。

A.关联交易属于执行预约定价安排所涉及的范围

B.外资股份低于50%且仅与境外关联方发生关联交易

C.除成本分摊协定和预约定价安排外，年度发生的关联购销金额在2亿元人民币以上

D.除成本分摊协定和预约定价安排外，年度发生的除关联购销外的其他关联交易金额在4 000万元人民币以上

5.下列关于《海外账户税收遵从法案》的表述中，正确的是（　　）。

A.规定举证责任最终由纳税人承担

B.主要目的是追查全球企业避税情况

C.被认定为“不合作账户持有人”将被扣缴40%的预提所得税

D.仅适用于美国境内

6.下列国际组织或机构中，发布了《金融账户涉税信息自动交换标准》的是（　　）。

A.联合国　　B.世界银行

C.经济合作与发展组织　　D.世界贸易组织

7.我国普通居民企业A公司在甲国设有分支机构，2018年度在甲国取得应纳税所得额500万元，甲国所得税税率为30%，但该分支机构享受优惠税率15%。我国与甲国之间签署了税收协定，适用税收饶让政策。2018年度A公司对在甲国取得的收入应补缴税款（　　）万元。

A.25　　B.-25　　C.0　　D.50

二、多项选择题

1.以下各项中，属于税基侵蚀和利润转移项目（BEPS）行动计划的有（　　）。

A.数字经济　　B.有害税收实践　　C.数据统计分析　　D.实际管理机构规则

2.下列关于税收情报交换的表述中，正确的有（　　）。

A.税收情报应作密件处理

B.税收情报涉及的事项可以溯及税收协定生效并执行之前

C.我国从缔约国主管当局获取的税收情报可以作为税收执法行为的依据

D.税收情报交换在税收协定规定的权利和义务范围内进行

3.企业符合相应条件应当就其全部关联交易准备本地文档，下列条件中说法正确的有（　　）。

A.金融资产转让金额超过2亿元　　B.有形资产所有权转让金额超过1亿元

C.无形资产所有权转让金额超过1亿元　　D.其他关联交易金额合计超过4 000万元

4.下列属于转让定价方法的有（　　）。

A.交易分割法　　B.可比非受控价格法　　C.再销售价格法　　D.成本加成法

5.下列关于税收情报交换保密期限的说法中，正确的有（　　）。

A.绝密级情报保密期限为30年　　B.秘密级情报保密期限为10年

C.机密级情报保密期限为20年　　D.秘密级情报保密期限为30年

6.下列关于《海外账户税收遵从法案》（简称FATCA）的表述中，正确的有（　　）。

A.主要目的是追查全球范围内“美国富人”逃税行为

B.仅适用于美国境内

C.规定举证责任最终由金融机构承担

D.FATCA的实施模式包括金融机构直接向美国税务机关报送信息

7.下列有关《税收的金融账户信息自动交换标准》（简称AEOI标准）的表述中，正确的有（　　）。

A.目前有101个国家（地区）承若实施AEOI

B.我国首次对外交换非居民金融账户的涉税信息的时间是2017年1月

C.我国金融机构从2018年9月1日起按照AEIO标准履行尽职调查程序

D.AEOI由《主管当局协议范本》（MCAA）和《统一报告标准》（CRS）两部分内容组成

8.下列属于双重居民身份判定标准的有（　　）。

A.永久性住所　　B.重要利益中心　　C.习惯性居处　　D.国籍

三、计算题

1.中国居民企业A公司在甲国投资设立了B公司，甲国政府为鼓励境外投资，对B公司第一个获利年度实施了企业所得税免税政策（所得税税率为20%）。A公司获得了B公司免税年度分得的利润2 000万元。根据中国和甲国政府签订税收协定的规定，中国居民从甲国取得的所得，按照协定规定在甲国缴纳的税额可以在对居民征收的中国税收中抵免。

要求：计算由A公司抵免的间接负担的境外税额。

2.甲公司为一家注册在中国香港的公司，甲公司通过其在开曼群岛设立的特殊目的公司SPV公司，在中国境内设立了一家外商投资企业乙公司。SPV公司是一家空壳公司，自成立以来不从事任何实质性业务，没有配备资产和人员，也没有取得经营性收入。甲公司及其子公司相关股权架构如下图所示，持股比例均为100%。

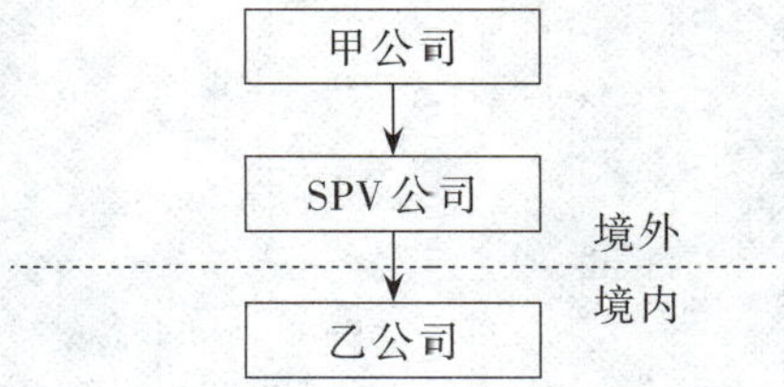

乙公司于2017年发生了如下业务：

（1）5月5日，通过SPV公司向甲公司分配股息1 000万元。

（2）7月15日，向甲公司支付商标使用费1 000万元、咨询费800万元；7月30日，向甲公司支付设计费5万元。甲公司未派遣相关人员来中国提供相关服务。

（3）12月20日，甲公司将SPV公司的全部股权转让给另一家中国居民企业丙公司，丙公司向甲公司支付股权转让价款8 000万元。

（其他相关资料：假设1美元折合6.5元人民币）

要求：根据上述资料，按照下列序号回答问题，若有计算需计算出合计数。

（1）计算乙公司向SPV公司分配股息时应代扣代缴的企业所得税。

（2）计算乙公司向甲公司支配商标使用费、咨询费、设计费应代扣代缴的增值税。

（3）计算乙公司向甲公司支付商标使用费、咨询费、设计费应代扣代缴的企业所得税。

（4）指出乙公司上述对外支付的价款中，需要办理税务备案手续的项目有哪些，并说明理由。

（5）判断甲公司转让SPV公司的股权是否需要在中国缴纳企业所得税，并说明理由。

第十三章 税收征收管理法

本章导学

本章框架图

- 税收征收管理法
  - 税收征收管理法概述
    - 立法目的
    - 适用范围
    - 遵守主体
  - 税务管理
    - ★ 税务登记管理
      - 开业税务登记
      - 变更、注销税务登记
      - 停业、复业登记
      - 外出经营报验登记
      - 税务登记证的作用和管理
    - 账簿、凭证管理
    - 纳税申报管理
  - 税款征收
    - 原则
    - 征收方式
    - ★ 税款征收制度
      - 延期缴纳税款制度
      - 税收滞纳金征收制度
      - 减免税收制度
      - 税额核定和税收调整制度
      - 税收保全措施
      - 税收强制执行措施
      - 欠税清缴制度
      - 税款的退还和追征制度
  - 税务检查
    - 形式和方法
    - 税务检查的职责
  - 法律责任
    - 违反税务管理基本规定行为的处罚
    - 扣缴义务人税务违章的处罚
    - 对纳税人偷税、骗税、抗税、欠税、编造虚假计税依据等行为的处罚
    - 违反税务代理的法律责任
  - 纳税担保和抵押
    - ★ 纳税担保
    - 纳税抵押
    - 纳税质押
  - 纳税信用管理
    - 基本概念
    - 项目及对应政策

本章考情概述

考霸笔记
程序法是为实现实体权利义务而制定的关于程序方面的法律，如刑事诉讼法、民事诉讼法等。

税收征收管理法属于我国税制结构中的程序法，属于CPA税法的非重点章节，从历年的试题来看，本章平均分值在3～4分。税收征收管理法需要考生理解的知识点不多，需要记忆的知识点不少，内容繁杂，核心考点也不突出，考生可以通过课后的习题加以巩固把握。本章不是历年考试的重点，且变化不大，对考试影响不大，主要关注国地税合并对征管的影响。

本章内容包括税收征收管理法概述、税务管理、税款征收、税务检查、法律责任、纳税担保和抵押、纳税信用管理。

2019年教材主要变化

1.因国地税合并，对税收征管部分进行修改。

2.增加纳税信用级别的相关内容。

第一节 税收征收管理法概述

一、税收征收管理法的立法目的

1.加强税收征收管理。

2.规范税收征收和缴纳行为。

3.保障国家税收收入。

4.保护纳税人的合法权益。

5.促进经济发展和社会进步。

考霸笔记
目前还有一部分政府收费由税务机关征收，如教育费附加。这些收费不适用《征管法》，不能采取《征管法》规定的措施，其具体管理办法由收费的条例和规章决定。

二、税收征收管理法的适用范围

1.我国税收的征收机关有税务和海关部门，税务机关征收各种工商税收，海关征收关税。《中华人民共和国税收征收管理法》（以下简称《征管法》）只适用于由税务机关征收的各种税收的征收管理。

2.海关征收的关税及代征的增值税、消费税，适用其他法律、法规的规定。

三、税收征收管理法的遵守主体

1.税务行政主体：税务机关。

2.税务行政管理相对人：纳税人、扣缴义务人和其他有关单位。

3.有关单位和部门：地方各级人民政府在内的有关单位和部门。

《征管法》的适用范围包括所有税费吗？

6405

第二节 税务管理

一、税务登记管理

(一)设立税务登记(也称开业税务登记)(见表13-1) (基本都是30天)

表13-1 开业税务登记

登记对象	登记时间
1.从事生产、经营的纳税人领取工商营业执照的	自领取工商营业执照之日起30日内
2.从事生产、经营的纳税人未办理工商营业执照但经有关部门批准设立的	自有关部门批准设立之日起30日内
3.从事生产、经营的纳税人未办理工商营业执照也未经有关部门批准设立的	自纳税义务发生之日起30日内
4.有独立的生产经营权、在财务上独立核算并定期向发包人或者出租人上交承包费或租金的承包承租人	自承包承租合同签订之日起30日内
5.境外企业在中国境内承包建设、安装、装配、勘探工程和提供劳务的	自项目合同或协议签订之日起30日内

怎么记忆变更、注销税务登记的时间要求?

【提示】上述规定以外的其他纳税人,除国家机关、个人和无固定生产、经营场所的流动性农村小商贩外,均应当自纳税义务发生之日起30日内申报办理税务登记。

(二)变更、注销税务登记

考霸笔记:一般变更为30天,如果注销说明企业不存在了,就要缩短为15天。

1.变更税务登记见表13-2。

表13-2 变更税务登记

定义	税务登记内容发生变化
适用范围	改变名称、改变法定代表人、改变经济性质或经济类型、改变地址或经营地点(不涉及主管税务机关变动的)、改变生产经营范围或经营方式、增减注册资金、改变隶属关系、改变生产经营期限、改变或增减银行账号、改变生产经营权属以及改变其他税务登记内容的
时间要求	1.纳税人已在工商行政管理机关办理变更登记的,应当自工商行政管理机关办理变更登记之日起30日内,持有关证件向原税务登记机关申报办理变更税务登记 2.纳税人按照规定不需要在工商行政管理机关办理变更登记,或者其变更登记的内容与工商登记内容无关的,应当自税务登记内容实际发生变化之日起30日内,或者自有关机关批准或宣布变更之日起30日内,持有关证件向原税务登记机关申报办理变更税务登记

2.注销税务登记见表13-3。

表13-3 注销税务登记

定义	税务登记内容发生了根本性变化，依法需终止履行纳税义务
适用范围	纳税人因经营期限届满而自动解散，企业由于改组、分立、合并等原因而被撤销，企业资不抵债而破产，纳税人住所、经营地址迁移而涉及改变原主管税务机关的，纳税人被工商行政管理部门吊销营业执照，以及纳税人依法终止履行纳税义务的其他情形
时间要求	1.纳税人发生解散、破产、撤销以及其他情形，依法终止纳税义务的，在向工商行政管理机关办理注销登记前，持有关证件和资料向原税务机关申报办理注销税务登记 2.按规定不需要在工商行政管理机关办理注销登记的，自有关机关批准或者宣告终止之日起15日内，持有关证件和资料向原税务机关申报办理注销税务登记 3.被工商行政管理机关吊销营业执照的或者被其他机关予以撤销登记的，自营业执照被吊销或被撤销登记之日起15日内，持有关证件和资料向原税务机关申报办理注销税务登记 4.境外企业在中国境内提供劳务的，应在项目完工、离开中国前15日内，持有关证件和资料向原税务机关申报办理注销税务登记

（三）停业、复业登记

1.实行定期定额征收方式的个体工商户需要停业的，应当在停业前向税务机关申报办理停业登记。停业期间不得超过1年。

2.纳税人停业期间发生纳税义务，应当按照税收法律、行政法规的规定申报缴纳税款。

（四）外出经营报验登记

1.纳税人跨省税务机关管辖区域经营的，应在外出生产经营以前，持税务登记证向主管税务机关申请开具外出经营活动税收管理证明（以下简称外管证）。

2.税务机关按照一地一证原则，发放外管证，其有效期限一般为30日，最长不得超过180日，但建筑安装行业项目合同期限超过180日的，按照合同期限确定有效期限。

3.纳税人应当在外管证有效期届满后10日内，持外管证回原税务登记地税务机关办理外管证缴销手续。

（五）税务登记证的作用和管理

1.税务登记证的作用：

（1）开立银行账户；

（2）申请减税、免税、退税；

（3）申请办理延期申报、延期缴纳税款；

（4）领购发票；

（5）申请开具外出经营活动税收管理证明；

（6）办理停业、歇业；

（7）其他有关税务事项。

2.纳税人遗失税务登记证件的，应当在15日内书面报告主管税务机关，并登报声明作废。

二、账簿、凭证管理（见表13-4）

表13-4　　账簿、凭证管理

账簿、凭证管理	1.对账簿、凭证设置的管理 （1）从事生产、经营的纳税人应当自领取营业执照或者发生纳税义务之日起15日内设置账簿 （2）扣缴义务人应当自税收法律、行政法规规定的扣缴义务发生之日起10日内，按照所代扣、代收的税种，分别设置代扣代缴、代收代缴税款账簿 2.对财务会计制度的备案制度 凡从事生产、经营的纳税人必须将所采用的财务、会计制度和具体的财务、会计处理办法，按税务机关的规定，自领取税务登记证件之日起15日内，及时报送主管税务机关备案 3.账簿、凭证等涉税资料的保管期限为10年
发票管理	1.增值税专用发票由国务院税务主管部门指定的企业印制；其他发票，按照国务院税务主管部门的规定，分别由省、自治区、直辖市国家税务局、地方税务局指定企业印制。未经规定的税务机关指定，不得印制发票 2.发票领购：简化发票申领程序 （1）申领普通发票原则上取消实地核查，统一在办税服务厅即时办结 （2）一般纳税人申请增值税专用发票最高开票限额不超过10万元的，主管税务机关不需事前进行实地查验 3.发票不得跨省、自治区、直辖市使用。发票限领购单位和个人在本省、自治区、直辖市内开具。发票领购单位未经批准不得跨规定使用区域携带、邮寄、运输空白发票，禁止携带、邮寄或者运输空白发票出入境 4.增值税电子普通发票的推广与应用 增值税电子普通发票的开票方和受票方需要纸质发票的，可以自行打印增值税电子普通发票的版式文件，其法律效力、基本用途、基本使用规定等与税务机关监制的增值税普通发票相同
税控管理	《征管法》中规定：不能按照规定安装、使用税控装置，损毁或擅自改动税控装置的，由税务机关责令限期改正，可以处2 000元以下的罚款；情节严重的，处2 000元以上1万元以下的罚款

发票使用的相关规定中有哪些需要注意的点?

三、纳税申报管理（见表13-5）

表13-5 纳税申报管理

项目	主要规定
纳税申报的对象	1.纳税申报的对象为纳税义务人和扣缴义务人 2.纳税人在纳税期内没有应纳税款的，也应当按照规定办理纳税申报 3.纳税人享受减税、免税待遇的，在减税、免税期间应当按照规定办理纳税申报
纳税申报的期限	申报期限有两种，两种期限具有同等的法律效力 1.法律、行政法规明确规定的 2.税务机关按照法律、行政法规的原则规定，结合纳税人生产经营的实际情况及其所应缴纳的税种等相关问题予以确定的
纳税申报的方式	1.直接申报 2.邮寄申报 3.数据电文
延期申报管理	1.纳税人因有特殊情况，不能按期进行纳税申报的，经县以上税务机关核准，可以延期申报。但应当在规定的期限内向税务机关提出书面延期申请，经税务机关核准，在核准的期限内办理 2.经核准延期办理纳税申报的，应当在纳税期内按照上期实际缴纳的税额或税务机关核定的税额预缴税款，并在核准的延期内办理纳税结算

考霸笔记

除上述方式外，实行定期定额缴纳税款的纳税人，可以实行简易申报、简并征期等申报纳税方式。

第三节 税款征收

税款优先具体包含了哪些情况?

一、税款征收的原则

1.税务机关是征税的唯一行政主体。

2.税务机关只能依照法律、行政法规的规定征收税款。

3.税务机关不得违反法律、行政法规的规定开征、停征、多征、少征、提前征收或者延缓征收税款或者摊派税款。

4.税务机关征收税款必须遵守法定权限和法定程序。

5.税务机关征收税款或扣押、查封商品、货物或其他财产时，必须向纳税人开具完税凭证或开付扣押、查封的收据或清单。

6.税款、滞纳金、罚款统一由税务机关上缴国库。

7.税款优先：（注意选择题）

（1）税收优先于无担保债权，并不是优先于所有的无担保债权，对于法律上另有规定的无担保债权，不能行使税收优先权。

（2）纳税人发生欠税在前的，税收优先于抵押权、质权和留置权的执行。这里有两个条件：其一，纳税人有欠税；其二，欠税发生在前，即纳税人的欠税行为发生在以其财产设定抵押、质押或被留置之前。

（3）税收优先于罚款、没收违法所得。纳税人欠缴税款，同时又被税务机关或税务机关以外的其他行政部门处以罚款、没收违法所得的，税款优先于罚款、没收违法所得。

二、税款征收方式（见表13-6）

表13-6　　税款征收方式

征收方式	定义	适用企业
查账征收	指税务机关按照纳税人提供的账表所反映的经营情况，依照适用税率计算缴纳税款的方式	这种方式一般适用于财务会计制度较为健全，能够认真履行纳税义务的纳税单位
查定征收	指由税务机关根据纳税人的从业人员、生产设备、采用原材料等因素，对其产制的应税产品查实核定产量、销售额并据以征税的方式	这种方式一般适用于账册不够健全，但是能够控制原材料或进销货的纳税单位
查验征收	指税务机关对纳税人的应税商品，通过查验数量，按市场一般销售单价计算其销售收入并据以征税的方式	这种方式一般适用于经营品种比较单一，经营地点、时间和商品来源不固定的纳税单位
定期定额征收	指税务机关通过典型调查，逐户确定营业额和所得额并据以征税的方式	这种方式一般适用于无完整考核依据的小型纳税单位
委托代征	指税务机关委托代征人以税务机关的名义征收税款，并将税款缴入国库的方式	这种方式一般适用于小额、零散税源的征收

三、税款征收制度

（一）延期缴纳税款制度

延期申报和延期纳税一样吗?

1.纳税人因有特殊困难，不能按期缴纳税款的，经省、自治区、直辖市国家税务局、地方税务局批准，可以延期缴纳税款，但最长不得超过3个月。

2.纳税人在规定期限内提出书面申请。

3.税款的延期缴纳，必须经省、自治区、直辖市国家税务局、地方税务局批准，方为有效。（区别延期申报的批注机关）

4.同一笔税款不得滚动审批。

5.批准延期内免予加收滞纳金。

例13-1·多选题

根据《征管法》中延期缴纳税款制度的规定，下列表述中错误的是（　　）。

A.延期期限最长不得超过2个月，同一笔税款不得滚动审批

B.税务机关应当自收到申请延期缴纳税款报告之日起30日内做出批准或者不予批准的决定

C.纳税人需要延期缴纳税款的，应当在缴纳税款期限届满前提出申请

D.税款的延期缴纳，必须经省、自治区、直辖市税务局批准方为有效

【答案】AB

【解析】选项A，延期期限最长不得超过3个月，同一笔税款不得滚动审批；选项B，税务机关应当自收到申请延期缴纳税款报告之日起20日内做出批准或者不予批准的决定。

（二）税收滞纳金征收制度 （注意客观题）

1.纳税人未按照规定期限缴纳税款的，扣缴义务人未按规定期限解缴税款的，税务机关除责令限期缴纳外，从滞纳税款之日起，按日加收滞纳税款0.5‰的滞纳金。

2.从滞纳之日起加收滞纳金（加收滞纳金的起止时间为法律、行政法规规定或者税务机关依照法律、行政法规的规定确定的税款缴纳期限届满次日起至纳税人、扣缴义务人实际缴纳或者解缴税款之日止）。

（三）减免税收制度

1.纳税人享受减免税的条件发生变化时，应自发生变化之日15日内向税务机关报告。经税务机关审核，停止其减免税；对不报告的，又不符合减免税条件的，税务机关有权追回已减免的税款。

2.减免税期满，纳税人应自期满次日起恢复纳税。

3.纳税人同时从事减免项目与非减免项目的，应分别核算，独立计算减免项目的计税依据以及减免税额度。不能分别核算的，不能享受减免税；核算不清的，由税务机关按合理方法核定。

4.纳税人依法可以享受减免税待遇，但未享受而多缴税款的，凡属于无明确规定需经税务机关审批或没有规定申请期限的，纳税人可以要求退还多缴的税款，但不加算银行同期存款利息。

5.纳税人已享受减免税的，应当纳入正常申报，进行减免税申报。纳税人享受减免税到期的，应当申报缴纳税款。

（四）税额核定和税收调整制度

1.税额核定制度。

纳税人（包括单位纳税人和个人纳税人）有下列情形之一的，税务机关有权核定其应纳税额：

（1）依照法律、行政法规的规定可以不设置账簿的；

（2）依照法律、行政法规的规定应当设置但未设置账簿的；

（3）擅自销毁账簿或者拒不提供纳税资料的；

（4）虽设置账簿，但账目混乱或者成本资料、收入凭证、费用凭证残缺不全，难以查账的；

（5）发生纳税义务，未按照规定的期限办理纳税申报，经税务机关责令限期申报，逾期仍不申报的；

（6）纳税人申报的计税依据明显偏低，又无正当理由的。

2.税收调整制度。（不独立）

（1）纳税人与其关联企业之间的业务往来有下列情形之一的，税务机关可以调整其应纳税额：

①购销业务未按照独立企业之间的业务往来作价；

②融通资金所支付或者收取的利息超过或者低于没有关联关系的企业之间所能同意的数额，或者利率超过或者低于同类业务的正常利率；

③提供劳务，未按照独立企业之间业务往来收取或者支付劳务费用；

④转让财产、提供财产使用权等业务往来，未按照独立企业之间业务往来作价

或者收取、支付费用；

⑤未按照独立企业之间业务往来作价的其他情形。

（2）调整方法：

①按照独立企业之间进行的相同或类似业务活动的价格；

②按照再销售给无关联关系的第三者的价格所应取得的收入和利润水平；

③按照成本加合理的费用和利润；

④按照其他合理的方法。

（3）调整期限：纳税人与其关联企业未按照独立企业之间的业务往来支付价款、费用的，税务机关自该业务往来发生的纳税年度起3年内进行调整；有特殊情况的，可以自该业务往来发生的纳税年度起10年内进行调整。

上述所称“特殊情况”是指纳税人有下列情形之一：

①纳税人在以前年度与其关联企业间的业务往来累计达到或超过10万元人民币的；

②经税务机关案头审计分析，纳税人在以前年度与其关联企业业务往来，预计需调增其应纳税收入或所得额达50万元人民币的；

③纳税人在以前年度与设在避税地的关联企业有业务往来的；

④纳税人在以前年度未按规定进行关联企业间业务往来年度申报，或申报内容不实，或不提供有关价格、费用标准的。

怎么区分税收保全措施和税收强制执行措施?

（五）**税收保全措施**（见表13-7）

表13-7　　税收保全措施

定义	税务机关有根据认为从事生产、经营的纳税人有逃避纳税义务行为的，可以在规定的纳税期之前，责令限期缴纳税款；在限期内发现纳税人有明显转移、隐匿其应纳税的商品、货物以及其他财产迹象的，税务机关应责令其提供纳税担保。如果纳税人不能提供纳税担保，经县以上税务局（分局）局长批准，税务机关可以采取税收保全措施
对象	从事生产、经营的纳税人
内容	1.书面通知纳税人开户银行或者其他金融机构冻结纳税人的金额相当于应纳税款的存款 2.扣押、查封纳税人的价值相当于应纳税款的商品、货物或者其他财产。其他财产包括纳税人的房地产、现金、有价证券等不动产和动产
注意事项	1.个人及其所扶养家属维持生活必需的住房和用品，不在税收保全措施的范围之内 2.税务机关对单价5 000元以下的其他生活用品，不采取税收保全措施和强制执行措施 3.应经县以上税务局（分局）局长批准 4.冻结的存款数额要以相当于纳税人应纳税款的数额为限，而不是全部存款 5.如果纳税人在税务机关采取税收保全措施后按照税务机关规定的期限缴纳了税款的，税务机关应当自收到税款或银行转回的完税凭证之日起1日内解除税收保全
终止	1.纳税人在规定的期限内缴纳了应纳税款的，税务机关必须立即解除税收保全措施 2.纳税人超过规定期限仍不缴纳税款的，经县以上税务局（分局）局长批准，终止保全措施，转入强制执行措施

例13-2·单选题

根据《征管法》的规定，下列物品不在税收保全措施的范围之内有（　　）。

A.生活必需的住房

B.机动车辆

C.一处以外的住房

D.单价5 288元的床垫（其他生活用品）

【答案】A

【解析】选项A，个人及其所扶养家属维持生活必需的住房和用品，不在税收保全措施的范围之内；选项D，税务机关对单价5 000元以下的其他生活用品，不采取税收保全措施和强制执行措施。

（六）税收强制执行措施（见表13-8）

表13-8 税收强制执行措施

定义	从事生产、经营的纳税人和扣缴义务人未按照规定的期限缴纳或者解缴税款，纳税担保人未按照规定的期限缴纳所担保的税款，由税务机关责令限期缴纳，逾期仍未缴纳的，经县以上税务局（分局）局长批准，税务机关可以采取强制执行措施
对象	1.从事生产、经营的纳税人 2.扣缴义务人 3.纳税担保人
内容	1.书面通知其开户银行或者其他金融机构从其存款中扣缴税款 2.扣押、查封、依法拍卖或者变卖其价值相当于应纳税款的商品、货物或者其他财产，以拍卖或者变卖所得抵缴税款

（七）欠税清缴制度

1.严格控制欠缴税款的审批权限：集中在省、自治区、直辖市国家税务局。

2.限期缴税时限：从事生产、经营的纳税人和扣缴义务人未按照规定的期限缴纳或者解缴税款的，纳税担保人未按照规定的期限缴纳所担保的税款的，由税务机关发出限期缴纳税款通知书，责令缴纳或者解缴税款的最长期限不得超过15日。

3.建立欠税清缴制度：

（1）扩大了阻止出境对象的范围。

（2）建立改制纳税人欠税的清缴制度。

（3）大额欠税处分财产报告制度。（欠缴税款数额在5万元以上）

（4）税务机关可以对欠缴税款的纳税人行使代位权、撤销权。

（5）建立欠税公告制度。

（八）税款的退还和追征制度（见表13-9）

考霸笔记

对于溢征、补征、追征时间限制：
关税：1/1/3。
征管法：3/3/3。

表13-9　　税款的退还和追征制度

相关事项	关税	征管法
溢征（征税机关发现）	海关发现应立即退回	税务机关发现应立即退回
溢征（纳税人发现）	自纳税之日起1年内书面申请退税并加算银行同期存款利息	自纳税之日起3年内书面申请退税并加算银行同期存款利息
补征	海关发现自缴纳税款或货物放行之日起1年内补征	因税务机关责任，致使纳税人、扣缴义务人未缴或少缴税款的，税务机关在3年内可要求纳税人、扣缴义务人补缴，不得加收滞纳金
追征	海关发现在3年内追征，按日加收0.5‰的滞纳金	1.因纳税人、扣缴义务人计算等失误，未缴或少缴税款的，税务机关在3年内可以追征税款、滞纳金 2.特殊情况（累计数额在10万元以上），追征期可以延长到5年 3.偷税、抗税、骗税，追征期限不受规定期限的限制
滞纳金	每日0.5‰	每日0.5‰

《征管法》下税款的追征和退还与关税的相关规定有什么区别？

例13-3·多选题

根据《征管法》的规定，下列属于税款退还的方式有（　　）。

A.税务机关发现后立即退还

B.工商部门发现后要求税务机关立即退还

C.纳税人发现后申请退还

D.纳税人发现后直接要求退还

【答案】AC

【解析】税款退还的方式包括税务机关发现后立即退还和纳税人发现后申请退还。

第四节　税务检查

一、税务检查的形式和方法

1.税务检查的形式：

重点检查；分类计划检查；集中性检查；临时性检查；专项检查。

2.税务检查的方法：

全查法；抽查法；顺查法；逆查法；现场检查法；调账检查法；比较分析法；控制计算法；审阅法；核对法；观察法；外调法；盘存法；交叉稽核法。

关于税务检查的注意事项有哪些？

二、税务检查的职责

1.税务机关进行税务检查中的权力主要有：

（1）检查纳税人、扣缴义务人的账簿、记账凭证等资料。

（2）对纳税人、扣缴义务人相关场地的检查。

（3）责成纳税人、扣缴义务人提供相关文件、相关材料。

（4）询问纳税人、扣缴义务人税款相关问题。

（5）到车站、码头、机场、邮政企业检查纳税人托运、邮寄、应税商品、货物或者其他财产的有关单据凭证。

2.因检查需要时，经县以上税务局（分局）局长批准，可以将纳税人、扣缴义务人以前会计年度的账簿、记账凭证、报表和其他有关资料调回税务机关检查，但是税务机关必须向纳税人、扣缴义务人开付清单，并在3个月内完整退还；有特殊情况的，经设区的市、自治州以上税务局局长批准，税务机关可以将纳税人、扣缴义务人当年的账簿、记账凭证、报表和其他有关资料调回检查，但是税务机关必须在30日内退还。

3.税务机关有权到纳税人的生产、经营场所和货物存放地检查，但不得进入纳税人生活区进行检查。

4.经县以上税务局（分局）局长批准，凭全国统一格式的检查存款账户许可证明，查核从事生产、经营的纳税人和扣缴义务人在银行或者其他金融机构的存款账户；税务机关在调查税收违法案件时，经设区的市、自治州以上税务局（分局）局长批准，可以查询案件涉案人员的储蓄存款。

第五节　法律责任　（注意客观题）

一、违反税务管理基本规定行为的处罚（见表13-10）

表13-10　违反税务管理基本规定行为的处罚

情形	税收征管法的处罚
1.未按照规定的期限申报办理税务登记、变更或者注销登记的 2.未按照规定设置、保管账簿或者保管记账凭证和有关资料的 3.未按照规定将财务、会计制度或者财务、会计处理办法和会计核算软件报送税务机关备查的 4.未按照规定将其全部银行账号向税务机关报告的 5.未按照规定安装、使用税控装置，或者损毁或擅自改动税控装置的 6.纳税人未按照规定办理税务登记证件验证或者换证手续的	由税务机关责令限期改正，可以处2 000元以下的罚款；情节严重的，处2 000元以上1万元以下的罚款
纳税人不办理税务登记的	由税务机关责令限期改正；逾期不改正的，由工商行政管理机关吊销其营业执照
纳税人未按照规定使用税务登记证件，或者转借、涂改、损毁、买卖、伪造税务登记证件的	处2 000元以上1万元以下的罚款；情节严重的，处1万元以上5万元以下的罚款

二、扣缴义务人税务违章的处罚（见表13-11）

表13-11　扣缴义务人税务违章的处罚

情形	税收征管法的处罚
扣缴义务人未按照规定设置、保管代扣代缴、代收代缴税款账簿或者保管代扣代缴、代收代缴税款记账凭证及有关资料的	由税务机关责令限期改正，可以处2 000元以下的罚款；情节严重的，处2000元以上5 000元以下的罚款
扣缴义务人未按照规定的期限向税务机关报送代扣代缴、代收代缴税款报告表和有关资料的	由税务机关责令限期改正，可以处2 000元以下的罚款；情节严重的，可以处2 000元以上1万元以下的罚款
扣缴义务人应扣未扣、应收而不收税款的	由税务机关向纳税人追缴税款，对扣缴义务人处应扣未扣、应收未收税款50%以上3倍以下的罚款
扣缴义务人伪造、变造、隐匿、擅自销毁账簿、记账凭证，或者在账簿上多列支出或者不列、少列收入，或者经税务机关通知申报而拒不申报或者进行虚假的纳税申报，不缴或者少缴应纳税款的，是偷税	扣缴义务人采取前款所列手段，不缴或者少缴已扣、已收税款，由税务机关追缴其不缴或者少缴的税款、滞纳金，并处不缴或者少缴的税款50%以上5倍以下的罚款；构成犯罪的，依法追究刑事责任
扣缴义务人编造虚假计税依据的	由税务机关责令限期改正，并处5万元以下的罚款
扣缴义务人未按照规定办理扣缴税款登记的	自发现之日起3日内责令限期改正，并可处以1 000元以下的罚款

考霸笔记
多注意关注金额的考核，可以相同金额归类记忆。

三、对纳税人偷税、骗税、抗税、欠税、编造虚假计税依据等行为的处罚（见表13-12）

表13-12　对纳税人偷税、骗税、抗税、欠税、编造虚假计税依据等行为的处罚

项目	情形	税收征管法的处罚
对偷税的认定及其法律责任	纳税人伪造、变造、隐匿、擅自销毁账簿、记账凭证，或者在账簿上多列支出或者不列、少列收入，或者经税务机关通知申报而拒不申报或者进行虚假的纳税申报，不缴或者少缴应纳税款的，是偷税	对纳税人偷税的，由税务机关追缴其不缴或者少缴的税款、滞纳金，并处不缴或者少缴的税款50%以上5倍以下的罚款；构成犯罪的，依法追究刑事责任

如何区分偷税、欠税、骗税和抗税？

续表

项目	情形	税收征管法的处罚
骗取出口退税的法律责任	以假报出口或者其他欺骗手段，骗取国家出口退税款的	1.由税务机关追缴其骗取的退税款，并处骗取税款1倍以上5倍以下的罚款；构成犯罪的，依法追究刑事责任 2.税务机关可以在规定期间内停止为其办理出口退税
抗税的法律责任	以暴力、威胁方法拒不缴纳税款的	除由税务机关追缴其拒缴的税款、滞纳金外，依法追究刑事责任。情节轻微，未构成犯罪的，由税务机关追缴其拒缴的税款、滞纳金，并处拒缴税款1倍以上5倍以下的罚款
进行虚假申报或不进行申报行为的法律责任	纳税人、扣缴义务人编造虚假计税依据的	由税务机关责令限期改正，并处5万元以下的罚款
	纳税人不进行纳税申报，不缴或者少缴应纳税款的	由税务机关追缴其不缴或者少缴的税款、滞纳金，并处不缴或者少缴税款50%以上5倍以下的罚款
逃避追缴欠税的法律责任	纳税人欠缴应纳税款，采取转移或者隐匿财产的手段，妨碍税务机关追缴欠缴的税款的	由税务机关追缴欠缴的税款、滞纳金，并处欠缴税款50%以上5倍以下的罚款；构成犯罪的，依法追究刑事责任
在规定期限内不缴或者少缴税款的法律责任	纳税人在规定期限内不缴或者少缴应纳或者应解缴的税款	经税务机关责令限期缴纳，逾期仍未缴纳的，税务机关除依照《征管法》第四十条的规定采取强制执行措施追缴其不缴或者少缴的税款外，可以处不缴或者少缴税款50%以上5倍以下的罚款

四、违反税务代理的法律责任

税务代理人违反税收法律、行政法规，造成纳税人未缴或者少缴税款的，除由纳税人缴纳或者补缴应纳税款、滞纳金外，对税务代理人处纳税人未缴或者少缴税款50%以上3倍以下的罚款。

第六节 纳税担保和抵押

一、纳税担保

纳税担保是指经税务机关同意或确认，纳税人或其他自然人、法人、经济组织以保证、抵押、质押的方式，为纳税人应当缴纳的税款及滞纳金提供担保的行为。纳税担保相关规定见表13-13。

表 13-13 纳税担保相关规定

基本要点	相关规定
纳税保证人	1.纳税保证人是指在中国境内具有纳税担保能力的自然人、法人或其他经济组织 2.国家机关、学校、幼儿园、医院等事业单位、社会团体不得作为纳税保证人 3.企业法人的职能部门不得作为纳税保证人。企业法人的分支机构，可在总机构授权范围内行使纳税担保 4.有以下情形之一的，不得作为纳税保证人： （1）有偷税、抗税、骗税、逃避追缴欠税行为被税务机关、司法机关追究过法律责任未满2年的 （2）因有税收违法行为正在被税务机关立案处理或涉嫌刑事犯罪被司法机关立案侦查的 （3）纳税信誉等级被评为C级以下的 （4）在主管税务机关所在地的市（地、州）没有住所的自然人或税务登记不在本市（地、州）的企业 （5）无民事行为能力或限制民事行为能力的自然人 （6）与纳税人存在担保关联关系的 （7）有欠税行为的
纳税担保适用情形	纳税人有下列情形之一的，适用纳税担保： 1.税务机关有根据认为从事生产、经营的纳税人有逃避纳税义务行为，在规定的纳税期之前经责令其限期缴纳应纳税款，在限期内发现纳税人有明显转移、隐匿其应纳税的商品、货物以及其他财产或者应纳税收入的迹象，责成纳税人提供纳税担保的 2.欠缴税款、滞纳金的纳税人或者其法定代表人需要出境的 3.纳税人同税务机关在纳税上发生争议而未缴清税款，需要申请行政复议的 4.税收法律、行政法规规定可以提供纳税担保的其他情形
纳税担保范围	纳税担保范围包括税款、滞纳金和实现税款、滞纳金的费用。费用包括抵押、质押登记费用，质押保管费用，以及保管、拍卖、变卖担保财产等相关费用支出
纳税担保责任	1.纳税保证为连带责任保证 2.纳税人和纳税保证人对所担保的税款及滞纳金承担连带责任

考霸笔记

关注不得作为纳税保证人的情形。

不可以做纳税保证人的情形有哪些?

例 13-4 · 多选题

依据《征管法》的规定，下列属于纳税担保范围的有（ ）。

A.税款

B.滞纳金

C.抵押、质押登记费用

D.变卖担保财产费用

【答案】ABCD

【解析】纳税担保范围包括税款、滞纳金和实现税款、滞纳金的费用。费用包括抵押、质押登记费用，质押保管费用，以及保管、拍卖、变卖担保财产等相关费用支出。

二、纳税抵押

1. 纳税抵押是指纳税人或纳税担保人不转移可抵押财产的占有，将该财产作为税款及滞纳金的担保。纳税人逾期未缴清税款及滞纳金的，税务机关有权依法处置该财产以抵缴税款及滞纳金。纳税人或者纳税担保人为抵押人，税务机关为抵押权人，提供担保的财产为抵押物。

2. 可抵押财产包括：

（1）抵押人所有的房屋和其他地上定着物。

（2）抵押人所有的机器、交通运输工具和其他财产。

（3）抵押人依法有权处分的国有的房屋和其他地上定着物。

（4）抵押人依法有权处分的国有的机器、交通运输工具和其他财产。

（5）经设区的市、自治州以上税务机关确认的其他可以抵押的合法财产。

【提示】以依法取得的房屋建筑物抵押的，该房屋占用范围内的国有土地使用权同时抵押。

3. 不得抵押财产包括：

（1）土地所有权。

（2）土地使用权，上述抵押范围规定的除外。

（3）学校、幼儿园、医院等以公益为目的的事业单位、社会团体、民办非企业单位的教育设施、医疗卫生设施和其他社会公益设施。（其他财产可抵押）

（4）所有权、使用权不明或者有争议的财产。

（5）依法被查封、扣押、监管的财产。

（6）依法定程序确认为违法、违章的建筑物。

（7）法律、行政法规规定禁止流通的财产或者不可转让的财产。

（8）经设区的市、自治州以上税务机关确认的其他不予抵押的财产。

例 13-5 · 多选题

纳税抵押中可以抵押的财产包括（　　）。

A. 土地所有权

B. 所有权、使用权不明或者有争议的财产

C. 抵押人所有的机器

D. 抵押人所有的房屋和其他地上定着物

【答案】CD

【解析】可以抵押的财产包括：（1）抵押人所有的房屋和其他地上定着物；（2）抵押人所有的机器、交通运输工具和其他财产；（3）抵押人依法有权处分的国有的房屋和其他地上定着物；（4）抵押人依法有权处分的国有的机器、交通运输工具和其他财产；（5）经设区的市、自治州以上税务机关确认的其他可以抵押的合法财产。

不动产可以纳税质押吗？

三、纳税质押

1. 纳税质押是指经税务机关同意，纳税人或纳税担保人将其动产或权利凭证移

交税务机关占有，将该动产或权利凭证作为税款及滞纳金的担保。纳税人逾期未缴清税款及滞纳金的，税务机关有权依法处置该动产或权利凭证以抵缴税款及滞纳金。

2.纳税质押分为动产质押和权利质押。

考霸笔记
《纳税信用管理办法（试行）》适用于已办理税务登记，从事生产、经营并适用于查账征收的企业纳税人。

第七节 纳税信用管理

一、基本概念

1.纳税信用管理是指税务机关对纳税人的纳税信用信息开展的采集、评估、确定、发布和应用等活动。

2.除已办理税务登记，从事生产、经营并适用于查账征收的企业纳税人外，《纳税信用管理办法（试行）》还适用于以下企业纳税人：

（1）从首次在税务机关办理涉税事宜之日起时间不满一个评价年度的企业。评价年度是指公历年度，即1月1日至12月31日。

（2）评价年度内无生产经营业务收入的企业。

（3）适用于企业所得税核定征收办法的企业。

二、纳税信用管理的项目及对应政策（见表13-14）

表13-14 纳税信用管理的项目及对应政策

项目	对应政策
纳税信用信息采集	1.纳税信用信息的分类 （1）纳税人信用历史信息 （2）税务内部信息 （3）外部信息 2.纳税人信用信息的采集 （1）纳税人信用历史信息中的基本信息由税务机关从税务管理系统中采集，税务管理系统中暂缺的信息由税务机关通过纳税人申报采集；评价年度之前的纳税信用记录，以及相关部门评定的优良信用记录和不良信用记录，从税收管理记录、国家统一信用信息平台等渠道中采集 （2）税务内部信息从税务管理系统中采集 （3）外部信息主要通过税务管理系统、国家统一信用信息平台、相关部门官方网站、新闻媒体或者媒介等渠道采集。通过新闻媒体或者媒介采集的信息应核实后使用
纳税信用评估	1.评估方法 （1）纳税信用评价采取年度评价指标得分和直接判级方式 （2）年度评价指标得分采取扣分方式。纳税人评价年度内经常性指标和非经常性指标信息齐全的，从100分起评；非经常性指标缺失的，从90分起评 （3）直接判级适用于有严重失信行为的纳税人

续表

项目		对应政策
纳税信用评估		2.评价周期——一个纳税年度 有下列情形之一的纳税人，不参加本期的评价（5项）： （1）纳入纳税信用管理时间不满一个评价年度的 （2）因涉嫌税收违法被立案查处尚未结案的 （3）被审计、财政部门依法查出税收违法行为，税务机关正在依法处理，尚未办结的 （4）已申请税务行政复议、提起行政诉讼尚未结案的 （5）其他不应参加本期评价的情形
纳税信用级别（五级）	纳税信用评价为A	有下列情形之一的纳税人，本评价年度不能评为A级： （1）实际生产经营期不满3年的 （2）上一评价年度纳税信用评价结果为D级的 （3）非正常原因一个评价年度内增值税连续3个月或者累计6个月零申报、负申报的 （4）不能按照国家统一的会计制度规定设置账簿，并根据合法、有效凭证核算，向税务机关提供准确税务资料的
	纳税信用评价为B	B级纳税信用为年度评价指标得分70分以上不满90分的
	纳税信用评价为M	未发生《纳税信用管理办法（试行）》第二十条所列失信行为（即直接判为D级的情形）的下列企业适用于M级纳税信用： （1）新设立企业 （2）评价年度内无生产经营业务收入且年度评价指标得分70分以上的企业
	纳税信用评价为C	C级纳税信用为年度评价指标得分40分以上不满70分的
	纳税信用评价为D	D级纳税信用为年度评价指标得分不满40分或者直接判级确定的 有下列情形之一的纳税人，本评价年度直接判为D级： （1）存在逃避缴纳税款、逃避追缴欠税、骗取出口退税、虚开增值税专用发票等行为，经判决构成涉税犯罪的 （2）存在前项所列行为，未构成犯罪，但偷税（逃避缴纳税款）金额10万元以上且占各税种应纳税总额10%以上，或者存在逃避追缴欠税、骗取出口退税、虚开增值税专用发票等税收违法行为，已缴纳税款、滞纳金、罚款的 （3）在规定期限内未按税务机关处理结论缴纳或者足额缴纳税款、滞纳金和罚款的 （4）以暴力、威胁方法拒不缴纳税款或者拒绝、阻挠税务机关依法实施税务稽查执法行为的 （5）存在违反增值税发票管理规定或者违反其他发票管理规定的行为，导致其他单位或者个人未缴、少缴或者骗取税款的

纳税信用评级的各个级别有什么特点?

续表

<table>
<tr><th>项目</th><th colspan="2">对应政策</th></tr>
<tr><td>纳税信用级别（五级）</td><td>纳税信用评价为D</td><td>（6）提供虚假申报材料享受税收优惠政策的
（7）骗取国家出口退税款，被停止未到期出口退（免）税资格的
（8）有非正常户记录或者由非正常户直接责任人员注册登记或者负责经营的
（9）由D级纳税人的直接责任人员注册登记或者负责经营的
（10）存在税务机关依法认定的其他严重失信情形的</td></tr>
<tr><td rowspan="5">纳税信用评估结果的应用</td><td>纳税信用评价为A</td><td>（1）主动向社会公告年度A级纳税人名单
（2）一般纳税人可单次领取3个月的增值税发票用量，需要调整增值税发票用量时即时办理，取消其增值税发票的认证
（3）普通发票按需领用
（4）连续3年被评为A级信用级别（简称3连A）的纳税人，除享受以上措施外，还可以由税务机关提供绿色通道或专门人员帮助办理涉税事项</td></tr>
<tr><td>纳税信用评价为B</td><td>税务机关实施正常管理，适时进行税收政策和管理规定的辅导，并视信用评价状态变化趋势选择性地提供纳税信用A级纳税人适用的激励措施</td></tr>
<tr><td>纳税信用评价为M</td><td>税务机关实行以下激励措施：
（1）取消增值税专用发票认证
（2）税务机关适时进行税收政策和管理规定的辅导</td></tr>
<tr><td>纳税信用评价为C</td><td>税务机关应依法从严管理，并视信用评价状态变化趋势选择性地采取纳税信用D级纳税人适用的管理措施</td></tr>
<tr><td>纳税信用评价为D</td><td>（1）公开D级纳税人及其直接责任人员名单，对直接责任人员注册登记或者负责经营的其他纳税人纳税信用直接判为D级
（2）增值税专用发票领用按辅导期一般纳税人政策办理，普通发票的领用实行交（验）旧供新、严格限量供应
（3）加强出口退税审核
（4）加强纳税评估，严格审核其报送的各种资料
（5）列入重点监控对象，提高监督检查频次，发现税收违法违规行为的，不得适用规定处罚幅度内的最低标准
（6）将纳税信用评价结果通报相关部门，建议在经营、投融资、取得政府供应土地、进出口、出入境、注册新公司、工程招投标、政府采购、获得荣誉、安全许可、生产许可、从业任职资格、资质审核等方面予以限制或禁止
（7）D级评价保留2年，第三年纳税信用不得评价为A级
（8）税务机关与相关部门实施的联合惩戒措施，以及结合实际情况依法采取的其他严格管理措施</td></tr>
</table>

智能测评

在线练习	我要提问
扫码在线做题　　扫码看答案 本书“本章同步强化训练”均配备二维码，打开微信“扫一扫”即可完成在线测评，查看本章详细的测评反馈报告，了解知识掌握情况，也可扫码直接看答案噢。 快来扫码做题吧！	扫码答疑 本书配备答疑专用二维码，打开微信“扫一扫”，即可完成在线提问，获取专业老师全面个性化解答，让学习问题不再拖延。 快来扫码提问吧！

本章同步强化训练

一、单选题

1.下列关于税款追征的表述中，正确的是（　　）。(2010)

A.因税务机关责任，致使纳税人少缴税款的，税务机关在3年内可要求纳税人补缴税款，但不得加收滞纳金

B.因税务机关责任，致使纳税人少缴税款的，税务机关在3年内可要求纳税人补缴税款并按银行同期利率加收滞纳金

C.对于纳税人偷税、抗税和骗取税款的，税务机关在20年内可以追征税款、滞纳金；有特殊情况的，追征期可延长到30年

D.因纳税人计算等失误，未缴或者少缴税款的，税务机关在3年内可以追征税款、滞纳金；有特殊情况的，追征期可延长到10年

2.以下各项中，不得进行纳税抵押的财产是（　　）。

A.抵押人所有的房屋

B.抵押人所有的机器

C.抵押人依法有权处分的国有交通运输工具

D.土地所有权

3.税务机关采取税收保全措施的期限，一般不得超过6个月，重大案件需要延长的，应报经批准。有权批准的税务机关是（　　）。(2012)

A.县级税务局　　B.市级税务局

C.省级税务局　　D.国家税务总局

二、多选题

1.某房地产开发企业被税务机关要求提供纳税担保，该企业拥有的下列资产中，可以用作纳税抵押品的有（　　）。(2014)

A.小轿车　　B.写字楼

C.库存钢材　　　　　　　　　　　　　D.土地所有权

2.有（　　）情形的，不得作为纳税保证人。

A.有欠税行为的

B.有偷税、抗税、骗税、逃避追缴欠税行为被税务机关、司法机关追究过法律责任超过3年的

C.纳税信誉等级被评为B级以下的

D.无民事行为能力或限制民事行为能力的自然人

3.以下关于税款征收的方式中，正确的有（　　）。

A.查定征收　　B.查验征收　　C.查账征收　　D.邮寄纳税

4.下列关于税务机关实施税收保全措施的表述中，正确的有（　　）。(2010)

A.税收保全措施仅限于从事生产、经营的纳税人

B.只有在事实全部查清，取得充分证据的前提下才能进行

C.冻结纳税人的存款时，其数额要以相当于纳税人应纳税款的数额为限

D.个人及其抚养家属维持生活必需的住房和用品，不在税收保全措施的范围之内

5.根据《征管法》和《税务登记管理办法》的规定，下列属于开业税务登记的内容有（　　）。

A.经营地点　　B.单位名称　　C.生产经营范围　　D.法定代表姓名

本章导学

第十四章 税务行政法制

本章框架图

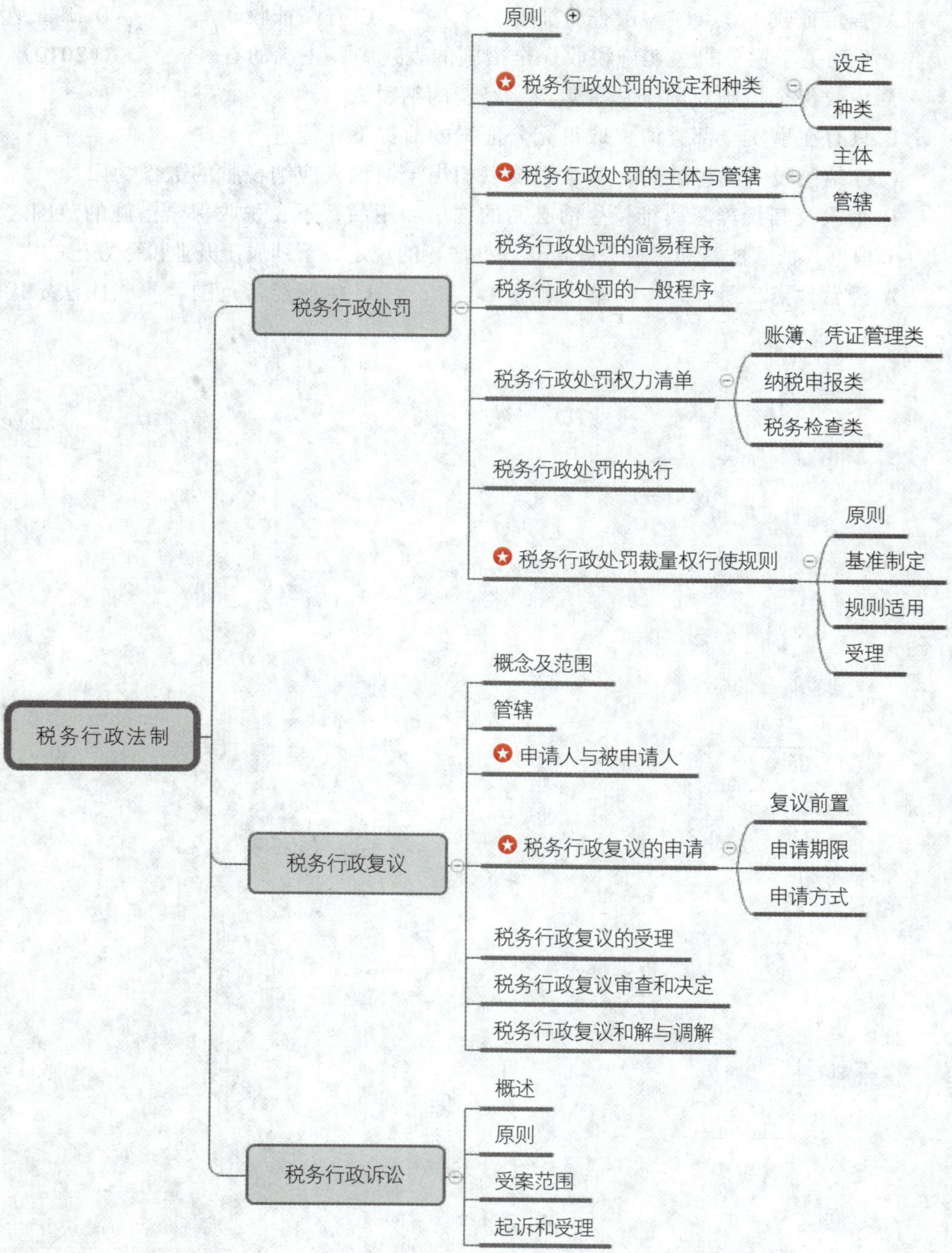

本章考情概述

本章属于CPA税法的非重点章节，程序性、政策性的知识点较多，从历年的试题来看，本章平均分值在2～3分。考生需要重点关注税务行政复议的有关内容，包括税务行政复议的范围和复议的管辖，这在历年命题中出现的频次较高。2019年受国地税合并的影响，税务行政处罚主体的名称有了相应的改变，同时增加了税务行政处罚裁量权行使规则，考生从选择题角度适当关注即可。

本章内容包括税务行政处罚、税务行政复议、税务行政诉讼。

2019年教材主要变化

1. “税务行政处罚的简易程序”相关填写文书内容变动。
2. 新增“税务行政处罚裁量权行使规则”。
3. 重新编写“税务行政复议管辖”的内容。

第一节　税务行政处罚

一、税务行政处罚的原则

考霸笔记：税务行政处罚是指公民、法人或者其他组织有违反税收征收管理秩序的违法行为，尚未构成犯罪，依法应当承担行政责任的，由税务机关给予的行政处罚。

1. 法定原则。
2. 公正、公开原则。
3. 以事实为依据原则。
4. 过罚相当原则。
5. 处罚与教育相结合原则。
6. 监督、制约原则。

二、税务行政处罚的设定和种类（能力等级2）　（注意客观题）

（一）税务行政处罚的设定（见表14-1）

税务行政处罚的设定中各部门的限定范围是怎样的?

表14-1　税务行政处罚的设定

部门	设定形式	限定范围
全国人民代表大会及其常务委员会	法律	设定各种税务行政处罚
国务院	行政法规	设定除限制人身自由以外
国家税务总局	行政规章	1. 对非经营活动中的违法行为设定罚款不得超过1 000元 2. 对经营活动中的违法行为： （1）没有违法所得的，设定罚款不得超过1万元；超过限额的，应当报国务院批准 （2）有违法所得的，设定罚款不得超过违法所得的3倍，且最高不得超过3万元
税务局及其以下各级税务机关	不可设定	在税收法律、法规、规章规定给予行政处罚的行为、种类、幅度的范围内做出具体规定，是一种执行税收法律、法规、规章的行为，不是对税务行政处罚的设定

考霸笔记
仅此3种，请直接记忆。

罚款和罚金有什么区别?

（二）税务行政处罚的种类

1. 罚款。

2. 没收财物和违法所得。

3. 停止出口退税权。

例14-1·多选题

根据现行税务行政处罚规定，下列不属于税务行政处罚的有（ ）。

A. 收缴发票　　B. 加收滞纳金

C. 不得享受企业所得税减免税优惠　　D. 停止出口退税权

【答案】ABC

【解析】现执行的税务行政处罚种类主要有3种：（1）罚款；（2）没收财物和违法所得；（3）停止出口退税权。

三、税务行政处罚的主体与管辖

考霸笔记
注意国地税合并后税务机关的表述。

内设机构和派出机构有什么区别吗?

税务所是什么类型的机构？主要职责是什么?

（一）主体

1. 税务行政处罚的实施主体主要是县以上税务机关。

2. 我国税务机关的组织构成包括国家税务总局，省、自治区、直辖市税务局，地（市、州、盟）税务局，县（市、旗）税务局四级。

3. 各级税务机关的内设机构、派出机构不具处罚主体资格，不能以自己的名义实施税务行政处罚；但是税务所可以实施罚款额在2 000元以下的税务行政处罚。这是《征管法》对税务所的特别授权。

例14-2·多选题

下列机构可以成为税务行政处罚的实施主体的是（ ）。

A. 国家税务总局

B. 北京市税务局

C. 新疆维吾尔自治区税务局的派出机构

D. 河北省税务局的内设机构

【答案】AB

【解析】选项CD：各级税务机关的内设机构、派出机构不具处罚主体资格，不能以自己的名义实施税务行政处罚。

（二）管辖

税务行政处罚实行行为发生地原则。只有当事人违法行为发生地的税务机关才有权对当事人实施处罚，其他地方的税务机关则无权实施。

考霸笔记
1. 简易处罚程序的特点是当场做出处罚决定，但不一定当场交罚款。
2. 简易处罚程序的金额不可能涉及听证程序，但可以涉及复议、诉讼程序。

四、税务行政处罚的简易程序

1. 简易程序的适用条件：

（1）案情简单、事实清楚、违法后果比较轻微且有法定依据应当给予处罚的违法行为。

（2）给予的处罚较轻，仅适用于对公民处以50元以下和对法人或其他组织处以1 000元以下罚款的违法案件。

2. 自2017年11月1日起，税务机关依法对公民、法人或者其他组织当场做出行政处罚决定的，使用修订后的《税务行政处罚决定书（简易）》，不再另行填写《陈述申辩笔录》和《税务文书送达回证》。（新增内容，了解即可）

五、税务行政处罚的一般程序

1. 适用于一般程序的案件都是情节比较复杂、处罚比较重的案件，主要包括立案、调查取证（部分案件需要举行听证）、审查、决定、执行等程序。

2. 听证是指税务机关在对当事人某些违法行为做出处罚决定之前，按照一定形式听取调查人员和当事人的意见的程序。税务行政处罚的听证范围是对公民做出2 000元以上或者对法人或其他组织做出1万元以上罚款的案件。（关注选择题）

3. 税务机关做出处罚决定的行政处罚决定书，应当载明罚款代收机构的名称、地址和当事人应当缴纳罚款的数额、期限等，并明确当事人逾期缴纳是否加处罚款。

例14-3 · 多选题

以下关于税务行政处罚的一般程序的说法中，正确的有（　　）。

A. 对税务违法案件的调查取证既可以由税务机关内部设立的调查机构（如管理、检查机构）负责，也可以由被调查人自己取证

B. 税务行政处罚听证的范围是对公民做出2 000元以上或者对法人或其他组织做出1万元以上罚款的案件

C. 税务行政处罚听证主持人应由税务机关内设的本案调查机构的人员担任

D. 税务机关做出罚款决定的行政处罚决定书，应当载明罚款代收机构的名称、地址和当事人应当缴纳罚款的数额、期限等，并明确当事人逾期缴纳是否加处罚款

【答案】BD

【解析】选项A，对税务违法案件的调查取证由税务机关内部设立的调查机构（如管理、检查机构）负责；选项C，税务行政处罚听证主持人应由税务机关内设的非本案调查机构的人员（如法制机构工作人员）担任。

六、税务行政处罚权力清单

考霸笔记

权力清单就是明确权力该做什么，做到"法无授权不可为"。

（一）账簿、凭证管理类（见表14-2）

表14-2　账簿、凭证管理类

情形	处罚
1. 未按规定设置、保管账簿资料，报送财务、会计制度办法和会计核算软件，安装、使用税控装置的，具体如下： （1）纳税人未按照规定设置、保管账簿或者保管记账凭证和有关资料 （2）纳税人未按照规定将财务、会计制度或者财务、会计处理办法和会计核算软件报送税务机关备查 （3）纳税人未按照规定安装、使用税控装置，或者损毁或擅自改动税控装置	税务机关责令限期改正，可以处2 000元以下的罚款；情节严重的，处2 000元以上1万元以下的罚款

怎么记忆税务行政处罚的处罚内容?

续表

考霸笔记
同样都是未按规定保管账簿的，情节严重的，扣缴义务人处罚金额是纳税人的一半。

情形	处罚
2.扣缴义务人未按照规定设置、保管代扣代缴、代收代缴税款账簿或者保管代扣代缴、代收代缴税款记账凭证及有关资料的	税务机关责令限期改正，可以处2 000元以下的罚款；情节严重的，处2 000元以上5 000元以下的罚款
3.非法印制、转借、倒卖、变造或伪造完税凭证的	税务机关责令限期改正，处2 000元以上1万元以下的罚款；情节严重的，处1万元以上5万元以下的罚款；构成犯罪的，依法追究刑事责任

（二）纳税申报类（见表14-3）

表14-3 纳税申报类

情形	处罚
1.未按规定期限办理纳税申报和报送纳税资料的，具体如下： （1）纳税人未按照规定的期限办理纳税申报和报送纳税资料 （2）扣缴义务人未按照规定的期限向税务机关报送代扣代缴、代收代缴税款报告表和有关资料	税务机关责令限期改正，可以处2 000元以下的罚款；情节严重的，处2 000元以上1万元以下的罚款
2.纳税人、扣缴义务人编造虚假计税依据的	税务机关责令限期改正，并处5万元以下的罚款

（三）税务检查类（见表14-4）

表14-4 税务检查类

情形	处罚
1.纳税人、扣缴义务人逃避、拒绝或者以其他方式阻挠税务机关检查的，包括： （1）提供虚假资料，不如实反映情况，或者拒绝提供有关资料的 （2）拒绝或者阻止税务机关记录、录音、录像、照相和复制与案件有关的情况和资料的 （3）在检查期间，纳税人、扣缴义务人转移、隐匿、销毁有关资料的 （4）有不依法接受税务检查的其他情形的	税务机关责令限期改正，可以处1万元以下的罚款；情节严重的，处1万元以上5万元以下的罚款
2.纳税人、扣缴义务人的开户银行或者其他金融机构拒绝接受税务机关依法检查纳税人、扣缴义务人存款账户，或者拒绝执行税务机关做出的冻结存款或者扣缴税款的决定，或者在接到税务机关的书面通知后帮助纳税人、扣缴义务人转移存款，造成税款流失的	税务机关处10万元以上50万元以下的罚款；对直接负责的主管人员和其他直接责任人员处1 000元以上1万元以下的罚款
3.税务机关依照《征管法》第五十四条第（五）项的规定到车站、码头、机场、邮政企业及其分支机构检查纳税人有关情况时，有关单位拒绝的	税务机关责令限期改正，可以处1万元以下的罚款；情节严重的，处1万元以上5万元以下的罚款

七、税务行政处罚的执行

税务机关对当事人做出罚款行政处罚决定的，当事人应当在收到行政处罚决定书之日起15日内缴纳罚款，到期不缴纳的，税务机关可以对当事人每日按罚款数额的3%加处罚款。

八、税务行政处罚裁量权行使规则（新增）

税务行政处罚裁量权是指税务机关根据法律、法规、规章的规定，综合考虑税收违法行为的事实、性质、情节及社会危害程度，选择处罚种类和幅度并做出处罚决定的权力。

税务行政处罚裁量权行使规则中有哪些需要关注的点?

（一）行使税务行政处罚裁量权的原则

1.合法原则。

2.合理原则。

3.公平公正原则。

4.公开原则。

5.程序正当原则。

6.信赖保护原则。

7.处罚与教育相结合原则。

（二）税务行政处罚裁量基准制定

税务行政处罚裁量基准应当在法定范围内制定，并符合以下要求：

1.法律、法规、规章规定可予以行政处罚的，应当明确是否予以行政处罚的适用条件和具体标准。

2.法律、法规、规章规定可以选择行政处罚种类的，应当明确不同种类行政处罚的适用条件和具体标准。

3.法律、法规、规章规定行政处罚幅度的，应当根据违法事实、性质、情节、社会危害程度等因素确定适用条件和具体标准。

4.法律、法规、规章规定可以单处也可以并处行政处罚的，应当明确单处或者并处行政处罚的适用条件和具体标准。

（三）行政处罚裁量规则适用

1.法律、法规、规章规定可以给予行政处罚，当事人首次违反且情节轻微，并在税务机关发现前主动改正的或者在税务机关责令限期改正的期限内改正的，不予行政处罚。

2.对当事人的同一个税收违法行为不得给予两次以上罚款的行政处罚。当事人的同一个税收违法行为违反不同行政处罚规定且均应处以罚款的，应当选择适用处罚较重的条款。

3.其他情形（见表14-5）。

表14-5 其他情形

情形	处罚结果
当事人有下列情形之一时： ①违法行为轻微并及时纠正，没有造成危害后果的 ②不满14周岁的人有违法行为的 ③精神病人在不能辨认或者不能控制自己行为时有违法行为的 ④其他法律规定不予行政处罚的	不予行政处罚
当事人有下列情形之一时： ①主动消除或者减轻违法行为危害后果的 ②受他人胁迫有违法行为的 ③配合税务机关查处违法行为有立功表现的 ④其他依法应当从轻或者减轻行政处罚的	应当依法从轻或者减轻行政处罚

考霸笔记

税务行政复议和税务行政诉讼的关系：在税务行政复议受案范围中，解决征税问题的争议，税务行政复议是税务行政诉讼的必经前置程序；解决征税问题之外的争议，税务行政复议不是税务行政诉讼的必经前置程序。

税务行政复议的受理范围包括哪些？

第二节 税务行政复议

一、税务行政复议的概念

税务行政复议是指当事人（纳税人、扣缴义务人、纳税担保人及其他税务当事人）不服税务机关及其工作人员做出的税务具体行政行为，依法向上一级税务机关（复议机关）提出申请，复议机关经审理对原税务机关具体行政行为依法做出维持、变更、撤销等决定的活动。

二、税务行政复议的范围（能力等级2）（见表14-6）

表14-6 税务行政复议的范围

税务行政复议的受案范围	税务机关做出的具体行政行为
1.征税行为	（1）确认纳税主体、征税对象、征税范围、减税、免税、退税、抵扣税款、适用税率、计税依据、纳税环节、纳税期限、纳税地点和税款征收方式等具体行政行为 （2）征收税款、加收滞纳金 （3）扣缴义务人、受税务机关委托的单位和个人做出的代扣代缴、代收代缴、代征行为等
2.行政许可、行政审批行为	
3.发票管理行为	包括发售、收缴、代开发票等
4.税收保全措施、强制执行措施	税收保全措施有： （1）书面通知银行或者其他金融机构冻结纳税人存款 （2）扣押、查封商品、货物或者其他财产 强制执行措施有： （1）书面通知银行或者其他金融机构从当事人存款中扣缴税款 （2）拍卖所扣押、查封商品、货物或者其他财产以抵缴税款
5.行政处罚行为	（1）罚款 （2）没收财物和违法所得 （3）停止出口退税权
6.不依法履行特定职责的行为	（1）颁发税务登记 （2）开具、出具完税凭证、外出经营活动税收管理证明 （3）行政赔偿 （4）行政奖励 （5）其他不依法履行职责的行为
7.资格认定行为	
8.不依法确认纳税担保行为	
9.政府信息公开工作中的具体行政行为	
10.纳税信用等级评定行为	
11.通知出入境管理机关阻止出境行为	
12.其他具体行政行为	

申请人认为税务机关的具体行政行为所依据的下列规定不合法，对具体行政行为申请行政复议时，可以一并向行政复议机关提出对有关规定的审查申请；申请人对具体行政行为提出行政复议申请时不知道该具体行政行为所依据的规定的，可以在行政复议机关做出行政复议决定以前提出对该规定的审查申请：

1.国家税务总局和国务院其他部门的规定。

2.其他各级税务机关的规定。

3.地方各级人民政府的规定。

4.地方人民政府工作部门的规定。

【提示】上述规定不包括法律、法规和规章。

例14-4·简答题

国家税务总局制定规章的行为属于税务行政复议的审查范围吗？

【答案】：不属于。制定规章的行为不能提请审查。

例14-5·多选题

税务机关实施的下列具体行政行为中，属于行政复议受案范围的有（　　）。

A.不依法颁发税务登记行为

B.不依法确认纳税担保行为

C.对行政处罚行为不服

D.行政许可、行政审批行为

【答案】ABCD

【解析】税务行政复议的受案范围包括：征税行为；行政许可、行政审批行为；发票管理行为；税收保全措施、强制执行措施；行政处罚行为；不依法履行特定职责的行为；资格认定行为；不依法确认纳税担保行为；政府信息公开工作中的具体行政行为；纳税信用等级评定行为；通知出入境管理机关阻止出境行为；其他具体行政行为。

三、税务行政复议管辖（见表14-7）

税务行政复议的管辖规则是怎样的?

表14-7　　税务行政复议管辖

项目	具体规定
基本管辖	我国税务行政复议管辖的基本制度原则上是实行由上一级税务机关管辖的一级复议制度，具体来说： 1.对各级税务局的具体行政行为不服的，向其上一级税务局申请行政复议；对计划单列市税务局的具体行政行为不服的，向国家税务总局申请行政复议 2.对税务所（分局）、各级税务局的稽查局的具体行政行为不服的，向其所属税务局申请行政复议 3.对国家税务总局的具体行政行为不服的，向国家税务总局申请行政复议。对行政复议决定不服的，申请人可以向人民法院提起行政诉讼，也可以向国务院申请裁决。国务院的裁决为最终裁决

考霸笔记

国地税合并后关注对应税务机关的表述。

续表

项目	具体规定
特殊管辖	1.对两个以上税务机关以共同的名义做出的具体行政行为不服的，向共同上一级税务机关申请行政复议；对税务机关与其他行政机关以共同的名义做出的具体行政行为不服的，向其共同上一级行政机关申请行政复议 2.对被撤销的税务机关在撤销以前所做出的具体行政行为不服的，向继续行使其职权的税务机关的上一级税务机关申请行政复议 3.对税务机关做出逾期不缴纳罚款加处罚款的决定不服的，向做出行政处罚决定的税务机关申请行政复议；对已处罚款和加处罚款都不服的，一并向做出行政处罚决定的税务机关的上一级税务机关申请行政复议

例 14-6 · 单选题

下列申请行政复议的表述中，不符合税务行政复议管辖规定的有（　　）。

A.对计划单列市税务局的具体行政行为不服的，向省级税务局申请行政复议

B.对两个以上税务机关以共同的名义做出的具体行政行为不服的，向共同上一级税务机关申请行政复议

C.对税务所（分局）、各级税务局的稽查局的具体行政行为不服的，向其所属税务局申请行政复议

D.对被撤销的税务机关在撤销以前所做出的具体行政行为不服的，向继续行使其职权的税务机关的上一级税务机关申请行政复议

【答案】A

【解析】选项A：对计划单列市税务局的具体行政行为不服的，向国家税务总局申请行政复议。

税务行政复议的申请人有哪些情况?

四、税务行政复议的申请人和被申请人

（一）税务行政复议的申请人规则（见表14-8）

表 14-8　　税务行政复议的申请人规则

主体性质	申请人或代表
1.合伙企业申请行政复议	应当以核准登记的企业为申请人，由执行合伙事务的合伙人代表该企业参加行政复议
2.其他合伙组织申请行政复议	由合伙人共同申请行政复议
3.上述以外的不具备法人资格的其他组织申请行政复议	由该组织的主要负责人代表该组织参加行政复议；没有主要负责人的，由共同推选的其他成员代表该组织参加行政复议。
4.股份制企业的股东大会、股东代表大会、董事会认为税务具体行政行为侵犯企业合法权益的	可以以企业的名义申请行政复议
5.有权申请行政复议的公民死亡的	其近亲属可以申请行政复议

续表

主体性质	申请人或代表
6.有权申请行政复议的公民为无行为能力人或者限制行为能力人	其法定代理人可以代理申请行政复议
7.有权申请行政复议的法人或者其他组织发生合并、分立或终止的	承受其权利义务的法人或者其他组织可以申请行政复议
8.行政复议期间，行政复议机关认为申请人以外的公民、法人或者其他组织与被审查的具体行政行为有利害关系的	复议机关可以通知其作为第三人参加行政复议。第三人不参加行政复议，不影响行政复议案件的审理
9.行政复议期间，申请人以外的公民、法人或者其他组织与被审查的税务具体行政行为有利害关系的	可以向行政复议机关申请作为第三人参加行政复议。第三人不参加行政复议，不影响行政复议案件的审理
10.非具体行政行为的行政管理相对人，但其权利直接被该具体行政行为所剥夺、限制或者被赋予义务的公民、法人或其他组织，在行政管理相对人没有申请行政复议时	非具体行政行为的行政管理相对人可以单独申请行政复议

例 14-7・单选题

某地的税务机关对该地的A股份制企业做出了罚款2万元的税务行政处罚，该股份制企业的股东大会认为该处罚侵犯了企业的合法权益，可以以（　）申请行政复议。

A.A股份制企业的名义

B.A股份制企业的股东

C.A股份制企业的董事

D.A股份制企业的法定代表人

【答案】A

【解析】选项A，股份制企业的股东大会、股东代表大会、董事会认为税务具体行政行为侵犯企业合法权益的，可以以企业的名义申请行政复议。

1.复议代表的规定

同一行政复议案件申请人超过5人的，应当推选1至5名代表参加行政复议。

2.复议代理的规定

（1）申请人、第三人可以委托1至2名代理人参加行政复议。

（2）申请人、第三人委托代理人的，应当向行政复议机构提交授权委托书。

（3）授权委托书应当载明委托事项、权限和期限。

（4）公民在特殊情况下无法书面委托的，可以口头委托。口头委托的，行政复议机构应当核实并记录在卷。

（5）申请人、第三人解除或者变更委托的，应当书面告知行政复议机构。

行政复议被申请人和复议机关有什么区别?

（二）税务行政复议的被申请人规则（见表14-9）

表14-9 税务行政复议的被申请人规则

行政行为的主体	被申请人
1.申请人对具体行政行为不服申请行政复议的	做出该具体行政行为的税务机关为被申请人
2.申请人对扣缴义务人的扣缴税款行为不服的	主管该扣缴义务人的税务机关为被申请人
3.对税务机关委托的单位和个人的代征行为不服的	委托税务机关为被申请人
4.税务机关与法律、法规授权的组织以共同的名义做出具体行政行为的	税务机关和法律、法规授权的组织为共同被申请人
5.税务机关与其他组织以共同名义做出具体行政行为的	税务机关为被申请人
6.税务机关依照法律、法规和规章规定，经上级税务机关批准做出具体行政行为	批准机关为被申请人
7.申请人对经重大税务案件审理程序做出的决定不服的	审理委员会所在税务机关为被申请人
8.税务机关设立的派出机构、内设机构或者其他组织，未经法律、法规授权，以自己名义对外做出具体行政行为的	税务机关为被申请人

五、税务行政复议的申请（表14-10）

表14-10 税务行政复议的申请

什么是必经复议的行为？必经复议的行为有哪些?

项目	具体规定
复议前置	必经复议的情况：税务机关做出的征税行为，包括确认纳税主体、征税对象、征税范围、减税、免税及退税、抵扣税款、适用税率、计税依据、纳税环节、纳税期限、纳税地点和税款征收方式等具体行政行为，征收税款、加收滞纳金，扣缴义务人、受税务机关委托征收的单位和个人做出的代扣代缴、代收代缴行为等 【提示】先纳税后申诉（程序优于实体原则）
申请期限	知道税务机关做出具体行政行为之日起60日内
申请方式	可以书面申请或口头申请
受理	1.申请人对“征税行为”的具体行政行为不服的,应当先向行政复议机关申请行政复议；对行政复议决定不服的，可以人民法院提起行政诉讼 2.申请人对“征税行为”以外的其他具体行政行为不服的,可以申请行政复议,也可以直接向人民法院提起行政诉讼 3.申请人向行政复议机关申请行政复议,行政复议机关已经受理的，在法定行政复议期限内不得向人民法院提起行政诉讼；申请人向人民法院提起行政诉讼，人民法院已经依法受理的，不得申请行政复议

六、税务行政复议的受理（见表14-11）

考霸笔记
这部分有两个易考点：一是应受理行政复议的情况；二是行政复议期间具体行政行为停止执行的特例。

表14-11 税务行政复议的受理

项目	具体规定
行政复议申请符合规定的，行政复议机关应当受理	1.属于税务行政复议规则规定的行政复议范围 2.在法定申请期限内提出 3.有明确的申请人和符合规定的被申请人 4.申请人与具体行政行为有利害关系 5.有具体的行政复议请求和理由 6.属于收到行政复议申请的行政复议机关的职责范围 7.其他行政复议机关尚未受理同一行政复议申请，人民法院尚未受理同一主体就同一事实提起的行政诉讼 8.符合税务行政复议申请中规定的条件
行政复议期间具体行政行为不停止执行，但是有下列情形之一的，可以停止执行	1.被申请人认为需要停止执行的 2.行政复议机关认为需要停止执行的 3.申请人申请停止执行，行政复议机关认为其要求合理，决定停止执行的 4.法律规定停止执行的

七、税务行政复议审查和决定

行政复议期间具体行政行为可以停止执行吗？

（一）期限

1.复议机关应当自受理申请之日起60日内做出行政复议决定。情况复杂，不能在规定期限内做出行政复议决定的，经复议机关负责人批准，可以适当延长，并告知申请人和被申请人，但延长期限不得超过30日。

2.行政复议机关做出行政复议决定，应当制作行政复议决定书，并加盖行政复议机关印章。

3.行政复议决定书一经送达，即发生法律效力。

（二）具体行政行为特定情形

1.具体行政行为认定事实清楚、证据确凿、适用依据正确、程序合法、内容适当的，决定维持。

2.被申请人不履行法定职责的，决定其在一定期间内履行。

3.具体行政行为有下列情形之一的，决定撤销、变更或者确认该具体行政行为违法；决定撤销或者确认该具体行政行为违法的，可以责令被申请人在一定期限内重新做出具体行政行为：

（1）主要事实不清、证据不足的。

（2）适用依据错误的。

（3）违反法定程序的。

（4）超越职权或者滥用职权的。

（5）具体行政行为明显不当的。

如何区分税务行政复议终止和税务行政复议中止？

（三）税务行政复议中止情形

行政复议期间，有下列情形之一的，行政复议中止：

1.作为申请人的公民死亡，其近亲属尚未确定是否参加行政复议的。

2.作为申请人的公民丧失参加行政复议的能力，尚未确定法定代理人是否参加行政复议的。

3.作为申请人的法人或者其他组织终止，尚未确定权利义务承受人的。

【提示】上述1、2、3项，满60日行政复议中止的原因未消除的，行政复议终止。

4.作为申请人的公民下落不明或者被宣告失踪的。

5.申请人、被申请人因不可抗力，不能参加行政复议的。

6.行政复议机关因不可抗力原因暂时不能履行工作职责的。

7.案件涉及法律适用问题，需要有权机关做出解释或者确认的。

8.案件审理需要以其他案件的审理结果为依据，而其他案件尚未审结的。

9.其他需要中止行政复议的情形。

（四）税务行政复议终止情形

行政复议期间，有下列情形之一的，行政复议终止：

1.申请人要求撤回行政复议申请，行政复议机构准予撤回的。

2.作为申请人的公民死亡，没有近亲属，或者其近亲属放弃行政复议权利的。

3.作为申请人的法人或者其他组织终止，其权利义务的承受人放弃行政复议权利的。

4.申请人与被申请人依照规定，经行政复议机构准许达成和解的。

5.行政复议申请受理以后，发现其他行政复议机关已经先于本机关受理，或者人民法院已经受理的。

例14-8·多选题

在税务行政复议期间发生的下列情形中，应当终止行政复议的是（　　）。

A.行政复议申请受理以后，发现其他行政复议机关已经先于本机关受理，或者人民法院已经受理的

B.作为申请人的法人或者其他组织终止，其权利义务的承受人放弃行政复议权利的

C.行政复议机关因不可抗力原因暂时不能履行工作职责的

D.案件审理需要以其他案件的审理结果为依据，而其他案件尚未审结的

【答案】AB

【解析】选项CD，属于行政复议中止的行为。

八、税务行政复议和解与调解

对下列行政复议事项，按照自愿、合法的原则，申请人和被申请人在行政复议机关做出行政复议决定以前可以达成和解，行政复议机关也可以调解：

1.行使自由裁量权做出的具体行政行为，如行政处罚、核定税额、确定应税所得率等。

2.行政赔偿。

3.行政奖励。

4.存在其他合理性问题的具体行政行为。

【提示】调解应当符合的要求：

1.尊重申请人和被申请人的意愿。

2.在查明案件事实的基础上进行。

3.遵循客观、公正和合理原则。

4.不得损害社会公共利益和他人合法权益。

第三节　税务行政诉讼

一、税务行政诉讼的概述和原则

税务行政诉讼与税务行政复议的区别有哪些?

（一）概述

税务行政诉讼以解决税务行政争议为前提，这是税务行政诉讼与其他行政诉讼活动的根本区别，具体体现在：

1. 被告必须是税务机关或经法律、法规授权的行使税务行政管理权的组织，而不是其他行政机关或组织。

2. 解决的争议发生在税务行政管理过程中。

3. 因税款征纳问题发生的争议，当事人在向人民法院提起行政诉讼前，必须先经税务行政复议程序，即复议前置。

（二）税务行政诉讼的原则

1. 人民法院特定主管原则。

2. 合法性审查原则。

3. 不适用调解原则。

4. 起诉不停止执行原则。

5. 税务机关负举证责任原则。

6. 由税务机关负责赔偿原则。

二、税务行政诉讼的受案范围

1. 税务机关做出的征税行为。

2. 税务机关做出的责令纳税人提交纳税保证金或者纳税担保行为。

3. 税务机关做出的行政处罚行为。

4. 税务机关做出的通知出境管理机关阻止出境行为。

5. 税务机关做出的税收保全措施。

6. 税务机关做出的税收强制执行措施。

7. 认为符合法定条件申请税务机关颁发税务登记证和发售发票，税务机关拒绝颁发、发售或者不予答复的。

8. 税务机关的复议行为。

如何理解提起税务行政诉讼的相关规定?

三、税务行政诉讼的起诉和受理　（都是15天）

1. 对税务机关的征税行为提起诉讼，必须先经过复议。有复议前置程序的起诉期限是当事人接到复议决定书之日起15日内。

2. 不需要复议前置程序的起诉期限是当事人在接到通知或者知道之日起15日内。

3. 因税务机关原因致使当事人逾期向人民法院起诉的，在不得超过2年的整体时间段中，在当事人实际知道起诉权或者起诉期限时的15日内。

4. 在税务行政诉讼等行政诉讼中，起诉权是单向性的权利，税务机关不享有起诉权，只有应诉权，即税务机关只能作为被告；与民事诉讼不同，作为被告的税务机关不能反诉。

智能测评

在线练习	我要提问
扫码在线做题　扫码看答案 本书“本章同步强化训练”均配备二维码，打开微信“扫一扫”即可完成在线测评，查看本章详细的测评反馈报告，了解知识掌握情况，也可扫码直接看答案噢。 快来扫码做题吧！	扫码答疑 本书配备答疑专用二维码，打开微信“扫一扫”，即可完成在线提问，获取专业老师全面个性化解答，让学习问题不再拖延。 快来扫码提问吧！

本章同步强化训练

一、单选题

1.根据《征管法》及其他相关的规定，对税务机关的征税行为提起诉讼，必须先经过复议，对复议决定不服的，可以在接到复议决定书之日起的一定时限内向人民法院起诉。下列各项中，符合上述时限规定的是（　　）。（2008）

A.15日　　B.30日　　C.60日　　D.90日

2.下列案件中，属于税务行政处罚听证范围的是（　　）。

A.对法人做出1万元以上罚款的案件

B.对公民做出1 000元以上罚款的案件

C.对法人做出没收违法所得处罚的案件

D.对法人做出停止出口退税权处罚的案件

3.某国有企业因有违反《征管法》的行为，被税务机关处以8 000元的罚款。假定该企业收到税务行政处罚决定书的时间为2018年3月1日，则该企业4月5日缴纳罚款时的金额为（　　）元。

A.8 000　　B.9 200　　C.13 040　　D.16 640

4.某县一加工企业因账簿不全，县主管税务局对其核定征收企业所得税，企业认为核定数额过高，在双方协商无果的情况下，企业准备请求法律救济。下列关于企业的做法正确的是（　　）。

A.加工企业可以直接向人民法院提起行政诉讼

B.加工企业可以向该县人民政府提起行政复议

C.加工企业应在复议决定做出后及时缴纳税款

D.加工企业和县主管税务局可以在复议决定做出前达成和解

5.税务所可以在一定限额以下实施罚款作为税务行政处罚，该限额为（　　）。

A.50元　　B.2 000元　　C.10 000元　　D.50 000元

6.下列税务行政处罚情形中，当事人可以在税务机关做出税务行政处罚决定之前要求听证的是（　　）。

A.某公司被处以5 000元罚款

B.某中国公民被处以500元罚款

C.某合伙企业被处以1 500元罚款

D.某非营利组织被处以15 000元罚款

7.税务机关做出的下列行政行为，纳税人不服时可以申请行政复议也可以直接向人民法院提起行政诉讼的是（　　）。

A.罚款　　B.加收滞纳金　　C.确认征收范围　　D.确认抵扣税款

8.下列关于税务行政处罚的设定中，正确的是（　　）。

A.省税务机关可以设定税务行政处罚的规范性文件

B.国务院可以通过法律的形式设定各种税务行政处罚

C.国家税务总局可以通过规章的形式设定警告和罚款

D.地方人大可以通过法律的形式设定各种税务行政处罚

二、多选题

1.下列关于税务行政处罚设定的表述中，正确的有（　　）。

A.国家税务总局对非经营活动中的违法行为，设定罚款不得超过1 000元

B.国家税务总局对非经营活动中的违法行为，设定罚款不得超过5 000元

C.国家税务总局对经营活动中没有违法所得的违法行为，设定罚款不得超过10 000元

D.国家税务总局对经营活动中有违法所得的违法行为，设定罚款不得超过违法所得的3倍且最高不得超过30 000元

2.税务行政复议期间发生的下列情形中，可导致行政复议中止的有（　　）。

A.作为申请人的公民死亡，其近亲属尚未确定是否参加行政复议的

B.作为申请人的法人或者其他组织终止，尚未确定权利义务承受人的

C.作为申请人的公民死亡，没有近亲属，或者其近亲属放弃行政复议权利的

D.作为申请人的法人或者其他组织终止，其权利义务的承受人放弃行政复议权利的

3.在税务行政复议期间发生的下列情形中，应当中止行政复议的是（　　）。

A.作为申请人的公民下落不明的

B.申请人要求撤回行政复议申请，行政复议机构准予撤回的

C.案件涉及法律适用问题，需要有权机关做出解释或者确认的

D.作为申请人的公民死亡，其近亲属尚未确定是否参加行政复议的

4.税务行政复议机关可以对某些税务行政复议事项进行调解。以下符合税务行政复议调解要求的有（　　）。

A.遵循客观、公正和合理的原则　　B.尊重申请人和被申请人的意愿

C.在查明案件事实的基础上进行　　D.不得损害社会公共利益和他人合法权益

5.税务机关实施的下列具体行政行为中，属于税务行政处罚的有（　　）。

A.罚款　　B.收缴发票　　C.没收违法所得　　D.停止出口退税权

6.税务行政诉讼原则有（　　）。

A.合法性审查原则　　B.不适用调解原则

C.由税务机关负责赔偿原则　　D.由纳税人举证原则

7.下列关于税务行政处罚的表述中，正确的有（　　）。

A.县以上的税务机关具有税务行政处罚主体资格

B.税务所可以实施罚款额在3 000元以下的税务行政处罚

C.税务局的内设机构可以以自己的名义实施税务行政处罚

D.国家税务总局可以以规章的形式设定罚款

8.税务机关实施的下列具体行政行为中，属于行政复议受案范围的有（ ）。

A.代开发票
B.税收保全措施
C.纳税信用等级评定
D.增值税一般纳税人资格认定

9.下列选项中，属于税务行政诉讼原则的有（ ）。

A.起诉不停止执行原则
B.不适用调解原则
C.人民法院特定主管原则
D.由税务机关负债赔偿原则

10.下列关于税务行政处罚的设定表述中，表述错误的有（ ）。

A.全国人民代表大会及其常务委员会可以通过法律的形式设定各种税务行政处罚
B.国务院可以通过行政法规的形式设定各种税务行政处罚
C.国家税务总局可以通过规章的形式设定警告和罚款，税务行政规章对非经营活动中的违法行为设定罚款不得超过2 000元
D.省、自治区、直辖市和计划单列市税务局及其以下各级税务机关制定的税收法律、法规、规章以外的规范性文件可以与行政处罚法规定的处罚设定原则相矛盾

第三部分

跨章节综合集训

跨章节综合题

1.某石化生产企业为增值税一般纳税人，2018年6月生产经营业务如下：

（1）开采原油50万吨，对外销售原油8万吨并取得不含税销售收入9 600万元，用开采的同类原油30万吨加工生产成汽油7.2万吨。

（2）进口原油40万吨，用于加工生产成汽油11.6万吨；进口原油共支付买价72 000万元、运抵我国海关入境前的运输费为320万元、装卸费用60万元、保险费110万元。

（3）购置炼油机器设备10台，每台单价26万元，取得的增值税专用发票上注明价款共计260万元、增值税进项税额41.6万元；支付运输费用4万元并取得普通发票。

（4）批发销售汽油16万吨，开具增值税专用发票取得不含税销售收入96 000万元，开具普通发票取得送货运输费收入4 914万元。

（5）零售汽油2.8万吨，开具普通发票取得含税销售收入21 000万元。

（6）销售使用过的未抵扣增值税进项税额的机器设备6台，开具普通发票取得含税销售收入17.68万元。

（其他相关资料：假定原油资源税税率为8%，关税税率为2%，汽油1吨=1 388升，消费税税率为1元/升，上述相关票据均已经过比对认证）

要求：根据上述相关资料，按顺序回答下列问题，如有计算，每问需计算出合计数。

（1）计算该企业6月份应缴纳的资源税税额。

（2）计算销售原油应当缴纳的增值税税额。

（3）计算进口原油应缴纳的关税税额。

（4）计算进口原油应缴纳的增值税税额。

（5）计算购进机器设备应抵扣的增值税进项税额。

（6）计算批发销售汽油的增值税销项税额。

（7）计算批发销售汽油应缴纳的消费税税额。

（8）计算零售汽油的增值税销项税额。

（9）计算零售汽油应缴纳的消费税税额。

（10）计算销售机器设备应缴纳的增值税税额。

（11）计算该石化生产企业6月份共计应缴纳的增值税税额。

2.位于甲省某市区的一家建筑企业为增值税一般纳税人，在乙省某市区从事写字楼和桥梁的建造业务，2018年10月具体经营业务如下：

（1）该建筑企业对写字楼建造业务选择一般计税方法，按照工程进度及合同约定，本月取得含税金额3 000万元并给业主开具了增值税专用发票。由于该建筑企业将部分业务进行了分包，本月支付分包款项（含税金额）1 200万元，取得分包商（采用一般计税方法）开具的增值税专用发票。

（2）桥梁建造业务为甲供工程，该建筑企业对此项目选择了简易计税方法。本月收到款项（含税金额）4 000万元并开具了增值税普通发票，该建筑企业将部分业务进行了分包，本月支付分包款项（含税金额）1 500万元，取得分包商开具的增值税普通发票。

（3）从国外进口一台机器设备，国外买价折合人民币80万元，运抵我国入关前支付的运费折合人民币4.2万元，保险费折合人民币3.8万元。入关后运抵企业所在地，取得运输公司开具的增值税专用发票注明运费1万元、税额0.1万元，该进口设备既用于一般计税项目也用于简易计税项目，该企业未分开核算。

(4) 将购进的一批瓷砖用于新建的自建综合办公大楼在建工程，该批瓷砖为2018年6月购进，取得经税务机关认证的增值税专用发票，发票上注明增值税税额为40万元，已计入2018年6月的进项税额进行抵扣。

(5) 发生外地出差住宿费支出价税合计6.36万元，取得增值税一般纳税人开具的增值税专用发票，发生餐饮费支出价税合计3万元，取得增值税普通发票。

(其他相关资料，假定关税税率为10%，上述业务涉及的相关票据均已通过主管税务机关比对认证)

要求：根据上述资料，按照下列顺序计算回答问题，如有计算则需计算出合计数。

(1) 计算"业务(1)"中企业在乙省应预缴的增值税。

(2) 计算"业务(1)"中的销项税额。

(3) 计算"业务(2)"中企业在乙省应预缴的增值税。

(4) 分别计算"业务(3)"中企业应缴纳的关税和增值税。

(5) 计算"业务(4)"中企业进项税额转出金额。

(6) 计算"业务(5)"可抵扣的增值税进项税额。

(7) 计算企业当月增值税进项税额合计。

(8) 计算企业当月增值税应纳税额。

(9) 计算企业应向总部机构所在地主管税务机关缴纳的增值税。

(10) 计算企业应向总部机构所在地主管税务机关缴纳的城市维护建设税、教育费附加和地方教育费附加。

3. 位于市区的某制药公司由外商持股75%且为增值税一般纳税人，该公司2019年主营业务收入5 500万元，其他业务收入400万元，营业外收入300万元，主营业务成本2 800万元，其他业务成本300万元，营业外支出210万元，税金及附加420万元，管理费用550万元，销售费用900万元，财务费用180万元，投资收益120万元。

当年发生的部分业务如下：

(1) 向境外股东企业支付全年技术咨询指导费120万元。境外股东企业常年派遣指导专员驻本公司并对其工作成果承担全部责任和风险，对其业绩进行考核评估。

(2) 实际发放职工工资1 200万元(其中残疾人员工资40万元)，发生职工福利费支出180万元，拨缴工会经费25万元并取得专用收据，发生职工教育经费支出20万元，以前年度累计结转至本年的职工教育经费未扣除额为5万元。另为投资者支付商业保险费10万元。

(3) 发生广告费支出800万元，非广告性质的赞助支出50万元。发生业务招待费60万元。

(4) 从事《国家重点支持的高新技术领域》规定项目的研究开发活动，对研发费用实行专账管理，发生研发费用支出100万元且未形成无形资产。

(5) 对外捐赠货币资金140万元(通过县级政府向贫困地区捐赠120万元，直接向某学校捐赠20万元)。

(6) 为治理污水排放，当年2月份购置污水处理设备并投入使用，设备购置价为300万元(含增值税且已做进项税额抵扣)。处理公共污水，当年取得收入20万元，相应的成本费用支出为12万元。该设备会计上折旧年限为10年，采用直线法计提折旧，无净残值。

(7) 撤回对某公司的股权投资取得100万元，其中含原投资成本60万元，相当于被投资公司累计未分配利润和累计盈余公积按减少实收资本比例计算的部分为10万元。

(其他相关资料：除非特别说明，各扣除项目均已取得有效凭证，相关优惠已办理必要手续；因境外股东企业在中国境内会计账簿不健全，主管税务机关核定技术咨询指导劳务的利润率为20%且指定该制药公司为其税款扣缴义务人；购进的污水处理设备为《环境保护专用设备企业所得税优惠目录》所列设备，该企业选择一次性在税前扣除）

要求：根据上述资料，按照下列顺序计算回答问题。

（1）分别计算在“业务（1）”中该制药公司应当扣缴的企业所得税、增值税、城市维护建设税、教育费附加及地方教育附加金额。

（2）计算“业务（2）”中应调整的应纳税所得额。

（3）计算“业务（3）”中应调整的应纳税所得额。

（4）计算“业务（4）”中应调整的应纳税所得额。

（5）计算“业务（5）”中应调整的应纳税所得额。

（6）计算“业务（6）”中应调整的应纳税所得额和应调整的应纳税额。

（7）计算“业务（7）”中应调整的应纳税所得额。

（8）计算该制药公司2019年应纳企业所得税税额。

4.某市区一工业企业，占地10万平方米，房产原值1 875万元，2018年取得主营业务收入5 000万元，其他业务收入600万元，营业外收入48万元，投资收益90万元；发生主营业务成本2 800万元，其他业务成本400万元，营业外支出180万元；税金及附加400万元，管理费用400万元，销售费用1000万元，财务费用150万元。另外：该企业从业人数55人，资产总额2 800万元。

（1）业务招待费支出50万元。

（2）向个人借款利息支出100万元，利率超过同期同类银行贷款利率1倍。

（3）广告费支出850万元。

（4）资产减值准备金支出100万元，未经过核定。

（5）工资薪金总额800万元，工会经费16万元，职工福利费122万元，职工教育经费25万元。

（6）投资收益中，国债利息收入50万元，投资于上市公司取得股息40万元，该股票持有5个月时卖出。

（7）通过教育部门捐赠80万元，用于小学图书馆建设；非广告性质赞助支出20万元。

（其他相关资料：2014年、2015年、2016年、2017年待弥补亏损分别是140万元、240万元、0元、100万元。已知：房产税减除标准20%，城镇土地使用税单位税额为4元，均未计入税金及附加中。）

要求：根据上述资料，按照下列顺序计算回答问题。

（1）计算业务招待费应调整的应纳税所得额。

（2）计算借款利息应调整的应纳税所得额。

（3）计算广告费支出应调整的应纳税所得额。

（4）计算资产减值准备金应调整的应纳税所得额并说明理由。

（5）计算工会经费、职工福利费、职工教育经费应调整的应纳税所得额。

（6）计算投资收益应调整的应纳税所得额并说明理由。

（7）计算该企业当年应缴纳的房产税。

（8）计算该企业当年应缴纳的城镇土地使用税。

（9）计算2018年该企业的利润总额。

（10）计算弥补亏损后该企业的应纳税所得额。

（11）计算该企业2018年应纳企业所得税。

智能测评

扫码看答案	我要提问
打开微信"扫一扫"即可直接看答案，登录高顿网校网页端进入课程，即可批量下载"本章同步强化训练"答案噢。	本书配备答疑专用二维码，打开微信"扫一扫"，即可完成在线提问，获取专业老师全面个性化解答，让学习问题不再拖延。 快来扫码提问吧！

附录　注册会计师全国统一考试（专业阶段）全真模拟测试卷

高顿财经研究院根据最新考纲和教材，精选历年真题，组建了一套题型、题量完全和正式考试一致的真题模拟卷，帮助你提前感受考试场景，进入备考状态，考生们可以随时随地手机扫码在线模考练习。

“全真模拟测试卷”具有如下特点：

1. 根据最新考纲和教材，剔除或修改已过时的题目，排除教材修改带来的影响；
2. 在线练习，即时反馈，随时随地检测学习效果。

开启真题模考练习，只需一步：

扫码下方二维码，开始全真模拟测试吧！